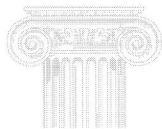

美洲大洋洲十国宪法

MEIZHOU DAYANGZHOU SHIGUO XIANFA

孙　谦　韩大元／主编

阿根廷·巴西·秘鲁·古巴·加拿大·美国·墨西哥·智利·澳大利亚·新西兰

中国检察出版社

出版说明

2012 年 12 月，在纪念我国现行宪法公布施行 30 周年之际，为了弘扬宪法文化，完整地展现世界各国的宪法文本，中国宪法学研究会和中国检察出版社组织编译出版了《世界各国宪法》。《世界各国宪法》收录了 193 个联合国成员国现行宪法中译本，全书按照地域分为四卷，分别为亚洲卷、欧洲卷、非洲卷、美洲大洋洲卷。由于《世界各国宪法》卷帙浩繁，编者从《世界各国宪法》四卷本中各选出具有代表性的十个国家的文本进行编辑，推出《亚洲十国宪法》、《欧洲十国宪法》、《非洲十国宪法》和《美洲大洋州十国宪法》，以便于读者查阅。

本书所摘录各国宪法的有效文本，时间截止到 2011 年 12 月 31 日。

本书在编辑和出版的过程中可能存在错漏之处，欢迎读者批评指正。

编　者
2013 年 3 月

目　　录

阿 根 廷

阿根廷国家宪法*

序　言

我们，作为阿根廷全国人民的代表，由各省选举并代表他们的意志，参加制宪国民大会，履行已签订的协议，为了确立全国团结、维护正义、巩固国内和平、处理共同防务、提高全民福利，并确保我们自己、我们的后代以及世界上一切希望在阿根廷国土上生活的人们享受自由的成果。在一切理智和正义的源泉——上帝的庇佑下，制定并颁布阿根廷国家宪法。

第一部分

第一章　宣言、权利和保障

第 1 条　本宪法规定，阿根廷为联邦制国家，实行代议制民主。

第 2 条　联邦政府信奉罗马天主教。

第 3 条　经一省或数省议会联合同意让与联邦政府土地后，国会特别法所规定的共和国首都，应作为联邦政府的职权机构所在地。

第 4 条　联邦政府用国库资金支付国家开支。国库资金包括进出口税收、出售和出租国有土地的收入、邮政收入、由国会向居民按比例公平征收的其他捐税，以及应国家急需或国家事业需要，由国会批准发行的公债和信贷业务收入。

---

* 1853 年 5 月 1 日经制宪国民大会批准并生效。

第 5 条   在共和代议体制下，各省根据国家宪法的原则、宣言和保障制定本省宪法，以保障其司法管理、市政体制和初等教育。在上述条件下，联邦政府维护各省体制得以充分实施。

第 6 条   联邦政府可进入各省领土进行干预，以维护共和政体或抵抗外来入侵。当一省被暴力推翻或受到外省侵略时，应该省当局的请求，联邦政府可给予支持或重建当地政府。

第 7 条   其他省应充分尊重一省的公共法令和司法程序。国会依据总的法律确定实施这些法令和程序的方式及其法律效力。

第 8 条   各省公民在外省均享有作为公民的一切权利、特权和豁免权。各省之间均互负引渡罪犯的义务。

第 9 条   全国范围内设立惟一的国家海关，海关税率经国会批准后即生效。

第 10 条   已在海关履行手续的所有外国产品和商品，与本国生产、制造的货物一样，可在共和国内免税流通。

第 11 条   国内外生产、制造的产品、商品和各种牲畜，以及运载它们的车辆、船只等，在跨越省界时均免征通行税，也不得因过境而征收其他任何名义的税收。

第 12 条   不得强迫在各省间通航的船舶入港、停泊或征收通行税。在任何情况下，均不得通过贸易法律或规定给予某一港口优于另一港口的特惠。

第 13 条   国家可接纳新省，但未经相关省的议会和国会许可，新省不得建立在已有各省或数省的管辖区域内，也不得合并数省成立新省。

第 14 条   阿根廷全体居民享有并依据法律规定行使以下权利：劳动；兴办各种合法的工业；航行和经商；向当局请愿；入境、停留、过境和出境；通过新闻媒体公开发表言论且不受预先审查；使用并自由支配个人的财产；为正当目的而集会结社；宗教信仰自由；传授知识和接受教育。

第 14－1 条   法律保护各种形式的劳动，并保障劳动者有以下权利：劳动环境的体面、平等；有限的劳动时间；带薪休息和休假；合理的报酬；至关重要并可适时调整的最低工资；同工同酬；分享企业盈利，监督生产和参与企业管理；不被随意解雇；公务人员职业的稳定；仅须通过特别备案注册登记后，就可组织自由和民主的工会。

工会受到保护，包括：缔结集体劳动合同；要求调解和仲裁；罢工。工会代表在执行工会任务或维护职工职业的稳定性时，应获得必要的保护。

国家提供社会保障的福利，这是必须且不能放弃的。法律尤其要规定：强制进行社会保险但不得重复征收，这适用于有财政和经济自主权、在国家参与下由有关方面进行管理的国家或省级实体；可调整的退休金与抚恤金；全面保障家庭生活，保护家庭财产，给予家庭经济补贴，提供体面的住宅。

第 15 条　阿根廷国内不得有奴隶存在。现有少数奴隶自本宪法公布之日起成为自由民。取消奴隶制的补偿办法，由专门法律另行规定。任何签订买卖人口契约的行为均属犯罪，从事这类买卖活动的当事人、公证人和批准这类买卖的官员均须承担责任。无论通过何种渠道入境的奴隶，一旦踏上阿根廷共和国的领土就成为自由民。

第 16 条　阿根廷不承认缘于血统或出身的特权，也不存在个人特权或贵族称号。法律面前人人平等。个人才能是能够就业的惟一条件。平等是税收和一切公共负担的基础。

第 17 条　财产权不可侵犯，非经依法判决，不得剥夺任何居民的财产。为了公共利益没收私有财产，必须依据法定程序并预先给予补偿。惟有国会有权征收本宪法第 4 条规定的各种赋税。非经法律规定或依法判决，不得强迫个人服劳役。在法律规定的期限内，著作家或发明家对其自身的作品、发明或发现均享有专有权。没收财产一词将永远从阿根廷刑法典上取消。任何武装部队均不得以任何形式征用财物或强求援助。

第 18 条　除非经在犯罪行为之前已通过的法律授权实行判决，阿根廷任何居民不能受到惩治，不受特别委员会审判，也不得于理清其为何接受审判的行为前从法律规定的主管法官处转移。不得迫使任何人自证其罪。非经主管当局签发书面命令，不得逮捕任何人。审判中，犯罪嫌疑人的辩护权利不受侵犯。住宅、通信和私人文件不受侵犯。基于何种情况、何种理由可以搜查和占用居民住宅，须立法进行具体规定。永远取消对政治犯判处死刑，以及一切形式的拷打、鞭挞。国家监狱应卫生且清洁，使之成为监护犯人的处所，而非惩罚犯人的处所。就任何以预防为借口，采取超过安全所需措施而折磨犯人的行为，将追究批准该行为法官的责任。

第 19 条　对于那些不损害公共秩序、不违反公共道德、不损害第三者的个人行为，法官无权过问，惟留上帝处置。非经法律规定，不得迫使阿根廷任何公民从事或不从事有关活动。

第 20 条　外籍居民在阿根廷境内享有居民所有的公民权利。他们可以从事工业、商业和其他职业，可以占有、买卖不动产，可在内河和沿海航行，有宗教信仰自由，按法律规定订立遗嘱和缔结婚姻，可以自由选择国籍，并且不须交纳额外赋税。在阿根廷连续居住两年以上者可加入阿根廷国籍，但根据本人请求和对共和国做出的贡献，当局可酌情缩短上述期限。

第 21 条　按照国会颁布的法律和政府的法令，所有阿根廷公民都必须服兵役，以保卫国家、捍卫宪法。取得阿根廷国籍证明的公民，从入籍之日起10年内可自行决定是否服兵役。

第 22 条 人民通过根据本宪法产生的代表和权力机构治理国家。一切武装力量或民众团体滥用人民权利、借人民的名义请愿，均构成叛乱罪。

第 23 条 国内动乱或外来侵略危及本宪法的实施和权力机构的运作时，肇事的省份或地区应被宣布进入戒严状态，暂时停止宪法保障。但是在此中止期间，共和国总统不得自行宣告或执行判决。在涉及人员时，总统的权限仅是逮捕人或当被逮捕人不愿离开阿根廷国土时将其在国内转移。

第 24 条 国会推动当前法律体制的全面改革并建立陪审团制度。

第 25 条 联邦政府鼓励来自欧洲的移民。不得限制从事农业、发展工业或引进及传授科学、艺术的外国人进入阿根廷国土或对其征税。

第 26 条 各国船舶仅须遵守阿根廷国家权力机构所颁布的条例，即可在阿根廷内河自由航行。

第 27 条 联邦政府必须按照本宪法规定的有关国际公法的原则，同外国政权签订条约以巩固和平、加强贸易。

第 28 条 上述条款规定的原则、保障和权利，在组织实施的法令中不得篡改。

第 29 条 国会不得授予国家行政机关、省议会不得授予省长特殊的职权、全部公共权力，也不得允许有使阿根廷人民的生命、荣誉或财产听命于某些政府或个人的行为。凡具有这种性质的法令都属无效，对提出、支持或签字同意这类法令的人将以叛国罪论处。

第 30 条 宪法可以全部或部分修正。修正宪法须经国会以至少 2/3 的成员投票通过，并且在专门为此召集的会议召开后方能实施。

第 31 条 本宪法、国会根据本宪法颁布的国家各项法律和阿根廷与外国签署的条约均是国家最高法律，即使与各省法律或宪法某些条款抵触，各省政府均必须切实遵守。但是，布宜诺斯艾利斯省，1859 年 11 月 11 日协议以后通过的国际条约不受本条款约束。

第 32 条 联邦国会不得颁布法律限制出版自由，或授权联邦政府对出版进行监管。

第 33 条 本宪法列举的宣言、权利和保障不意味着否定其他未列入但符合人民主权原则和共和政体的其他权利和保障。

第 34 条 联邦法院法官不得同时兼任省法院法官。无论是民事或军事方面的联邦公务人员，除非是在员工日常居住地的某省服务外，不得谋取在该省的居留权；此规定同样适用于联邦政府公务人员临时在某省服务时，在该地不得选择职业。

第 35 条　自 1810 年至今，阿根廷使用的国名先后有拉普拉塔联合省、阿根廷共和国、阿根廷联邦。今后"阿根廷国家"是阿根廷政府和各省在制定和批准法律时统一使用的正式名称。

第二章　新的权利和保障

第 36 条　本宪法在公共秩序和民主体系因暴力行为而被迫中断的情况下同样有效。这些暴力行为毋庸置疑是无效的。发起者将按照第 29 条的规定受到处罚，永久取消担任公职、获得特赦、减除刑罚的资格。因暴力行为的结果而原拟就任本宪法或有关省份可预期行政职位的人员，应受到同样的处罚并负有民事和刑事责任。相关行为不受此限。

所有居民都有权对此条中提到的暴力运动做出抵抗。

对因设法获得个人财富而严重欺骗国家的人员，同样作为违反民主体系案件对待，要按照法律规定的期限剥夺担任公职的权利。

国会应通过一部关于公共道德的法律来规范公共职权的使用。

第 37 条　按照人民主权论的原则和从此原则衍生的法律，本宪法确保政治权利的充分使用。以全民的、平等的、秘密的和强制的方式进行投票。

鼓励男人和女人积极参与政党管理和选举体系，以保障他们有绝对平等的机会参与选举和参加政党。

第 38 条　政党是民主体系的基本组成单位。本宪法确保政党可自由建立并举办活动，并对其民主的机构和作风，代表少数团体，竞争选举性的公职候选人职位，获得公共信息和互相交流思想提供保障。

国家可通过在经济上支持其活动和培训其领导来促进其发展。

政党的资金和资产来源于公众，并最终用于公众。

第 39 条　所有居民均有向众议院提出议案的权利。国会应当在 12 个月内完成考量。在得到任参、众两院所有成员的绝大多数赞成后，国会应当以区域分配充分但不超过 3% 的登记选民投票的方式通过一个规范性的法律，以支持议案的发起。

有关宪法改革、国际条约、税收、预算和刑事法规的议案不能由公众发起。

第 40 条　经众议院提出后，国会将法案提交公众商讨。法律规定这种商讨不能被否决。当得到公民的赞成时，此项法案会变成法律，其颁布指日可待。

国会或共和国总统，根据各自的权力，可召集非定期的公众协商。在此情况下，投票不被强制要求。

在得到参、众两院所有成员的绝大多数赞成后，国会应对公众协商的主题、程序和时间进行规范。

第41条　所有居民有权享有适于人类发展的健康、和谐的环境。在此情况下，生产活动既要满足当前需要而又不会威胁到未来子孙后代的生存。所有居民有义务保护健康而和谐的环境。按照法律规定，最重要的是破坏环境将承担弥补的义务。

权力机关应提倡保护此项权利，理性使用自然资源，保护自然和文化遗产以及生物多样性，并加强环保宣传和教育。

国家在不改变地方管理权限的情况下，应设立最低保护标准，规定需要加强环保的省份。

坚决制止当前或未来向境内输入有毒水源和放射性物质。

第42条　在消费方面，商品和服务的消费者和使用者有权保护自己的健康、安全和经济利益不受损害，有权获得充分和真实的信息，有权自由选择并受到公正、合理的对待。

权力机关应对此项权利提供保护，进行有关消费的教育，并对任何歪曲市场的竞争进行打击，控制自然和合法的垄断，控制公共事业质量和效率以及消费者协会的成立等。

立法机关应当为冲突的预防和解决、规范国家公共事业建立有效率的程序。同时，立法机关也应考虑到消费者、消费者协会、受控制实体所涉省份必要的参与需要。

第43条　涉及宪法权利的保障时，若没有其他法律途径，任何人都可以针对公共权力机关或个人的行为或疏忽，如当前或即将对本宪法、法律或条约所保护的权利和保障故意或恶意的带来破坏、限制、修改或威胁时，提起一个迅速和简易的诉讼。此时，法官会宣布此行为或疏忽是违背宪法规定的。

针对任何形式因权利受到歧视而提起的简易诉讼，将使环境、竞争、使用者和消费者及一般公共利益受到保护。应由受到侵害的政党、检察官和导致此结局的社团提起诉讼。上述社团是指按照法律规定的条件和组织形式而注册的社团。

任何人可就获得自己登记在公共档案或数据库中，或为提供信息而存在于个人档案中的数据信息及其目的提起诉讼。在遇到错误数据或歧视时，诉讼将会被提起并要求停止、修正、保密并更新这些数据。新闻信息来源的保密性不应受到损害。

当权利受到侵犯、限制、修改或威胁而导致身体自由受到影响，或遇到非法的错误程序或不当拘留以及被迫隐藏身份时，有关人身保护权的诉讼应当由与之相关的政党或代表自己的其他人提起，法官应当迅速作出决定，甚至在受到围困的情况下。

第二部分　国家权力

第一编　联邦政府

第一章　立 法 权

第 44 条　由两院组成的国会拥有国家立法权：国家众议院、由各省和布宜诺斯艾利斯市的参议员组成的参议院。

第一节　众 议 院

第 45 条　由各省、布宜诺斯艾利斯市或首都搬迁后所在市的人民，作为一个国家的选民，通过直接选举并以简单多数的方式产生的代表组成众议院。每 33000 名居民选出 1 名代表，部分地区可最少由 16500 名居民选出 1 名代表。国会在历次人口普查后按此数额确定代表名额，可以增加但不得减少每名众议员所代表的居民基数。

第 46 条　第一届国会众议院的议员比例如下：布宜诺斯艾利斯省 12 人，科尔多瓦省 6 人，卡塔马卡省 3 人，科连特斯省 4 人，恩特雷里奥斯省 2 人，胡胡伊省 2 人，门多萨省 3 人，拉里奥晗省 2 人，萨尔塔省 3 人，圣地亚哥省 4 人，圣胡安省 2 人，圣菲省 2 人，圣路易斯省 2 人，图库曼省 3 人。

第 47 条　为召开第二届国会，应进行人口普查，并根据普查结果确定各地众议员人数。此后，人口普查每 10 年一次。

第 48 条　凡年满 25 岁、具有 4 年以上公民资格、在本选区出生或连续居住 2 年以上者，均可当选为众议员。

第 49 条　本次选举由各省议会制定法律规定直接选举国会众议员的办法。此后，国会将制定一部总选举法。

第 50 条　众议员每届任期 4 年，可以连任，但众议院每 2 年要更换一半议员。因此，第一届众议员会后将抽签决定 2 年后离任的议员。

第 51 条　如遇众议员缺额，省政府或首都政府应立即依法选举新议员补足缺额。

第 52 条　有关增加财政收入或征兵的立法动议权专属众议院。

第 53 条　总统、副总统、内阁首长、部长和最高法院大法官在履行职责时，因可归咎于其职责的失职、犯法或犯有一般罪行时，在弄清事实并经出席众议员 2/3 以上的绝大多数投票，同意进行起诉后，惟众议院有权向参议院提出弹劾。

第二节　参议院

第 54 条　参议院由每省、首都各 3 名参议员组成。各地参议员根据 2 个席位给得票最多的党、1 个席位给得票第二的政党的原则，采用同时直接选举的方式选出。每名参议员有一票表决权。

第 55 条　当选参议员的条件：年满 30 岁，具有 6 年以上国家公民资格，年收入达到或相当于 2000 比索以上，在本选区出生或连续居住 2 年以上者。

第 56 条　参议员任期 9 年，可无限期连任。但每两年须改选 1/3 的参议员。

第 57 条　国家副总统为参议院议长，但惟有在参议院投票双方人数相等时，其才有表决权。

第 58 条　如遇副总统职位空缺，或副总统代为履行总统职务时，参议院应任命一位临时议长。

第 59 条　参议院全权负责公开审理众议院弹劾案。弹劾案开庭审讯时，参议员应宣誓。共和国总统受审时，最高法院院长应主持参议院会议。非经出席参议员 2/3 多数同意，任何受弹劾者均不能被定罪。

第 60 条　弹劾案的判决以免职、剥夺担任国家一切具荣誉性、公信力或有酬劳职位的资格为限。但被弹劾者应依法在普通法院接受公诉、审讯和惩办。

第 61 条　共和国遭受外来侵略时，参议院有权授权国家总统宣布共和国某地区或若干地区进入戒严状态。

第 62 条　如因去世、辞职或其他原因参议员席位缺额时，该议员所属选区的政府应立即选举新议员填补缺额。

第三节　适用于两院的条款

第 63 条　每年 3 月 1 日至 11 月 30 日为国会常规会期，参、众两院应独自召集会议。国家总统可以召集特别立法会议或延长常规会期。

第 64 条　两院各自审查有关选举、权利和其成员资格的合法性。两院召开会议时，必须有绝对多数成员参加，但少数成员可根据两院各自规定的条款和处罚迫使缺席的议员出席。

第 65 条　参、众两院的会议同时开始和结束。会议期间，任一议院休会3 日以上，均须经另一议院同意。

第 66 条　各议院应制定该院的议事规则。经 2/3 议员一致同意，各议院可纠正履行职责时有不当行为的该院议员，或撤换任职后健康情况或道德行为不佳的议员，甚至将议员从议院除名。但对于议员自愿辞职，只须该院一半以上议员同意即可。

第 67 条　参、众两院议员在就职仪式上，应宣誓忠于职守和遵守宪法。

第 68 条　任何国会议员非经所在议院同意，不受司法机关的控告或审讯。议员为履行立法职权而发表的意见和演说不受责难。

第 69 条　参、众两院议员自当选之日起至离职之日止，不受逮捕。但对犯有令人意外的现行罪并应当被判处死刑或其他重刑者除外，此时有关犯罪事实的简要报告应提交给相关议院。

第 70 条　参、众两院议员若在普通法庭受到书面控告，并在公开审判中核实有充分证据，经所在议院 2/3 议员同意，可免除其职务并交付主管法庭审判。

第 71 条　两院可视需要传唤政府各部部长解释和报告工作。

第 72 条　国会议员非经所在议院同意不得任命于具有行政权利的公职或委员会，但短期职务不在此限。

第 73 条　专职教会人员不得担任国会议员，代表各省的省长也不得被推选为国会议员。

第 74 条　按照法律规定，参、众两院议员因其工作可获得薪金，由国库支付。

第四节　国会职权

第 75 条　国会有下列职权：

（1）制定海关法，规定全国统一的进出口税及价值评估法。

（2）与各省共同分享征收间接税的权力。应国家防务、公共安全和公民福利的需要，定期按统一标准在国家各地征收直接税。这类税收属于共享性的，除那些部分或全部需要进行具体分配以外。

国家和各省在相互理解的基础上制定协议法，以建立共同分享这些税收的体系，确保这些资金的自动汇兑。

在国家、各省、首都之间分配司法权、公共机构及职责要重视客观的共用标准，应基于平等、团结的原则优先考虑平衡发展以及全国各区域生活标准与发展机遇的均等化。

协议法应由参议院制定并由两院绝对多数议员通过，不能被单方面修改或调整，而要被各省认可。

只有经国会制定的法律同意，或一定情况下经所有相关省份或布宜诺斯艾利斯市同意，给予配套资金后，司法权、公共机构及职责的划分才能改变。

鉴于联邦财政机构的组织特性，并根据确保各省及布宜诺斯艾利斯市代表性的法律，应由联邦财政机构对本部分所表述的内容进行控制和监管。

（3）经两院所有议员绝对多数同意通过的特别法律，在规定的时期内确定和修改属于共享权力的特别分配。

（4）以国家的信用借款。

（5）自由使用和转让国有土地。

（6）建立具有发行货币职能的联邦银行和其他国家银行，并制定银行章程。

（7）偿还国家内外债务。

（8）根据本条第（2）项第三段的标准，确定年度国家行政开支和预计收入的总预算，并基于国家总体项目和公共投资计划，通过或否决投资项目。

（9）授权国库对预算不敷正常支出的省份给予拨款补贴。

（10）制定内河自由航行条例，视情况授权运营此类港口，设立或取消海关。

（11）铸造货币，并规定本国货币与外币的价值。规定全国统一的度量衡标准。

（12）以法典或单行法律的形式颁布民法、商法、刑法、采矿法、劳动和社会保险法。上述法典不改变地方司法机构的权限。根据对相关人员、事件的管辖权，确定上述法律的执行机构是联邦法院或各省法院。国会应根据出生在阿根廷即获得本国国籍、个人可选择等获得本国国籍的原则，制定全国统一的国籍法和公民身份法，并制定破产法，制定惩办伪造货币和伪造国家文件罪行法，以及需要用来规范陪审团审判的法律。

（13）制定本国与外国、各省间海、陆贸易的法律。

（14）建立并规范全国性的邮政局。

（15）最终商定国界，确定省界，建立新省，并制定特别法规定位于各省范围之外的国家辖区的组织、管理和政府。

（16）处理边境安全事宜。

（17）尊重阿根廷原住民固有的民族和文化。

确保尊重他们的特性和双语、跨文化的教育；明确其社区、社区资产、传统上其占领地区土地所有权的合法地位；管理为足够人群发展而给予的其他土地；保障其不被买卖、交易、遭受扣押或其他额外条款。确保他们能参加到与其相关的自然资源事务以及其他事务中去。各省将共同行使这些权力。

（18）制定法律促进国家繁荣、各省发展和富裕，推动教育发展，颁布普通教育和大学教育计划，并通过制定保护性法律、提供临时特许和鼓励性补偿，促进工业、移民、铁路和航运的发展，开发国家土地，引进和建立新兴工业，引进外国资本，进行内河勘探。

（19）竭尽全力实现人民福祉、经济发展、社会公正，壮大国家经济，创造就业机会，对工人进行专业化培训，维护货币价值、研发科学技术及其总体推广与有效使用。

推动国家和谐发展和领土稳定。由参议院发起，制定不同政策以使国内省份、地区由发展不平衡到实现平衡的发展。

以巩固国家统一和尊重各省、区特质为前提，颁布涉及教育机构和基础的法律；颁布与确保国家责任不被委托，家庭和社会参与，促进不带任何歧视的民主价值、平等机遇和机会有关的法律；颁布保障国家公共教育的自由和平等，国家大学教育的自治和自给自足有关的法律。

颁布保护文化特性和文化多元性，保障自由创作及作家艺术作品的传播，维护用于文化和视听活动的文化遗产和遗址的法律。

（20）建立最高法院的下级法院，并设立和撤销相关职位、规定其权限，颁发抚恤金，授予荣誉称号和批准大赦。

（21）接受或拒绝共和国总统和副总统辞职，必要时宣布举行新的选举。

（22）通过或废除同外国或国际组织缔结的条约、同罗马教廷签订的协定。国际条约、协定的效力高于一般法律。

《美洲人的权利和义务宣言》、《世界人权宣言》、《美洲人权公约》、《经济、社会、文化权利国际协定》、《公民权利和政治权利国际公约》及其授权协议、《防止及惩治灭绝种族罪公约》、《消除一切形式种族歧视国际公约》、《消除对妇女一切形式歧视公约》、《禁止酷刑和其他残忍、不人道或有辱人格的待遇或处罚公约》、《儿童权利公约》，以上国际条约的条款在充分发挥效力时，具有宪法效力，与本宪法第一部分的任何章节不矛盾，且应被视作对本宪法所明确的权利和保障的补充。只有经各院2/3以上议员同意后，经国家行政机关通告时才能废除。

其他有关人权的国际条约和公约，只有经各院2/3成员投票同意后，经国会批准才能取得宪法效力。

（23）制定法律及采用积极的措施保障真正平等的机会和待遇，确保全民福利与宪法、国际人权条约所认可的人权，尤其是关于孩子、妇女、老人和伤残人士的人权得以有效实施。

建立特殊和完整的社会保障体系，保护孩子从胎儿到初等教育期间都不被遗弃，为母亲从怀孕到哺乳期间提供保障。

（24）批准建立在互惠和平等的基础上、委托权力和管理权限给跨国组织的一体化条约，批准尊重民主秩序和人权的条约。此类条约中的规定比法律具有更高的效力。

批准与拉丁美洲国家签订这些国际条约时，需要各院成员的绝对多数同意。与其他国家签订这些国际条约时，原本只能经各院所有成员的绝对多数投票同意，现可凭各院出席成员的绝对多数同意后，国会即可在宣告建议同意此条约的 120 日后，批准此条约。

有关此节所涉条约的废除，应先经各院所有成员的绝对多数同意。

（25）批准总统宣布战争或和平。

（26）批准总统签署还击令，并制定有关缴获劫获物的规则。

（27）在和平和战争期间建立军队，并制定军队组织管理条例。

（28）批准外国军队进入国内与本国军队开赴国外。

（29）发生内乱时，有权宣布一地或数地处于戒严状态，并批准或终止总统在国会休会期间宣布的戒严令。

（30）在国家首都领域的立法和在共和国领土内以实现特定国家利益为前提的立法，均属国会专有的立法权。省、市议会有权征税及在这些地方设置警察，但不得干涉上述目的的实现。

（31）命令对某省或布宜诺斯艾利斯市进行联邦干预。

批准或撤销总统在国会休会期间颁布的干预命令。

（32）为行使上述职权和本宪法授予阿根廷国家政府的其他权力，国会可制定认为适当的法律和条例。

第 76 条　除涉及行政和公共紧急状态时，按照宪法规定的委托条件并对总统行使权力作出具体规定外，立法机关权力不能委托给总统。

前述章节所提及条款的终止，不适用于修订因国会权力委托而发布的规定所带来的法律关系。

第五节　法律的制定和批准

第 77 条　国会的参、众两院均有立法动议权。除本宪法规定的例外情况，法案可由两院议员或总统提出。

修改选举体制或政党选举体制的法案，均须经两院所有议员以绝对多数通过。

第 78 条　法案在提出动议的议院通过后，送交另一议院讨论。两院都通过后，提交总统审批。总统批准后，即可作为法律颁布。

第 79 条　法案在得到普遍赞成后，经各院绝对多数成员投票同意，各院可授权其下属委员会对此法案进行细致审核。若此时出现相同的票数，各院可撤销委托的权力，并返回到普通程序中。只有经委员会所有成员的绝大多数同意，才能获得委员会的审核批准。一旦法案被委员会同意，接下来应立即进行普通程序。

第 80 条　法案在 10 个工作日之内未被退回，则视为总统已经批准。当法案的一部分被驳回时，其余部分也不能获得批准。不过，若未被否决的部分有自治规范，其得到批准并不会改变国会所批准的法案的宗旨和统一时，也可得到颁布。此时，前述所提及的必要和紧急法令的程序可适用。

第 81 条　任何法案被参议院或众议院否决后，不得再列入当年的立法会议。任一议院不得否决由它提出而经另一议院补充或修改的法案。如果作出修订的议院对此法案进行了补充或修改，应当说明此补充或修改是否经其议员的绝对多数或出席议员 2/3 以上通过。经出席议员的绝大多数同意，提议此法案的议院可核准此增加了补充或修改的法案或坚持原来的法案，除非补充或修改是修订的议院经 2/3 出席议员的同意。在此情况下，此法案应被送交总统，并附带提出修订的议院所进行的修改或补充，除非提议的议院以其 2/3 出席议员的投票同意并要求坚持原先的内容。提议的议院所列内容不应当包括已经被修订的议院所提出的补充或修改。

第 82 条　各院的意愿应得到充分的表述，坚决杜绝默许和虚假的核准。

第 83 条　如果被总统全部或部分否决，法案应连同总统的反对意见退回原提案议院复议。如获 2/3 多数通过，再送交另一议院复议。如在两院均获多数通过，法案即成为法律，交总统颁布。在这种情况下，两院都应以记名投票方式对法案表示同意或反对。投票人的姓名、理由以及总统的异议均须立即交由新闻媒体公布。如两院对异议有分歧意见，法案不得再列入当年立法会议。

第 84 条　批准法律须经下列程序："阿根廷国家参议院和众议院在举行国会会议期间颁布或批准某某法律。"

第六节　国家审计总局

第 85 条　立法机关被专门授权，对国家公共机构的地产、经济、财政和运营方面进行外部控制。

立法机关有关国家公共机构的效率和总体情况的建议和意见，应建立于国家审计总局的报告之上。

具有自主职能权力的国会专业建议机构，应根据管理其成立和运作的法律而设立，同时须经各院成员绝对多数的同意。该机构主席的任命根据国会中拥有最多数立法委员的反对党提议产生。

中央和各级公共机构，不管该机构的组织形式或法律授予的其他权力，国家审计总局一律对其所有活动的法律问题、运营和审计进行主管。国家审计总局必须对公共基金的收益和投资账户表示同意或反对。

第七节　监　察　部

第86条　监察部是设立于国会内的独立权力机关，拥有完全自治权并不接受来自任何机关的指导。监察部的职责是在面对行政行为、行政活动或行政疏忽时，防卫和保护宪法所保障的人权和其他权利、保证和利益，同时监管公共行政机关的运作。

监察长在诉讼时有资格成为当事人。由国会各院 2/3 出席议员投票同意，决定其任命和去职。具备立法者的豁免权和优先权。每届任期 5 年且只可连任一届。

监察部的组织机构和运作由专门的法律进行规定。

第二章　行　政　权

第一节　性质和任期

第87条　国家行政权由作为公民的国家总统行使。

第88条　总统生病、离开首都、去世、辞职或被免职时，行政权由国家副总统行使。国家总统和副总统均被免职、去世、辞职或不能胜任工作时，国会确定一名政府官员代为行使总统职权，直到这一状况结束或选出新总统为止。

第89条　国家总统或副总统必须是在阿根廷领土上出生的公民，或在外国出生的本国公民之子嗣，并具备当选参议员所需的条件。

第90条　总统和副总统任期 4 年。仅可在一个连续的任期内再次参选或互相继任。如果他们再次进行了参选或相互继任，不能再次当选这两个职位中的任何一个，除非经过一个任期的间隔。

第91条　国家总统应于 4 年届满之日起停止行使权力，没有任何未竟事件可延长其任期。

第 92 条　总统和副总统由国库支付年薪，年薪在任期内不变。任职期间，总统和副总统不得兼任其他职务，也不得领取国家和任何省的其他酬金。

第 93 条　总统和副总统向参议院议长和国会会议宣誓就职，誓词是："忠实、热忱地履行国家总统（或副总统）职务，竭诚遵守阿根廷国家宪法并接受监督。"

第二节　国家总统和副总统的选举程序和时间

第 94 条　根据宪法规定，国家总统和副总统应由人民进行直接选举，并通过两轮投票选出。为此，整个国家为一单一选区。

第 95 条　选举应在总统任期届满前两个月举行。

第 96 条　第二轮投票应在前一次选举后的 30 日内，并在获得票数最多的两位候选团队之间进行。

第 97 条　如果在第一轮投票中，得票最多的候选团队获得了合法票数 45% 以上的赞成票，其成员应被宣布为国家总统和副总统。

第 98 条　如果在第一轮投票中，得票最多的候选团队获得了合法票数 40% 以上的赞成票，并且超过排在第二位的候选团队 10% 以上的赞成票，其成员应被宣布为国家总统和副总统。

第三节　政府职权

第 99 条　国家总统有下列职权：

（1）总统是国家最高元首和政府首脑，并对国家宏观行政管理负有政治责任。

（2）为执行国家法律，总统在必要时可签发指令和制定条例，但这些例外规则不得违反法律原有的精神。

（3）总统根据本宪法参与制定法律，并签署和颁布法律。

总统不能颁布具有法律效力的条款。若颁布，则为完全彻底无效的。

只有因例外的情形，本宪法前述所规定的制定法律的一般程序不可能实行时，或规则不涉及刑事、税收、选举事项、政党体系时，总统可应需要和紧急状况而颁布法令。此法令应由部长们的一致意见而决定，并经各部部长负责人签署后各部部长副署。

在 10 日之内，各部部长负责人应亲自将此决定递交给国会联合常委会考虑，此联合常委会是按照各院各政党代表所占比例而组成。在 10 日之内，此委员会将其报告递交各院全体会议进行进一步考虑，各院将立即进行开会讨论。经各院所有成员绝对多数同意并颁布的特殊法律将对此程序和国会参与的职权进行监管。

（4）总统在专门召集的公开会议上，经参议院2/3成员同意，任命最高法院法官。

总统可通过具有约束力的提议，即地方行政委员会提交的由3人构成的候选名单，经参议院在公开大会中讨论候选人的资格并同意后，任命其他联邦低级法院法官。

一旦法官到了75岁，需要一份经过上述同意的新任命，才能继续任职。75岁或以上的法官应当被任命5年，并可通过一样的程序无限当选。

（5）根据有关法院报告，总统可以对联邦司法机构的判决宣布赦免和减刑，但众议院弹劾案件不在此列。

（6）根据国家法律，批准养老金、退休金、退役金和救济金等事项。

（7）经参议院同意，任命和撤换大使、特命全权部长和商务代表。总统可出于自身考量而任命和撤换内阁首长和各部部长及其秘书处官员、领事人员以及本宪法未作特别规定的其他行政官员。

（8）出席每年国会专门召集两院举行的立法会议开幕式，并向国会作有关国情和本宪法所同意的各项改革情况的报告，同时向国会提出其认为必要和可行的措施供国会参考。

（9）当严重的秩序问题或利益相关的进步非常需要时，总统可宣布延长国会例会或召开国会特别会议。

（10）监督各部部长的履职情况，并根据法律或国家预算支出，决定国家税收和投资事项。

（11）为保持对外友好关系，与国际组织和外国缔结和签订条约、协定和其他协议，接受并承认外国使节和领事。

（12）总统是国家一切武装力量的总司令。

（13）授予国家军职：经参议院同意，任命高级军官及授予军衔；战时可不经参议院同意而自行任命。

（14）掌控军事力量，并根据国家需要进行组织部署。

（15）经国会批准或同意，宣布战争和颁发特许逮捕令和缴获令。

（16）当国家受到外国侵略时，经参议院同意，宣布国家一地或数地在短期内处于戒严状态。当发生内乱时，因发布戒严令属于国会职权，惟恰逢议会休会，总统才能根据本宪法第23条的规定，发布戒严令。

（17）总统可以要求政府各部门负责人并通过他们要求其他政府工作人员汇报所需情况，对方均不得拒绝。

（18）未经国会准许，总统不得离开国境。国会休会期间，确有因公共利益所需时，才能未经国会批准离开国境。

（19）对须经参议院同意方可任命的职位，在参议院休会期间出现空缺，总统有权任命代理人员填补缺额，但有效期截至下一次议会会期。

（20）在国会休会期间，总统可发布对各省或布宜诺斯艾利斯市的联邦干预。但与此同时，总统必须召集国会商讨此干预。

第四节　内阁首长和其他行政机构负责人

第100条　内阁首长和其他部长负责处理国家事务，并副署各项法令使之具备法律效力。凡未经副署的总统文件均属无效。各部部长的数量和权限由专门法律予以规定。

内阁首长对国会负有政治责任，并被赋予以下权力：

（1）实行对国家的总体管理。

（2）经法令或规定所涉及相关部委部长的副署，执行法令和颁布必要的规定以行使本章节所授予的权力及国家总统委托的权力。

（3）可任命机关工作人员，但与总统有关的人员除外。

（4）经内阁同意后，行使由国家总统委托的职能和权力；对总统赋予的事项作出决定，或对在其职权范围内，自身认为非常重要而有必要的事项作出决定。

（5）配合、筹备并召集内阁部长会议，并在总统缺席时主持会议。

（6）提前经内阁同意和总统的核准后，向国会提交有关各部门的账款和国家预算。

（7）保障国家财政收入并实施国家预算法案。

（8）副署关于法律的监管法令，延长国会一般立法会期或召集一次非常会议的法令，总统关于支持立法创制权的意见。

（9）出席国会会议并参加讨论，但没有投票权。

（10）一旦国会的一般立法会期开始，与其他内阁部长一起共同提交关于各部门商业运行情况的国家详细状况报告。

（11）当任何一院向总统提出需要时，提供口头、书面的报告或解释。

（12）在联合常委会的管理下，副署有关国会委托权力的法令。

（13）与其他内阁部长共同副署必要和紧急的法令，法律部分颁布的法令。在其同意的10日之内，需要亲自将这些法令提交联合常委会考虑。

内阁首长不得同时兼任内阁部长职务。

第101条　内阁首长每月须至少出席一次国会，并要两院交替出席，并按照第71条的规定，报告政府工作的进展。经各院全体议员的2/3投票同意可对其进行质询，绝对多数投票同意则可将之免职。

第102条　各部部长对所同意使其合法化的法令负责，并为和其他同事共同签署的文件共同负责。

第103条　除本部门的经济和行政事务外，各部部长在任何情况下都不得擅作决定。

第104条　国会会期开始后，内阁首长应就各部门的工作运作向国会提供一份详细的国家情况报告。

第105条　部长在未辞去职务之前，不得兼任参议员或众议员。

第106条　部长可列席国会会议并参加辩论，但无表决权。

第107条　部长因所提供的服务依法律规定而领取薪金，薪金不得任意提高或降低，也不能有损于在任者。

第三章　司　法　权

第一节　性质和任期

第108条　同国会在国家领域内的构成一般，国家司法权由最高法院和各地设立的地方法院行使。

第109条　在任何情况下，国家总统均不得行使司法权，不得干预正在审判中的案件或复审已结案的案件。

第110条　国家最高法院大法官和地方法院法官，凡秉公执法的，均可一直任职。法官依法律领取薪金，且在职期间其薪金不得降低。

第111条　任职最高法院法官必须有国家律师资格，且实际从事律师职业8年以上，并具备与当选参议员相同的条件。

第112条　最高法院成立时，被任命的法官向国家总统宣誓，保证忠于职守、主持正义、秉公办事并严格遵守宪法。以后的新任法官向最高法院首席大法官宣誓。

第113条　最高法院制定内部规章，并任命所属公职人员。

第114条　经各院所有议员绝对多数同意而通过的特别法规定，行政委员会负责法官的遴选和司法权的管理。该委员会周期性地组建，以使普选中胜出的政治团体、法官、联邦注册律师的代表之间保持平衡。该委员会组成成员还包括学者、科学家，构成的具体形式和人数应按照法律规定进行。

其职权包括：

（1）根据公开竞争，选择地方法院的法官候选人。

（2）在建议的 3 个候选人名单中任命地方法院法官。

（3）管理法律规定由法院管理的资源和预案。

（4）执行适用于法官的纪律措施。

（5）当法官被暂令停职，启动免职程序，并进行相关指控。

（6）发布司法组织的规程，以确保司法独立和司法权的有效运作。

第 115 条　根据第 53 条的规定，地方法院的国家法官可以被由议员、法官、注册律师所组成的特别陪审团予以免职。该判决不可申诉，但是仅以免职为限制。不过，被宣告有罪的法官将被移交到普通法院，依法进行指控、审讯和判罪。如果免职程序启动后 180 日内仍未作出决定，则该程序将中止，被停职的法官恢复原职。

特别陪审团的组成和程序由第 114 条所提到的特别法律规定。

第二节　司法权的职权范围

第 116 条　国家最高法院和地方法院负责审理、判决一切涉及宪法和法律的案件，但不包括第 75 条第（12）项规定的事项和与外国签订的国际条约；涉及外国大使、公使和领事的案件；涉及海事和海上管辖权的案件；涉及国家作为当事人的案件；涉及两省或两省以上的省际案件；涉及一省与邻省居民之间的案件；涉及不同省居民之间的案件；以及涉及一省或其居民同外国或外国公民之间的案件。

第 117 条　在上述情况下，最高法院根据国会制定的规章和特别条例，行使上诉审判权。但对涉及外国大使、公使和领事的案件和涉及某省为当事人的案件，最高法院有初审和专属管辖权。

第 118 条　除众议院授权进行弹劾的案件外，在全国建立陪审团制度后，一切普通刑事案件的审判采取陪审团制。审判应该在案件发生的省份进行。如果案件发生在国外并违反了国际法，国会须通过专门法律规定审理地点。

第 119 条　叛国罪仅指以武力反对国家或勾结敌人及向敌人提供援助的罪行。国会须制定专门法律规定对此类罪行的处罚，但不得牵连除罪犯本人以外的其他人员，不得在任何程度上影响其亲属的名誉。

第四章　公共安全部

第 120 条　公共安全部为职能、经费独立的实体，与共和国的其他机关相互合作，致力于推进司法以保障社会公共利益的合法化。其由国家总检察长、国防部长以及法律规定的其他成员组成，其成员享受职务豁免权和不可更改的薪金待遇。

第二编　省政府

第 121 条　凡本宪法未明文规定委托于联邦政府而由各省各自保留的权力，连同各省加入联邦时以特别协议明确保留的权力，均属省政府。

第 122 条　各省确定各自的地方体制并据此管理。各省自行选举本省省长、省议员和其他官员，联邦政府不得干预。

第 123 条　各省根据本宪法第 5 条规定制定本省宪法，确保市民自治权并规定其范围和内容，包括公共机构、政治、行政、财政和金融等方面。

第 124 条　各省有权为了经济和社会发展建立特区，并为了履行职能建立机构，在通报国会的情况下，还可以与外国签订条约，但不得与国家外交政策相抵触，也不得有损联邦政府的权力和国家的公共信誉。首都应当设立带此目标的区域。

各省对辖区内的自然资源享有原始所有权。

第 125 条　各省之间可签订有关司法管理、经济利益和公益事业的地方协定，并报国会备案。各省可制定保护性法律并利用本省资源发展工业，提倡移民，修筑铁路，开辟航道，垦殖省属土地，以及引进、建立新型工业，引进外资和勘察本省河流。

各省和首都将继续为公职人员、教授提供当地的社会保险机构，并促进经济发展、人权保护，提高就业、教育、科学和知识文化水平。

第 126 条　各省不得行使属于国家的权力，在任何情况下都不得签订政治性的地方协议，不得制定有关贸易、内河航行或国外航行的法律，不得设立省海关，不得铸造货币，未经联邦国会批准不得成立有权发行纸币的银行。在国会颁布民法、贸易法、刑法和矿业法后，各省不得另行颁布这类法律。各省不得就公民和国籍、破产、伪造货币或国家文件等事项颁布法律，不得征收船舶吨位税。各省不得建造战舰或组建军队，但遭受外敌入侵或遇刻不容缓的危险时不受此限，不过事后须立即向联邦政府报告。各省不得任命驻外代表或接受外国代表。

第 127 条　任何一省不得对另一省宣布或发动战争。省际争端由最高法院受理解决。双方的敌对行动实际是内战行为，以叛乱和骚乱论处。联邦政府应依法镇压和处罚。

第 128 条　各省省长是联邦政府的当然代理人，负责实施国家宪法和各项法律。

　　第 129 条　首都拥有自治的政府系统，并有立法权和司法权，其政府首脑由首都居民直接选举产生。在布宜诺斯艾利斯市为国家首都期间，应制定法律确保国家利益。根据本节上述条款，国会将召集首都居民会议，以选举产生代表并由其制定有关首都机构的组织法律。

（严文君译，林彦、田雷校）

<h1 style="text-align:center">～ 巴　西 ～</h1>

<h1 style="text-align:center">巴西联邦共和国宪法[*]</h1>

<h2 style="text-align:center">序　言</h2>

我们，作为巴西人民的代表，召集全国制宪会议，为在社会和谐与忠诚之基础上建立一个民主国家，确保将社会与个人权利之行使，以及自由、安全、福祉、发展、平等和正义作为一个友爱、多元且无偏无私之社会的最高价值，并在国内与国际秩序中致力于和平解决争端，特在上帝庇护下，颁布此巴西联邦共和国宪法。

第一编　基本原则

第 1 条　巴西联邦共和国，作为由州、市以及联邦特区组成的不可分割的

---

　*　1988 年 9 月 22 日制宪会议通过，1988 年 10 月 5 日公布施行。

　译者注：巴西宪法结构和体例均较为复杂。在结构上，宪法由正文、过渡宪法条款法案和宪法修正案未插入条款三部分组成。在体例上，巴西宪法原文中，条文以阿拉伯数字排序，条下以罗马数字Ⅰ、Ⅱ等分款，款下以小写英文字母a)、b) 等分项；许多条款正文后还有以§1、§2 标示的款项，§1、§2 之下又按照罗马数字和小写英文字母分款、项；个别条款正文后还设有独立条款（Sole Paragraph）。在翻译时，为尊重汉语习惯，将罗马数字Ⅰ、Ⅱ改为阿拉伯数字1、2，小写英文字母a)、b) 改为 (1)、(2)，以§1、§2 标示的款项保留原符号。但在宪法涉及条文引用处，为了避免翻译为条、款、项可能造成的混淆和表述烦琐，本译文在涉及条文引用处尊重巴西宪法原文体例，如原文引用 "art. 12，Ⅰ" 译为 "第 12 条 1"，引用 "art. 12，Ⅰ，a)" 译为 "第 12 条 1 -（1）"，引用 "art. 12，§4" 译为 "第 12 条§4"，引用 "art. 12，§4，Ⅰ，a)" 译为 "第 12 条§4 - 1 -（1）"，特此说明。

联合体，是建立在如下原则之上的民主法治国家：

1. 主权；

2. 公民；

3. 人性尊严；

4. 劳动和自由竞争的社会价值；

5. 政治多元主义。

独立条款：一切权力来自于人民。人民依照本宪法规定，通过选举出的代表或直接行使权力。

第2条　联邦的权力机关分为立法机关、行政机关和司法机关，三者彼此独立而又互相协调。

第3条　巴西联邦共和国的基本目标是：

1. 建立一个自由、公正和团结的社会；

2. 确保国家的发展；

3. 消除贫困和低生活水准，减少社会和地区发展的不平衡；

4. 增进全民福祉，不得存在基于出身、种族、性别、肤色、年龄或其他任何形式的歧视。

第4条　按照以下原则处理巴西的国际关系：

1. 国家独立；

2. 普及人权；

3. 人民自决；

4. 不干涉主义；

5. 各国平等；

6. 维护和平；

7. 和平解决争端；

8. 拒绝恐怖主义和种族主义；

9. 人民团结合作，促进人类发展；

10. 准许政治避难。

独立条款：为期建立一个拉丁美洲国家共同体，巴西联邦共和国应致力于拉丁美洲各国人民经济、政治、社会和文化的融合。

第二编　基本权利和保障

第一章　个人、集体的权利与义务

第5条　法律面前人人平等，不因任何理由而有所差别。本宪法依照下列条款，保障所有巴西公民和居住在巴西的外国公民的生命、自由、平等、安全和财产权利不受侵犯：

1. 依照本宪法的规定，男女的权利和义务一律平等；

2. 除依照法律规定外，任何人不得被强迫作为或不作为；

3. 任何人不受残酷、非人道或有辱人格的对待；

4. 意见表达应属自由，但不得匿名；

5. 反论权以及金钱、精神和名誉损害赔偿受保障，但应与权利受到侵害的程度相符；

6. 良心自由和信仰自由不受侵犯，保障宗教行为自由，并依照法律规定保护宗教场所和宗教仪式；

7. 依照法律规定，保障在民用和军用集体监禁设施内提供宗教援助；

8. 不得因宗教信仰、哲学观或政治观点而剥夺任何人的任何权利，除非其为逃避普遍性法律义务而主张上述信仰，且拒绝履行法定替代性义务；

9. 知识、艺术、科学及通信活动的表达应属自由，不受任何审查或批准；

10. 个人隐私、私生活、荣誉和名誉不受侵犯，保障上述权利受到侵犯时，个人获得经济赔偿或精神损害赔偿的权利；

11. 住宅是个人不受侵犯的庇护所，除非因现行犯罪、灾难或为提供救助，或者在白天依据法院命令，非经居住者允许，任何人不得进入；

12. 通信以及电报、数据、电话通信秘密不受侵犯，但针对电话通信，依据法院命令，以刑事调查或刑事诉讼中的事实调查为目的，按照法定情形和方法进行的限制除外；

13. 人人享有从事职业、商业、行业的自由，但应具备法定专业资质；

14. 人人有权获知信息，在职业活动必需时应保证消息来源的保密性；

15. 和平期间可在本国境内自由迁徙，任何人可依照法律规定，携带其财产进入、离开国境或在本国居留；

16. 只要不妨碍其他事先要求同样场地的集会，所有人均可在公共场所举行和平、非武装的集会，集会无须许可，惟应事先通知主管机关；

17. 出于合法目的结社的自由受到保障，但禁止组建任何准军事性组织；

18．创建社团以及依照法律规定创建合作社，无须获得授权，禁止国家干涉其运作；

19．只有根据法院判决，才能强制解散社团或暂停社团活动，解散社团所依据者必须为终审且不可上诉判决；

20．不得强迫任何人加入社团或强制保留其成员资格；

21．如被明确授权，社团有权以司法方式和非司法方式代表其成员的权益；

22．财产权受保障；

23．财产应符合其社会功能；

24．法律应规定在公平及提前以现金补偿的基础上，因公共需要、公共用途或社会利益征收财产的程序，本宪法规定的例外情形除外；

25．如遇紧急的公共危险，主管机关可使用私人财产，但应保证财产受损时对所有人的事后赔偿；

26．法律规定的供家庭劳作的小型农业财产，不得用于偿还因其生产活动所产生的债务，法律还应规定途径资助其发展；

27．作者享有使用、出版或复制自己作品的排他性权利，该权利可在法定期限内转移由其继承人享有；

28．以下权利依法受到保护：

（1）个人在其参与创作的集体作品中拥有的权利，以及复制其声音、形象的权利，包括在体育活动中拥有的此类权利；

（2）创造者、表演者及其各自所属的工会和社团监督其创作或参与的作品的经济收益情况的权利；

29．在平衡社会利益与国家经济、技术发展的前提下，法律应保证工业发明的完成者有限期地使用其作品的特权，工业创造、商标所有权、公司名称和其他显著标志同样受到保护；

30．继承权受保障；

31．为了在被继承人的属人法不利于巴西籍配偶和子女时保护其利益，继承外国人位于巴西境内的财产应依据巴西法律；

32．国家应依照法律规定，为消费者提供保护；

33．所有人有权在法定期限内从公权机关获取涉及其私人利益或有关集体、公众利益的信息，其保密性对社会和国家安全至关重要的信息除外；

34．保障所有人无须支付费用而享有以下权利：

（1）为维护权利或反对违法行为与权力滥用，向公权机关申诉的权利；

（2）为维护权利或澄清事关个人利益的情况，从政府部门获得证书的权利；

35. 法律不得排除司法机关对任何权利损害和威胁所进行的审查；

36. 任何法律不得损害既得权利、既成司法行为或既决案件；

37. 禁止成立特别法院或法庭；

38. 承认陪审团制度，其组织由法律规定，应确保：

（1）充分辩护；

（2）秘密表决；

（3）陪审团裁定的终局性；

（4）针对生命的故意犯罪，必须由陪审团裁决；

39. 法律无明文规定，不构成犯罪，亦不得处以法律未明文规定的刑罚；

40. 除非有利于被告人，刑法不得溯及既往；

41. 法律应惩处任何侵犯基本权利和自由的歧视行为；

42. 种族歧视犯罪不得保释且无追诉时效限制，并应依照法律规定判处监禁；

43. 法律应当规定酷刑、非法贩卖毒品或同类药物、恐怖主义以及其他法定重罪不得保释、宽赦或大赦；主犯、从犯以及本能避免犯罪但未阻止者，均应受到处罚；

44. 平民或军事武装团体实施的破坏宪法秩序和民主政体的罪行不得保释，且不受追诉时效限制；

45. 刑罚不得转承他人，但依照法律规定，损害赔偿责任和剥夺财产的判决可由继承人承担，并可强制执行，但以继承财产的价值为限；

46. 法律应规定刑罚个别化原则，并采取如下刑罚种类：

（1）剥夺或限制自由；

（2）剥夺财产；

（3）罚款；

（4）替代性社会服务；

（5）中止或剥夺权利；

47. 不得施以下刑罚：

（1）死刑，第84条19规定的宣战情形除外；

（2）终身监禁；

（3）强迫劳役；

（4）流放；

（5）酷刑；

48. 根据犯罪性质、罪犯年龄和性别的差异，判决应当在不同的设施内执行；

49. 应尊重罪犯的身体和精神完整；

50. 应保证女性罪犯在哺乳期间可与其子女共同生活；

51. 不得引渡巴西公民，但因归化方式取得巴西国籍的公民在归化前犯罪的，或依照法律规定，被证明参与非法贩卖毒品或同类药物者除外；

52. 不得因政治或思想犯罪引渡外国人；

53. 非经主管机关，任何人不得被审讯或判决；

54. 未经正当法律程序，任何人不得被剥夺自由或财产；

55. 应确保司法或行政诉讼中的当事人以及一般被告人可使用相应的措施和资源，以遵循抗辩式诉讼制度并享有完整的辩护权；

56. 通过非法手段取得的证据在诉讼中不予采信；

57. 在终审且不可上诉判决定罪之前，任何人不得被认定有罪；

58. 除法律规定的情形外，因民事责任须进行身份鉴定之当事人不得提交刑事鉴定；

59. 对应当公诉的犯罪，如未能在法定期限内提起公诉，应允许个人起诉；

60. 只有必须保护隐私或社会利益时，法律才可限制诉讼活动的公开性；

61. 除非现行犯或依据有正当理由的主管司法机关的书面命令，任何人不得被逮捕，法律规定的军事犯罪或特定军事犯罪除外；

62. 逮捕任何人，应当立即连同羁押场所告知主管法官、被逮捕人的家属或由被逮捕人指定的人；

63. 被逮捕人有权获知其权利，包括沉默权，应保障其获得家属和律师的援助；

64. 被逮捕人有权获知负责其逮捕或警方讯问的人的身份；

65. 司法机关应立即释放遭非法逮捕的人；

66. 如法律准许无论有无保证，均可具结保释，则不应羁押被逮捕人；

67. 除债务人主动、无法辩解地拒绝履行抚养义务和恶意受托人外，不得因债务而监禁债务人；

68. 当公民的行动自由因他人的违法行为或权力滥用而遭到暴力、胁迫的侵犯或威胁时，可颁发人身保护令；

69. 当违法行为或滥用权力者为公权机关或代为履行政府职责的法律组织时，可签发安全保护令，以保护人身保护令或信息保护令无法保护的合法明确的权利；

70. 有权申请集体安全保护令的是：

　　（1）在国会有代表的政党；

　　（2）合法组织并已运作至少 1 年的工会、专业组织或协会，以保护其成员的利益；

　　71. 因缺乏法律规定，使宪法权利和自由以及国籍、主权和公民权所固有的特权无法行使时，应签发禁制令；

　　72. 以下情况应颁发信息保护令：

　　（1）确保申请人知晓有关政府机构或具有公共性质之实体的记录和数据库中收录的有关该申请人的个人信息；

　　（2）当申请人不愿通过秘密的司法或行政程序更正数据时；

　　73. 除非被证明是恶意的，任何公民提出民众诉讼，以废止有害于公共财产或国家参与其中的法律实体的财产，或者有害于行政秩序、环境与历史文化遗产的行为，原告免交诉讼费，并无须支付因败诉产生的费用；

　　74. 对任何能证明其财力不足之人，国家应提供充分且无偿的法律援助；

　　75. 国家应当赔偿任何被司法错误定罪的人，以及任何被监禁时间长于其刑期的人；

　　76. 对被认定贫困的人，依照法律规定以下事项免费：

　　（1）出生证明；

　　（2）死亡证明；

　　77. 人身保护令和信息保护令之程序，以及依法为行使公民权所必需的行为，均免费；

　　78. 对所有人，应保证司法和行政诉讼在合理期限内结束，并提供相应手段以确保案件被迅速审理。

　　§1. 规定基本权利及其保障的条款立即生效。

　　§2. 本宪法规定的权利及其保障，并不排除从政体及从本宪法所秉持的原则或巴西联邦共和国参与的国际条约中所衍生出的其他权利和保障。

　　§3. 有关人权的国际条约和公约，如经国会两院分别投票，并由两院议员各 3/5 以上通过，其效力相当于宪法修正案。

　　§4. 巴西支持成立国际刑事法庭，并受其管辖。

第二章　社会权利

第 6 条　本宪法所规定的社会权利包括教育、健康、营养、劳动、住房、休闲、安全、社会保障、对母亲及儿童的保护以及特困援助。

第 7 条　城乡劳动者以及其他谋求改善自身社会条件者，享有以下权利：

1. 依照配套性法律的规定，禁止恣意解雇或无故解雇劳动者，保障获得解雇费等各项权利；

2. 非自愿失业时，应享有失业保险；

3. 工龄保证基金；

4. 法律统一规定全国最低工资，以满足劳动者以及其家人对住房、抚养、教育、健康、休闲、衣着、卫生、交通和社会保障的基本生活需求，并定期调整最低工资以维持其购买力，禁止出于任何目的援引最低工资标准作为指数；

5. 工资底薪应与工作内容和复杂程度相符；

6. 除非集体协议或协定另有规定，不得减少薪金或工资；

7. 劳动者报酬不固定的，应保证其收入不低于最低工资标准；

8. 年底双薪（第13个月的工资）应以全薪或养老金的金额为基准；

9. 夜间工作报酬应高于日间工作报酬；

10. 依法保护薪酬，故意扣留工资构成犯罪；

11. 除报酬外，劳动者还可依照法律规定，参与分配公司利润和成果，在特殊情况下，亦可参与公司管理；

12. 依照法律规定，低收入劳动者的被抚养人可获得家庭津贴；

13. 正常工作时间不得超过每天 8 小时，每周 44 小时。通过协定或集体谈判协议，可协商工作时间和减少工作天数；

14. 如实行轮班制，每个工作日的工作时间为 6 小时，集体谈判协议另有规定的除外；

15. 每周带薪休息，以安排在周日为宜；

16. 加班费应至少比正常工作工资高出 50%；

17. 每年带薪休假，休假工资应至少比正常工资高出 1/3；

18. 产假 120 日，在此期间，不得解雇或停发工资；

19. 丈夫依法享有陪产假；

20. 依照法律规定，通过特殊奖励保护妇女就业市场；

21. 依照法律规定，解雇应根据工龄长短提前通知，提前时间不得短于 30 日；

22. 应制定有关工作健康、卫生和安全的规定以减少工作风险；

23. 从事艰苦、有害健康或危险工作的劳动者，依法应享有额外的报酬；

24. 退休金；

25. 为从出生到 5 岁的子女及其他被抚养人在托儿所和幼儿园提供无偿照顾；

26. 承认集体谈判协议和协定；

27. 依照法律规定，提供保护以抵御自动化造成的影响；

28. 雇主应为雇员购买工作意外伤害保险，但不得以之排除雇主因恶意或过错所负的赔偿责任；

29. 对城乡劳动者，因雇佣关系所产生之诉讼的时效为5年，但不得超过劳动合同终止后2年；

（1）（已废止）

（2）（已废止）

30. 禁止任何因性别、年龄、肤色或婚姻状况在酬劳支付、责任履行以及雇佣条件方面进行的差别对待；

31. 禁止任何在酬劳支付及雇佣条件方面针对残疾劳动者的歧视；

32. 禁止任何在手工、技术和智力劳动以及各自领域专业劳动者之间进行的差别对待；

33. 未满18岁者不得从事夜间工作以及危险或有害健康的工作，未满16岁者不得从事任何工作，从14岁开始成为学徒者除外；

34. 自由职业者与具有终身雇佣关系的劳动者享有平等的权利。

独立条款：家庭佣工同样享有本条4、6、8、15、17、18、19、21、24规定的权利，并纳入社会保障体系。

第8条 专业组织或工会组织可自由组建，并遵守下列规定：

1. 除在主管机构登记外，组建工会无须国家批准，禁止政府干预和介入工会组织；

2. 在同一区域内，无论级别大小，代表同一职业或经济类别的工会组织不得多于一个，该区域应由具有相关利益的劳动者和雇主决定，且范围不得小于一个市；

3. 工会组织负责维护其行业内集体或个人的权利和利益，包括司法或行政纠纷；

4. 除法定份额外，工会大会须确定会费标准，对同一行业的工会组织，会费应统一从工资中扣除，以支持各自工会组织代表组成联合体；

5. 任何人不得被强制加入工会组织或强制保留其会员资格；

6. 工会组织必须参与集体劳资谈判；

7. 退休人员享有工会组织内的选举权和被选举权；

8. 雇员从登记参选工会组织领导或代表之时起，不得被解雇；如果成功当选，即便作为候补，仅在其任期结束1年后方可被解雇，犯有法定严重过错者除外。

独立条款：如符合其他法定条件，本条规定适用于农村工会组织和渔业团体组织。

第9条　罢工权受保障，应由劳动者决定何时行使罢工权以及通过罢工所要维护的权利。

§1. 法律应确定必要的服务和活动，并规定必须满足社会不可延迟的需求。

§2. 对滥用罢工权负有责任的一方应受到法律惩处。

第10条　政府合议机构的讨论和审议涉及劳动者和雇主的行业或社会保障利益时，劳动者和雇主的参与权受到保障。

第11条　雇员超过 200 名的公司，应选出雇员代表，专职负责推动与雇主进行的直接谈判。

第三章　国　　籍

第12条　符合以下条件者，为巴西公民：

1. 因出生取得国籍：

（1）本人出生在巴西联邦共和国，即使父母为外国人，只要其父母不是为其本国服务；

（2）本人出生在外国，父母一方为巴西公民，只要其父母一方是为巴西联邦共和国服务；

（3）本人出生在外国，父母一方为巴西公民，只要在巴西政府主管部门登记过，或在巴西联邦共和国居住并在达到法定成年年龄后的任何时间选择加入巴西国籍；

2. 归化入籍：

（1）满足法律规定条件者即可取得巴西国籍；而对于出生在葡萄牙语国家的公民，只要在巴西连续居住满 1 年且具有良好道德品质，即可取得巴西国籍；

（2）任何国籍的外国人，只要在巴西联邦共和国连续居住超过 15 年且无犯罪记录，即可应其请求取得巴西国籍。

§1. 除本宪法另有规定的情形外，如巴西公民获得葡萄牙给予的互惠待遇，则在巴西永久定居的葡萄牙公民亦享有巴西公民同等权利。

§2. 除本宪法另有规定的情形外，法律不得对在巴西出生的巴西公民与归化入籍的巴西公民进行差别对待。

§3. 以下职位，只能由在巴西出生的巴西公民担任：

1. 共和国总统和副总统；

2. 众议院议长；

3. 联邦参议院议长；

4. 联邦最高法院法官；

5. 外交官；

6. 武装部队军官；

7. 国防部长。

§4. 以下之巴西公民，应当经宣告丧失巴西国籍：

1. 因从事危害国家利益的活动，经司法判决取消归化者；

2. 已取得他国国籍者，但以下情形除外：

（1）外国法律认可原国籍；

（2）外国法律将归化入籍作为在该国定居的巴西公民停留于其领土或行使公民权利的条件。

第 13 条 葡萄牙语是巴西联邦共和国的官方语言。

§1. 国旗、国歌、国徽和国玺是巴西联邦共和国的象征。

§2. 各州、联邦特区和市均可有其自身的象征。

第四章 政治权利

第 14 条 人民主权通过普遍、直接、秘密与平等的选举实现，依照法律规定，还包括下列方式：

1. 全民公决；

2. 复决公投；

3. 公民立法创议权。

§1. 选民登记和投票：

1. 年满 18 岁者，必须参加投票；

2. 下列公民可自我决定是否参加投票：

（1）文盲；

（2）70 岁以上者；

（3）超过 16 岁，未满 18 岁者。

§2. 外国公民不得登记投票，应征入伍者在服义务兵役期间也不得投票。

§3. 依照法律规定，具有被选举资格的条件如下：

1. 巴西国籍；

2. 享有完整的政治权利；

3. 已完成选民登记；

4. 在选区内有住所；

5. 具有党籍；

6. 符合最低年龄限制：

（1）任共和国总统、副总统和参议员，应年满 35 岁；

（2）任各州州长、副州长和联邦特区行政长官、副行政长官，应年满 30 岁；

（3）任联邦、各州或联邦特区议员，各市市长、副市长及治安法官，应年满 21 岁；

（4）任市议员，应年满 18 岁。

§4. 不能进行选民登记的公民和文盲不具有被选举资格。

§5. 共和国总统、各州州长、联邦特区行政长官、各市市长以及在任期内接任或代替上述职务者，只可连任一届。

§6. 如竞选其他职务，共和国总统、各州州长、联邦特区行政长官、各市市长必须于选举前至少 6 个月内辞去各自现任职务。

§7. 共和国总统、各州州长、联邦特区行政长官、各市市长，以及于竞选前 6 个月内代替上述职务者，其配偶、二等亲以内血亲或姻亲以及其收养之亲属，不得参加其辖区内的选举，已当选或已成为连任竞选候选人的除外。

§8. 可登记投票的军人在满足以下条件后具有被选举资格：

1. 如服役未满 10 年，必须不再参加军事活动；

2. 如服役超过 10 年，必须由其上级解除其军事职务，如果当选，自任职之日起自动从原职退休。

§9. 配套性法律应规定其他不具备被选举资格的情形及其生效期间，以维护行政正直和执行职务的道德性，并考量候选人以往的生活经历，防止因经济力量或者滥用直接或间接的行政管理职务、职权或职位而影响选举的规范性和合法性。

§10. 如有证据证明存在经济力量之滥用、腐败或欺诈，可在选举结果公布后 15 日内向选举法院提起诉讼，质疑选举结果。

§11. 质疑选举结果的诉讼应当秘密进行，依照法律规定，如果该诉讼存在虚假或恶意，则原告应承担责任。

第 15 条 禁止剥夺政治权利，仅在下列情况下允许丧失或终止政治权利：

1. 经终审且不可上诉之司法判决取消归化；

2. 完全无民事行为能力；

3. 终审且不可上诉的刑事判决生效期间；

4. 依据第 5 条 8 的规定，拒绝遵守普遍性义务或履行替代性义务；

5. 第 37 条 §4 规定的行政不当行为。

第 16 条　变更选举程序的法律应当自公布之日起生效，且不适用于生效之日起 1 年内的选举。

第五章　政　党

第 17 条　政党成立、兼并、合并以及解散自由，但应尊重国家主权、民主政体、多党制和基本人权，并遵守以下规定：

1. 全国性；

2. 禁止从外国组织和政府获取资金援助或附属于外国组织和政府；

3. 向选举法院提供财务账目；

4. 依法参与国会运作。

§1. 政党受到保障，可自主确定内部结构、组织和运行，并自行选取标准选择和组织选举同盟，无须在国家、州、联邦特区或市各级候选人之间建立联系。其内部章程应规定党内纪律和政党忠诚。

§2. 政党依民法规定取得合法资格后，应向最高选举法院登记注册政党章程。

§3. 政党有权依照法律规定，运用政党资金并获得广播与电视的免费使用时间。

§4. 禁止政党使用准军事性组织。

第三编　国家组织

第一章　政治与行政组织

第 18 条　巴西联邦共和国的政治和行政组织由联邦、州、联邦特区和市组成，其依照本宪法的规定享有自治权。

§1. 联邦首都为巴西利亚。

§2. 联邦直辖地是联邦的组成部分，直辖地创设、转化为州或回归其原属的州应由配套性法律规定。

§3. 经直接相关居民以全民公决方式通过，并由国会制定配套性法律批准，各州得合并、分化、分割以附属于其他州，或者组成新的州或联邦直辖地。

§4. 市的创设、合并、重组和解散应由州法规定，在联邦配套性法律规定的期限内进行，并须在公开相关市的可行性报告后，通过依法进行和公布的事前协商决定。该事前协商应由相关市的居民以全民公决方式进行。

第 19 条　禁止联邦、州、联邦特区和市：

1. 建立、资助宗教或教会，或阻碍其正常运行，或与宗教、教会及其代表保持从属或结盟关系，依照法律规定有关公共利益的合作除外；

2. 拒绝认证公共文件；

3. 在巴西人民之间进行差别对待。

第二章　联　邦

第 20 条　以下属于联邦财产：

1. 联邦现有的财产，以及可归属于联邦的财产；

2. 依照法律规定，为保卫国界、军事工事与设施、联邦通信以及保护环境所必需而无人居住的土地；

3. 位于联邦领土范围内的湖泊、河流和其他任何水道，跨州的水域，作为与他国边界的水域，延伸到外国领土或来自于外国领土的水资源，以及边界土地与河滩；

4. 位于边境地区的河流与湖泊中的岛屿，海滩，海岛和近海岛屿，近海岛屿中属于市领土的除外，但此例外不包括与公共利益和联邦环境统一体相关以及第 26 条 2 中所涉及的土地；

5. 大陆架和专属经济区中的自然资源；

6. 领海；

7. 潮间地及添附于其上的土地；

8. 潜在的水能资源；

9. 矿产资源，包括位于底土中的部分；

10. 地下天然洞穴以及考古和史前遗迹；

11. 传统上由印第安人占有的土地。

§1. 依照法律规定，州、联邦特区、市以及由联邦直接管理的机构有权参与分配在各自领土、大陆架、领海和专属经济区范围内开发石油、天然气、水能资源及其他矿产资源的成果，或因开采利用而获得经济补偿。

§2. 沿陆地边界至多 150 公里宽的条形地带，被定为边境地区，为捍卫国家领土所必需，其占有和使用应由法律规定。

第 21 条　联邦拥有下列权力：

1. 维持与外国的关系，并参与国际组织；

2. 宣战与媾和;

3. 保卫国防安全;

4. 在配套性法律规定的情形下，允许外国军队过境或在本国领土暂时停留;

5. 宣布国家处于戒严状态、防御状态以及联邦干预;

6. 授权并监督军事物资的生产和交易;

7. 发行货币;

8. 管理国家外汇储备并监督金融交易，尤其是信贷、汇率和资本，以及保险和私人养老金计划;

9. 制订和执行有关领土秩序、经济和社会发展的全国性和地区性计划;

10. 维持国家邮政服务和航空邮递;

11. 根据法律，规定服务的组织机构并设立管制机构和其他相关机构，以直接运营或者通过授权、特许或许可运营电信服务;

12. 直接运营或通过授权、特许或许可运营下列事业:

（1）声音广播及声音与影像广播服务;

（2）电力设施与服务，以及与潜在水能资源所在州合作下的水能资源利用;

（3）航空、航天及机场基础设施;

（4）巴西港口、国境间以及穿越州和直辖地边界的铁路和水路运输服务;

（5）州际和国际高速公路的客运服务;

（6）海洋、河流和湖泊的港口;

13. 组织并维护联邦特区和联邦直辖地的司法机关和检察机关，以及直辖地的公共辩护机关;

14. 组织并维持联邦特区的民事警察、军事警察和军事消防队，并通过其自有资金为联邦特区提供财政援助以履行其公共服务职能;

15. 组织并维护国家统计、地理、地质和测绘服务;

16. 为便于指示观众，对公共娱乐场所和广播电视节目实行分级制;

17. 大赦;

18. 计划并推动针对公共灾害，特别是干旱和洪涝的永久性防灾措施;

19. 建立国家水资源管理系统，并制定授权使用的标准;

20. 制定城市发展规划，包括住房、基本卫生设施和城市交通;

21. 确立国家交通运输体系的原则和规划;

22. 执行海事、机场和边境警察勤务;

23. 依照下列原则和条件，管理任何性质的核机构与核设施，并在核矿石及其副产品的研究、开采、浓缩、再加工、工业化和交易等方面实行政府垄断：

（1）本国境内的所有核活动应仅限于和平用途，并须经国会批准；

（2）用于科研、医疗、农业和工业的放射性同位素的销售和使用实行许可制，且须获得批准；

（3）半衰期不超过 2 小时的放射性同位素的生产、销售和使用实行许可制，且须获得批准；

（4）核损害民事责任的成立，不要求存在过错；

24. 组织、维持和实施工作环境检查；

25. 以协作方式，为探矿活动确定区域和条件。

第 22 条　联邦拥有下列领域的专属立法权：

1. 民法、商法、刑法、诉讼法、选举法、农业法、海商法、航空法、空间法和劳动法；

2. 征收；

3. 紧急危险时及战时的民事和军事征用；

4. 水域、能源、信息、通信和无线电广播；

5. 邮政服务；

6. 货币制度、测量体系，金属认证与保证；

7. 信贷、外汇、保险和证券交易政策；

8. 对外和州际贸易；

9. 全国运输准则；

10. 港口管理体制，湖泊、河流、海洋航行及航空、航天；

11. 交通和运输；

12. 矿床、矿藏、其他矿产资源和冶金；

13. 国籍、公民权及归化；

14. 土著居民；

15. 移民国内与国外、入境、引渡以及驱逐外国人；

16. 全国雇佣制度的组织与职业资格的设定；

17. 联邦特区和联邦直辖地司法机关、检察机关、公共辩护机关的组织与行政管理；

18. 国家统计、测绘和地质体系；

19. 储蓄制度，以及获得和保障公众储蓄的制度；

20. 互助会和彩票制度；

21. 军事警察、军事消防队的组织、人事、物资、保障、征募和动员的一般规则；

22. 联邦警察、联邦公路及铁路警察的管辖权；

23. 社会保障；

24. 国民教育的规划与基础；

25. 公共登记；

26. 任何性质的核活动；

27. 根据第 37 条 21 的规定，联邦、州、联邦特区和市的直接公共行政组织、独立机构及基金会中任何形式的招投标和缔约活动，以及根据第 173 条 § 1 – 3 的规定，公立公司和混合资本公司中的同类活动；

28. 领土防御、航空航天防御、海上防御、民防和全国动员；

29. 商业广告。

独立条款：配套性法律可授权州对有关本条所列事项的具体问题进行立法。

第 23 条　联邦、州、联邦特区和市共同拥有下列权力：

1. 确保宪法、法律和民主制度得到遵守，公共资产受到保护；

2. 保障公众健康、提供公共援助，照顾并保障残疾人；

3. 保护具有历史、艺术和文化价值的文献、著作和其他资产，保护历史遗迹、著名自然景观和考古遗址；

4. 防止艺术作品以及其他具有历史、艺术和文化价值的物品丢失、损坏或者被改变其艺术特征；

5. 提供接近文化、教育和科学的途径；

6. 保护环境，防止任何形式的污染；

7. 保护森林和动植物；

8. 促进农业、畜牧业生产，保障食品供应；

9. 推动房屋建设计划，改善住房和基础卫生设施条件；

10. 抵御贫困和低标准生活条件的成因，促进贫困阶层的社会融合；

11. 对各自辖区内针对水资源和矿产资源研究与利用的特许权进行登记、监测和监督；

12. 制定并执行针对交通安全的教育政策。

独立条款：为平衡全国的发展和福利，配套性法律应对联邦、州、联邦特区和市之间的合作作出规定。

第 24 条　联邦、州和联邦特区拥有下列领域的竞合立法权：

1. 税收、财政、监狱、经济和城市规划法；

2. 预算；

3. 商业登记；

4. 司法服务费用；

5. 生产和消费；

6. 森林、狩猎、捕捞、动物、自然保护、国土和自然资源保护、环境保护和污染防治；

7. 历史、文化、艺术、旅游和自然景观资产保护；

8. 损毁环境，损害消费者，破坏具有艺术、美学、历史、游览和景观价值的财产与权利的赔偿责任；

9. 教育、文化、教学和体育；

10. 小额索赔法庭的建立、运行和诉讼程序；

11. 诉讼程序；

12. 社会保障与救助，以及健康保障；

13. 法律援助和公共辩护；

14. 残疾人保护与社会融合；

15. 儿童和青年保护；

16. 民事警察的组织、保障、权利和职责。

§1. 对竞合立法权范围内的事项，联邦的立法权仅限于制定一般规则。

§2. 联邦对一般规则的立法权并不排斥各州的补充立法权。

§3. 如联邦法律未制定一般规则，则各州为处理自身的特定问题，可行使完全立法权。

§4. 联邦法律对一般规则具有优先性，州法与联邦法律冲突的部分无效。

第三章　联邦各州

第 25 条　各州应遵守本宪法的原则，依据其所采行的宪法和法律进行组织和管理。

§1. 本宪法未禁止各州享有的权力，均保留给各州。

§2. 各州有权依照法律规定，直接或通过特许运营管道天然气服务，禁止颁行临时措施予以管制。

§3. 各州可通过配套性法律，将相邻的多个市组合建立大都市区、城市群和小型区域，以整合具有共同利益的公共职能的组织、规划和运行。

第 26 条　州财产包括：

1. 流动、新形成或储存的地表水与地下水，对于储存中的水资源，依照法律规定，因由联邦建造的工程而取得的除外；

2. 州管辖范围内的海洋和沿海岛屿地区，处于联邦、市或第三方管辖的除外；

3. 非属联邦的河流和湖泊岛屿；

4. 非属联邦的未被占用的土地。

第 27 条　州议会的议员人数应当是该州在联邦众议院议员人数的 3 倍，但当州议会议员人数达到 36 人时，该州在联邦众议院议员人数超过 12 人的部分，只依本数计算。

§1. 州议员的任期为 4 年，本宪法涉及选举制度、不可侵犯性、豁免权、薪酬、资格丧失、缺席、任职障碍以及应征入伍的规定，均适用于州议员。

§2. 州议员的固定薪酬应基于议会提议立法决定，不得超过以相同方式确定的联邦众议员薪酬的 75%，并应符合第 39 条 §4，第 57 条 §7，第 150 条 2，第 153 条 3 和第 153 条 §2 – 1 的规定。

§3. 州议会有权决定其内部规则、秘书处警卫和行政事务，并任命相应职务。

§4. 法律应规定州立法程序中的公民动议。

第 28 条　各州州长和副州长任期 4 年，州长和副州长的选举，第一轮应在其前任届满前一年 10 月的第一个星期日举行，如需进行第二轮选举，则在 10 月的最后一个星期日进行，当选者应在次年的 1 月 1 日就职。选举还应符合第 77 条的相关规定。

§1. 如州长担任其他具有直接或间接行政管理性质的职务，应丧失州长职位，通过公开竞争性选拔考试就任者除外并应遵守第 38 条 1、4、5 的规定。

§2. 州长、副州长和州秘书的固定薪酬应基于议会提议由立法决定，并应符合第 37 条 11，第 39 条 §4，第 150 条 2，第 153 条 3 以及第 153 条 §2 – 1 的规定。

第四章　市

第 29 条　市依照组织法进行治理，该组织法应由市议会经间隔至少 10 天的两轮投票，以其成员的 2/3 多数通过并公布，并应遵守本宪法和各自州宪法所确立的原则以及下列规定：

1. 市长、副市长及市议员任期 4 年一届，由全国同时进行的直接选举选出；

2. 市长和副市长的选举应在其前任届满前一年 10 月的第一个星期日举行，选民超过 20 万的市，适用第 77 条的相关规定；

3. 市长和副市长应在选举次年的 1 月 1 日就职；

4. 市议会的人员组成，应符合下列最高限制：

（1）人口不超过 15000 的市，议员人数不超过 9 人；

（2）人口多于 15000，但不超过 30000 的市，议员人数不超过 11 人；

（3）人口多于 30000，但不超过 50000 的市，议员人数不超过 13 人；

（4）人口多于 50000，但不超过 80000 的市，议员人数不超过 15 人；

（5）人口多于 80000，但不超过 120000 的市，议员人数不超过 17 人；

（6）人口多于 120000，但不超过 160000 的市，议员人数不超过 19 人；

（7）人口多于 160000，但不超过 300000 的市，议员人数不超过 21 人；

（8）人口多于 300000，但不超过 450000 的市，议员人数不超过 23 人；

（9）人口多于 450000，但不超过 600000 的市，议员人数不超过 25 人；

（10）人口多于 600000，但不超过 750000 的市，议员人数不超过 27 人；

（11）人口多于 750000，但不超过 900000 的市，议员人数不超过 29 人；

（12）人口多于 900000，但不超过 1050000 的市，议员人数不超过 31 人；

（13）人口多于 1050000，但不超过 1200000 的市，议员人数不超过 33 人；

（14）人口多于 1200000，但不超过 1350000 的市，议员人数不超过 35 人；

（15）人口多于 1350000，但不超过 1500000 的市，议员人数不超过 37 人；

（16）人口多于 1500000，但不超过 1800000 的市，议员人数不超过 39 人；

（17）人口多于 1800000，但不超过 2400000 的市，议员人数不超过 41 人；

（18）人口多于 2400000，但不超过 3000000 的市，议员人数不超过 43 人；

（19）人口多于 3000000，但不超过 4000000 的市，议员人数不超过 45 人；

（20）人口多于 4000000，但不超过 5000000 的市，议员人数不超过 47 人；

（21）人口多于 5000000，但不超过 6000000 的市，议员人数不超过 49 人；

（22）人口多于 6000000，但不超过 7000000 的市，议员人数不超过 51 人；

（23）人口多于 7000000，但不超过 8000000 的市，议员人数不超过 53 人；

（24）人口超过 8000000 的市，议员人数不超过 55 人；

5. 市长、副市长和市秘书的固定薪酬应基于议会提议立法决定，并应符合第 37 条 11，第 39 条 § 4，第 150 条 2，第 153 条 3 以及第 153 条 § 2—1 的规定；

6. 市议员的固定薪酬应由各自市议会在前一任期内决定，并符合本宪法的规定和各自组织法所确立的标准以及下列最高限制：

（1）人口不超过 10000 的市，市议员的最高薪酬应相当于州议员薪酬的 20%；

（2）人口 10001 至 50000 的市，市议员的最高薪酬应相当于州议员薪酬的

30%；

（3）人口 50001 至 100000 的市，市议员的最高薪酬应相当于州议员薪酬的 40%；

（4）人口 100001 至 300000 的市，市议员的最高薪酬应相当于州议员薪酬的 50%；

（5）人口 300001 至 500000 的市，市议员的最高薪酬应相当于州议员薪酬的 60%；

（6）人口超过 500000 的市，市议员的最高薪酬应相当于州议员薪酬的 75%；

7. 市议员的薪酬支出总额不得超过所在市财政收入的 5%；

8. 市议员任职期间，在市辖区内享有言论、意见和投票的豁免权；

9. 禁止市议员兼任其他职务，本宪法对国会议员和州宪法对州议会议员的类似规定比照适用；

10. 市长接受州高等法院的审判；

11. 市议会具有立法和监督职能；

12. 各议员团体在城市规划方面进行合作；

13. 经至少 5% 的选民提议，可启动涉及市、市区或地区具体利益法案的公民立法动议；

14. 市长职位的丧失，依照第 28 条 §1 的规定处理。

第 29 - A 条　市议会的总支出，包括市议员的薪酬，但不包括退休人员的支出，不得超过依据第 153 条 §5、第 158 条及第 159 条规定的上一财政年度实现的财政收入和移交税总额的下列比例：

1. 人口不超过 100000 的市，议会总支出不得超过 7%；

2. 人口 100000 到 300000 的市，议会总支出不得超过 6%；

3. 人口 300001 到 500000 的市，议会总支出不得超过 5%；

4. 人口 500001 到 3000000 的市，议会总支出不得超过 4.5%；

5. 人口 3000001 到 8000000 的市，议会总支出不得超过 4%；

6. 人口超过 8000001 的市，议会总支出不得超过 3.5%。

§1. 市议会的工资支出，包括市议员的薪酬在内，不得超过市财政收入的 70%。

§2. 下列行为构成可弹劾市长的罪行：

1. 拨款金额超过本条规定的限额；

2. 每月 20 日前未拨款；

3. 拨款金额小于预算法中规定的比例。

§3. 违反本条§1的规定，构成可弹劾市议会议长的罪行。

第30条 市拥有下列权力：

1. 地方事务的立法权；

2. 必要时，联邦和州法的补充立法权；

3. 在辖区内设立、征收税收并使用税收收入，但不得违背在法定期限内提交账目并公开收支情况的义务；

4. 依据州法，建立、组织和撤销地区；

5. 组织和提供地方公共服务，包括直接或通过特许、许可运营的公共交通；

6. 维持学前教育和初级教育项目；

7. 通过与联邦和州的技术、经济合作，为居民提供医疗服务；

8. 通过规划和控制城市土地的使用、分割和占有，在必要时推动建立适当的土地体系；

9. 在遵守联邦和州法规定并接受其监督的前提下，促进本地历史和文化遗产的保护。

第31条 依照法律规定，市的管理监督由市议会通过外部控制并由市行政系统的内部控制体系完成。

§1. 如相关内部控制已设立，市议会的外部控制应在州、市审计法院或市审计委员会的协助下进行。

§2. 由主管机构针对市长出具的年度财务状况报告，除非经市议会以2/3多数决议，否则应予接受。

§3. 市财政账目每年应向纳税人开放60日以供其检查、评估，每位纳税人依法均享有质疑其合法性的权力。

§4. 禁止设立市审计法院以及市审计委员会或其他相关机构。

第五章　联邦特区和联邦直辖地

第一节　联邦特区

第32条 联邦特区不得划分为市，并依照组织法进行治理，该组织法应由特区议会经间隔至少10天的两轮投票，以其成员的2/3多数通过并公布，同时应遵守本宪法所确立的原则。

§1. 联邦特区拥有保留给州和市的立法权。

§2. 特区行政长官和副行政长官的选举应遵照第 77 条的规定进行，特区议员的任期与州长和州议员的任期相同。

§3. 第 27 条的规定适用于特区议会和特区议员。

§4. 联邦法律应对联邦特区政府调用民事、军事警察和军事消防队作出规定。

第二节 联邦直辖地

第 33 条 法律应对直辖地的行政和司法机构作出规定。

§1. 直辖地可划分为市，并适用本编第四章的相关规定。

§2. 直辖地政府的财政账目应连同联邦审计法院对其出具的报告一并提交国会。

§3. 人口超过 100000 的联邦直辖地，除依照本宪法任命行政长官外，还应设立初审和上诉法院以及检察官和联邦公共辩护人；法律应对直辖地议会的选举和权限作出规定。

第六章 干　预

第 34 条 除下列情形外，联邦不得干预各州或联邦特区：

1. 保持国家完整性；

2. 抵御外国入侵或联邦一个组成部分对另一个组成部分的入侵；

3. 消除对公共秩序的严重威胁；

4. 保障联邦各组成部分中各个国家机构自由行使权力；

5. 重新调整有下列情形之联邦组成单位的财政状况：

（1）除因不可抗力外，连续 2 年未予偿还由政府担保的债务；

（2）在法定期限内，未向市移交本宪法规定的税收收入；

6. 对联邦法律、法院命令或判决的执行进行规定；

7. 确保遵守下列宪法原则：

（1）共和政体、代议制度和民主体制；

（2）个人权利；

（3）市自治权；

（4）提交直接或间接的公共账目；

（5）州税及转移税收入中的强制最低限额部分用于维持、发展教育以及公共健康服务。

第35条　除下列情形外，州不得干预市，联邦不得干预位于联邦直辖地的市：

1. 除因不可抗力外，由政府担保的债务连续 2 年未予偿还；

2. 未按法定方式提交应交账目；

3. 市财政收入的强制最低限额部分未用于维持、发展教育以及公共健康服务；

4. 为确保州宪法所确立的原则得到遵守，法律、法院命令与决定得到执行，州高等法院准许申请。

第36条　干预令的签发，应符合下列情形：

1. 在第 34 条 4 规定的情形下，基于受强迫或阻碍之立法与行政机关的请求，或在司法机关受到强迫时基于联邦最高法院的指令；

2. 在不服从法院命令或判决的情形下，基于联邦最高法院、高等法院或高等选举法院的命令；

3. 在第 34 条 7 规定的情形下，以及在拒绝执行联邦法律时，基于联邦最高法院对总检察长申请之准许。

4.（已废止）

§1. 干预令应明确范围、期限与适用条件，必要时应指定干预人，并在 24 小时内提交国会或州议会审议。

§2. 如国会或立法大会休会，应在 24 小时内召集特别会议。

§3. 在第 34 条 6、7 以及第 35 条 4 规定的情形下，如国会或州议会放弃审议，且中止即足以恢复常态，则干预令的效力仅限于中止执行受质疑的行为。

§4. 引起干预的原因终止后，除法律另有规定外，从原机关移除的权力应予恢复。

第七章　公共行政

第一节　总　则

第37条　联邦、州、联邦特区和市的国家机构的直接或间接的公权行为，必须符合合法性、客观性、道德性、公开性及效率性原则，以及下列原则：

1. 符合法定条件的巴西公民享有担任公职的机会，依照法律规定，外国

人享有同等权利;

2. 依照法律规定,除法定允许自由任免之委员会职务外,公职之授予须先通过公开选拔考试或通过根据相关职务、工作的性质和复杂性对职业资格进行的审查;

3. 公开选拔考试成绩的有效期不得超过 2 年,并可延长一个相同周期;

4. 在公开选拔通知规定的不可延长期限内,已通过公开选拔考试或职业资格审查者较新通过考试者优先选任公职;

5. 仅限曾通过公开选拔考试之公务员担任的机密职位,以及依照法定情形、条件和最低比例委任职业公务员担任的委员会职务,仅受管理、监督及评估;

6. 公务员组建工会的权利受到保障;

7. 罢工权应按照专门法律规定的方式行使,并遵守专门法律规定的相关限制;

8. 法律应为残疾人保留一定比例的公职和岗位,并应明确聘用标准;

9. 法律应对为满足特殊情况下公共利益的临时需求而聘用固定任期人员的条件作出规定;

10. 公务员的薪资及第 39 条 §4 规定的固定薪酬只能通过专门法律、依据个人业绩确定或修改,并应保证对其进行年度总体调整,调整应在每年的同一时间进行并不得在指数上进行差别对待;

11. 公共管理机构、独立机构和基金会中的公职人员和雇员,联邦、州、联邦特区和市国家机关成员,经选举产生的官员和其他政治机构之人员,其薪酬和固定工资,以及补贴、退休金和其他任何形式的报酬,包括个人利益和其他类似之福利,无论是否累计获得,不得超过联邦最高法院法官之月固定薪酬。在市一级,市长的固定薪酬作为最高薪俸限制;在州和联邦特区,州长和特区行政长官的月固定薪酬作为行政机关的最高薪俸限制,州议会和特区议会议员的固定薪酬作为立法机关的最高薪俸限制,不高于联邦最高法院法官月固定薪酬 90.25% 的州高等法院法官的固定薪酬作为司法机关的最高薪俸限制,该限制亦适用于检察机关成员、检察官和公共辩护人;

12. 立法机关和司法机关职位的薪酬不得高于行政机关职位的薪酬;

13. 禁止列入或均等化任何形式的津贴酬劳以为公职人员支付薪酬;

14. 在后续加薪时,不得对公职人员已获得的加薪进行累计或计算;

15. 公职人员的固定薪酬和收入不得削减,本条 11、14,第 39 条 §4、第 150 条 2、第 153 条 3 和第 153 条 §2-1 规定的情形除外;

16. 禁止担任多个带薪公职，在符合本条 11 相关规定的前提下，下列工作时间可以兼顾的情形除外：

（1）两个教学职位；

（2）一个教学职位和一个其他技术或科研职位；

（3）两个必须由规定职业的健康专家担任的职位；

17. 禁止兼任之规定扩展至工作和职责，亦适用于独立机构、基金会以及国家直接或间接控股的上市公司、合资公司及其子公司与下属公司；

18. 财政及其稽查员在其职权与管辖范围内，依法享有相对于其他行政机关的优先权；

19. 独立机构之创建，上市公司、合资公司和基金会组建之授权，只能通过专门法律进行；对于后者，应由配套性法律对其活动范围作出规定；

20. 建立前项所述组织的下属机构，以及其参与私营公司，在各种情形均须有法律授权；

21. 除法律规定的情形外，公共工程、服务、采购和处置应通过公开招标程序订立合同进行，该招标程序应保证所有投标者的平等竞争，并依法对确立支付义务以及确保投标生效条件作出规定，仅允许设定有关履行合同义务所必需的技术和经济资质方面的限制条件；

22. 由特定职业人员执行的联邦、州、联邦特区和市的税务管理以及其他为国家运行所必需的活动，应享有优先资源以执行其任务，并应以综合协调的方式履行其职责，具体包括依法或依照协议规定共享课税清册、财政信息等。

§1. 政府机关行为、项目、公共工程、服务及运动的公开，应具备教育性、信息提供和社会导向等特征，并不得包括表现政府机关和公务员个人宣传的姓名、符号及肖像。

§2. 依照法律规定，如违反本条 2、3 之规定，则其行为无效，并应对相关责任机关予以处罚。

§3. 法律应规范使用者参与直接或间接之行政管理的方式途径，尤其应调整：

1. 涉及在总体上提供公共服务的投诉，并应保证对参与其中的使用者服务的延续性，以及对服务质量的定期外部和内部评估；

2. 依照第 5 条 10、33 的规定，使用者接近行政登记机关、获取政府行为信息的权利；

3. 针对公共职位、职责和公共管理职务的过失及权力滥用行为提起之抗议的管理。

§4. 依照法律规定的方式和程度，行政不当行为的后果应包括暂停政治权利、开除公职、冻结财产以及向国库赔偿。行政犯罪行为同样适用。

§5. 在不影响各自赔偿请求权的前提下，法律应对由任何机构作出的、给国库造成损失的违法行为规定时效限制，无论该违法行为是否由公务员作出。

§6. 提供公共服务的公私法人组织应对其代理人在代理权限内对第三方造成的损失承担责任，在代理人具有故意不当或过错的情形下，保证该组织对其代理人的代位赔偿权。

§7. 法律应对负责审批保密信息之获取许可的直接或间接管理职位与工作的承担者规定相关要求及限制。

§8. 管理者可与政府签订合同，扩大其所属的直接或间接管理机构和组织的管理、预算和财政自主权，以确定该等机构和组织的业绩目标；下列事项应由法律规定：

1. 合同存续期间；

2. 对主管人员业绩、权利、义务和责任的管理手段与评估标准；

3. 人员薪酬。

§9. 第 11 条的规定适用于上市公司、合资公司以及其下属的从联邦、州、联邦特区及市获取款项以支付人事或一般费用的子公司。

§10. 禁止同时获得第 40 条、第 42 条和第 142 条规定的退休待遇以及公共职位、职务和工作的薪酬，除非属于本宪法规定的允许兼任的职位，以及法律允许自由任免的选举委员会职位。

§11. 本条 11 规定的薪酬限制不包括法定具有补偿金性质的收入。

§12. 为实现本条 11 之规定，各州和联邦特区应有权通过修订各自的宪法和组织法，在其管辖范围内确定各自高等法院法官的月固定薪酬以作为单一限制，该薪酬不得高于联邦最高法院法官月固定薪酬的 90.25%。本项之规定不适用于州、特区和市议会议员。

第 38 条　直接行政机构、独立机构或基金会的公务员，在担任选举性职位时，应适用下列规定：

1. 如担任联邦、州或特区选举性职位，应从其原任职位、职务或工作离职；

2. 如担任市长，应从其原任职位、职务或工作离职，并可选择相应之薪酬；

3. 如担任市议会议员，在工作时间可兼顾的情况下，应获得其原任职位、职务或工作的待遇，且不影响其选举性职位的薪酬；如工作时间不能兼顾，则适用前项规定；

4. 因担任选举性职位而需要从原职离任的各种情形下，出于各种法律目的，其服务年资均应继续计算，因业绩晋升除外；

5. 在离职期间，其社会保障待遇的数额应按照在职计算。

第二节　公　务　员

第 39 条　联邦、州、联邦特区和市应当建立人事管理和薪酬政策委员会，该委员会由各国家机构指派的公务员组成。

§1. 制定工资和薪酬系统其他组成部分的标准时，应考虑下列情形：

1. 各职业的性质、责任程度和其组成机构的复杂性；

2. 任职要求；

3. 岗位的特殊性。

§2. 为公务员之构成与进步，联邦、州、联邦特区应当维持政府学校的运行，并将参加课程学习作为职位晋升的要求之一。为此目的，应允许联邦各主体加入协议或签订合同。

§3. 第 7 条 4、7、8、9、12、13、15、16、17、18、19、20、22、30 的规定适用于公务员。法律应依据各职位性质之要求，设定不同的录用标准。

§4. 政府机构成员、经选举产生之官员、联邦部长以及州、市官员的薪酬应限于一个整体支付的固定金额。依第 37 条 10、11 的规定，禁止增加任何奖金、额外报酬、津贴、补贴、会议补助及其他任何形式的酬劳。

§5. 在符合第 37 条 11 相关规定的前提下，联邦、州、联邦特区和市的法律应对公职人员最高与最低工资的比率关系作出规定。

§6. 行政机关、立法机关和司法机关应每年公布其公共职位和工作的固定薪酬与酬劳金额。

§7. 当用于提高公共服务质量和工作效率以及其他相关培训、发展、现代化、整修和合理化之项目，包括为提高工作效率而支付额外报酬及奖金时，联邦、州、联邦特区和市的法律应当规范各机构、独立机构和基金会现有经费中预算性资金的使用。

§8. 专职公务员的薪酬应依据§4 的规定确定。

第 40 条　在符合维持财务及长期收支平衡之基准以及本条相关规定的前提下，应确保在联邦、州、联邦特区和市以及其独立机构与基金会担任现职的公务员，有权参加一个通过各自公共组织、在职和退休公务员以及领取退休金人员共同出资组建的联合社会保障体系。

§1. 本条所指的纳入社会保障体系的公务员应退休，其待遇根据§3和§17规定的数值开始计算。

1. 永久残疾者，退休金根据其工作年限计算，患法定严重疾病、传染性疾病或其他无法治愈之疾病的情形除外；

2. 70岁以上者强制退休，其退休金根据工作年限计算；

3. 凡任公职满10年，且在退休前的职位工作满5年者，在符合下列条件时自愿退休：

（1）男性年满60岁且工作满35年；女性年满55岁且工作满30年；

（2）男性年满65岁，女性年满60岁，其退休金根据工作年限计算。

§2. 在授予时，退休金和退休待遇不得超过相关公务员退休时所任职务的薪酬，或授予退休金时所参考之薪酬。

§3. 依照法律规定，在授予时，退休待遇之评定应考虑被作为公务员对本条和第201条规定的社会保障体系出资基础的薪酬。

§4. 在准许参加本条规定之社会保障体系者退休时，不得在要求和标准上进行差别对待，根据配套性法律的规定，下列公务员除外：

1. 残障者；

2. 从事高风险活动者；

3. 在特殊情况下从事不利于其健康及身体完整之活动者。

§5. 凡可证明其时间全部用于学前、小学或中学实际教学的教师，§1-3中规定的年龄和工作年限要求应减少5年。

§6. 除依照本宪法的规定兼任职务而退休外，禁止从本条规定的社会保障体系中获得超过一份退休金。

§7. 法律应对死亡退休金之授予作出规定，其应等同于：

1. 如在死亡当天退休，则去世之公务员的补贴总额不得超过第201条规定的一般社会保障体系设立的最高限额，再加上超出该限额部分的70%；或者

2. 如死亡当天仍在职，则该公务员的薪酬总额不得超过第201条规定的一般社会保障体系设立的最高限额，再加上超出该限额部分的70%。

§8. 为实现永久保值，应按照法律确定的标准对相关待遇进行再调整。

§9. 有涉及退休事项时，在联邦、州或市的工作年限应当计入；在涉及可得性时，相应的工作年限也应当计入。

§10. 法律不得虚假计算工作年限。

§11. 第 37 条 11 规定的限制适用于退休时的待遇总额，包括来自多个公共职位或职务的薪酬，以及与对一般社会保障体系之出资有关的其他活动，亦适用于因兼任本宪法规定的职务、法定得自由任免的职务以及选举性职务所得之薪酬，其退休待遇有所增加的部分。

§12. 除本条规定外，对担任选举性职位的公务员，在必要时，其社会保障体系亦应遵循一般社会保障体系所确立的要求和标准。

§13. 一般社会保障体系应适用于专职担任法定得自由任免的委员会职位以及其他临时公职岗位的公务员。

§14. 如联邦、州、联邦特区和市已为各自在职雇员建立补充性社会保障制度，其即可将第 201 条规定的一般社会保障体系为受益人所确定的最高限额，作为本条规定之社会保障体系下的退休待遇和退休金的限额。

§15. 本条 §14 规定的补充性社会保障制度，应依法基于行政机关的提议，通过补充性社会保障中具有公共属性的封闭性组织创立，并应在必要时，遵守第 202 条及其各款的规定；该封闭性组织仅向其参与者提供针对确定之出资的待遇方案。

§16. 对在建立补充性社会保障制度的法案公布之前担任公职的公务员，只有根据其事先且明确表示的赞同意见，方能对其适用 §14 和 §15 的规定。

§17. 所有根据本条 §3 的规定在计算待遇时应纳入考量的薪酬，都应依照法律规定适时更新。

§18. 对本条规定之社会保障体系下的退休待遇和退休金超出第 201 条规定的一般社会保障体系所设定的最高限额之部分，应征收额外出资，其比例应与为担任选举性职位的公务员所设定之比例相同。

§19. 本条所指的公务员，如已满足 §1 – 3 – （1）规定的自愿退休条件且选择继续工作，则可获得与其社会保障出资额相当的奖金，直至其满足 §1 – 2 规定的强制退休条件为止。

§20. 禁止为现职公务员设立多个社会保障体系，亦禁止在同一州组织内有多于一个的单位管理其社会保障体系，第 142 条 §3 – 10 的规定除外。

§21. 如受益人罹患法定的致残疾病，则本条 §18 规定的额外出资，只对其退休待遇和退休金中超出本宪法第 201 条一般社会保障体系所设定的最高限额两倍的部分进行征收。

第 41 条 通过公开选拔考试任职的公务员在实际工作 3 年后，可获得终身职位。

§1. 终身制公务员仅在下列情况失去职位：

1. 因终审且不可上诉之司法判决；

2. 通过其享有充分辩护权的行政程序；

3. 通过由配套性法律规定的、保证其享有充分辩护权的定期工作评估程序。

§2. 如果法院判决解雇终身制公务员的决定无效，公务员应复职；继任其职位者如亦获得终身职位，则应重新安排至其原任职位且无权请求补偿，或安排至其他职位，或根据其工作年限授予薪酬安排带薪休假。

§3. 如终身制公务员的工作岗位被撤销，则其应被安排带薪休假且获得根据工作年限授予之薪酬，直至其被安排到其他适合岗位为止。

§4. 授予终身职位，应由就此目的组建的委员会对工作表现进行专门评估。

第三节　州、联邦特区和直辖地军职人员

第 42 条　军事警察、消防队员以及其他建立在等级制和纪律之上的机构之成员，为州、联邦特区和直辖地军职人员。

§1. 除法律可能作出的其他规定外，第 14 条 §8、第 40 条 §9 和第 142 条 §2、§3 的规定适用于州、联邦特区和直辖地军职人员。第 142 条 §3 – 10 规定的事项由特定州法具体规定，并由各州州长授予军衔。

§2. 州、联邦特区和直辖地的军职人员领取退休金，应适用各自州实体相关特定法律之规定。

第四节　区　　域

第 43 条　为实现行政目的，联邦可在同一社会和地理经济结构区协调行动，以寻求发展并减少地区间的不平等。

§1. 配套性法律应规定：

1. 发展中地区一体化的条件；

2. 依法执行包含在国家经济和社会发展规划中的、与其同时获批的地区规划的区域性组织之组成结构。

§2. 除其他因素外，区域性激励机制应包括：

1. 由政府规定的关税、运费、保险及其他费用和价格项目的平等；

2. 为优先项目融资提供优惠利率；

3. 对个人或法人实体应缴之联邦税予以免除、减少或暂时性缓交；

4. 周期性干旱的低收入地区为经济和社会目的，可优先使用河流、水库和其他水资源。

§3. 对§2－4中提及的地区，联邦应鼓励干旱土地复耕，并与农村中小土地所有者合作，在其土地上开辟水源并设立小规模灌溉设施。

第四编　各国家机构的组织

第一章　立法机关

第一节　国　　会

第 44 条　国会为立法机关，由众议院和参议院组成。

独立条款：立法机关每届任期 4 年。

第 45 条　众议院由各州、直辖地和联邦特区通过比例制选举产生的代表组成。

§1. 众议员的总数，以及各州、联邦特区的代表总数，应根据人口比例由配套性法律规定。选举之前一年，应对前述人数做必要调整，以确保联邦各单位的众议员均不少于 8 位且不多于 70 位。

§2. 每一联邦直辖地应选举 4 位众议员。

第 46 条　参议院由各州和联邦特区通过多数制选举产生的代表组成。

§1. 各州和联邦特区应选举 3 位参议员，任期 8 年。

§2. 各州和联邦特区的代表每 4 年换届一次，交替改选 1/3 和 2/3 参议员。

§3. 每位参议员应同时选举两位候补者。

第 47 条　除本宪法条款作出相反规定外，国会两院及其委员会的决议，应由其绝对多数代表出席，并以多数票决通过。

第二节　国会权力

第 48 条　除第 49 条、第 51 条和第 52 条规定的事项外，经共和国总统批准，国会应有权规定联邦管辖范围内的所有事项，特别是下列事项：

1. 税收制度、税收征收和收入分配；

2. 多年计划、预算指令、年度预算、信用交易、国债和法定货币的发行；

3. 武装部队兵员数量的确定和修改；

4. 国家、地区和行业发展计划与规划；

5. 国家领土、领空和领海边界以及联邦所属财产；

6. 听取相关立法议会的意见后，合并、分割或取消直辖地或州的区划范围；

7. 暂时迁移联邦政府所在地；

8. 决定大赦；

9. 联邦和直辖地检察机关和公共辩护机关的行政和司法组织，以及联邦特区检察机关的司法组织；

10. 根据第 84 条 6 -（2）的规定，设立、改变和撤销公共职位、职务和职能；

11. 设立和取消政府部门和公共管理机构；

12. 通信和无线电广播；

13. 财政、外汇、货币事项，以及金融机构的组织和运营；

14. 货币、货币发行的限制以及债券或其他证券形式的联邦债务的数量；

15. 根据第 39 条 § 4、第 150 条 2、第 153 条 3 以及第 153 条 § 2 - 1 的规定，决定联邦最高法院法官的固定薪酬。

第 49 条　国会行使下列专属职权：

1. 最终决定可能导致国家负担义务的国际条约、协议或法案；

2. 授权共和国总统宣战、媾和，允许外国军队过境或暂时驻扎，但配套性法律另有规定的除外；

3. 批准共和国总统和副总统离开国家领土超过 15 日；

4. 批准或中止防御状态、联邦干预或戒严措施；

5. 暂停行政机关制定的超越其管制权限或立法授权的规范性法案；

6. 暂时迁移国会所在地；

7. 根据本宪法第 37 条 11、第 39 条 § 4、第 150 条 2、第 153 条 3 和第 153 条 § 2 - 1 的规定，统一规定联邦众议员和参议员的薪酬标准；

8. 根据本宪法第 37 条 11、第 39 条 § 4、第 150 条 2、第 153 条 3 和第 153 条 § 2 - 1 的规定，统一规定联邦总统、副总统和联邦部长的薪酬标准；

9. 审查共和国总统提交的年度账目，并审议政府施政计划的执行报告；

10. 直接或通过任何一个议院，监督和控制行政行为，包括间接管理；

11. 当其他机构享有规则制定权时，仍应维持其自身的立法权；

12. 审议授予和续期电台、电视的特许经营权；

13. 选择联邦审计法院的 2/3 成员；

14. 批准有关核活动的执行措施；

15. 授权举行复决公投，发起全民公决；

16. 授权开发和使用土著土地的水资源，勘探和开采土著土地的矿产资源；

17. 事前批准超过 2500 公顷区域公共用地的转让或特许。

第 50 条　众议院、参议院及其任何委员会，可以就预先确定的事项，召集一位联邦部长或直接隶属于共和国总统的任何机构首长，亲自说明。无充足理由而未能出席的，构成一项可能遭到弹劾的违法行为。

§1. 基于主动申请，并获得相关执行委员会的同意，联邦部长可以出席联邦参议院、众议院及其委员会，对部门的有关事项进行报告。

§2. 众议院和联邦参议院的执行委员会可以向联邦部长或本条前述的任何人发出书面信息要求。30 日期间内拒绝或未能遵守该请求，或提交错误信息的，构成一项可能遭到弹劾的违法行为。

第三节　众议院

第 51 条　众议院行使下列专属职权：

1. 经 2/3 议员同意，授权对共和国总统、副总统或联邦部长提起诉讼；

2. 如在国会会期开始后 60 日内，共和国总统的账目未能提交至国会，众议院可要求获取该账目；

3. 起草院内规则；

4. 规定众议院内各种职务、职数和职缺的组织、运作、监督、设立、转化和取消，并提出法律案，根据预算指令规定的参数，设定相应的薪资；

5. 根据本宪法第 89 条 7 的规定，选举共和国理事会成员。

第四节　联邦参议院

第 52 条　联邦参议院行使下列专属职权：

1. 弹劾共和国总统和副总统，以及联邦部长、海、陆、空三军司令所犯的与之相关的性质相同的犯罪；

2. 弹劾联邦最高法院法官、国家司法委员会和国家检察机关委员会成员、联邦总检察长和联邦总法律顾问；

3. 经公开听证，通过秘密投票事先批准下列人员之选任：

（1）本宪法规定情形下的法官；

（2）共和国总统提名之联邦审计法院法官；

（3）直辖地行政长官；

（4）中央银行行长和主管；

（5）共和国总检察长；

（6）担任其他法定职位者；

4. 经不公开听证，通过秘密投票事先批准常设外交使团首长之选任；

5. 授权联邦、州、联邦特区、直辖地和市进行对外金融贸易；

6. 根据共和国总统的提议，规定联邦、各州、联邦特区和市公共债务的总体金额限制；

7. 规定联邦、州、联邦特区和市及其独立机构，以及其他由联邦控制的实体，对外和对内信用业务的总体金额限制和条件；

8. 规定特许联邦担保的对外和对内信用业务的限制和条件；

9. 规定州、联邦特区和市通过债券或其他证券负担债务的总体金额限制和条件；

10. 全部或部分暂停实施经联邦最高法院终审判决宣告违宪的法律；

11. 通过秘密投票，在共和国总检察长任期结束之前，以绝对多数制免除其职务；

12. 起草院内规则；

13. 规定参议院内各种职务、职数和职缺的组织、运作、监督、设立、转化和取消，并提出法律案，根据预算指令规定的参数，设定相应的薪资；

14. 根据第89条7的规定，选举共和国理事会成员；

15. 定期评估国家税务体系之结构和各组成部分的运行情况，以及联邦、各州、联邦特区和市税务管理机构的业绩。

独立条款：在前述1、2的情况下，应由联邦最高法院院长主持，经参议院2/3议员的同意，宣告被弹劾人有罪，但其罪责形式仅限于免职，并禁止其在8年内担任任何公职，该宣告不得影响其他任何可能适用的司法制裁。

第五节　众议员和参议员

第53条　众议员和参议员的观点、言论和投票行为，不受民事和刑事追诉。

§1. 从任职之日起，众议员和参议员应由联邦最高法院审理。

§2. 从任职之日起，除不可保释的现行犯外，国会成员不受逮捕。在此情形下，警察应在 24 小时之内将该案件的记录提交至相应议院，由议员的多数表决决定是否予以监禁。

§3. 从任职之日起，众议员或参议员遭到刑事指控时，联邦最高法院应告知其所在议院，经该院内政党发起，并经该院成员多数通过，可在最终判决前的任一时刻中止该程序。

§4. 在执行委员会收到告知之日起 45 日内，相关议院应提出中止请求，该期间不可延长。

§5. 在任职期间，中止命令或中止相关时效的计算。

§6. 就其因履行职责而获得的信息，众议员和参议员没有作证义务，他们也无须要求向其提供情报、信息的人出庭作证。

§7. 即便在战时或议员已有军职，征召众议员和参议员入伍，须先经其所在议院批准。

§8. 在戒严状态下，众议员或参议员应继续享有免责权，只有当其在院外的行为违背了戒严措施的实施，并经其所在议院 2/3 以上的议员通过，方能暂停其免责权。

第 54 条　众议员和参议员不得从事下列活动：

1. 从当选之日起：

（1）与公共法人、独立实体、国有公司、合营公司或公共事业公司签署或维持合同，但不包括根据统一标准订立合同；

（2）在前段规定的实体中，接受或担任有报酬的职务、职位或工作，包括可以随时辞职的职务、职位或工作；

2. 自履职之日起：

（1）担任因与公共法人订立契约而享有特权的公司的所有者、控制者或管理者，或在其中担任任何有报酬的职位；

（2）在 1 -（1）规定的实体中，担任可以自愿终止的职务或职位；

（3）赞助某项事业，使 1 -（1）规定的任何实体可能从中获益；

（4）担任一项以上选举性公共职位或职务。

第 55 条　在下列情况下，众议员或参议员应丧失其资格：

1. 违反前条列明的任何禁止性规定；

2. 行为不检，违反国会礼节；

3. 在同一届国会任期中，未能出席其所属议院 1/3 以上常会，但被批准休假或执行授权任务者除外；

4. 丧失或暂停其政治权利；

5. 根据本宪法规定的情形下，经选举法院判决；

6. 经过终审且不可上诉判决刑事定罪。

§1. 除院内规则的规定外，滥用授予国会成员的专属特权，或收受不当利益，均不符合议会礼节。

§2. 在本条 1、2 和 6 规定的情形下，议员资格之丧失必须在确保议员充分辩护权的前提下，基于各院执行委员会或某国会内之政党提议，经众议院或参议院秘密投票，以绝对多数决定。

§3. 在本条 3、4、5 规定的情形下，议员资格之丧失必须在确保议员充分辩护权的前提下，由各院执行委员会依职权，或者基于其任何议员或某国会内之政党提议宣告。

§4. 根据本条的规定，议员的辞职活动可能导致丧失资格，但其效果在根据 §2 和 §3 作出最终决定之前应中止。

第 56 条　在下列情况下，众议员或参议员不丧失资格：

1. 担任联邦部长，直辖地行政长官，州、联邦特区、直辖地的高级官员，州首府市长或临时外交机构首长职务；

2. 因疾病或处理无报酬的私人事务而缺席所在议会，但因后一原因请假的，在单个会期内不得缺席超过 120 日。

§1. 如果缺席或离开超过 120 日，应召集候补议员，授予其本条规定的职务。

§2. 如果发生缺席而又没有候补议员，且任职剩余的期间超过 15 个月，则应举行选举填补空缺。

§3. 在本条 1 规定的情形下，众议员或参议员可选择当选议席的薪酬。

第六节　会　　期

第 57 条　国会应每年 2 月 2 日至 7 月 17 日，及 8 月 1 日至 12 月 22 日，在联邦首都开会。

§1. 上述会议安排的时间遇到星期六、星期日或假期，则应延展到下一工作日。

§2. 在批准预算指令法案前，不得中断国会会期。

§3. 除本宪法规定的其他情形外，众议院和参议院在下列情形下应召开联席会议：

1. 举行国会开幕典礼；

2. 起草细则，订立两议院共同的议事规则；

3. 接受共和国总统和副总统就职宣誓；

4. 讨论并进行复决。

§4. 两院均应在每届议会任期第一年的 2 月 1 日召开筹备会议，新任议员在会上宣誓就职，并选举其各自执行委员会，任期 2 年，同一职位不得连选连任。

§5. 参议院议长主持国会的执行委员会，其他职务由参议院和众议院相当职位的任职者交替就任。

§6. 如有下列情形，应召开国会特别会议：

1. 如需宣布防御状态或联邦干预，或需要授权宣布戒严状态，或接受共和国总统和副总统宣誓就职，由参议院主席召集；

2. 出现紧急状况，或严重侵害公共利益之时，由共和国总统、众议院议长、参议院议长或任一议院多数议员召集，并经任一议院以绝对多数核准。

§7. 在特别会议期间，国会应仅就召集该特别会议的事项进行审议，但本条 §8 规定的情况除外。禁止为召集特别会议支付酬劳。

§8. 如果在国会特别会议之日，临时措施仍有效，该等措施应自动纳入会议的审议事项。

第七节　委　员　会

第 58 条　国会及其两院均应设置常设委员会和临时委员会，其形式和职权由其院内规则或创设议院的法律来规定。

§1. 设立执行委员会和每个委员会时，应尽可能体现各议院的党派比例和议会团体的比例。

§2. 基于委员会有权管理的事项，委员会应有权：

1. 讨论和票决根据院内规则无须整体授权的法案，但议院 1/10 以上议员反对的除外；

2. 举行有公民团体参与的听证会；

3. 召集联邦政府部长，要求其就职责范围内事项进行说明；

4. 受理任何人针对政府机构或公共实体的作为或不作为提出的请愿、主张、说明或控告；

5. 要求任何机构或公民提供证据；

6. 检查建设规划，以及全国、地区和行业的发展计划，并就其内容提出意见。

§3. 议会调查委员会与司法机关具有同等调查权力，除其各自院内规则另有规定外，应由众议院或联邦参议院 1/3 议员请求，联合设立或单独设立。议会调查委员会的设置意义在于，在确定期间内调查特定事实。在恰当情况下，其调查结论应移送检察机关，以决定是否追究民事或刑事责任。

§4. 休会期间，国会须设置常任委员会，由两院在会期中的最后一次会议上选举产生，其构成应尽可能反映院内政党的构成，其职权应由两院的共同议事规则规定。

第八节　立法程序

第一分节　一般规定

第 59 条　立法程序包括制定：

1. 宪法修正案；

2. 配套性法律；

3. 普通法律；

4. 委托立法；

5. 临时措施；

6. 立法指令；

7. 决议。

独立条款：配套性法律应规定法律的制定、废止、修改和合并。

第二分节　宪法修正案

第 60 条　以下各方有权提出宪法修正案：

1. 众议院或参议院 1/3 以上的议员；

2. 共和国总统；

3. 联邦各单位半数以上的立法议会提议，该提议须经提议单位议员半数以上同意。

§1. 在联邦干预、防御状态或戒严状态下，不得修改宪法。

§2. 国会两院应就修正案进行两轮讨论和投票，如在两轮投票中都获得了各自议员的 3/5 同意，则应批准该修正案。

§3. 宪法修正案应由众议院和参议院的执行委员会采用其各自的法令编号进行公布。

§4. 提议废止如下事项的宪法修正案，不得进行审议：

1. 联邦制国家结构；

2. 直接、秘密、普遍和定期的选举制度;

3. 权力分立;

4. 个人权利和保障。

§5. 凡遭否定或未能有效提出的宪法修正案,其内容不得在同一会期内,在另一修正案中再次提出。

第三分节　法　律

第 61 条　众议院、参议院或国会的任何议员、委员会,共和国总统,联邦最高法院,高等法院,共和国总检察长和全体公民,有权根据本宪法规定的方式和情况,提议制定配套性法律和普通法律。

§1. 共和国总统享有提议制定下列法律的专属权力:

1. 确定或修正武装部队兵员数量的法律;

2. 处理下列事项的法律:

(1) 规定直接管理的行政机构和独立实体的职务、职数或职缺,或增加其报酬;

(2) 直辖地的行政和司法组织、税务、预算、公共服务和行政人事;

(3) 联邦和直辖地的公务员制度,其法律制度、任职、任期和退休;

(4) 联邦检察机关和公共辩护机构的组织,以及州、联邦特区和直辖地的检察机关和公共辩护机构组织的一般规则;

(5) 根据第 84 条 6 的规定,设立和取消各部及公共管理机构;

(6) 武装部队及其法律制度、任职、晋升、任期、报酬、改革和退役。

§2. 公民可以行使创制权,由分布在不少于 5 个州的至少全国 1% 选民向众议院提交法律草案。且每个州的提交人数不得少于该州选民人数的 0.3%。

第 62 条　在相关和紧急的情况下,共和国总统可以采用具有法律效力的临时措施,并将该措施立即提交国会。

§1. 不得颁布涉及下列事项的临时措施:

1. 涉及:

(1) 国籍、公民、政治权利、政党和选举法;

(2) 刑法、刑事诉讼程序和民事诉讼程序;

(3) 司法和公共机构组织,以及其成员的职业和保障;

(4) 多年计划、预算指令、预算和追加信贷,但第 167 条 3 规定的除外;

2. 财产、公共储蓄或任何其他金融资产的冻结或扣押;

3. 配套性法律保留事项;

4. 国会批准的、等待共和国总统批准或否决的法案中已经规定的事项。

§2. 除第 153 条 1、2、4 和 5 及第 154 条 2 规定外，涉及税务制度或增加税收的临时措施，如果在其发布的会计年度的最后 1 日之前转变成法律，则仅能在下一会计年度生效。

§3. 除 §11 和 §12 规定外，如果临时措施在 60 日内未能转变成为法律，可以延长同样的期间，如仍未转变成法律，则该临时措施应丧失效力。国会有义务以立法法令管理源于该等措施的法律关系。

§4. §3 所述期间应从临时措施公布之日开始计算。在国会休会之时，该期间停止计算。

§5. 国会每一议院对临时措施意义的审议应取决于之前关于该措施是否合宪的判决，以使其符合宪法要求。

§6. 如果自临时措施公布之日起 45 日内还未对其进行审议，应启动紧急制度。此后，国会两院都要暂停所有其他法律案的审议，直到该措施最终得到票决。

§7. 自临时措施公布之日起 60 日内，如还未能提交国会两院进行审议，并进行最终投票，该措施的效力可以延长一次，为期 60 日。

§8. 临时措施应首先在众议院内进行投票。

§9. 国会两院的全体成员应对临时措施进行审查并发表意见，此后，由众议员和参议员组成联合委员会对其进行审议，并提出意见。

§10. 已经否决或在临时措施期间失效的临时措施，不得在同一会期上再次修订。

§11. 如果在临时措施否决或失效后的 60 日内没有发布 §3 规定的立法法令，因该临时措施有效实施而产生的法律关系将继续有效，并继续受这些措施的调整。

§12. 如果修改或变更临时措施原文的法案被批准，临时措施在法案签署或否决之前应全部有效。

第 63 条　在下列法案中不得提议增加开支：

1. 共和国总统享有专属提案权的法案，但第 166 条 3 和 4 规定的除外；

2. 设置众议院、联邦参议院、联邦法院和检察机关的行政服务机构的法案。

第 64 条　共和国总统、联邦最高法院和高等法院动议的法案的讨论和投票应首先由众议院进行。

§1. 对其动议的法案，共和国总统可以要求进行紧急审议。

§2. 在 §1 的情况下，如果众议院和联邦参议院在 45 日内未能依次处理该法案，国会两院都必须暂停所有其他法案的审议，直到该法案最终得到票决，但宪法明确规定期间的立法审议除外。

　　§3. 联邦参议院的修正案应由众议院在 10 日之内审议，法案其余部分符合前段的规定。

　　§4. 在国会休会期间，§2 规定的时限应当中止，也不适用于法律起草。

　　第 65 条　某一议院批准的法案，应送交另一议院进行一轮讨论和投票；如果审查的议院批准法案，应交付颁布或公布；如果法案被否决，则应搁置。

　　独立条款：法案如被修改，应送回提议该案的议院。

　　第 66 条　最终票决该法案的议院，应向共和国总统交付法案，如果总统同意，应批准该法案。

　　§1. 如果共和国总统认为法案全部或部分违宪，或与公共利益相悖，应在收到法案之日起 15 个工作日内全部或部分否决该法案，并在 48 小时内告知参议院议长否决的原因。

　　§2. 部分否决应仅适用于条、段、分段或分部分的全文。

　　§3. 共和国总统在 15 日内未作出批准或否决的，应视为批准。

　　§4. 应在收到否决之日起 30 日内组成联合会议进行审议，该否决仅能通过众议员和参议员秘密投票，以绝对多数进行否决。

　　§5. 如果否决未获支持，法案应交付共和国总统进行公布。

　　§6. 如果 §4 规定的期间经过而未投票，否决应被列在接下来的会议清单上，在其最终投票之前，暂停所有其他提案的审议。

　　§7. 在 §3 和 §5 规定的情况下，如果共和国总统在 48 个小时内未公布法律，参议院议长应公布法律，如果参议院议长未能在同一期间内公布法律，参议院副议长有义务公布法律。

　　第 67 条　仅在国会中任何议院以绝对多数同意的情况下，才能使被否决的法律案所涉事项在同一议会会期中成为新法案的内容。

　　第 68 条　委托立法应经过国会授权，并由共和国总统起草。

　　§1. 国会专属提案权范围内的法案，众议院或联邦参议院专属提案权范围内的法案，配套性法律专属事项，以及涉及下列事项的立法不得进行授权：

　　1. 司法和检察机关的组织机构，及其成员的职业和特权；

　　2. 国籍、公民身份、个人权利、政治权利和选举权利；

　　3. 多年计划、预算指令和预算。

　　§2. 对共和国总统的授权应由国会决议授予，并明确其行使的内容和期限。

　　§3. 若决议认为法案应由国会审议，即应通过单票进行审议，并不得对该案进行修正。

第 69 条　配套性法律应通过绝对多数决的方式通过。

第九节　会计、财政和预算监督

第 70 条　联邦和联邦直接或间接管理的实体的会计、财政、预算、运作和财产的合法性、妥当性、经济性、申请补贴和放弃税收，应由国会进行外部控制，并通过内部各权力分支进行监督。

独立条款：任何使用、筹措、保有、经营或管理联邦所有或负责或在其名下的公共资金、财产和有价证券的个人或法人实体，无论是公共的还是私人的，都应提交其账目。

第 71 条　国会职责下的外部控制应在联邦审计法院协助下进行，联邦审计法院应享有下列权力：

1. 审查共和国总统每年提交的账目，并在收到该财目之日起 60 日内提出初步意见；

2. 评估负责直接或间接管理公共资金、财产以及有价债券的管理者和其他人的账目，包括联邦组织、运营的基金会和公司，以及导致公共财富损失、挪用，或因其他规则外原因导致公共财产损失的账目；

3. 为登记之目的，审查直接和间接管理机构，包括政府组织和运营的基金会中人事行为的合法性，但不包括受薪人员的任命、决定退休并授予退休金，事后作出的不改变授权法法律基础的修正除外；

4. 自行调查、审计立法、执法和司法机构，以及本条 2 规定的其他实体的管理机构的账目、财政、预算、运营和财产等事项，或根据众议院、联邦参议院、技术委员会或调查委员会的动议进行上述调查和审计；

5. 如果根据章程约定的条款，联邦直接或间接享有股本，可以监督其中的国家账目；

6. 监督联邦通过惯例、协定、约定或其他类似措施转让给州、联邦特区或市的资源的利用情况；

7. 根据国会、任一议院或其任何委员会的要求，提交有关账目、财政、预算、运营和财产等事项的信息，以及调查、审计的结果；

8. 如存在非法开支或不规则账目，应根据法律追究责任，其责任形式应包括其他惩罚，以及与公共财产损失成比例的罚款；

9. 如果机构或实体的违法情形查证属实，应要求其在一定限期内采取必要措施，严格执行法律；

10. 暂停执行遭到质疑并不再被人遵守的法律，并就决定向众议院和联邦参议院进行沟通；

11. 针对违规或滥用的决定，向适当的机构提出建议。

§1. 如合同的继续执行，须由国会直接采用，则应立即要求行政机关采取适当措施。

§2. 如果国会或行政机关未能在 90 日内采取前段规定的行动，审计法院应自行决定该事项。

§3. 审计法院判决债务或罚款的决议，具有判决的执行力。

§4. 审计法院应向国会提交其行动的季度报告和年度报告。

第 72 条 如有证据表明，存在某项未授权的开支，它以未纳入规划的投资或未批准的补贴的方式出现，第 166 条 §1 规定的常设联合委员会可以要求对此负责的政府机构在 5 日内作出必要解释。

§1. 如果未提供解释或解释不充分，联合委员会应要求审计法院在 30 日内就该事项进行终局裁决。

§2. 如果裁决认为花费不正常，并且联合委员会认为可能导致公共经济不可弥补的损失或严重损害，联合委员会应建议国会暂停该项开支。

第 73 条 联邦审计法院由 9 位法官组成，位于联邦特区，拥有自己的工作人员，管辖整个巴西领土范围内的案件，在适当之时，行使本宪法第 96 条规定的权力。

§1. 联邦审计法院的法官应在符合下列条件的巴西公民中遴选任命：

1. 35 岁以上，65 岁以下；

2. 品行端正，声誉良好；

3. 在法律、审计、经济、财政或公共管理方面有相当声望；

4. 在前段所述专业领域内，有 10 年以上实践工作经验。

§2. 联邦审计法院的法官应根据以下规定进行遴选任命：

1. 1/3 由共和国总统提名，并经参议院批准，其中两位应根据资历和业绩，从法院建议的候选人名单中进行交替选择，该名单包括审计员和指派到审计法院的检察机关成员；

2. 2/3 由国会任命。

§3. 联邦审计法院的法官应享有高等法院法官的同等保障、特权、限制、薪酬和优待。第 40 条规则适用于其退休福利和退休金。

§4. 成为法官的审计员，应享有该职务的官员同样的保障和限制，在履行其他司法职责时，应适用联邦地区法院法官同样的保障和限制。

第 74 条 立法、行政和司法机关应维护内部控制的完整体系，以：

1. 评估多年计划中规定目标的实现情况，政府计划和联邦预算的执行情况；

2. 审查联邦管理机构和实体预算、财政和资产管理，私法人实体利用公共资源的合法性，并评估其效力和效率；

3. 控制信贷交易、保证和担保，以及联邦享有的权利和财产；

4. 保障其机构任务执行的外部控制。

§1. 负责内部控制的机构，一旦获知任何违规或违法行为，应立即向联邦审计法院举报，否则应受到连带惩罚。

§2. 任何公民、政党、协会或财团均应根据法律的规定向联邦审计法院告发违规或违法的行为。

第 75 条 本节规定的规则，其相关内容应适用于各州、联邦特区审计法院，以及市审计法院和委员会的组织、组成和监督。

独立条款：各州宪法应设立由 7 名法官组成的审计法院。

第二章 行政机关

第一节 共和国总统和副总统

第 76 条 行政权由共和国总统在联邦部长的协助下行使。

第 77 条 共和国总统和副总统应在 10 月第一个星期日同时进行第一轮选举，如需进行第二轮选举，则应在现任总统任期结束前一年的 10 月最后一个星期日进行。

§1. 共和国总统的参选，表明其同时参选副总统。

§2. 获得不包括空白、无效票的总票数的绝对多数的政党提名登记的候选人，应当选为总统。

§3. 如在第一轮投票中，无候选人获得绝对多数，则应在选举结果公布之日起 20 日内，在得票最多的两位候选人间举行第二轮选举，获得多数有效投票者当选。

§4. 如在第二轮投票开始前，一位候选人死亡、弃权或丧失法律资格，则剩余候选人中得票最多者应递补。

§5. 根据前段规定，如果在第二轮投票中候选人得到同样票数，则年老者应递补。

第 78 条 共和国总统和副总统应在国会会议上就职，宣誓维护、捍卫和遵守宪法，遵守法律，增进巴西人民的福利，维护巴西国家统一、领土完整和主权独立。

独立条款：如果自规定的就职日期之日起 10 日内，总统或副总统未能就职，即应宣布职位空缺，因不可抗力的除外。

第 79 条　如总统不能履职，副总统应暂代总统履职，如总统职位空缺，副总统应递补继任。

独立条款：除配套性法律授予的其他权力外，共和国副总统在总统要求其处理特别任务时协助总统。

第 80 条　如果总统和副总统都不能履职，或各自职位均有空缺，众议院议长、参议院议长和联邦最高法院院长应依次递补就任。

第 81 条　如果共和国总统和副总统发生职务空缺，则在最后职务空缺发生之日起 90 日内举行选举。

§1. 如果在总统任期的最后两年内发生职务空缺，应由国会根据法律规定在最后空缺发生之日起 30 日内选举两个职位。

§2. 在上述任何情况下，选举产生的总统和副总统应完成其前任的剩余任期。

第 82 条　共和国总统任期为 4 年，从其当选次年 1 月 1 日起开始。

第 83 条　未经国会授权，共和国总统和副总统不得离开国家超过 15 日，违者将丧失职位。

第二节　共和国总统的权力

第 84 条　共和国总统享有下列专属权力：

1. 任免各联邦部长；

2. 在联邦部长的协助下，行使联邦的最高行政权；

3. 根据本宪法规定的方式和条件，提出立法动议；

4. 批准、公布和实施法律，并为忠实执行法律而发布命令、制定法规；

5. 全部或部分否决法案；

6. 制定法令，规定下列事项：

（1）联邦管理组织和职能，但不得增加花费，也不得设立或取消公共机构；

（2）废除空闲的公共职务或职位；

7. 维持与外国的关系并授权外交代表；

8. 经国会批准，签署国际条约、契约和法案；

9. 制定法令，宣布进入防御状态或戒严状态；

10. 制定法令，宣布并执行联邦干预；

11. 在立法会议开始之时，向国会提交国情咨文说明国家情况，并请求国会采取其认为必要的措施；

12. 宣布特赦和减刑，如有必要，应听取法定机构的意见；

13. 行使军队最高统帅权，任命海、陆、空三军司令，晋升将领，并任命其担任专属军人出任之职务；

14. 经联邦参议院批准，任命联邦最高法院和高等法院院长、直辖地行政长官、共和国总检察长、中央银行的行长和主管，及法律规定的其他公务员；

15. 根据本宪法第73条的规定，任命联邦审计法院法官；

16. 根据本宪法的规定，任命法官和联邦总法律顾问；

17. 根据本宪法第89条7的规定，任命共和国理事会的成员；

18. 召集并主持共和国理事会和国防委员会；

19. 在遭遇他国入侵时，经国会授权宣战，假使入侵发生在两次立法会议期间，由其自行宣战，并根据同一条件宣布全国或部分动员；

20. 经国会授权或批准，进行媾和；

21. 授予奖章，颁发荣誉；

22. 如配套性法律存在规定，允许外国部队过境巴西领土，或在领土内暂时驻留；

23. 向国会提交多年计划、事关预算指令的法律草案和本宪法规定的预算案；

24. 在立法会议开始之日起60日内，向国会提交前一会计年度的年度报表；

25. 根据法律规定，设置和取消联邦职位；

26. 根据本宪法第62条的规定，发布具有法律效力的临时措施；

27. 行使本宪法规定的其他权力。

独立条款：共和国总统可以授予联邦部长、共和国总检察长或联邦总法律顾问本条6、12和25规定的权力，但必须遵守授权规则的限制。

第三节　弹劾共和国总统

第85条　共和国总统违反联邦宪法的行为，尤其是侵害下列事项的行为，可能遭到弹劾：

1. 联邦的存在；

2. 立法、司法、检察机关，联邦单位宪法权力的自由行使；

3. 政治权利、个人权利和社会权利的保障；

4. 国家内部安全；

5. 管理活动的廉洁、正直；

6. 预算法；

7. 法律和司法判决的遵守。

独立条款：可弹劾罪行应由特别法律规定，并明确程序和审判规则。

第 86 条　如果众议院 2/3 议员接受针对共和国总统的控告，其普通刑事犯罪，应由联邦最高法院审判；其弹劾问题，应由联邦参议院审判。

§1. 在下列情况下，总统应暂停职责：

1. 联邦最高法院受理了有关总统普通刑事犯罪的控诉或刑事起诉；

2. 在联邦参议院开始了有关弹劾的程序。

§2. 如审判在 180 日之后还未终结，应恢复总统职责，但不影响程序继续进行。

§3. 在刑事判决宣判前，共和国总统不得因普通犯罪而被逮捕。

§4. 在任职期间，共和国总统对与其履职无关的行为，无须承担责任。

第四节　联邦部长

第 87 条　联邦部长应在年满 21 岁，具有完全政治权利的巴西公民中遴选任命。

独立条款：除本宪法和法律规定的其他权力外，联邦部长有权：

1. 在其权限范围内，命令、协调、监督联邦管理机构和实体，副署共和国总统签署的法律和法令；

2. 发布执行法律、法令和法规的指令；

3. 向共和国总统提交其管理部门的年度施政报告；

4. 执行共和国总统授予其职权的法律。

第 88 条　各部、公共管理机构的设立与废止，应由法律加以规定。

第五节　共和国理事会和国防委员会

第一分节　共和国理事会

第 89 条　共和国理事会是共和国总统的高级咨询机构，由下列人员组成：

1. 共和国副总统；

2. 众议院议长；

3. 联邦参议院议长；

4. 联邦众议院多数党和少数党的领袖；

5. 联邦参议院多数党和少数党的领袖；

6. 司法部长；

7. 6 位年满 35 岁、因出生取得国籍的巴西公民；其中 2 名由共和国总统任命，2 名由联邦参议院选举，2 名由众议院选举，任期 3 年，不得连任。

第 90 条　共和国理事会对下列事项有权提供意见：

1. 联邦干预、防御状态和紧急状态；

2. 有关民主制度的稳定问题。

§1. 在处理涉及各部的有关事项时，共和国总统可以召集有关部门的联邦部长参与理事会会议。

§2. 共和国理事会的组织运行，应由法律明确规定。

第二分节　国防委员会

第 91 条　国防委员会是共和国总统关于国家主权和民主国家国防事项的咨询机构，下列成员作为其原始成员：

1. 共和国副总统；

2. 众议院议长；

3. 联邦参议院议长；

4. 司法部长；

5. 国防部长；

6. 外交部长；

7. 规划部长；

8. 海、陆、空军司令。

§1. 国防委员会有权：

1. 根据本宪法的规定，对宣战、媾和等问题提出意见；

2. 对宣告防御状态、紧急状态和联邦干预的法令提出意见；

3. 针对利用国家领土不可分割部分的标准和条件提出建议，特别是关于边疆地带和有关自然资源保护、开发和有效使用的事项；

4. 研究、建议和监督保障国家主权和民主国家国防事项的动议。

§2. 国防委员会的组织运行，应由法律明确规定。

第三章　司法机关

第一节　一般规定

第 92 条　司法机关包括：

1. 联邦最高法院；

1 - A. 国家司法委员会；

2. 高等法院；

3. 联邦地区法院和联邦法官；

4. 劳动法院和劳动法官；

5. 选举法院和选举法官；

6. 军事法院和军事法官；

7. 各州、联邦特区及直辖地法院和法官。

§1. 联邦最高法院、国家司法委员会和各高等法院位于联邦首都。

§2. 联邦最高法院和各高等法院在整个国家领土范围内具有管辖权。

第 93 条　为规定司法规则，联邦最高法院应提议制定配套性法律，并符合下列原则：

1. 担任法官应具备基本的法律学位并从事法律实践 3 年以上，通过公开选拔考试，并提交职业资格证书，初始职位为候补法官，巴西律师协会应全程参与法官遴选，在任命时应遵守分类制；

2. 以资历和业绩为基础晋升级别，并符合下列规则：

（1）连续 3 次或非连续 5 次出现在绩优列表上的法官，必须提升；

（2）绩优提升的法官，须在原层级至少工作 2 年，且列入该层级资格名单的前 1/5，除非符合该条件的其他任何人均不接受该空缺职位；

（3）绩优评价，应以办案效率、质量、客观表现和指标，以及出席和利用官方课程、进修课程的效果为标准进行考核；

（4）在根据资历晋升时，如要否决最资深法官，法院只能通过特别程序，在确保充分表达权的基础上，由该院成员的 2/3 同意，方能否决；在该晋升决定作出之前可以重复投票；

（5）如果法官手中的案件超出审理期限，且没有获得适当命令或决议将该案送返书记员，则该法官不得晋升；

3. 进入中等上诉法院应以资历和业绩为基础，根据其最后层级或入职层级轮流决定；

4. 规定法官职业准备、改进和提升的官方课程；在终审任职过程中，法官必须参与官方课程或公立学校认可的法官入职、进修的课程；

5. 各高等法院法官的月薪应相当于联邦最高法院法官月薪的95%，其他法官的月薪应由法律规定，并规定联邦和州层级不同的固定报酬，符合国家司法结构各自层级。一级职业类别和另一级之间的区别须高于5%，低于10%，且在任何情况下，也不得超过高等法院法官月薪的95%，并符合本宪法第37条11和第39条§4的规定；

6. 法官的退休福利及其家属的津贴应符合本宪法第40条的规定；

7. 常任法官应在其各自司法辖区任职，但其所在法院授权的除外；

8. 基于公共利益的考虑，法官免职、人员配置、带薪停职和退休，必须由其所在法院或国家司法委员会的绝对多数通过，并确保充分表达权；

8 - A. 任何同等层级的地方法官的请调和交流，应符合2 - (1)、2 - (2)、2 - (3)和2 - (5)的规定；

9. 司法机构的判决均应公开进行，所有判决必须理由充分，否则无效；但在涉及利益相关人隐私的案件中，以不影响公共信息利益为前提，法律可以将特定场合的出席人员限定于当事人及其律师，或仅限定于后者；

10. 法院的行政管理决议、纪律决议必须理由充分，经其成员以绝对多数决定，在公开会议上公布；

11. 在超过25名法官组成的法院中，成立由11至25位法官组成的特殊机构，以行使授予法院的行政权力和司法权力；其中1/2的职位应以资历为基础进行选择，另外1/2由法院全体成员进行选举；

12. 法院应持续维持其职能，一审法院和二审法院均不得集体休假；在没有规定法院工作时间的日期，法官应持续履行职责；

13. 司法机关法官的数量应与实际司法需求和人口成比例；

14. 不具有决策性质的行为和行政行为，应授权公职人员执行；

15. 案件应直接分配给各级法院。

第94条　联邦地区法院和各州、联邦特区和直辖地法院的1/5法官，应由工作超过10年的检察机关成员，以及执业超过10年、法律知识卓越、声誉良好的律师担任，代表前述各自群体的组织应提名一个6人名单。

独立条款：收到提名后，法院应将候选人减少至3名，并提交行政机关，行政机关应在20天内，从候选名单中选择1名任命。

第95条　法官享有以下保障：

1. 终身任期，在任职两年后，一审法官获得终身任期；在任期前两年，法官所属法院可对其免职，但在其他情况下，只能由法院的终审、不可上诉判决决定免职；

2. 不可免职，但基于公共利益之要求，并根据本宪法第 93 条 8 的规定可以免职；

3. 固定报酬不可减少，但根据本宪法第 37 条 10 和 12，第 39 条 §4，第 150 条 2，第 153 条 3 和第 153 条 §2 – 1 规定的除外。

独立条款：法官禁止：

1. 拥有除教师以外的其他任何工作或职位，即便在带薪离职期间也不例外；

2. 以任何原因或借口，接受任何诉讼费用或参与任何诉讼；

3. 参与政治或政党活动；

4. 以任何名义或借口，接受个人、公共团体或私人实体的援助或捐献，法律另有规定的除外；

5. 自退休或辞职之日起 3 年内，在其离任的法庭或法院执业。

第 96 条　享有专属权力：

1. 法院：

（1）选举其管理机构，并起草其内部规则，遵守程序规则和当事人的程序保障，规定各自司法和行政机构的权限和运行；

（2）组织法院、附属法庭的秘书处和附属机构，并监督其活动；

（3）以本宪法规定的方式，在其各自管辖权范围内指派职业法官；

（4）建议设立新的一审法院；

（5）通过公开选拔考试并提交职业资格证书，并在遵守本宪法第 169 条独立条款①的前提下，指派司法行政必需的职位，但法律规定需要获得一定信任的职位除外；

（6）批准其所属成员、法官和雇员的请假、休假和其他假期；

2. 联邦最高法院、各高等法院和州高等法院，在遵守本宪法第 169 条规定的前提下，向其各自立法机构提议以下事项：

（1）下级法院成员人数的变动；

（2）设立和取消其附属机构，以及其所属法官的职位和酬劳，并决定其成员和法官，包括其所属下级法院法官的固定报酬；

（3）设立或撤销下级法院；

（4）司法组织部门的变更；

---

①　译者注：第 169 条独立条款已根据 1998 年 6 月 4 日第 19 号宪法修正案修正，并重新编号为第 169 条 §1。

3. 州高等法院审理州、联邦特区和直辖地法官，以及检察机关成员的普通刑事案件和弹劾案件，但应由选举法院管辖的案件除外。

第 97 条 法院仅可根据其成员或其个别特殊机构成员的绝对多数投票，宣布法律或规范性法案违宪。

第 98 条 联邦应在联邦特区和直辖地内设立，各州应在其区域范围内设立：

1. 特殊法院，该法院由职业法官，或职业的和非职业的法官组成，有权进行调解，并判决、执行案情简单的民事案件和轻罪案件；案件程序应以口头进行，并采取简易方式，如法律另有规定，当事人可申请再审，由原审法院组成合议庭处理；

2. 获得薪酬的治安法官，由公民通过直接、普遍、秘密选举产生，任期4 年，依照法律规定执行证婚、依职权或在受质疑时证实资质、调解不具司法性质之事务以及其他法定职责。

§ 1. 联邦法律应规定联邦司法区域内特殊法院的设立。

§ 2. 费用支出只能用于特定的司法活动监督下的财政机构。

第 99 条 司法机构应确保行政自主和财政独立。

§ 1. 法院应根据预算指令法律规定，并根据与其他机构共同设定的预算准则，提出预算案。

§ 2. 听取相关法院意见后，应由如下机构提交该预算案：

1. 在联邦层级，由联邦最高法院和各高等法院院长经其各自法院批准后提交；

2. 各州、联邦特区和直辖地层级，由法院院长经其各自法院批准后提交。

§ 3. 如果 § 2 规定的机构基于合并年度预算案的目的，在预算指令法律规定的期限内未能提交其各自预算案，执行机构应考虑生效的预算法律批准的金额，并根据本条 § 1 规定的限制进行调整。

§ 4. 如果本条规定的预算案，未能在 § 1 规定的期限内提交，执行机构应为合并年度预算案之目的作必要调整。

§ 5. 在执行会计年度预算期内，任何超过预算指令法律规定限度的开支或负债，均不得通过追加投入，或采用特殊信用证的方式解决，但事先授权的除外。

第 100 条 根据法院判决，应由联邦、各州、特区和市财务部门支付的债款，应根据请求提交的时间先后和各自信用情况排定偿还顺序。不得任意排定案件或个人的顺序，也不得为此增加信用贷款。

§ 1. 基于民事责任产生，并由终审判决确定，具有供养性质的债权，应优先其他款项予以支付，包括工资、报酬、收益、退休金及其他收入；社会保障福利；死亡或残障补偿。本条§2规定的除外。

§2. 供养性质的债权，其所有人在提出请求时年满60岁，或患有严重疾病，应根据法律规定优先于所有其他债权获得支付，其数额为本条§3规定所涉法律规定的3倍金额。根据这一目的，可进行零星支出，剩余部分应根据请求提交的时间顺序支付。

§3. 本条第1段关于请求提交先后的规定，不适用于法律规定的小额支付，小额支付应根据终审判决，由国库负担。

§4. 基于§3规定之目的，公法实体可以根据其自己的法律，基于其经济能力确定具体金额，但最低不得低于当地最高社会保障补助金的数额。

§5. 在每年7月1日之前提交申请，要求偿还的由终审判决确定的债务，其所需资金应列入公法主体的预算当中。在接下来的财政年度内必须支付完毕，并在金额上随时更新。

§6. 挪用的预算和开立的信用证，应直接交给司法机关。如果债权人的优先权没有得到尊重，或者没能获得清偿债务所必需的财政拨款，法院院长必须作出判决，要求行政机关作出完全清偿债务决定，并根据债权人的申请，授权进行补充支付，以充分清偿债务。

§7. 有管辖权法院的院长，以作为或不作为的方式，延迟或阻碍债务正常清偿的，即可遭到弹劾，应向国家司法委员会负责。

§8. 不得补充或增加支付金额，也不得通过分割、减少的方式降低支付数额，使其作为整体的一部分，适用本条§3规定。

§9. 在付款请求发布时，如需减少相应的冻结额度，或以一定的借贷金额作为抵消，无论该款项是否包含在有利息的借款中，也无论其是否构成债务人公库的原始债权人，其抵消不受限制，包括过去到期的分期款项，但因行政或司法审查而暂停的执行除外。

§10. 在付款请求发布之前，法院应要求作为债务方的公库，在30日内就§9规定的关于债务的信息进行回应，如未能有效回应，则丧失减少债务的抵销权。

§11. 根据联邦实体负担债务的法律规定，债权人可以运用其请求支付的债权购买相应联邦实体的公共实物资产。

§12. 在本宪法修正案公布后，有效支付之前到有效支付之间的金额更新，无论其性质，都应根据官方储蓄账户中基本报酬的官方指数支付。为弥补延迟所造成的损失，应按储蓄账户利息计算单利。但补充支付的债务，不计算利息。

§13. 无须债务人同意，债权人可以将其债权中的信用证全部或部分转让给第三方。§2 和 §3 的规定不适用受让人。

§14. 顺位的有效转让，须以特定格式向原审法院和债务人实体提出申请。

§15. 除本条规定外，本宪法的配套性法律还应具体规定各州、联邦特区和市偿付债权的特殊制度，理清目前净收入与债权的联系，以及抵消的形式和期限等。

§16. 根据统一标准，并以法律规定的形式，联邦可以取得各州、联邦特区和市的债权，并直接再融资。

第二节　联邦最高法院

第 101 条　联邦最高法院由 11 位法官组成，法官应从 35 岁以上、65 岁以下，具有卓越法律知识，声誉良好的巴西公民中选任。

独立条款：联邦最高法院法官应由共和国总统提名，并经联邦参议院绝对多数通过。

第 102 条　联邦最高法院的首要职责是守护宪法，并享有下列权力：

1. 作为初审法院，审理并判决下列事项：

（1）联邦或州规范性法案违宪的直接诉讼，或联邦法律或规范性法案合宪性的确认之诉；

（2）审理针对共和国总统、副总统、国会议员、联邦最高法院法官及共和国总检察长的普通刑事诉讼；

（3）审理针对联邦部长，海、陆、空军司令，高等法院和联邦审计法院成员，常设外交使团首长的普通刑事诉讼和弹劾，第 52 条 1 规定的情形除外；

（4）当受限制方为前项所列之人时，颁发人身保护令；颁发针对共和国总统、众议院和联邦参议院执行委员会、联邦审计法院、共和国总检察长和联邦最高法院自身行为的安全保护令和信息保护令；

（5）外国或国际组织与联邦、各州、联邦特区或直辖地之间的诉讼；

（6）联邦和各州，联邦和联邦特区之间的，包括其各自间接管理的实体之间的诉讼和争端；

（7）外国的引渡请求；

（8）（已废止）

（9）当限制方为高等法院；或当限制方或被限制方中的一方是受联邦最高法院直接管辖的机构或官员，或在联邦最高法院具有初审管辖权的刑事案件中，颁发人身保护令；

（10）对其自身判决的刑事案件的再审，及对自身行为的废止；

（11）〔原文无（11）〕

（12）维持其自身固有的管辖权，以及保障其判决的权威性；

（13）执行其初审案件的判决，并可将该执行程序委托下级法院法官；

（14）与法院所有成员具有直接或间接利益，及初审法院半数以上成员不称职或具有直接或间接利益的诉讼；

（15）高等法院与其他法院之间，各高等法院之间以及各高等法院与其他法院之间的管辖权争议；

（16）请求违宪诉讼的临时救济；

（17）发布禁令，限制共和国总统、国会、联邦参议院、众议院、国会的任一执行委员会、联邦审计法院、高等法院或联邦最高法院自身管理规则的拟定；

（18）针对国家司法委员会和检察机关国家理事会的诉讼；

2. 审理对下列事项的普通上诉：

（1）向高等法院申请人身保护令、安全保护令、信息保护令和禁制令，遭到拒绝；

（2）政治犯；

3. 在被上诉之判决涉及下列情形时，审理对一审终审案件或终审案件的特殊上诉：

（1）判决与本宪法规定相悖；

（2）判决宣告条约或联邦法律违宪；

（3）判决宣告法律或地方政府法规违宪；

（4）判决宣称地方法律违反联邦法律。

§1. 诉称未遵守本宪法基本规则的，应根据本法规定由联邦最高法院审判。

§2. 就违宪行为的直接诉讼和合宪性的确认之诉而言，联邦最高法院的终局判决具有普遍效力，对其他司法机关、联邦、州和市的公共管理机关具有直接或间接效力。

§3. 为确定是否受理申诉案件，上诉人必须根据法律规定，说明该案件所涉及的合宪性问题的普遍意义，该申诉只能由该法院的2/3成员否决。

第 103 条　违宪行为的直接诉讼和合宪性的确认之诉，可以由下列人员提起：

1. 共和国总统；

2. 联邦参议院执行委员会；

3. 众议院执行委员会；

4. 立法机构或联邦特区立法议会的执行委员会；

5. 州长或联邦特区行政长官；

6. 共和国总检察长；

7. 巴西律师协会联邦理事会；

8. 国会中占有议席的政党；

9. 工会联盟或全国性阶级组织。

§1. 在针对违宪行为的直接诉讼，以及联邦最高法院管辖的所有案件中，应首先询问共和国总检察长。

§2. 因缺少使宪法规则生效的必要措施，使得规则被宣布违宪时，应通知相关机构采取必要措施，如果是行政机构，应在 30 日内采取必要措施。

§3. 如果联邦法律或规范性法案在理论上被认定违宪，则联邦最高法院应首先召集联邦总法律顾问，对受质疑的法案或文本进行讨论。

§4. （已废止）

第 103 - A 条 联邦最高法院通过判决对宪法性事项进行重述之后，可依职权或依申请，经其 2/3 以上成员决议批准，经官方公布成为先例，从而对其他司法机构、联邦、州和市的公共管理机构产生直接或间接的约束力。联邦最高法院也可以根据法律规定，修改或取消先例。

§1. 先例的目标，应当是明确既定规范的有效性、解释和效力问题。司法机构之间或司法主体和公共管理机构之间产生争议，并造成法律问题的不确定，以及增加特定问题上的案件。

§2. 在不影响法律既有规定的前提下，先例的批准、修订或取消，可以由有起诉资格的公民提起针对违宪行为的直接诉讼。

§3. 联邦最高法院判决先例的修正可能有赖于此前违反先例的行政行为或司法决定。在决定授权的修正时，联邦最高法院应废除行政行为或取消受质疑的司法决议，并决定根据实际情况适用或不适用另一行政行为或司法决定。

第 103 - B 条 国家司法委员会应包括 15 位成员，任期 2 年，可连任一次：

1. 联邦最高法院的院长；

2. 高等法院选出的该院的一位法官；

3. 高等劳动法院选出的该院的一位法官；

4. 联邦最高法院选出的州高等法院的一位法官；

5. 联邦最高法院选出的一位州法院法官；

6．高等法院选出的联邦地区法院的一位法官；

7．高等法院选出的一位联邦法官；

8．最高劳动法院选出的地区劳动法院的一位法官；

9．最高劳动法院选出的一位劳动法官；

10．共和国总检察长选出的联邦检察机关的一位成员；

11．共和国总检察长从相应的州机构提名的人员中选出的一位州检察机关的成员；

12．巴西律师协会联邦理事会选出的两位律师；

13．熟悉法律、声誉良好的两位公民，分别由众议院和联邦参议院任命。

§1．在联邦最高法院院长缺席或不能履行职务期间，联邦最高法院副院长应主持委员会。

§2．委员会的另一成员，应经共和国总统提名，并由联邦参议院以绝对多数决批准，并由总统任命。

§3．如果本条规定的任命在法定期间内未能进行，应由联邦最高法院进行任命。

§4．委员会有义务控制司法机构的行政和财务职能，并控制法官职责的履行。除司法法授予的权力外，委员会应有下列义务：

1．保障司法自治，符合司法法，在其权限范围内发布规章或建议措施；

2．保障遵守第37条规定，依职权或依申请，确认司法成员和司法组织的行政措施的合法性，或取消、修改上述管理行为，或设定一定期限，采取必要措施使其严格符合法律，但不得干扰联邦审计法院管辖权的行使；

3．接受并听取针对司法机构成员或机构的投诉，该投诉包括针对其附属机构、雇员和代理机构根据公共授权或官方授权，进行公证和登记服务的诉求，但该处理不得侵犯法院的纪律检查权；委员会可以接手正在处理的纪律案件，在保障充分表达权的基础上，决定免职、续用、享受养老金或与工龄成比例的补贴的退休金，并适用其他行政处分；

4．在行政机关犯罪或滥用权力的情况下，告知检察机关；

5．依职权或依申请，修订法官和法院成员的纪律程序，每次修订至少间隔一年；

6．每半年准备一份由联邦的不同单位和司法的不同机构所作判决的统计报告；

7．每年准备一份关于国家司法机构状况和委员会活动所必须采取措施的年度报告，该报告也是联邦最高法院院长在立法会议开会时向国会提交的一部分资料。

§5. 国家司法委员会中来自高等法院的法官应履行监督法官的职能，且不承担案件审理工作。除司法法规授予其之权力外，其应同时负责下列事项：

1. 受理任何利益相关人有关法官和司法机关的投诉和举报；

2. 履行司法委员会进行一般检查和纠正的行政职能；

3. 任命和调动法官并授予权力，任命州、联邦特区和直辖地的法官或法院的雇员。

§6. 共和国总检察长和巴西律师协会联邦理事会理事长应在理事会执行职务。

§7. 联邦，包括联邦特区及地区，应设立司法投诉中心，接受任何利益相关人对司法机构及其附属机构的成员或机构的投诉和举报，并直接向国家司法委员会报告。

第三节　高等法院

第 104 条　高等法院由至少 33 位法官组成。

独立条款：高等法院的法官应由共和国总统从 35 岁以上、65 岁以下，具有卓越法律知识、声誉良好的巴西公民中提名，并经联邦参议院以绝对多数通过，且：

1. 1/3 从联邦地区法院法官中选任，1/3 从州高等法院法官中选任，应从法院提出的 3 人名单中提名；

2. 1/3 应根据本宪法第 94 条之规定，平等地从律师和联邦、州、联邦特区和直辖地检察机关中交替选任。

第 105 条　高等法院享有以下权力：

1. 作为初审法院，审理并判决下列事项：

（1）各州和联邦特区首长的普通犯罪案件；各州和联邦特区法院法官，各州和联邦特区审计法院成员，联邦地区法院、地区选举法院和劳动法院成员，委员会或市审计法院的成员，以及联邦检察机关成员在法院履行职务时产生的普通犯罪案件和弹劾案件；

（2）针对联邦部长，海、陆、空军司令以及法院自身行为的安全保护令和信息保护令；

（3）当限制方或被限制方中的一方为（1）所列之人，或限制方是其管辖权范围内的法院，联邦部长，海、陆、空军司令时，但选举法院管辖的案件除外；

（4）除第 102 条 1-（15）规定外，任何法院之间的管辖权争议，以及法院和非隶属该法院的法官之间，以及隶属不同法院的法官之间的管辖权争议；

（5）对其自身判决的刑事案件的再审，及对自身行为的废止；

（6）维持其自身固有的管辖权，以及保障其判决宣告的权威性；

（7）联邦的行政和司法机构之间，或一州司法机构和另一州或联邦特区行政机构之间，或后者机构和联邦机构之间的权力冲突；

（8）颁发禁制令，限制联邦机构、实体或进行直接或间接管理的有权机关自身管理规则的拟定，但不得侵害联邦最高法院、军事法院、选举法院、劳动法院和联邦法院的机构的管辖权；

（9）承认外国判决和许可代为调查的请求；

2. 审理对下列事项的普通上诉：

（1）拒绝联邦地区法院或州、联邦特区和直辖地法院一审判决或终审判决的人身保护令；

（2）拒绝联邦地区法院或州、联邦特区和直辖地法院初审判决的安全令；

（3）当事人一方为外国或国际组织，另一方为市，或者在国内居住、定居的个人；

3. 在被上诉之判决涉及下列情形时，审理对联邦地区法院或者州、联邦特区及直辖地法院一审终审案件或终审案件的特殊上诉：

（1）判决与条约或联邦法律相悖，或否定其效力；

（2）判决支持地方政府法律符合联邦法律；

（3）对于联邦法律，坚持与另一法院不同的理解。

独立条款：下列机构应与高等法院共同行使职权：

1. 培养、塑造法官的国家学校，其有责任管理官方课程，以适应法律职业的准入与发展；

2. 联邦司法委员会作为该体系的核心机构，必须根据法律，对联邦一审、二审的司法活动进行行政管理和预算监督，享有纪律处分权，其决议具有约束力。

第四节　联邦地区法院和地区法官

第106条　联邦法院包括：

1. 联邦地区法院；

2. 联邦法官。

第107条　联邦地区法院由至少7位法官构成，若有可能，应从其各自区域雇用，由共和国总统从30岁以上65岁以下的巴西公民中任命，且：

1. 1/5 从具有 10 年以上实际执业经验的律师，和具有 10 年以上职业经历的联邦检察机关成员中选任；

2. 其余由超过 5 年工作经验的联邦法官，以资历和业绩交替晋升。

§1. 法律应规定联邦地区法院法官的免职或调任，并决定其管辖区域和审判地点。

§2. 联邦地区法院应建立巡回法庭，在其各自管辖区域内，利用公共设施和社区设施进行审讯，并实现其他司法职能。

§3. 联邦地区法院可以以分散的形式实现其职能，建立地方法庭，以确保司法在其所有阶段都具有可接近性。

第 108 条 联邦地区法院有权：

1. 对下列事项进行初审管辖：

（1）来自其管辖区的联邦法官，包括军事法院和劳动法院的法官，以及联邦检察机关成员的普通犯罪案件和弹劾案件，但选举法院管辖的案件除外；

（2）对其自身判决的刑事案件的再审，及对自身行为的废止；

（3）针对法院本身或联邦法官行为的安全保护令和信息保护令；

（4）限制行为联邦法官的人身保护令；

（5）属于法院的联邦法官之间的管辖权争议；

2. 对联邦法官、州法官在其管辖区域内行使联邦管辖权的案件进行上诉管辖。

第 109 条 联邦法官有权审理：

1. 联邦、独立实体或联邦公共公司作为有利益的原告、被告、利害关系人或诉讼参与人的案件，但破产案件、工伤案件和选举法院、劳动法院管辖案件除外；

2. 当事人一方为外国或国际组织，另一方为市，或者在国内居住、定居的个人的案件；

3. 以联邦与外国、国际组织之间的条约或协议为基础的案件；

4. 政治犯罪，损害联邦或其国有机构、公共公司财产、设施或利益的刑事犯罪，但轻微犯罪和军事法院、选举法院管辖案件除外；

5. 国际条约或契约所涉及的犯罪活动，该犯罪开始于本国，但结果发生或应发生在国外，或者存在相反情形；

5－A. 有关本条§5 规定的人权案件；

6. 针对劳动组织的犯罪，以及法律明确规定的侵害金融制度，以及破坏经济秩序和金融秩序的犯罪；

7. 因其管辖的刑事案件，或对不受其他法院直接管辖的机构进行限制的人身保护令；

8．针对联邦机构行为的安全令和资料保护令，但联邦法院管辖的案件除外；

9．发生于外国船只或飞行器上的犯罪，但军事法院管辖的案件除外；

10．外国人非法进入或停留的犯罪，在收到外国法院委托之后进行调查，获得批准后执行外国法院判决，有关归化入籍和自然取得国籍等问题的案件；

11．土著居民的权利争议案件。

§1．联邦作为原告的案件应由另一方住所地的司法机关进行审理。

§2．以联邦为被告的案件应由原告住所地、诉争事由发生地、起诉事由发生地或联邦特区的司法机关进行审理。

§3．双方一方为社会保障机构，另一方为其受益人，其所在区域没有联邦法官审理案件，此案应在被保险人或受益人住所地的州法院的法庭中进行审理和判决；法律还可允许其他案件由州法院审理。

§4．在前段规定的情况下，只能上诉至一审法官管辖区域内的联邦地区法院。

§5．在严重侵犯人权的案件中，为确保遵守巴西作为一方的国际人权条约的义务，联邦总检察长应建议高等法院，无论该案处于任何阶段或程序，均应将管辖权转移至联邦法院。

第110条 各州以及联邦特区应在其各自首府设立司法部门，根据法律规定作为一审法院所在地。

独立条款：在联邦区域内，应根据法律的规定，将授予联邦法官的管辖权和权力分配给地方法院的法官。

第五节 劳动法院和劳动法官

第111条 劳动法院系统包括：

1．高等劳动法院；

2．地区劳动法院；

3．劳动法官。

§1．（已废止）

1．（已废止）

2．（已废止）

§2．（已废止）

§3．（已废止）

第 111 – A 条　高等劳动法院应由 27 位法官构成，由共和国总统从 35 岁至 65 岁的巴西公民中提名，经联邦参议院绝对多数同意任命。

1. 1/5 根据第 94 条的规定，从具有 10 年以上实际执业经验的律师，和具有 10 年以上职业经历的公共劳动部成员中选任；

2. 其余成员由高等法院从地区劳动法院的职业法官中选拔。

§1. 法律应规定高等劳动法院的管辖权。

§2. 下列机构应与高等劳动法院共同行使职权：

1. 培养、塑造劳动法官的国家学校，其有责任管理官方课程，以适应法律职业的准入与发展；

2. 劳动法院的高级理事会作为该体系的核心机构，必须根据法律，对劳动法院一审、二审的司法活动进行行政、预算、财政和资产的监督，其决议具有约束力。

第 112 条　法律应设立劳动法院。如某区域内没有劳动法院进行相应管辖，法律可以授予州法院法官管辖，并可向相应的地区劳动法院进行上诉。

第 113 条　劳动法院的组织、任职、管辖、履职的保障和条件，应由法律明确规定。

第 114 条　劳动法院有权审理：

1. 劳动关系产生的行为，包括外国公共法人实体，及进行直接或间接管理的联邦、各州、联邦特区和市的机构；

2. 涉及罢工权行使的行为；

3. 涉及工会代表的行为，包括工会之间、工会和工人之间，以及工会和雇主之间的行为；

4. 当受挑战的法律涉及其管辖权事项时，发布安全令、人身保护令和资料保护令；

5. 具有劳动管辖权机构之间的管辖权冲突，但第 102 条 1 – （15）规定的除外；

6. 因劳动关系产生精神或物质损失的赔偿；

7. 劳动监察机构对雇主作出行政处罚的行为；

8. 依职权执行第 195 条 1 – （1）和 2 规定的社会评价，以及任何因判决产生的合法的衍生规则；

9. 根据法律规定，因劳动关系产生的其他争议。

§1. 如果集体谈判未成功，各方可指定仲裁员。

§2. 如果一方拒绝集体谈判或仲裁，经各方同意，劳动法院可将其作为一项集体经济纠纷受理。法院须遵守劳动者保护的法定最低条件和双方的事先合意，作出判决。

　　§3. 如果罢工关系到某项关键活动，可能损害公共利益，公共劳动部应向有管辖权的劳动法院提出关于解决集体劳动争议的请求。

　　第115条　地区劳动法院应至少由7位法官构成，如有可能，应从各自地区雇用，由共和国总统从30岁到65岁的巴西公民中任命，且：

　　1. 1/5根据第94条的规定，从具有10年以上实际执业经验的律师，和具有10年以上职业经历的公共劳动部成员中选任；

　　2. 其他人员由劳动法官通过资历和业绩交替晋升。

　　§1. 地区劳动法院应建立巡回法庭，在其各自管辖区域内，利用公共设施和社区设施进行审讯，并实现其他司法职能。

　　§2. 地区劳动法院可以以分散的形式实现其职能，建立地方法庭，以确保司法在其所有阶段都具有可接近性。

　　第116条　劳动法院的案件审理，采独任制。

　　独立条款：　（已废止）

　　第117条　（已废止）

第六节　选举法院和选举法官

　　第118条　选举法院包括：

1. 高等选举法院；

2. 地区选举法院；

3. 选举法官；

4. 选举委员会。

　　第119条　高等选举法院应由至少7位法官构成，由以下方式选举：

1. 通过秘密投票选举：

（1）从联邦最高法院的法官中选举3位法官；

（2）从高等法院的法官中选举2位法官；

2. 由共和国总统从联邦最高法院指定的，熟悉法律、品行端正的6位律师中任命2位法官。

　　独立条款：高等选举法院应从联邦最高法院的法官中任命其院长和副院长，以及从高等法院的法官中任命1位选举总监督员。

　　第120条　各州首府和联邦特区应设立一个地区选举法院。

　　§1. 地区选举法院应通过下列方式构成：

1. 通过秘密投票：

（1）从州高等法院法官中选任 2 位法官；

（2）由州高等法院从州法院中选任 2 位法官；

2．位于州首府或联邦特区的联邦地区法院的 1 位法官，或其缺位时，由相应联邦地区法院以任意方式提名的联邦法官构成；

3．共和国总统从州高等法院提名的具备卓越法律知识、品行端正的 6 位律师中，任命 2 位法官。

§2．地区选举法院应从州高等法院法官中选举其院长和副院长。

第 121 条　选举法院的组织、管辖、州法院法官和选举委员会应由配套性法律规定。

§1．选举法院的法官、州法院法官和选举委员会成员在履行职责的范围内，应享受完全保障，不受免职。

§2．除正当理由外，选举法院的法官应至少服务 2 年，并不得超过连续的 2 个两年期间，且在其选举过程中，应通过同样程序，选出同等数量的候补法官。

§3．高等选举法院的决议不得上诉，但与本宪法不符，以及否认人身保护令或安全令的决议除外。

§4．地区选举法院的决议仅在下列情况下可以上诉：

1．不符合本宪法或法律的明确规定；

2．两个以上的选举法院对法律有不同解释；

3．处理联邦或州选举中当选证书的适格、发给问题；

4．宣布选举证书无效，或法令判定免去联邦或州选举职位；

5．否认人身保护令，安全保护令，信息保护令或禁制令。

第七节　军事法院和军事法官

第 122 条　军事法院系统包括：

1．高等军事法院；

2．法律规定的军事法院和军事法官。

第 123 条　高等军事法院应由 15 位终身任职的法官组成，经联邦参议院批准，由共和国总统任命，其中 3 位来自海军，4 位来自陆军，3 位来自空军，他们均为现役将军，并拥有最高职业级别，其余 5 位法官为文职法官。

独立条款：文职法官应由共和国总统从超过 35 岁的巴西公民中选出，且：

1.3 位是熟悉法律知识，品行端正，实际执业 10 年以上的律师；

2.2 位从军事法官、军队检察机关成员中进行平等选择。

第 124 条　对于法律规定的军事犯罪，军事法院系统应享有管辖权。

独立条款：法律应明确规定军事法院系统的组织、运行和管辖。

第八节　州法院和法官

第 125 条　州应当根据本宪法规定的原则，组织其法院系统。

§1. 法院的管辖权应在州宪法中规定，司法组织法应由州高等法院进行提案。

§2. 州有权调查与州宪法不符的州或市法律、规范性法案的违宪性行为，但不得只禁止一个机构适用该法案。

§3. 经州高等法院提议，州法律可以设立军事法院系统，一审法院应为州法院法官和法院理事会，二审法院应为州高等法院，或有效军队成员超过20000 人的州的军事法院。

§4. 州军事法院应享有法律规定的军事犯罪的管辖权，有权起诉和审判州军队成员，发起针对军队纪律行为的司法程序，如果受害人为公民，还应维持陪审员的审判权。适当的法院有权判决免除军人职务、级别和等级。

§5. 军事法院中的州法院法官应享有法律规定的军事犯罪的管辖权，有权起诉和审判可能犯有军事犯罪的公民，发起针对军队纪律行为的司法程序。法院理事会应当在州法院法官管辖下起诉和审判其他军队犯罪。

§6. 州高等法院可以以分散的形式实现其职能，建立地方法庭，以确保司法在其所有阶段都具有可接近性。

§7. 州高等法院应建立巡回法庭，在其各自管辖区域内，利用公共设施和社区设施进行审讯，并实现其他司法职能。

第 126 条　为处理乡郊土地争议，州高等法院应提议建立特别法院，对土地问题具有绝对管辖权。

独立条款：为有效行使管辖权，法官应自行前往法律争议所在地。

第四章　实现司法职能之必要机关

第一节　检察机关

第 127 条　检察机关是常设机构，是实现国家司法职能必不可少的机构，其职责为保卫法律秩序，捍卫民主政体，维护不可或缺的社会利益和个人利益。

§1. 团结一致、不可分割和职能独立是检察机关的制度原则。

§2. 检察机关应行政自主、功能独立。根据本宪法第 169 条之规定，检察机关可以建议立法机构作如下规定：设立和取消其职位和辅助机构；通过考试、职业比对的方式准入；制定报酬政策和职业规划。法律还应规定其组织和运行。

§3. 检察机关应在根据法律制定的预算指令的限制范围内，起草其预算案。

§4. 如果检察机关在预算指令规定的期限内未能提交其预算案，执行机构应为合并年度预算案之目的，考虑目前预算批准的金额，并根据§3规定的限制来调整金额。

§5. 如果根据本条提交的预算案未能符合§3规定的限制，执行机构应作必要的调整，以合并年度预算案。

§6. 在执行会计年度预算期内，任何超过预算指令法律规定限制的开支或负债，均不得通过追加投入，或采用特殊信用证的方式解决，但事先授权的除外。

第 128 条　检察机关包括：

1. 国家检察机关，包括：

（1）联邦检察机关；

（2）劳动检察机关；

（3）军队检察机关；

（4）联邦特区和直辖地检察机关；

2. 州检察机关。

§1. 国家检察机关的首长是共和国总检察长，由共和国总统从超过 35 岁的职业成员中选举，经联邦参议院绝对多数批准后任命，任期 2 年，可以连任。

§2. 基于共和国总统的动议，经联邦参议院绝对多数同意，可以免除共和国总检察长的职务。

§3. 各州、联邦特区和直辖地的检察机关应根据其各自法律规定的方式，从职业成员中列出一个 3 人名单，交行政首长从中选择任命总检察长。总检察长任期 2 年，可以连任一次。

§4. 根据相应配套性法律，州总检察长、联邦特区和地区的总检察长可经立法机构绝对多数批准，免除职务。

§5. 联邦和各州由各自总检察长提议的配套性法律应规定每一检察机关的组织、职权和章程，其人员应遵守下列规定：

1. 保障：

（1）在任职两年后获得终身任期，只能由法院的终审、不可上诉判决决定免职；

（2）不转任，除非因公共利益，在保障充分表达权的前提下，由检察机关以适当的集体机构经其绝对多数成员票决通过；

（3）根据第 39 条 §4 形式规定的固定报酬不得削减，但根据第 37 条 10 和 11，第 150 条 2，第 153 条 3 和第 153 条 §2 - 1 规定的除外；

2. 禁止：

（1）通过任何账户或以任何借口，接受费用、手续费或法院其他费用；

（2）成为执业律师；

（3）根据法律规定参与商业公司；

（4）拥有除教师以外的其他任何公共职务，即便在离职期间也不允许；

（5）参与政党活动；

（6）以任何名义或借口，接受个人、公共团体或私人实体的援助或捐献，法律另有规定的除外。

§6. 第 95 条独立条款中 5 的规定适用于检察机关的成员。

第 129 条　检察机关的机构职能为：

1. 根据法律的规定进行刑事起诉的专属权力；

2. 有效确保政府及相关机构对本宪法所保障权利的尊重，并采取必要措施保障该权利；

3. 进行民事调查，发起民事公益诉讼，保护公共财产、社会财产、环境和其他广泛的共同利益；

4. 根据本宪法的规定，为了实现联邦和州干预的目的，针对违宪行为提起直接诉讼或发起抗议；

5. 通过司法保障土著居民的权益；

6. 在其管辖范围内，通过行政程序发布通知，请求提供相应配套性法律中已经说明的信息和文件；

7. 根据前条所述配套性法律的规定，对警察的活动实施外部控制；

8. 请求调查，并建立警察调查的体制，说明该程序行为的法理基础；

9. 在与其设立目的相符的前提下，履行所赋予的其他职能，不得对公共实体提供司法陈述和法律意见。

§1. 本条规定的检察机关提起民事诉讼的原告资格，不妨碍第三方根据本宪法和法律所规定的，在同等情形下的起诉资格。

§2. 检察机关的职能应尽可能由居住在其任职区域的职业人员履行，但机构负责人授权的除外。

§3. 检察机关职业应通过考试、职业比对的方式准入，需要巴西律师协会全程参与；并应有基本的法律学位和最低 3 年的执业实践，并遵守任职分类的规则。

§4. 如果适合第 93 条的规定应适用检察机关。

§5. 案件应直接分配给各检察机关。

第 130 条　检察机关参与审计法院的成员，其权利、禁制和任职，均适用本节规定。

第 130 - A 条　检察机关的国家理事会应由 14 位成员构成，经联邦参议院绝对多数成员批准后，由共和国总统任命，任期为 2 年，可连任一届。包括以下成员：

1. 共和国总检察长，应主持理事会；

2. 联邦检察机关的 4 位成员，确保每一位代表其各自职业；

3. 州检察机关的 3 位成员；

4. 2 位法官，一位由联邦最高法院选出，另一位由高等法院选出；

5. 巴西律师协会联邦理事会任命的 2 位律师；

6. 2 位熟知法律，声誉良好的公民，其中一位众议院选出，另一位由联邦参议院选出。

§1. 来自于检察机关的理事会成员应由各自检察机关根据法律的规定任命。

§2. 检察机关的国家理事会应负责控制检察机关的行政和财政职能，及其成员职能的履行情况。其负责：

1. 保持检察机关职能和行政的自主性，在其管辖范围内发布管理法规或建议措施；

2. 保障遵守第 37 条规定，依职权或依申请，确认联邦和州检察机关成员或组织行政措施的合法性。理事会可取消、修改上述管理行为，或设定一定期限，采取必要措施使其严格符合法律，但不得干扰联邦审计法院管辖权的行使；

3. 接受并听取针对联邦和州检察机关成员或机构的投诉，该投诉包括针对其附属机构的投诉，但该处理不得侵犯该机构的纪律检查权；理事会可以接手正在处理的纪律案件，在保障充分表达权的基础上，决定免职、续用、享受养老金或与工龄成比例的补贴的退休金，并适用其他行政处分；

4. 依职权或依申请，修订联邦或州检察机关的纪律程序，每次修订至少间隔一年；

5. 每年准备一份关于国家检察机关状况和理事会活动所必须采取措施的年度报告，该报告也是第 84 条 11 规定的信息的一部分。

§3. 通过秘密投票，理事会应从检察机关的成员中选出一位国家监督员，作为检察机关的一部分。该职位禁止连任。该职位除享有法律赋予的权利外，还应负责如下事务：

1. 接受任何利益相关人关于检察机关及其附属机构成员的投诉和举报；

2. 考虑到总监督员的身份，应行使在理事会中的行政职权；

3. 任命和调动检察机关成员，并授予权力，招募检察机关的雇员。

§4. 巴西律师协会的联邦理事会主席应在理事会中执行职务。

§5. 州和联邦法律，应设立检察机关投诉中心，接受任何利益相关人对检察机关及其附属机构的成员或机构的投诉和举报，并直接向检察机关的全国理事会报告。

第二节　公共法律顾问

第 131 条　联邦总法律顾问署是一个在司法上或司法之外，直接或通过其所属机构代表联邦的机构。其组织和运行均由配套性法律规定，根据该法，其负责为行政机关提供咨询。

§1. 联邦总法律顾问署的首长是联邦总法律顾问，由共和国总统从 35 岁以上，具备卓越法律知识、声誉良好的巴西公民中自主任命。

§2. 进入本条所述机构，应通过公开考试和职业比对的方式进行。

§3. 共和国总检察长应根据法律规定，代表联邦清理欠缴税费。

第 132 条　各州和联邦特区检察官，应为所在联邦单位提供司法上的意见和法律咨询，该职业应通过考试、职业比对的方式准入，需要巴西律师协会全程参与。

独立条款：本条所规定的检察官 3 年服务期满后，由其所在机构进行绩效评估，并由监督法官出具确认报告，开始其任期。

第三节　法律履行和公共辩护机关

第 133 条　律师是司法行政机关中不可或缺的一部分，在法律规定的范围内履职时，其行为和表现应当免责。

第 134 条　公共辩护机关是实现州的司法职能所不可或缺的机构，其应负责根据本宪法第 5 条 74 的规定，为各个阶层有需求的人提供法律意见并为其辩护。

§1. 配套性法律应组织联邦、联邦特区和地区的公共辩护机关，规定其在州中组织的一般规则，该职业应通过考试、职业比对的方式准入，确保其成员不可转职，并禁止其在履职活动之外办理法律业务。

§2. 州公共辩护机关应当行政自主、功能独立，并根据第 99 条 §2 的规定，在预算指令规定的范围内，就其预算案发起动议。

第 135 条 属于本章第二节和第三节规定的职业的公务员应根据第 39 条 §4 获得报酬。

第五编   国防和民主制度

第一章   防御状态和戒严

第一节   防御状态

第 136 条 当国家面临严重的、即将发生的社会公共机构动荡，或者大规模自然灾害损害时，在听取共和国委员会和国防委员会意见之后，共和国总统有权颁布法令，宣布特定地区进入防御状态，以维持或立即重建公共秩序和社会和平。

§1. 宣布进入防御状态的法令，应规定防御状态的持续期间，明确受影响地区，并在法律规定和限制内指明将要实施的强制措施的内容：

1. 限制以下权利：

（1）集会，即使是社团内部举行的集会；

（2）秘密通信；

（3）电报和电话通信；

2. 在公共灾难发生期间，占有和临时使用公共财产和设施，联邦对产生的损失和费用负责。

§2. 防御状态不得超过 30 日，如果发布防御状态的原因持续存在，防御状态可以延长一次相同的时期。

§3. 防御状态开始实施后：

1. 执行防御措施的政党决定对犯叛国罪的罪犯实施监禁，应立即通知主管法官。如果监禁非法，主管法官应该释放被监禁人；警察当局对被监禁人的犯罪事实进行审查；

2. 通知应该附上主管机关作出的逮捕被监禁人时有关其身体和精神状况

的声明；

3. 除非经司法机关授权，任何人被监禁或被拘留不得超过 10 日；

4. 禁止使被监禁人持续与外界隔离。

§4. 颁布法令实施或延长防御状态，共和国总统应在 24 小时内将附带特别理由的法令提交国民大会，并由国会根据绝对多数原则予以决定。

§5. 如果国会在休会期间，则在 5 日内召集特别会议。

§6. 国会在接到法令之日起 10 日内进行审查，在防御状态已实施的情况下，国会继续履行该项职权。

§7. 如果法令被否决，防御状态应立即停止。

第二节 戒 严

第 137 条 如果发生下列情况，在听取共和国委员会和国防委员会意见后，共和国总统经国会授权颁布戒严令：

1. 影响全国的严重骚乱，或发生的事件表明防御状态中采取的措施没有效果；

2. 宣布战争或反击外国武装侵略。

独立条款：发布戒严令和延长戒严需要授权，共和国总统应向国会提交申请授权的理由，并由国会根据绝对多数原则决定。

第 138 条 戒严令应指明戒严持续期间，实施戒严需要的规则和即将被中止的宪法保障。戒严令公布后，共和国总统任命具体措施的执行人和指明采取戒严的地区范围。

§1. 发生第 137 条 1 规定的情况，戒严令不得超过 30 日，且每次延长不得超过同样期限；发生第 137 条 2 规定的情况，戒严令将持续有效，直到战争或外敌入侵结束。

§2. 如果在法定休会期间申请授权颁布戒严令，联邦参议院议长应立即召集国民大会在 5 日内举行特别会议审议申请法案。

§3. 国民大会应在强制措施结束前保持会议状态。

第 139 条 根据第 137 条 1 实施戒严，仅能够采用以下限制个人权利的措施：

1. 强令停留在指定地点；

2. 在未指定用于监禁普通犯罪的罪犯和犯罪嫌疑人的建筑物内拘禁罪犯和犯罪嫌疑人；

3. 根据法律规定，限制不可侵犯的通信自由、通信秘密、信息自由、出版自由、无线电广播和电视传播自由；

4. 中止集会自由；

5. 搜查住宅和在住宅内逮捕；

6. 介入从事公共事业的公司；

7. 征用财产。

独立条款：立法者在议会两院所作的公开声明，如果经特别执行委员会授权，不受以上 3 的限制。

第三节　一般条款

第 140 条　听取政党领导意见后，经国会执行委员会任命，由 5 位成员组成一个委员会，监督有关防御状态和戒严措施的贯彻执行。

第 141 条　防御状态和戒严结束时，其影响也应该停止，但不影响执行人及其代理人在该期间的违法行为应承担的责任。

独立条款：防御状态和戒严结束后，共和国主席应立即向国会报告在这个时期采取的曾经生效的措施，明确说明采取的行动并说明理由，编列受影响者名单，并指明适用的限制措施。

第二章　军　队

第 142 条　军队由海、陆、空军组成，是国家常设机关，奉行等级制度和纪律，以此为基础组织设立，受共和国总统领导。军队创建的目的是保卫国家，保护依宪法设立的政府机关，保护这些机关采取行动的权利，保护法律和秩序。

§1. 辅助性立法应制定适用于军队组织、训练和使用的一般规则。

§2. 人身保护令不适用于军事纪律惩罚。

§3. 军队成员称作军人，适用法律规定的有关事项和下列条款：

1. 有关军人固有特权、权利和职责的军衔由共和国总统授予，并保障现役、预备役和退役军官完全享有。他们对军衔、军队驻地享有排他性权利，并和军队其他成员一样享有着军装的权利；

2. 根据法律规定，接受长期公务员职位或成为政府雇员的现役军人，转为预备役；

3. 根据法律规定，担任临时性非选举的公共官员、雇员或职位的现役军人，即使在非直接行政部门工作，应该保持特殊身份；如果他保持上述身份，就仅能够根据年资提升。从事这种服务期间只能为此种提升服务，并计入预备役期间；离开现役职位两年，无论该期间是否延续，根据法律规定，都将转为预备役；

4. 禁止军人组成社团或罢工；

5. 服役期间，军人不得隶属任何政党；

6. 根据和平时期常设军事法庭或战时特别法庭的判决，军官只有在与其职位不相容或不称职的情况下，方会丧失军官职位和军衔；

7. 军官被普通法院或军事法院的终审判决或未上诉判决确定有罪，并判处 2 年以上有期徒刑的，应按照前段规定接受审判；

8. 第 7 条 8、12、17、18、19、25 和第 37 条 11、13、14、15 之规定均适用于军人；

9. （已废止）

10. 考虑军人的任务的特殊性，包括军队在战争中和根据国际条约执行的任务，法律应规定服兵役的年龄限制、服役期限、退役条件、权利、义务、补偿、特权和其他一些特殊情况。

第 143 条　服兵役是法定义务。

§1. 根据法律规定，对于在入伍后提出自己基于宗教、哲学或政治信仰拒绝服兵役的人，军队在和平时期可以指派他们进行替代性服务，以免除其作为军人应从事的活动。

§2. 女人和神职人员在和平时期免除强制服兵役的义务，但应履行法律指定他们从事的其他义务。

第三章　公共安全

第 144 条　维护公共安全是政府的义务，也是所有人的权利和义务，目的是维护公共秩序和个人人身、财产安全，公共安全由下列机关负责实施：

1. 联邦警察；

2. 联邦交通警察；

3. 联邦铁路警察；

4. 民事警察；

5. 军事警察和军事消防队。

§1. 联邦警察是根据法律设立的常设机关，由联邦负责组织和维持，已形成一项职业，其职责在于：

1. 负责侦查反对政治和社会秩序、损害联邦财产、公共设施和利益的犯罪，以及根据法律需要共同惩处的在州际或国际范围内具有不良影响的犯罪；

2. 阻止和惩处非法运输麻醉品和类似药品，禁止违禁品运输，打击走私，但属于财政部和其他政府部门管辖的除外；

3. 履行海事、机场和边防警察职能；

4. 履行联邦司法警察的专属职能。

§2. 联邦交通警察是常设机关，由联邦负责组织和维持，已形成一项职业，根据法律被委派公开巡逻联邦公路。

§3. 联邦铁路警察是常设机关，由联邦负责组织和维持，已形成一项职业，根据法律被委派公开巡逻联邦铁路。

§4. 在专业警长领导下，民事警察承担司法警察的职能，负责侦查除联邦管辖范围以外的和军事犯罪以外的犯罪。

§5. 军事警察负责日常治安，维护公共秩序；除了法律规定的义务外，军事消防队负责执行民防活动。

§6. 军事警察和军事消防队、辅助部队、预备役军队和民事警察，受州、联邦地区和地方的政府管辖。

§7. 法律根据保障行为效率的要求，规范负责公共安全机关的组织运行。

§8. 各市可以根据法律规定组织市级警卫，负责保护市的财产、公共设施和便利设施。

§9. 本条涉及各机关公务警察的薪金报酬应根据本宪法第 39 条 4 确定。

第六编　税收和预算

第一章　国民税收体系

第一节　一般原则

第 145 条　联邦、州、联邦特区和市可征收下列税收：

1. 税；

2. 规费，为行使警察权力或对于明确且可分的公共服务实际或者可能的使用，而该种服务以提供给纳税人使用为目的；

3. 公共工程受益费。

§1. 无论何时行使征税权，税收征收必须以纳税人为主，并与纳税人的经济能力相适应。为了达到此目的，在尊重个人权利、法律规定的前提下，税收征收机关可以依法核实有关纳税人的资产、遗产继承、收入和经济活动。

§2. 规费不得按照与征税同样的基础计算。

第 146 条　配套性法律应：

1. 解决联邦、州、联邦特区和市之间征税权的冲突；

2. 规定宪法对征税权的限制；

3. 建立税法的一般原则，特别是关于：

（1）规定税的定义和种类，以及与本法所规定的税相关联的税，规定纳税事项，计算基础和纳税人；

（2）纳税义务、征收、信用、纳税赊欠期限和税收减免；

（3）对合作社的合作活动提供适当的纳税待遇；

（4）规定中小企业的差别待遇或优惠待遇；包括第 155 条 2 有关税收的特别的和简化的规定；以及第 195 条 1 和 §12 及 §13，以及第 239 条规定的费用分担。

独立条款：本条 3 -（4）提到的配套性立法构成一项统一的联邦、州、联邦特区和市征税和征收规费的体制，并遵守以下条款：

1. 对纳税人，其具有任择性；

2. 各州可制定区别征收的条件；

3. 征税应该统一和集中，且分配给各联邦实体的资金份额应立即拨付，不得扣留和设定条件；

4. 税的征稽、监管和征收在采用统一的全国纳税人名册后可由各联邦实体分别实施。

第 146 - A 条　为防止竞争性不平衡，配套性立法可规定特别税的征收标准，但不得有损于联邦为了同样目的根据法律制定规则的权力。

第 147 条　在联邦直辖地内，联邦有权征收州税，如果该地区没有被划分为市，则联邦有权在该区域征收市税。联邦特区有权征收市税。

第 148 条　通过配套性法律，联邦有权发行强制性公债：

1. 为应付由于公共灾难、对外战争或紧急事件造成的非正常开支；

2. 对与紧急事项或国家利益相关的公共投资，但必须遵守第 150 条 3 -（2）的规定。

独立条款：强制性公债款项的使用，应用于与原目的相符合的相关事业。

第 149 条　作为相关领域的政策工具，联邦拥有独占权力设立社会捐助、评估经济领域的干预，根据职业和经济分类评估费用的分摊，但要遵守第 146 条 3 和第 150 条 1、3 的规定，同时不得违反第 195 条 §6 有关费用分摊的相关规定。

§1. 州、联邦特区和市可以从其雇员工资中代扣部分工资，以建立本法

第 40 条规定的社会保障体系。其代扣额度不得低于在职的联邦公务员的代扣额度。

　　§2. 社会费用分摊和本条正文规定的用于干预经济的费用分担：

　　1. 不得对出口收益征收；

　　2. 应该对进口的外国产品或服务征收；

　　3. 其税率可以：

　　（1）从量税，根据交易的发货清单、总收入和总价值；如果是进口产品，则根据关税价值；

　　（2）具体的，根据采用的计量单位。

　　§3. 根据法律规定，个人进口商可以被作为一个法律实体对待。

　　§4. 法律应规定分摊费用只征收一次的情形。

　　第 149 – A 条　各市和联邦特区可以依据各自的法律规定设立分摊费用以支持公益事业，但要遵守第 150 条 1、3 的规定。

　　独立条款：本条规定的费用可以根据电力消费清单确定分摊金额。

第二节　对征税权的限制

　　第 150 条　在不损害纳税人其他权利保障的前提下，联邦、州、联邦特区和市不得有下列行为：

　　1. 非经法律规定不得征税或提高税额；

　　2. 不得对同等情况下的纳税人予以不同的待遇，法律所规定的收入、保障或权利不得因为纳税人从事的职业不同而有差别待遇；

　　3. 征税应注意下列情况：

　　（1）发生在设立和提高税额的法律生效之前的征税事实；

　　（2）与设立和提高税额属同一财政年度所颁布的法律；

　　（3）设立和提高税额的法律颁布日起 90 日期满以前的法律，适用上述（2）的规定；

　　4. 利用税收来进行没收；

　　5. 除了政府征收费用用于维护公路外，对州际或市之间的人员和商品的流通设立限制；

　　6. 不得对下列事项征税：

　　（1）对遗产、收入和服务重复征税；

　　（2）任何宗教的寺庙；

　　（3）政党继承的遗产、收入和服务，包括遵守法律规定的该政党的基金会、工会和非营利的社会和教育帮扶机构；

（4）书籍、报纸、期刊和用于印刷的纸张。

§1. 本条3 -（2）不适用于第 148 条 1，第 153 条 1、2、4、5 和第 154 条 2 所规定的税种；本条3 -（3）不适用于第 148 条 1，第 153 条 1、2、3、5 和第 154 条 2 所规定的税种，也不构成第 115 条 3 和第 156 条 1 所规定的税种的计算基础。

§2. 本条6 -（1）规定的禁止，适用于政府建立和维持的垄断机构和基金会为达成其设立基本目的而所需的继承财产、收入和服务。

§3. 本条6 -（1）规定的禁止，对于私人企业用于经济活动之遗产、收入和服务不适用，对于有相对支付、价款及使用者支付关税或购买不动产者，也同样不适用。

§4. 本条6 -（2）、6 -（3）规定的禁止，仅限于本款规定的以继承遗产、收入和服务为主要目的实体。

§5. 法律应设定必要的措施，以便向消费者阐明对货物和服务所征收的税种。

§6. 涉及税收、规费和分摊费用的任何纳税补贴、免税额、计征减少、推定赊欠期特许、豁免和减免，仅可以通过明确的联邦、州、市专门规定上述列明事项和相应税收和分摊费用法律授权获得，但不得损害第 155 条 §2 - 1 2 -（7）中的规定。

§7. 法律可以对纳税事实发生于事后，且负有纳税责任的纳税义务人予以被动课税，同时确保在推定课税事项未发生的情况下，应立即退还纳税人已缴纳的税款。

第 151 条　联邦不得从事下列行为：

1. 在全国范围内设立不统一的税，或在各州、联邦特区或市实施差别或者偏好措施，而损害其他州、联邦特区或市的赋税；但是，为促进国内不同地区社会经济平衡发展，可以授权实施财政上的奖励措施。

2. 对各州、联邦特区和市签订的公债契约的课税，以及对个别公共代表人，或者为其设定义务的高层代表人的收入和报酬课税。

3. 在各州、联邦特区和市管辖范围内免除赋税。

第 152 条　禁止各州、联邦特区和市基于任何类别商品和服务的原产地和销售地不同而对其进行不平等的征税。

第三节　联 邦 税

第 153 条　联邦有权对下列事项征税：

1. 外国进口产品；

2. 出口到其他国家的本国或本国制造的产品；

3. 任何种类的收入或津贴；

4. 工业产品；

5. 信用、外汇、保险、票据、证券或者公债；

6. 乡村财产；

7. 配套性立法规定的巨额财产。

§1. 行政机关，在遵守法律设定的条件和限制的前提下，可以改变 1、2、4、5 规定税项的税率。

§2. 本条 3 规定的税种：

1. 应该根据法律规定以一般性、普遍性和累进性标准为基础；

2. （已废止）

§3. 本条 4 规定的税种：

1. 应该是以产品品质为基础进行选择性课征；

2. 应该是非累计征收的，交易应纳税款应由上一笔交易已缴纳税税额抵消；

3. 不应该适用于以出口为目的的工业产品；

4. 应该根据法律规定减少对纳税人获得资本产品的影响。

§4. 本条 6 规定的税种：

1. 适用累进税制，该税率应当以遏制非生产性财产存续的方式确定；

2. 不应对所有依靠自己劳动且不占有其他不动产的小额乡村财产征税，小额乡村财产的标准由法律确定；

3. 根据法律规定，只要不造成税额减少和任何其他形式的财政减免，由各市决定监督和征税。

§5. 如果根据法律规定黄金作为财政资产和外汇工具属于初始交易，应该视同本条正文 5 规定的税收加以课征处理；其最低税率是 1%，为保证征税所得额流转，应同时遵守以下规则：

1. 在各州、联邦特区或直辖地为初始地的情况下，可以得到 30%；

2. 在各市为初始地的情况下，可以得到 70%。

第 154 条　联邦可以征收：

1. 根据配套性立法，采用累进税率并有明确的课税对象或纳税计征标准的税种，非前条列举的税种，而不是本法明确规定的税种；

2. 无论是否属于联邦征税权，在发生对外战争或紧急威胁时，可征收特别税；当征税原因停止时，特别税应逐步取消。

第四节　州税和联邦特区税

第 155 条　州和联邦特区对下列事项享有征税权：

1. 任何财产和权利的继承和捐赠；

2. 涉及货物流通以及为州际和市际运输和信息交换提供服务的交易，即使这些交易在国外履行也不例外；

3. 机动车辆的所有权。

§1. 本条 1 规定的税种：

1. 有关不动产及其权利的征税权，由不动产所在地的州或联邦特区行使；

2. 有关动产、有价证券和信用票据的征税权，由监管财产地或捐赠人住所所在地的州或联邦特区行使；

3. 下列情况由配套性法律进行规定：

（1）如果捐赠者在国外定居或居住；

（2）如果被继承人是外国居民或在外国有住所，或者财产位于国外或在国外处理的；

4. 应该由联邦参议院确定其最高税率。

§2. 本条 2 规定的税种遵守以下规则：

1. 关于商品或者劳务的流通，已由上一笔产品销售和提供服务交易被同一州、其他州或联邦特区征收纳税税额抵消的，不得适用累进税率；

2. 除非法律有相反规定，减免税负应该遵循下列规定：

（1）不得用以补偿以后的交易或者履行；

（2）应该用以抵消先前交易应纳税款；

3. 采用选择性税率，取决于商品和服务的品质；

4. 由共和国总统或 1/3 联邦参议员提议，经绝对多数议员批准，联邦参议院可以设定适用于州际和出口商品交易和提供服务的税率；

5. 联邦参议院可以：

（1）由 1/3 联邦参议员提议，经绝对多数议员批准，联邦议会可以设定国内交易最低税率；

（2）经绝对多数联邦参议员提议并经 2/3 议员批准，制定国内交易最高税率，以解决涉及各州之间利益的具体冲突；

6. 除非各州和联邦特区有相反决定，根据本条 12，有关商品销售和提供服务的州际税率不得低于州内现行交易税率；

7. 以其他州消费者为最终目标的商品销售和服务交易，应遵守以下规定：

（1）当其收受人是纳税人时，采用州际税率；

（2）当其收受人不是纳税人时，采用国内税率；

8. 本条在 7 - （1）规定情况中，国内税率和州际税率差额产生的相应税款应分配给消费者所在州；

9. 也可以对下列事项征税：

（1）不论以任何目的，个人或法律实体进口外国商品、在国外提供的服务缴纳的海关税，即使不是居民纳税人，税款应分配给商品和服务的消费者住所地或商业机构所在州；

（2）根据交易总价值，用于补充商品的劳务不在市征税权范围内的情形；

10. 不应征税事项：

（1）运送产品到外国进行的交易及为这些产品提供的服务，以确保维持和利用以前交易和提供服务所征收的税额；

（2）运送石油到其他州进行交易，包括润滑剂、石油产品、天然气和电力；

（3）黄金，第 153 条 § 5 规定的情况；

（4）免费接收的传播声音和有声图像的通信服务；

11. 当纳税人之间的交易涉及工业或商业产品从而构成这两种税的课税对象时，不构成工业产品计税基础；

12. 配套性法律应当：

（1）规定其纳税人；

（2）规定纳税替代；

（3）制定税收抵消规则；

（4）根据征税目的和商业机构的责任，确定商品和服务交易的地点；

（5）规定本条 10 - （1）没有提到的产品和服务之外的产品和服务的出口事项；

（6）规定对向其他州和国外出口的服务和商品的信贷支持；

（7）规定税收豁免方式，州和联邦特区通过决议授予和取消财政刺激和优惠；

（8）不论使用目的，对燃料和润滑剂只征税一次，本条 10 - （2）规定不适用本规定；

（9）规定全部价值和外国进口的商品、货物或服务的计税标准。

§3. 除了本条2和第153条1、2，不得对电力能源、通信服务、石油副产品、燃料和矿物征收其他税款。

§4. 本条12－（8）规定的情况应遵守以下规定：

1. 涉及产自石油的润滑剂和燃料交易的，税收权分配给消费发生地的州；

2. 纳税人之间进行的州际交易，涉及本条§4－1不包括的天然气、天然气副产品、润滑剂和燃料的，税收权分配给原产地州和目的地州，同时必须维持其他商品交易同样分配比例；

3. 涉及本条§4－1不包括的天然气、天然气副产品、润滑剂和燃料的州际交易，非指向纳税人的税收权属于原产地州；

4. 州和联邦特区根据本条§2－12－（7）规定决定税率，应遵守以下规定：

（1）税率应该在国家所有领域内统一，但可以因产品不同有所区别；

（2）可以是自由贸易中根据采用计量单位征收的从量税，或对交易价值或产品价格征收的从价税；

（3）可以降低或恢复，但不适用于第150条3－（2）之规定。

§5. §4规定必须适用的规则，包括确定和指定税收，应当由州和联邦特区根据本条§2－12－（7）决定确立。

§6. 本条3规定的税收：

1. 适用联邦参议院制定的最低税率；

2. 根据类型和使用目的不同，适用不同的税率。

第五节　市　　税

第156条　各市有权征收下列税收：

1. 城镇建筑和土地税；

2. 当事人生前进行的不动产有偿转让，无论是通过契约还是自然取得；除担保物权和权利转让外的不动产有关物权；

3. 根据配套性法律规定，第155条2规定除外的任何类型服务。

4.（已废止）

§1. 在不违反第182条§4－2规定的累进税率的前提下，本条1规定的税收可以：

1. 根据不动产价值采用累进税率，以及；

2. 根据不动产位置和使用目的，采用不同税率。

§2. 本条 2 规定的税收：

1. 不应对纳入法人支付全部注册资本的收入的财产或权利转让征收，也不得对来自法人吸收合并、设立、分立和解散的财产或权利的转让征收，除非下列情况，获得财产一方从事主要活动是购买并出售这些财产和权利，出租不动产或商业租赁；

2. 归属于财产所在地的市。

§3. 有关本条 2 规定的税收，配套性立法应该：

1. 制定最高和最低税率；

2. 排除对出口服务的适用；

3. 规定应该授予或取消的税收豁免、刺激和优惠的形式和条件。

§4.（已废止）

第六节　税收分配

第 157 条　下列事项分配给州和联邦特区：

1. 对任何类型收入和所得征收联邦税所得收入，和联邦、联邦垄断事业和联邦建立和维持的基金会通过任何方式支付的收入预提税款；

2. 联邦机构授权行使根据第 154 条 1 授权征税所得收入的 20%。

第 158 条　下列税收分配给市：

1. 对任何类型收入和所得征收联邦税所得的收入，和联邦、联邦垄断事业和联邦建立和维持的基金会通过任何方式支付的收入预提税款；

2. 对位于其辖区内的不动产有关乡村财产征税所得的 50%，或对第 153 条 §4 - 3 规定的市有权选择的课税事项征税全部所得；

3. 对本辖区颁发许可证的机动车所有权征税所得的 50%；

4. 对州内和市际运输和通信的商品销售和服务提供交易，征州税所得的 25%。

独立条款：本条 4 涉及的属于市的税收比例根据下列标准确定归属：

1. 对于辖区内进行的商品销售和服务提供交易按照其增加的价值比例计算，至少 3/4；

2. 依照州法或者在联邦直辖地依照联邦法，至多 1/4。

第 159 条　联邦应该移交：

1. 对任何类型收入和工业产品征税所得的 48%，采用以下方式分配：

（1）州和联邦特区获得税收份额的 21.5%；

（2）市获得税收份额的 22.5%；

（3）根据法律规定，3%用于资助北部、东北和中西部地区生产的财政支援计划，根据他们的发展计划，通过其所在地区的金融机构，确保东北部半干旱地区获得为其计划的半数资金；

（4）市获得税收份额金额的1%，应该在每年12月份的前10日移交；

2.州和联邦特区工业产品税收所得的10%，根据出口工业产品价值比例计算；

3.根据第177条§4规定的干预经济领域征收分摊费用所得的29%，州和联邦特区依法分配所得必须遵守第177条§4-2-（3）规定的目的。

§1.为了计算联邦根据本条1获得税额总数，根据第157条1和第158条1对各种类型收入征税所得归属州、联邦特区和市的部分应排除在外。

§2.任何联邦单位根据本条2规定所获分配额不得超过20%，超过部分应坚持本条规定的分配标准，分配给其他参与者。

§3.根据第158条独立条款1、2规定的标准，州应获得特定市根据本条2中规定获得税金的25%。

§4.根据本条款有关法律规定，根据本条3规定属于州税金的25%应分配给市。

第160条 州、联邦特区和市根据本节获得税金，包括税金的添附和增加，不得使用、扣留，或者限制其移交数额。

独立条款：本条的禁止不得妨碍联邦和州将所交付资金用于：

1.偿付贷款，包括他们维持的垄断事业；

2.为遵守第198条§2-2、§2-3的规定。

第161条 下列情形应由配套性法律规定：

1.认定第158条独立条款1规定的增加价值；

2.设立第159条规定免税的规则，特别是为寻求州和市之间的经济平衡该条1所规定的税金分配标准；

3.对于年金受益者，有关第157、158和159条规定的税额计算，以及参与义务的免除。

独立条款：联邦审计法院应计算有关2提及的参与资金分配的份额。

第162条 联邦、州、联邦特区和市应在下次征收前一个月的最后一日前公布，每个税种征税税额、已征收税金、已免税和将要免税税金价值和用数字表示的税金分配标准。

独立条款：联邦披露的数据由州和市负责细分，州披露的数据由市负责细分。

第二章　公共财政

第一节　一般规则

第 163 条　配套性立法应规定：

1. 公共财政；

2. 外国和国内公债，包括政府管理的垄断事业、基金会和其他实体所欠债务；

3. 政府实体的担保特许；

4. 发行和赎回政府债券；

5. 对直接和间接公共行政财政监督；

6. 联邦、州、联邦特区和市的代理机构和实体所执行的外汇交易；

7. 政府信用机构职能的协调，保证他们以地区发展为目的的全部特性和经营条件。

第 164 条　中央银行单独行使联邦发行货币的权力。

§1. 禁止中央银行直接或者间接发放贷款给国库以及任何非金融机构的机构和实体。

§2. 为控制货币供应和利率，中央银行可以购买和出售国库发行的有价证券。

§3. 联邦现金余额应存放在中央银行，除非法律规定的其他情况，州、联邦特区、市、政府代理机构或实体以及政府控制的公司的现金余额应存放在官方金融机构。

第二节　预　　算

第 165 条　由行政机关起草的法律：

1. 多年预算计划；

2. 预算指令；

3. 年度预算。

§1. 制定多年预算计划的法案应以地区为基础，规定预算指令和有关财政支出以及由此产生的其他支出和相关后续项目的方向、目标。

§2. 有关预算指令法案应规定联邦公共管理的目标和优先顺序，包括下一财政年度的财政支出；应引导准备年度预算法案，应规定税收立法的变更和规定政府金融开发代理机构的投资政策。

§3. 每两个月结算期结束后30日内，执行机构应发布总结其执行预算情况的公告。

§4. 本法规定的国家、地区和部门计划和项目，应根据多年预算计划准备，并由国会审查。

§5. 年度预算法案应规定下列事项：

1. 联邦机构及其基金会、代理机构、直接或间接行政实体，包括政府建立和维持的基金会等机构的财政预算；

2. 联邦政府直接或者间接拥有多数股权的公司的投资预算；

3. 社会保障预算，包括与社会保障有关的所有直接或间接行政代理机构和实体，以及政府建立和维持基金和基金会。

§6. 预算法案应包含地区性的损益平衡表，支出由豁免、大赦、减免、补贴、优惠及信贷利益所衍生的财政收入和支出。

§7. 本条§5-1、§5-2规定的预算应与多年预算计划相协调，并根据人口标准行使减少地区不平衡的功能。

§8. 年度预算法案不应包含任何不能代表财政收入预测和预算支出的条款，但是根据法律规定，这种禁止不包括授权增加拨款和借款，甚至是动用预期财政收入。

§9. 配套性立法应就下列事项作出规定：

1. 决定财政年度的期限和有效性，准备和组织多年预算计划，制定预算指令法案和年度预算法案；

2. 建立直接或间接财政资产行政管理规则，并规定这些组织和基金会管理的条件。

第166条　多年预算计划法案、预算指令法案、年度预算和增加信用，应由国会两院根据共同内部规程审查。

§1. 下列事项由参议员和众议员组成常设的联合委员会负责：

1. 对本条提及的法案和共和国总统提交的年度账目进行审查，并发表意见；

2. 对本法规定的国家、地区和部门计划和项目进行审查，并发表意见，根据第58条的规定，在不影响国会其他委员会和两院正常工作的情况下，监督预算。

§2. 提交联合委员会的修正案，联合委员会对其发表意见，国会两院全体会议根据内部规程对修正案进行审查。

§3. 修正年度预算法案或其他议案，只有在以下情况才可以被批准：

1. 符合多年预算计划法案和预算指令法案；

2. 明确规定所需资金，仅允许取消类似的支出，但下列事项不在此限：

（1）拨付人事部门的款项和人事部门间接费用；

（2）偿债；

（3）宪法规定的税收拨付各州、市和联邦特区；

3. 这些事项涉及：

（1）纠正错误或遗漏；

（2）预算书原文的规定。

§4. 如果预算指令修正案与多年预算计划法案冲突，不得被批准。

§5. 只要联合委员会未对建议修改部分开始投票，共和国总统可以向国会发表咨询建议修改本条涉及的预算。

§6. 根据补偿性立法第 165 条§9，多年预算法案、预算指令法案和年度预算法案应由共和国总统提交国会。

§7. 只要这些法案不与本节规定相冲突，有关立法程序的其他规则适用于本条提及的法案。

§8. 年度预算法案被否决、修改和拒绝而没有相应支出的资金，根据具体情况，经事先或特别的立法授权，通过特别或补充性拨款，可以被使用。

第 167 条　下列行为应予以禁止：

1. 启动年度预算法案之外的项目或工程；

2. 支出或发行超过预算拨款和附加拨款的；

3. 超过支出资金额度借款，但经国会绝对多数批准，得到目的明确的授权的补充性或特别拨款，可以不在此限；

4. 限定代理机构的税收收入、资金和支出；以下情况除外：按比例分配第 158、159 条规定的征税所得；根据 198 条§2、第 212 条、第 37 条 22 的规定，为公共健康事业和服务，维持和发展教育事业和实施税务行政管理活动，分配资金；根据第 165 条§8 和本条§4 规定，保障预期财政收入贷款；

5. 未经事先法律授权和指定特别资金，启动补充性或特别的拨款；

6. 未经事先法律授权，对预算重新分类、重新分配或从已编制项目类别向其他类别转移预算资金，或从一个代理机构到另一个代理机构转移预算资金；

7. 授予或利用无限制的拨款；

8. 未经明确法律授权，利用财政和社会保障预算资金弥补或掩盖公司、基金会和基金赤字，包括第 165 条§5 规定的情况；

9. 未经事先法律授权，建立任何类型基金；

10. 无偿转让资源和授权贷款，包括通过预期财政收入，通过联邦和州政府及其金融机构，为支付联邦、州、联邦特区和市在职、不在职和退休人员费用的授权贷款；

11. 使用费用支出而这种使用不适用于根据第 201 条规定所支付的一般社会保障制度津贴，或者不是根据第 195 条 1 – （1）和 2 规定的分摊费用的资金。

§1. 不事先列入多年预算计划或列入未经合法授权的实施超过一个财政年度的投资不得开始实施，违反则根据可控诉犯罪处罚。

§2. 特别拨款仅在其被授权的财政年度内有效，除非授权法案在财政年度内后 4 个月颁布，在这种情况下，拨款金额限制解除，特别拨款应并入下一财政年度预算。

§3. 仅在满足不能预见的和紧急的支出，比如战争、内乱和公共灾难造成的支出，才允许启动特别拨款，并遵守第 62 条的规定。

§4. 第 155 条、第 156 条涉及的各部门来自税收的收入和第 157 条、第 158 条和第 159 条 1 – （1）、第 159 条 1 – （2）、2 涉及的资源，允许作为联邦的担保或反担保和支付联邦所欠债务。

第 168 条　指定用于立法机关、司法机关、行政机关和检察机关预算拨款（包括补充性和特别拨款）资金的 1/12，根据第 165 条 §9 提及的补偿性立法规定，应于每个月第 12 天拨付给他们。

第 169 条　联邦、州、联邦特区和市在职和不在职人员费用支出不得超过配套性立法规定的限制。

§1. 授予利益、增加报酬、设立职位、改变职业结构，直接和间接行政实体或代理机构，包括政府创立和维持的基金会，其各种资格人事的录用和签约，仅在下列情况下才能完成：

1. 如果先前的财政拨款足已覆盖预计的人事支出和由此导致的增加支出；

2. 预算指令法案有明确授权，但公共公司与合资公司除外。

§2. 一旦本条涉及的配套性立法规定在采用本条规定参数的期间开始运行，所有联邦和州向州、联邦特区和市的拨款，如不遵守有关限制，应立即中止。

§3. 为遵守根据本条设立的限制，在本条正文涉及的配套性法律规定的期间，联邦、州、联邦特区和市应采取下列措施：

1. 减少委员会办公室 20% 的费用支出；

2. 辞退非终身制公务员。

§4. 如果根据前述规定采取的措施不足以确保遵守本条涉及配套性法律

的决定，终身制公务员可以去职，只要每一个机构的引发规范性行为确切指明其职能行为、行政代理机构或单位是裁员的对象。

§5. 根据前款规定去职的公务员有权享受服务 1 年即获得 1 个月薪金的合理补偿。

§6. 根据前款规定终止的职位应被视同作废。禁止 4 年内创设权力相等或类似的职位。

§7. 联邦法律应制定一般规则，且实施 §4 所规定的规则。

第七编　经济及财政秩序

第一章　经济活动一般原则

第 170 条　以追求社会公正为目的，建立在尊重人类劳动和自由开办企业观念基础之上的经济秩序，致力于确保个人尊严的存在，并遵行以下原则：

1. 维护国家主权；

2. 尊重个人财产；

3. 财产所有权的社会功能；

4. 自由竞争；

5. 保护消费者；

6. 环境保护，应依据产品、服务和进程对环境的冲击采取本法所阐述和规定的差别化待遇；

7. 减少地区和社会的不公平；

8. 保障充分就业；

9. 小企业采取优先待遇，此小企业须是按照巴西法律设立且总部和运营均在巴西的企业。

独立条款：除法律规定外，可无须政府授权而可以自由进行一切经济活动。

第 171 条　（已废止）

第 172 条　基于国家利益，法律应规范外国资本投资，刺激和促进再融资，管制汇款利率。

第 173 条　除本法所规定的例外情形外，只有按照法律规定，基于国家安全的必要性或在相关集体利益必需的情况下，政府才可以进行直接的开发和干预经济活动。

§1. 法律应对从事生产、贸易或服务等经济活动的公共公司、合资公司及其附属公司设立相应制度，处理：

1. 社会职能接受国家和社会监管；

2. 适用与私人企业相同的法律制度，包括其民事、商业、劳动和税收方面的权利与义务；

3. 在遵守公共管理原则的情况下，参与竞标及签订工程、服务、采购和运输合同；

4. 在少数股东参与的情况下，成立并实行董事会制度和监事会制度；

5. 成立办公室以对管理者的绩效和职责进行评估。

§2. 尚未向私人企业开放的财政特权，公共公司和合资公司不能享受。

§3. 法律应就公共公司与国家和社会的关系进行规范。

§4. 遏制试图以经济权力寻求操控市场、消除竞争、随心所欲增加利润的滥用行为。

§5. 法律在不减轻公司负责人的责任的情况下，应规定企业的责任，根据其违背经济财政秩序和公共经济行为的性质，使其接受相应的惩罚。

第 174 条 依据法律规定，国家作为经济活动的规范和管理者应该发挥控制、鼓励及计划功能，此项由经济管制机构决定，并通告和建议私人部门。

§1. 法律应发布制定使国家均衡发展的规划，并协调国家和地方发展规划的一致性的指导性意见。

§2. 法律应支持和鼓励合作行为和其他形式的联合。

§3. 考虑到环境保护和社会经济效益的提升，国家应支持与勘探、砂矿开采活动有关的合作机构。

§4. 依据法律规定，前述章节提及的合作机构可以优先获得勘探、矿产资源开采的核准和授权，但以其营业地点或按照第 21 条 25 的规定享有优先权。

第 175 条 根据法律规定，无论是直接或经许可的，政府都有责任通过招标的方式，提供公共服务。

独立条款：下列事项由法律规定：

1. 特许或许可公司提供公共服务的机制、此类合同的特殊性质、延长或失效的情形、特许或许可的监管和终止；

2. 使用者的权利；

3. 税收政策；

4. 维持充分服务的义务。

第 176 条 无论是否已经开采的地下资源或其他资源、水力资源所构成的财产，其与土地无关的都属于联邦财产，同时应确保特许权获得者对资源利用的权益。

§1. 本条前述章节提到的勘探和开采矿产资源及使用水力资源的行为，须先经联邦的授权和特许，并在维护国家利益的前提下，由巴西公民或按照巴西法律组织且总部和运营设在巴西的企业进行。当此行为是在边界地区或土著居民的土地上进行时，法律应规定具体条件。

§2. 应根据法律规定的形式或价值，确保土地所有者在矿产开发的收益中占有一定的份额。

§3. 勘探权应当有一定的限制期限，未经授权机关的事先合法同意，本条所规定的授权和特许，无论是整体或局部都不可被分配或转移。

§4. 小规模地开发可再生能源不需经过授权和特许。

第 177 条　联邦对以下事项具有垄断权：

1. 勘探和开采石油、天然气和其他液态碳化氢；

2. 提炼国产或外国石油；

3. 进口或出口前述本条 2 中规定的经济行为所带来的成品或副产品；

4. 产于国内的原油或石油副产品的海洋运输，以及原油及其副产品、各种天然气的管道运输；

5. 对铁矿和铀矿及其副产品的勘探、开采、浓缩、再加工、产业化及商业化。但放射性同位素除外，其生产、销售和使用需要按照本法第 21 条 23 -（2）、23 -（3）规定，经由特定的许可体制进行。

§1. 联邦应根据法律规定的条件，与国有或私人企业签订合同，进行本条 1 - 4 规定的行为。

§2. §1 提及的法律应当规定：

1. 在整个国土范围内确保石油副产品的供给；

2. 签订合同的条件；

3. 联邦专营管制机构的组织架构权力。

§3. 法律对在国境内运输和使用放射性矿物质的行为应作出规定。

§4. 法律在规定对经济领域与进口、销售石油及其副产品、天然气及其副产品、燃料酒精等有关行为进行征税时，应当遵守以下要求：

1. 征税的等级应当：

（1）根据产品或效用有所不同；

（2）经行政法令予以降低或重新确定，而不必执行第 150 条 3 -（2）的规定；

2. 征收的收益应用于：

（1）对燃料酒精、天然气及其副产品、石油副产品的价格或运输进行补助；

（2）对与石油或天然气产业有关的环保项目予以财政支持；

（3）对交通运输的基础设施工程进行财政支持。

第 178 条　法律应对航空、水运、陆地交通进行管制，同时按照对等原则由联邦与国际运输组织签订的国际协议执行。

独立条款：在管治水运交通时，法律应确立相应的条件，以允许外国船只在沿岸交易时可运输商品或在内河航行。

第 179 条　联邦、州、联邦特区以及市应对微型企业及其他法律规定的小企业提供有区别的合法待遇，并应当通过法律的形式简化、取消、减少对其管理、征税、社会保障、信贷债务，以刺激其发展。

第 180 条　旅游业作为经济和社会发展的有机组成部分，联邦、州、联邦特区以及市应促进并刺激其发展。

第 181 条　当外国机构或司法机关向居住或定居在巴西的个人或组织要求提供具有商业性质的文件材料或信息时，需要得到国内相关政府机关的授权。

第二章　城市政策

第 182 条　市政府按照法律规定的一般指导原则执行的城市发展政策，应致力于城市社会职能的全面有序发展，并保障居民的福利。

§1. 对居民超过 20 万的城市，作为城市发展和扩张基本政策工具的城市总体规划，必须由市议会批准。

§2. 履行城市规划中关于城市秩序的基本要求时，城市的财产应发挥其社会职能。

§3. 征收城市财产应以现金形式进行事先公正补偿。

§4. 市政府可以通过制定包含总体规划的特别法律，要求未开发、低度开发或未利用的城市土地所有者充分开发其所拥有的土地，否则可能会依次进行如下惩罚：

1. 强制将其土地分为数块出售或建设；

2. 提高房屋和城市财产税税率；

3. 经联邦参议院的事先同意，可通过支付公共债券强制征收土地，于最长 10 年内通过等额和连续的分期付款支付补偿费，并确保该不动产的实际价值和法定利益的补偿。

第 183 条　不拥有其他城市或乡村财产的任何人，在城市连续 5 年占有 250 平方米以上的城市财产，若没有受到干扰或反对，并且将此财产用作其个人或家庭居住，就可请求获得此财产的所有权。

§1. 此所有权或使用特许权应被赋予男士或女士，或者二者共同拥有，无论他们之间的婚姻状况如何。

§2. 本权利不可被授予同一人两次。

§3. 公共土地不能通过时效取得。

第三章　农业土地政策和土地改革

第 184 条　联邦有权为了社会利益或土地改革，对未履行社会职能的乡村财产宣布征收，但需事先以农业债债券进行公正补偿，明确保障补偿的实际价值，于公布后的次年起最长 20 年内支付，法律对征收财产的用途应予以明确规定。

§1. 有益和必要的改良需要以现金支付。

§2. 宣布一项乡村财产符合农业改革目的的社会利益的法令，可赋予联邦提出征收的权力。

§3. 配套性法律应为征收行为建立专门的司法诉讼简易程序。

§4. 预算法应规定每年发行农业债债券的总额，以及每一财政年度拨付给土地改革项目的资金总额。

§5. 转让基于土地改革而征收的乡村财产时，应免予缴纳联邦、州、市税。

第 185 条　下列项目不能因土地改革而进行征收：

1. 法律规定的中小规模的乡村财产，只要该所有者未拥有其他的财产；

2. 生产性质的财产。

独立条款：法律应保障对生产性质的地产有特别对待，并制定与其社会职能要求一致的规定。

第 186 条　乡村财产为实现自身的社会职能，应按照法律规定的条件和标准，同时满足以下要求：

1. 合理和充分地进行开发；

2. 充分开发可利用的自然资源并注重环境保护；

3. 遵守规范劳动关系的规定；

4. 进行有利于所有者和劳动者福利的开发。

第 187 条　农业政策应当按照法律规定进行规划和执行，在由农业工人和农村劳动者构成的生产领域，顾及销售、储存、运输领域的有效参与意见，还应特别考虑到：

1. 信贷和财政工具；

2. 与生产成本相符的价格和市场保障；

3. 对研究和科技的鼓励；

4. 科技扶持和农业推广；

5. 农业保险；

6. 合作行为；

7. 农村电力和灌溉体系；

8. 农村劳动者的住房。

§1. 农业规划应包括农用工业、畜牧业、渔业和林业等行为。

§2. 农业政策行为应与土地改革相配合。

第 188 条　对公共或空置土地的开发应当与农业政策和国家土地改革规划一致。

§1. 对超过 2500 公顷的公共土地，无论以何种形式转让和特许给个人或法人组织，以及中介，都需要国会的提前核准。

§2. 因土地改革而转让和特许公共土地时，不受前述条款限制。

第 189 条　根据土地改革对乡村财产进行分配后的直接受益人，可得到土地所有权或开发特权，开发特权 10 年内不可转让。

独立条款：依据法律规定的条款和情形，此土地所有权或使用特许权应被赋予男士或女士，或者二者共同拥有，不考虑他们之间的婚姻状况。

第 190 条　法律应对外国人或合法团体获得或租用农村土地进行规范并限制，并规定需经国会授权的情形。

第 191 条　任何人若不是农村或城镇财产的所有者，但在农村地区占有不超过 50 公顷的土地，且在 5 年之内没有受到干扰或反对，经其和家人的劳作后将此块土地变为生产或居住所用，可申请此块土地的所有权。

独立条款：公共财产不可经时效取得。

第四章　国家财政体系

第 192 条　国家财政体系，旨在推动国家的平衡发展并服务于集体利益。其包括信贷合作在内的所有组成元素，应在配套性法律中予以规范，同时配套性法律还应对外国资本进入本财政体系组成机构的行为进行规范。

［本条 1、2、3 -（1）、3 -（2）、4、5、6、7、8，§1、§2、§3 已废止］

第八编　社会秩序

第一章　总　　则

第 193 条　社会秩序建立在工作优先的基础上，旨在实现社会福利和正义。

第二章　社会保障

第一节　总　　则

第 194 条　社会保障是由政府和社会发起的一整套行为构成，用于保障与医疗、社会保险、社会救济等有关的权利。

独立条款：按照法律规定，政府有责任按照如下原则建立社会保障：

1. 全面覆盖和普遍参与；

2. 对农村和城镇人口实行一致且平等的福利和服务；

3. 提供福利和服务时的选择性与分配性；

4. 福利价值的不可缩减性；

5. 筹集资金的平等参与性；

6. 融资渠道的多样性；

7. 管理的民主性和分权化。尤其是工人、雇员、退休人员和政府可通过合议机构进行管理。

第 195 条　依据法律规定，整个社会都可直接或间接对社会保障以财政支持，通过联邦、州、联邦特区和市预算及下列征税获得资金：

1. 法律规定的雇主、公司及同类机构，有下列情况的：

（1）个人向公司及同类机构提供服务，因工作而以现金支付或记入账户的薪金或其他收入，无论是以何种形式给予或是否存在雇佣关系；

（2）收据或发票；

（3）利润；

2. 社会保障所覆盖的工人或其他人员。在第 201 条规定的社会保障体系下，为退休福利和退休金所缴纳的资金不能征税；

3. 彩票收益；

4. 进口外国商品和服务的进口商，或法律规定具有相同性质的人。

§1. 州、联邦特区及市的收益用于社会保障时，应列入各自预算，且不能包含在联邦预算中。

§2. 社会保障预算建议案应由负责医疗、社会保险和社会救济的机构联合提出，并综合考虑预算法规定的目标及优先性，确保各地区独立管理此基金。

§3. 按照法律规定，法人组织亏欠社会保障体系资金时，不得与政府签订合同，不能享受财政或信贷优惠等利益。

§4. 按照第154条1规定，法律应规定其他的资金来源，以保障社会保障体系的维持和发展。

§5. 在相关资金没有充足来源时，禁止设立、增加或扩展与社会保障相关的福利或服务。

§6. 本条提及对社会保障费用的分摊，应在规定或修改此项的法律公布后的90日内实施。第150条3-（2）对此无影响。

§7. 符合法律规定的社会救济慈善机构可免于征收社会保障税。

§8. 农业生产者、合营者、佃农、渔业个体经营者及其各自配偶，作为家庭企业从事经营且没有固定雇主时，按照法律规定，应当以其交易产品所获收益的一定比例交纳社会保障税，同时享受相应的福利。

§9. 根据经济行为性质、人力集约利用程度、企业规模和劳动力市场的构成情况，本条1所规定的征税应有不同的比率和计算标准。

§10. 联邦向各州、联邦特区、市，以及州向市转移统一体系下的医疗和社会救济资金时，法律应确定相应的标准并监管资金使用的各项流程。

§11. 本条1-（1）、2提及的税收赦免或特权，其额度不可超过配套性法律所确定的最大数目。

§12. 法律应细分经济活动的部门，以保障本条正文1-（2）及4不会进行重复征税。

§13. 上述§12适用于按本条1-（1）规定的形式逐步地进行其全部或部分替代对收据或发票进行征税的情形。

第二节　健　　康

第196条　人人都享有健康权，国家有义务保障此项权利。通过社会和经济政策的保障，以减少疾病和其他疾病风险，并应该允许通过普遍而公平的渠道来获得促进、保护和恢复健康的行动与服务。

第197条　医疗活动和服务属于公共事务，按照法律规定，政府有责任提供并进行管治、监管和控制。此类行为或服务可由政府直接提供，或由第三部门、私法规定的个人及法人组织提供。

第 198 条　公共医疗活动和服务是区域化及层级化网络的一部分，并组合成一个统一的体系。须按照以下原则进行组织：

1. 分权化，每个层级政府应设一个管理机构；

2. 全面服务，在不妨碍治疗服务的前提下，尤其应重视预防性活动；

3. 社区参与。

§1. 统一的医疗体系应该得到财政支持，按照第 195 条规定，可从联邦、州、联邦特区及市的社会保障预算及其他渠道中获得资金。

§2. 联邦、各州、联邦特区及市每年都应对公共医疗行为和服务设定一个最低资金，通过如下资金的百分比来计算：

1. 联邦须遵守本条§3 规定的配套性法律条款的规定；

2. 各州和联邦特区，须遵守第 155 条规定的税收总额及第 157 条、第 159 条 1 -（1）和 2 规定的扣除向相关市转移支付后资金额度；

3. 市和联邦特区，须遵守第 156 条规定的税收总额及第 158 条、第 159 条 1 -（2）及§3 规定的资金额度。

§3. 至少每隔 5 年应该重新评估配套性法律的内容：

1. 上述§2 提及的百分比；

2. 在致力于积极缩小地区差异时，制定联邦拨付给各州、联邦特区及市用于医疗资金的标准，以及州拨付给相关各市的标准；

3. 监管、评估和控制联邦、各州、联邦特区及市医疗支出的规定；

4. 联邦用于医疗的总资金的计算方法。

§4. 统一医疗体制下的地方管理者应通过公共选择程序，根据自身性质、权力的综合性及职能的具体要求，承认社区医疗机构和地方病防治机构的合法性。

§5. 联邦法律应提供统一的法律体制，确定全国范围的专业最低工资，指导职业规划并管制社区医疗机构和地方病防治机构的行为。联邦应按照法律规定，并根据最低工资的绩效，向各州、联邦特区及市提供补偿性的财政支持。

§6. 除本法第 41 条§1、第 169 条§4 规定的情形外，与社区医疗机构和地方病防治机构功能类似的雇员，若在其行为中存在与法律规定的特别要求不一致的情形，则应当免去其职位。

第 199 条　医疗卫生事业向私营企业公开：

§1. 在统一的医疗体系下，按照公法规定的合同或协议，私人机构可在医疗卫生事业中充当辅助性机构。慈善机构或非营利组织具有优先权。

§2. 禁止拨付公共资金以帮助或补助营利性的私人机构。

§3. 禁止外国企业或资金直接或间接参与国家性的社会救助，法律另有规定的除外。

§4. 法律应规定具体的情形或要求，以便于为移植、研究或治疗而将人的器官、组织或相关物质移除，或便于采集、处理、输送血液及血液制品。禁止掺杂任何商业行为。

第 200 条　统一的医疗卫生体系除法律规定的其他责任外，还应当：

1. 控制并监管与医疗有关的过程、产品和其他物质，参与药品、设备、生物免疫产品、血液制品或其他输入品的生产；

2. 行使对卫生状况、流行病监控及与工人健康情况有关的监督；

3. 在卫生保健领域内组织进行人力资源培训；

4. 参与制定基础卫生政策，并履行相关职能；

5. 在其职责范围内，促进科技的发展；

6. 对粮食及其营养成分、用于居民消费的水及饮料进行监管、检查和控制；

7. 对精神性、放射性、有毒性物质和产品的生产、运输及储存进行控制和监管；

8. 参与对环境及工作场所的保护。

第三节　社会保障

第 201 条　社会保障应按照一般性体制来进行组织，以出资和强制性加入为特征，按照保持财政和精算平衡的标准，依据法律规定，应提供给：

1. 对疾病、残疾、死亡、老年的全面覆盖；

2. 对母亲（特别是怀孕期间母亲）的保护；

3. 对非自愿性失业的保护；

4. 对低收入受保者的家属提供家庭津贴和分娩补助；

5. 对受保人，无论男女，给予死亡抚恤金，对其配偶、伴侣及其家属，遵守下述§2规定。

§1. 在社会保障体制下，禁止对受益人享有的退休福利特权采取差异化的要求和标准。除非在配套性法律有规定的特殊情形下，执行有利于健康和身体完整性的行为，及有利于受保障的残疾人的行为。

§2. 禁止以福利替代工资报酬或受保者每月劳动收入的价值低于最低工

资的情形。

§3. 按照法律规定，因计算福利而包括的所有工资报酬应适时更新。

§4. 为永久保持其真实价值而进行的福利再调整，应按照法律规定的标准予以保障。

§5. 个人一旦选择参与其私营社会保障体制后即被禁止再加入一般社会保障体系。

§6. 领取退休金和养老金人员的圣诞节津贴，应根据其每年第 12 月的收入价值而派发。

§7. 按照法律规定，在社会保障体系中退休应该满足下列条件：

1. 男性工龄满 35 年，女性工龄满 30 年；

2. 男性年满 65 岁，女性年满 60 岁。对农村劳动者和以家庭为基础从事经济活动的人员，包括农村生产者、淘金者、个体渔业者，无论男女，此条年龄限制都放宽 5 岁。

§8. §7－1 所规定的年龄限制，对毕生从事学前教育、基础教育和中等教育教学工作的教师，可放宽 5 年。

§9. 出于退休的目的，无论个人在城镇或乡村，为公共机构或私人组织服务的年限，应在互惠的基础上列入考量。在此情形下，各种社会保险体制都应按照法律规定的标准对其进行经济补偿。

§10. 法律应规定对劳动意外风险的覆盖，一般社会保障体系和私营部门应同时提供该项服务。

§11. 按照法律规定的情形和方式，无论雇员是何种性质的日常收入，都应当列入工资收入，以作为换算社会保障供款和后续福利的基础。

§12. 法律应提供专门的机制，将低收入工人或因在家庭中全职负责家务而自身没有收入的人纳入社会保障中。只要是低收入家庭成员，应确保他们能获得与最低工资相等的保障。

§13. 与普遍适用于一般社会保障体系下的受保者的标准相比，本条 §12 规定的社会保障体系中的专门机制应具有更低的费率和更为宽松的期限要求。

第 202 条　私营社会保障体制作为辅助性的手段，在一般社会保障体系下组织并自治。在宪法保障其约定利益的规定且其受到配套性法律规范的基础之上，私营社会保障体制具有可选择性。

§1. 本条所提及的配套性法律，应确保私营社会保障体制的参与者可自由获得关于他们各自规划运作情况的充分信息。

§2. 附则中关于员工的缴款、福利、合同条件，私营社会保障机构的规则和福利计划，不可列入参与者的劳动合同中，也不可列入参与者的报酬中。

法律规定允许的福利除外。

§3. 联邦、州、联邦特区及市给予私营社会保障机构资金时，禁止面向各自的独立机构、基金会、公共企业、合资企业或其他公共机构，但其作为赞助者身份时除外。在此种情形下，严禁其正常的缴款超过其受保额。

§4. 作为倒闭的私营社会保障机构和各自倒闭的社会保障机构赞助者时，配套性法律应就联邦、州、联邦特区及市之间的责任关系作出规定，包括他们直接或间接控制的垄断机构、基金会、公共企业、合资公司或企业。

§5. 作为倒闭的社会保障机构赞助者时，处理前述的配套性法律在适当时也适用于拥有提供公共服务许可或特权的私人企业。

§6. 本条§4提及的配套性法律，在对倒闭的私营社会保障机构任命官员时，应明确相应的资格条件，并以集体合议和有理有据的决定对参与者的录取进行管理，在此过程中仅涉及所讨论和审议的事件。

第四节　社会救济

第 203 条　社会救济应面向所需要的人群，无论是否缴纳社会保障金，应遵循如下原则：

1. 对家庭、母亲、儿童、青少年及老年人的保护；

2. 支持有需求的儿童和青少年；

3. 鼓励融入劳动力市场；

4. 帮助残疾人进行训练和恢复，并促进其融入社区生活；

5. 残疾人或老年人按照法律规定，本人或其家人证明其无法通过其他途径保障自身基本生活时，社会救济应确保每月为其提供最低额度的福利。

第 204 条　按照第 195 条规定，政府实行社会救济行为时，应使用来自于社会保障预算的资金以及其他资金来源，并应在以下原则的基础上进行组织：

1. 政治和行政的分权化，并负责协调和制定属于联邦层面的纲要，协调和执行属于州及市层面的相关规划，以及协调属于慈善机构和社会救济机构的行为；

2. 可按照政策规定的形式，在各个层面采取的监管下，通过具有代表性的组织而进行公众参与。

独立条款：州及联邦特区可作为一个整体，以其0.5%的净税收收入用于支持社会融入和提升的项目，但这些资金不可用于支付：

1. 人事开支或工资支出；

2. 借款服务；

3. 其他任何用于不与受支持的投资或股票直接相关的日常开支。

第三章　教育、文化和体育

第一节　教　育

第 205 条　教育权是全体巴西人的权利，也是国家和家庭的义务，应在全社会鼓励并促进教育，以追求个人的全面发展，为行使公民权利及参加工作做好准备。

第 206 条　应按照如下的原则提供教育：

1. 获得教育的平等权及在学校接受教育的权利；

2. 自由学习、教育、研究、表达观点、艺术创作及思考的权利；

3. 思想和教育观念的多元化，公共及私人教育机构的共存；

4. 在官方教学机构获得免费公共教育权；

5. 保持教学工作的稳定，并按照法律规定保障教师职业的终身规划，即公立学校教师仅可通过公开竞争考试和专业资格认证才可被招录；

6. 依据法律规定，确保公共教育的行政民主；

7. 对质量标准的保障；

8. 按照联邦法律，应对公立学校教学人员提供基于国家教学专业水平的工资制度。

独立条款：出于对基础教育专家的考虑或便于决定为教育机构工作的年限，并使其职业规划与联邦、州、联邦特区及市一致，法律应规定对工作人员的分类。

第 207 条　大学在教学、科学和行政上实行自治，在财政和资产管理上也享有自治权，并应坚持教育、研究和发展不可分离的原则。

§1. 允许大学按照法律规定聘用外国教授、技术人员和科学家。

§2. 本条同样适用于科学和技术研究机构。

第 208 条　国家对教育的责任通过如下保障实现：

1. 对 4—17 岁人员的初等教育是免费和义务性的，对适龄但却没有机会获得教育的所有人员，保障其获得无偿的教育；

2. 促进免费中学教育的普及；

3. 为残疾人提供专门的就学帮助，特别是在正常的学校制度中；

4. 为儿童提供在托儿所的早期教育和年满 5 岁后的学前教育；

5. 根据个人的能力，保障其有获得更高水平的教育、研究的艺术创作的机会；

6. 提供满足学生需求的正规晚间课程；

7. 通过对教科书、教学材料、交通、营养和医疗的补助性项目，为基础教育的各阶段提供教育救济。

§1. 获得义务和免费的受教育机会是人人拥有的公共权利。

§2. 政府未能提供或不能正常提供义务教育时，应由相关主管部门承担责任。

§3. 政府有责任对初等学校学生的人数进行统计、点名，并与家长和监护人一起，确保学生入学。

第 209 条　在遵守以下条件的情况下，教育向私营企业公开：

1. 与国家教育总体纲要一致；

2. 由政府授权并评估教学质量。

第 210 条　为初等教育设置最少的教学课程，以此保障公共的基础教育，并尊重国家及地方的文化和艺术价值观念。

§1. 在公立初等教育学校的正常教学时间内，宗教教育可作为选修课程。

§2. 葡萄牙语应为普通初等教育的官方语言，但同时保障土著社区可使用自己的母语和自身的学习程序进行教育。

第 211 条　联邦、州、联邦特区及市应在构建各自教育体制时应互相协作：

§1. 联邦应构建联邦教育体制，并对联邦公共教育机构提供财政支持，并在教育事务中通过对州、联邦特区及市予以技术或财政上的支持，履行再分配和辅助性的职能，以保障受教育机会的平等和教学质量的最低标准。

§2. 各市应主要承担初等教育和学前教育。

§3. 各州、联邦特区及市应主要承担初等教育和中学教育。

§4. 联邦、州、联邦特区及市应在构建各自教育体制时，应明确合作的形式，以保障提供义务教育的普及。

§5. 初等教育在日常教育中具有优先地位。

第 212 条　联邦应每年将不低于其 18% 的税收收入，各州、联邦特区及市应每年将不低于其 25% 的税收收入和转移收入，用于维持并发展教育。

§1. 进行本条所规定的计算时，由联邦转移给州、联邦特区及市的税收收入或由州转移给其下辖各市的税收收入，不能被视为政府的转移收入。

§2. 为遵守本条前述规定，联邦、州及市的教育体制及依据第 213 条规定的资金使用额，都应被列入考量范围。

§3. 在分配公共资金时，国家教育规划中应规定，优先考虑满足义务教育之需，保障其普及性、质量标准和公平性。

§4. 第208条7规定的食品和药品救济项目，应得到来自于社会捐助和其他预算资金的财政支持。

§5. 作为额外的资金来源渠道，基础公共教育具有教育工资征税权，按照法律规定可向各公司征收。

§6. 各州、市从教育工资征税权中享有的资金，应根据各自公共教育体制中，在基础教育阶段就读学生数量的比例进行分配。

第213条　公共资金应被拨付给公立学校，并按照法律规定给予社区、宗教或慈善学校：

1. 此类机构需证明为非营利机构并将其多余资金用于教育；

2. 确保在其停止活动时，其遗产会转移给另外的社区、慈善或宗教学校，或给予政府。

§1. 应将本条所提及的资金用于初级学校和中学的助学金。按照法律规定，无论何时，只要当地能证明自己缺乏足够资金，因而在公立学校的体系中无法向当地居住的学生提供就学地方和常规课程时，政府有责任在优先考虑的前提下，为扩大当地公立学校的体系而进行投资。

§2. 大学的研究和推广活动可获得政府的财政支持。

第214条　法律应制定为期10年的国家教育纲要，以明确在合作框架下的国家教育体制，确定教育的规则、目的、目标及运用的战略，通过整合联邦不同领域内公共权力的行动并采取如下行动，以保障各个层面、阶段及形态教育的维持和发展：

1. 消除文盲；

2. 普及入学；

3. 提高教学质量；

4. 开展职业教育；

5. 从人文、科学、技术方面推动国家发展；

6. 在国内生产总值中建立一定的百分比目标，以使公共资源运用于教育。

第二节　文　　化

第215条　国家应保障公民文化权利的充分行使，有获得国家文化资源的渠道，并支持和鼓励文化表达的欣赏和传播。

§1. 国家应对普通大众、土著、非裔巴西人的文化表达，以及国家文明进程中的其他参与群体的文化表达，予以保护。

§2. 法律应规定为国家各族群设立高度显著的纪念日。

§3. 法律应规定为期多年的国家文化纲要，以追求国家文化的发展及以下公共行为活动的融合：

1. 维护、保持巴西文化遗产的稳定；

2. 生产、促进和传播文化产品；

3. 为多个层面的文化管理而组建具备资格的人事体系；

4. 获得文化产品的民主化；

5. 保持民族和地区的多样性。

第 216 条　巴西文化遗产包括物质和非物质的遗产，只要其独自或作为一个整体，能体现构成巴西整个社会各个群体的特征、行为和记忆：

1. 以表现的形式；

2. 以创造、制作和居住的方式；

3. 进行科学、艺术和技术的创作；

4. 作品、物体、文献资料、建筑及其他用于展示文化艺术的空间；

5. 城市综合体及具有历史、风景、艺术、建筑、古生物研究、生态或科技价值的地方。

§1. 在社区的协作下，政府应通过编列详细清单、登记、监察、制定历史遗迹法令、没收及其他形式的预防和保护措施，鼓励并保护巴西文化遗产。

§2. 按照法律规定，公共机关有责任保护政府的文化资料，采取相应措施使有需要进行查询的人能够查阅。

§3. 对具有文化特质和价值的产品及知识，法律应规定给予鼓励。

§4. 根据法律规定，对文化遗产的破坏和威胁进行处罚。

§5. 所有文件及唤起对过去逃亡奴隶隐匿处历史回忆的场所，应被视作历史遗迹。

§6. 州及联邦特区可作为一个整体，以其来自于国家资金中净税收收入的 0.5% 用于文化发展，对文化项目和工程进行经济支持，但这些资金不可用于支持：

1. 人事开支或工资支出；

2. 借款服务；

3. 其他任何与受支持的投资或股票不直接相关的日常开支。

第三节　体　　育

第 217 条　国家有责任培育正式或非正式的体育活动，并作为每个人享有的权利，并遵守如下原则：

1. 管理体育事业的机构和协会，保障其在组织和运作上的自治；

2. 优先考虑拨付公共资金用于提升体育教学和特殊情况下的高回报体育项目；

3. 对专业和非专业的体育运动实行有差别的待遇；

4. 保护并给予全国范围都设立的体育项目以激励。

§ 1. 依据法律规定，在经体育法庭用尽法律救济后，关于体育规范和竞赛的法律起诉只能交由法官听证。

§ 2. 体育法庭应在对起诉立案后的 60 日内作出最终的决定。

§ 3. 政府应鼓励休闲活动，以作为社会提升的一种途径。

第四章　科学和技术

第 218 条　国家应鼓励并促进科技发展、研究和技术培训。

§ 1. 增进公共福利和促进科技进步，国家应优先进行基础科学研究。

§ 2. 科研应以解决巴西存在的问题和促进国家和地区生产体系的发展为导向。

§ 3. 国家应在科学、研究和技术领域支持对人力资源进行培训，并为参与此类活动的人员提供专门的工作方式和条件。

§ 4. 凡投资于科研、适合巴西的技术发明、培训和提升人力资源的企业，及采用补偿机制以保障其雇员在工资之外可分享因其劳动生产率而带来的经济收益的企业，法律应给予支持和鼓励。

§ 5. 州和联邦特区可将其部分预算收入拨付给公共机构，以促进教育和科学技术研究。

第 219 条　国内市场包含一部分国家科学和技术的优秀遗产，应按照联邦法律规定，鼓励其用于可行的文化和社会经济发展、提升公众福利和推动巴西的科技自主。

第五章　社会传播

第 220 条　根据本法规定，思想、创作、言语和信息的表达，无论通过何种形式、程序和工具，不应当受到限制。

§ 1. 根据本宪法第 5 条 4、5、10、13、14 之规定，对任何社会传播媒介，禁止任何法律包含阻碍新闻舆论自由的条款。

§2. 禁止进行任何政治、意识、艺术性质的审查。

§3. 联邦法有责任：

1. 规范公共娱乐和演出，政府有责任对其性质、不适宜的年龄、不恰当的演出地点和时间提出劝告；

2. 制定合法的措施，提供机会给个人和家庭，以抵制广播和电视节目或与第221条规定相抵触的安排，以及有害于健康和环境的产品、行为及服务的商业广告。

§4. 关于烟草、酒精饮料、农药、药品及疗法的商业广告，根据§3－2规定，应受到法律限制。并且不管是否必要，都应当随时对使用此产品可能产生的伤害予以标明警告。

§5. 社会传播媒介不应当直接或间接受到垄断企业或寡头垄断。

§6. 以印刷形式出版的公共传播不需要得到任何机关的授权。

第 221 条　电台或电视台的产品或节目应遵守如下原则：

1. 偏重于教育、艺术、文化和信息的目的；

2. 提升国家或地区文化并鼓励以传播为目的的独立产品；

3. 按照法律规定的比例，使文化、艺术和新闻类产品的地区化；

4. 尊重个人或家庭的民族及社会观念。

第 222 条　报纸杂志公司及传播声音和图像公司的所有权限定于巴西本地人或入籍10年以上者，或按照巴西法律组织且总部设在巴西的企业。

§1. 任一情形下，报纸杂志公司及传播声音和图像公司至少70%的资金总额和有表决权的资本应直接或间接属于巴西本地人或入籍10年以上者，其必须对公司的行为进行管理，并决定节目的内容。

§2. 在社会传播的任一方式中，责任编辑、策划、主编限定于巴西本地人或入籍10年以上者。

§3. 电子化的社会传播同样应遵守第221条规定的原则，为提供服务而使用的技术不受此影响。应以专门法的形式保障巴西籍专业人士在进行全国性制作播出时的优先权。

§4. 法律应对外国资本参与本条§1提及的公司作出规范。

§5. 控制本条§1所提及公司的股东发生变动时，应向国会进行报告。

第 223 条　总统有权对传播声音或图像的部门授予或更新特权、许可、批准，以作为对私人、公共和国家传播体制的补充。

§1. 国会应自收到此议案之日起，在第64条§2和§4规定的期限内进行考量。

§2. 不更换特权或许可，须经至少2/5国会成员投票表决同意。

§3. 只有经国会按照前述规定进行考量后，授权或更新才具有合法的效力。

§4. 在终止日期之前取消特权或许可需要经司法判决。

§5. 电台的特权或许可期限为 10 年，电视台的特权或许可期限为 15 年。

第 224 条　为落实本章所列条款，国会应按照法律规定组建一个社会传播委员会作为辅助性机构。

第六章　环　　境

第 225 条　人人都应享有一个生态平衡的环境，这是公民所需要的公共福利，也是健康生活必备的要素。政府和社区有责任为了当代及后代而维护和保护环境。

§1. 为保障此条权利充分有效，政府有如下责任：

1. 保护和恢复必要的生态系统，对物种和生态系统提供符合生态原则的管理；

2. 保护国家基因遗传系统的多样性和完整性，对致力于研究和控制基因组织的企业进行监管；

3. 在联邦各单位中，确定应被列为特别保护的领域及其组成要素，任何变化或减少须经法律同意，禁止任何行为危害到其应受到合理保护的特性的完整性；

4. 对可能会导致环境严重恶化的安装工作或行为，应按照法律规定，公开要求其预先进行的环境影响调研；

5. 对生命、生活质量和环境有危害的商品、技术的商业化及使用、方法及物质进行控制；

6. 在各个阶段的教育中开展环境教育，提升公众对保护环保必要性的认识；

7. 保护所有动物和植物，依据法律规定禁止危害其生态功能、导致物种灭绝和使动物遭受虐待的行为。

§2. 按照法律规定，开采矿产资源者有义务根据主管政府部门要求的技术方案，对所造成的环境恶化进行恢复。

§3. 无论是个人还是合法机构，进行被视为对环境有害的行为或活动后，违反者除负责修复对环境所造成的破坏外，还应受到法律或行政处罚。

§4. 巴西的亚马孙雨林、大西洋雨林、马尔山，马托格罗索州潘塔纳尔和海岸带，都是巴西国家遗产的一部分，按照法律规定，应当在确保对环境予以保护的条件下才能对其进行利用，包括对自然资源的利用。

§5. 空置或通过不平等决议归还于各州的土地，对保护自然生态体系非常必要且不可剥夺。

§6. 核反应堆发电站应位于联邦法律规定的位置，并禁止设置在其他地方。

第七章　家庭、儿童、青少年、青年及老年人

第 226 条　作为社会基础的家庭应受到国家的专门保护。

§1. 结婚为世俗的，婚礼的举行是免费的。

§2. 举行宗教婚礼仪式同样具有民事效力。

§3. 男人与女人间在感情稳定情况下的同居被视作家庭单元，受到国家保护，法律应便于此种同居转变为婚姻。

§4. 由父辈或其后辈形成的群落也被视作家庭单元。

§5. 男人和女人应平等地履行婚姻关系中的权利和义务。

§6. 世俗婚姻可通过离婚而解除。

§7. 基于维护人格尊严和当负责任父母的原则，夫妻可对家庭规划自主决定。为行使这一权利，国家有责任提供教育和科技的资源。禁止官方或私人机构的任何强迫。

§8. 国家应确保对家庭每一个成员提供救济，建立消除家庭暴力的机制。

第 227 条　家庭、社会和政府有责任确保儿童、青少年、青年有生命、健康、营养、教育、休闲、专业培训、文化、尊严、尊重、自由、家庭与社会和谐等绝对优先的权利。此外，要保障他们免于任何形式的疏忽、歧视、剥削、暴力、虐待和压迫。

§1. 政府应推广对儿童、青少年、青年的全面健康扶持计划，允许非政府机构的参与，并遵循如下原则：

1. 拨付一定比例的公共健康资金用于帮助母亲和婴儿；

2. 为生理上、感觉上和心理上有缺陷的青少年和青年设立预防和专门的护理项目，可通过职业培训和社区生活、减少偏见并减少建筑设计上的障碍便于其利用市政设施和公共服务。

§2. 在建造公共场所和公共建筑及设计公共交通车辆时，法律应对保障残疾人能获得合理使用的方式制定标准。

§3. 专门保护权应当包括以下方面：

1. 根据第 7 条 33 的规定，不低于 14 岁才可被允许工作；

2. 确保获得社会保障和劳动的权利；

3. 保障青少年和青年劳动者有机会入学；

4. 根据特别保护法规定，确保对违法会受到指控的全面和正式的理解，诉讼阶段和具备资格的专业人士的技术性辩护应平等得到尊重；

5. 在使用任何剥夺权利的措施时，应与简捷原则、例外原则、考虑其正处于成长阶段的特殊情况原则一致；

6. 根据法律规定，通过法律救济、财政支持和补助而实行的政府鼓励，倡导对孤儿和被遗弃儿童及青少年的保护；

7. 预防并对沉迷于麻醉毒品及相关毒品的儿童、青少年、青年提供专门治疗。

§4. 法律应严惩对儿童和青少年滥用暴力、进行性侵害者。

§5. 按照法律规定，政府应鼓励领养。对外国人进行的领养，法律应明确规定具体的情形和条件。

§6. 无论是否为婚生子女，儿童都应享有同样的权利和资格，禁止任何对非婚生子女的歧视。

§7. 为保护儿童和青少年的权利，第 204 条的规定应被重视。

§8. 法律应规定：

1. 青年人条例，用于规定青年人的权利；

2. 为期 10 年的国家青年人规划，用以整合各领域政府的权力以执行公共政策。

第 228 条　根据特别法律规定，18 岁以下的未成年人不负刑事责任。

第 229 条　父母有责任支持、抚养和教育其未成年子女，成年子女在父母年老、有需要或生病时，有责任帮助并支持其父母。

第 230 条　家庭、社会和国家对年老者有责任进行救济，以确保年老者能融入社区、维护其尊严和福利、保障其生命权。

§1. 对年老者提供的救济项目应优先考虑在其家中进行。

§2. 保障对超过 65 岁的老年人提供免费的公共交通。

第八章　印第安人

第 231 条　印第安人的社会组织、风俗、语言、信仰和传统得到承认，并确保传统上被其占领的土地所有权。联邦有责任划定这些土地，并对印第安人的所有资产予以保护和尊重。

§1. 传统上被印第安人占领的土地，是指根据土地的用途、习惯和传统，作为其永久居住、用于其生产活动、为保护其赖以生存的环境资源而不可缺少、再造其物质和文化所必需的土地。

§2. 传统上被印第安人占领的土地属于他们永久所有，并独自享有存在于其间的土壤、河流和湖泊的收益权。

§3. 水力资源的使用，包括水能潜力，勘探和开采印第安人土地上的矿产资源必须经国会授权同意，在经相关社区听证后才能进行。根据法律规定，应保障相关社区能分享开采的收益。

§4. 本条所涉及的土地是不可剥夺和转让的，限制法令不得与此权利相违背。

§5. 禁止将印第安人部落从其土地上迁出。只有当面临大灾难或流行病以致将当地居民置于危险中，或为了国家主权利益，经国会讨论后，并保障在所有情形下只要危险终止后即迅速组织返回原地，才可经国会投票表决后将印第安人部落从其土地上迁出。

§6. 旨在占领、控制并拥有此条所提及土地的法案，或开发存在于其间的土壤、河流和湖泊等自然资源的法案，皆为无效，并没有任何法律效力。除非配套性法律基于对联邦重大公共利益的考虑另有规定。此类法案的无效和废止不会带来获得补偿的权利，或者起诉联邦的权利。除非根据法律规定，是对出于善意的占领而带来的进步的废止。

§7. 第174条§3、§4的规定不适用于印第安人的土地。

第232条　印第安人及其社区和组织，有权为保护自身权利和利益而起诉。检察机关在诉讼程序的各个阶段都可介入。

第九编　一般性宪法条款

第233条　（已废止）

第234条　新州成立后，禁止联邦直接或间接地承担消极怠工人员开支的费用，以及对公共机关，包括间接公共机关国内或国际债务的偿还或分摊。

第235条　新州成立后的前10年内，应遵守如下基本原则：

1. 如果该州人口少于60万，则该州议会应由17位议员组成，如该州人口等于或超过60万，但不超过150万，则由24位议员组成；

2. 州政府的组成不能超过10个部门；

3. 审计法院由3名成员组成，由当选的州长从具有良好的声誉和渊博的学识的巴西人中任命；

4. 州高等法院由 7 名法官组成；

5. 首位法官由当选州长任命，按照如下程序选出：

（1）从年满 35 岁，在新州或原属旧州但后来产生新州的地域内的居住者中选出 5 名；

（2）以相同的条件从公共检察官、被证明有良好声誉和法律知识且有不少于 10 年专业经验的律师中，按照宪法规定的程序选出两名；

6. 当在联邦直辖地境内设立新州时，前 5 名法官可从来自国内任何地方的专业法官中选出；

7. 经公开竞争考试和专业资格筛选后，首批州法院法官、公共检察官及各个司法区域的公共辩护人应由当选的州长进行任命；

8. 直到州宪法颁布后，州总检察长、总法律顾问和公共辩护人的职位应当由年满 35 岁且知识渊博的法律职业人担任，由当选州长进行任命并依被任命者意愿免职；

9. 如果新成立的州是从联邦直属地变更而来，对联邦用于选择属于联邦机关公务人员财政支出的转移，应采取如下形式：

（1）在成立后的第 6 年，州应当承担 20% 用于支付公务人员的财政支出，其余部分由联邦承担；

（2）在成立后的第 7 年，州应当承担另外的 30%，在第 8 年，同时承担余下的 50%；

10. 在任命第一名官员后，对本条所提及全部官员的后续任命应当由州宪法予以规定；

11. 对人事的预算开支不能超过该州收入的 50%。

第 236 条　公证和注册服务应在政府代表在场的情况下秘密进行：

§1. 法律应规范此类行为，确立公证人、注册员及其机构的民事和刑事责任，明确司法机关对其行为进行监控。

§2. 在确定因提供公证和注册服务而收取的费用时，联邦法应确立一般原则。

§3. 成为一名公证员或注册员需要经过公开竞争考试和专业资格筛选。禁止任何职位空缺超过 6 个月却不举行公开竞争考试进行补充、招录或者调任新人。

第 237 条　财政部应对外资交易进行监管和控制，这对维护国家财政利益至关重要。

第 238 条　为尊重本宪法的规定，法律应组织对石油燃料、酒精燃料和其他从可再生原料中获得的燃料进行销售和转售。

第 239 条　对 1970 年 9 月 7 日第 7 号配套性法律设立的社会融合项目以及 1970 年 12 月 3 日第 8 号配套性法律设立的公务员资产发展项目的出资，自本宪法颁布之日起，应当用于资助失业保障项目以及本条 §3 所提及的津贴。

§1. 本条正文所述资金的至少 40%，应通过国家经济和社会发展银行拨付用于支持经济发展的项目，但须以保持其价值作为补偿标准。

§2. 社会融合项目和公务员资产发展项目的资产应受到保护，并维持其在特别法所规定之情形下的取消标准，但因离婚而取消的除外，禁止将本条正文所述之收入分配储蓄于项目参与者的私人账户中。

§3. 从向社会融合项目或公务员资产发展项目出资的雇主处获得数额不超过最低工资标准两倍之月薪的雇员，如在本宪法颁布前已加入此类项目，应保证其得到一份年度最低工资，其中应包括来自于个人账户的收入。

§4. 用于失业保障项目的资金还应获得额外的缴款，即任何劳动力流动量超过本部门平均流动量比率时，按照法律规定应向此项目缴纳资金。

第 240 条　目前对雇主强制性征收的就业税，若特指工会体制下提供社会服务和专业培训的私人机构时，不受第 195 条规定的限制。

第 241 条　联邦、州、联邦特区和市，应当通过法律对联邦机构之间的公共财团和合作协议予以规范，授权对公共服务进行协作性管理，以及对责任、服务、人事及延续被转移服务所必需货物的全部或部分转移。

第 242 条　自本宪法颁布之日起，第 206 条 4 的规定，不适用于按照各州或市法律而创建的官方教育机构和不是全部或主要地依靠公共资金维持的教育机构。

§1. 讲授巴西历史时应将不同文化和民族群体在形成巴西人中所做出的贡献列入。

§2. 位于里约热内卢州的彼得二世学校，应继续由联邦管辖。

第 243 条　在巴西任何区域的土地上发现种植非法的精神性植物时，应立即予以没收并将土地专门用于安置佃农，种植粮食和药用产品，且不用向所有者进行任何赔偿，也不影响依据法律对其进行其他处罚。

独立条款：因非法运输麻醉剂或相关毒品而被没收的具有经济价值的任一或全部商品，应被充公或转化为专门针对吸毒者进行治疗或恢复的机构及人员的福利，以及对监督、控制、预防和打击走私此类毒品犯罪的活动提供装备和资金。

第 244 条　依据第 227 条 §2 规定，法律应规定对公共场所、建筑以及现存公共交通工具进行改造，以确保残疾人能够充分使用。

第 245 条　法律应规定相应的环境和条件，以利于政府对需要帮助的继承人和国际犯罪遇难者的家属予以帮助。罪犯违法行为的民事责任不受此影响。

第246条　禁止任何为宪法条款采取临时措施来规定已经由1995年1月1日修正案至2001年9月11日修正案间的修正案修改后的宪法措词。

第247条　依据第41条§1–3及第169条§7规定,法律应制定专门的标准和保障执行国家特殊任务的终身任职人员不被剥夺岗位。

独立条款:因效率不高而被剥夺职位时,只能通过行政诉讼进行。保障公务人员辩论的权利,并保证其能充分进行辩护。

第248条　主管一般社会保障体系的部门支付给任何人的福利,甚至以国家财政所进行的支付,不受该体制所规定的最高价值限制,但应遵守第37条11设定的限制。

第249条　为保障用于支付公务人员及其家属退休和养老金福利,除各自财政资源外,联邦、州、联邦特区和市可按照资金的性质及其管理制定相应法律,筹集由捐款、财产、权利及任何性质的资产组成的资金。

第250条　为确保一般社会保障体系所承诺支付的福利资金,除税收征收资金外,联邦可按照对资金的性质及其管理制定相应法律,筹集由财产、权利及任何性质的资产组成的资金。

巴西利亚,1988年10月5日

签名(略)

巴西联邦共和国过渡宪法
条款法案

第1条　自本宪法公布之日起,共和国总统、联邦最高法院院长以及国会议员应当宣誓维护、捍卫并遵守本宪法。

第2条　应当在1993年9月7日对国体(共和制或君主立宪制)和政体(议会制或总统制)举行全民公决。

§1.应当确保公用事业的特许经营者免费通过大众传播途径对国体和政体问题进行广泛的宣传。

§2.自本宪法公布之时起,高等选举法院应当颁布规制本条相关规定的规则。

第3条　本宪法的修改,应在公布之日起5年后进行,并经国会参、众两院联席会议以绝对多数通过。

第4条　现任共和国总统的任期到 1990 年 3 月 15 日结束。

§1. 本宪法公布之后的首任共和国总统的选举应当于 1989 年 11 月 15 日举行，但并不适用于本宪法第 16 条的规定。

§2. 各州和联邦特区在议会中现任代表数目不得缩减。

§3. 州长和副州长的选举应当于 1986 年 11 月 15 日举行，任期到 1991 年 3 月 15 日为止。

§4. 现任地方正、副行政长官和市立法议员的任期到 1989 年 1 月 1 日结束，届时相关职位将由重新选举产生的人员担任。

第5条　1988 年 11 月 15 日的选举不适用本宪法第 16 条和第 77 条所设置的规则。

§1. 在 1988 年 11 月 15 日的选举中，应当至少提前 4 个月确定地区的选举注册地，符合法定条件的候选人可以在本宪法公布之后到选举法院进行选举登记。

§2. 在没有具体法律规范时，高等选举法院应当在尊重现行法的前提下，制定具体规则以确保 1988 年选举的正常进行。

§3. 如果现任的联邦和州立法议员被选举为地方副行政长官后又被要求担任地方行政长官，那么其并不因此失去原有的议员身份。

§4. 在 1988 年议员选举时，每个市的市级立法议员的名额由地区选举法院来决定，但地区选举法院应当尊重本宪法第 29 条 4 的规定。

§5. 在 1988 年 11 月 15 日的选举中，除非经选举已担任相关职务，否则现任共和国总统、州长、联邦特区行政长官，以及凡担任地方行政长官职务一年半以上的官员的配偶和二等亲（无论是基于血缘、婚姻还是收养），不得担任该官员管辖范围内的任何公职。

第6条　本宪法公布之后的 6 个月内，30 名以上的联邦国会议员可以联名到高等选举法院请求登记一个新的政党；该项申请应当附上由申请者共同签署的党章和纲领。

§1. 高等选举法院应当依据本条制定政党登记暂行规则，并将现有政党的所有权利、义务和特权，包括在成立 12 个月后以自己的名义参加选举的权利，授予给新登记的政党。

§2. 如果新政党在其组建之后的 24 个月之内没有按照法律的规定到高等选举法院进行登记，则其自动失去登记资格。

第7条　巴西致力于建立一个国际人权法院。

第8条　从 1946 年 9 月 18 日到本宪法颁布之日，纯因政治性理由，且由于制度性或补充性例外法律而受迫害者，以及 1961 年 12 月 15 日第 18 号法令和 1969 年 9 月 12 日第 864 号法令所涵盖的对象，应予大赦。并应在遵行现行法律法规规定的在职期间，并根据其各自的体制，在尊重公务员和军人的职业特征与特性的前提下，保证其在未履职期间同样可以获得如在职服务所应得的职位、职务和级别晋升。

§1. 本条对于财政影响仅限于本宪法公布之后，禁止任何形式的溯及既往。

§2. 本条所产生的利益适用于纯粹基于政治原因而被惩罚、免职或被迫离职的私人企业的工人、集团代表，因为受到明显压迫或官方秘密程序影响无法执行其职业活动的人也在本条保护之列。

§3. 因受 1964 年 6 月 19 日公布的第 S—50—GM4 号保留条例以及航空部门公布的第 S—285—GM5 号条例影响，无法在公共生活中执行其职业行为的所有公民有权获得经济补偿。相关细则由国会依法规定，并应当在本宪法公布之后的 12 个月内实施。

§4. 制度法实施期间，作为市议员进行服务的人，有权基于他们的公共服务期限获得退休和社会保险补偿。

§5. 本条所规定的特赦适用于从事公共服务的人员以及所有层级政府、政府公共基金、国有公司、国有控股的混合所有制公司的雇员。对于上述主体的职业行为因受相关工作人员决定，或 1978 年 8 月 4 日第 1.632 号法令，或纯粹基于政治原因自 1979 年起被中断者，皆可适用本条 §1 的规定。上述规定不适用于军事部门。

第 9 条　在 1969 年 7 月 15 日到 12 月 31 日期间，依照当时的共和国总统法案，基于纯粹政治原因而被撤销授权或政治权利被停止行使的人士，通过证明相关惩罚法案是有明显缺陷的，请求联邦最高法院承认其被剥夺的权利和利益。

独立条款：联邦最高法院应当在相关利益人提出请求后的 120 日内作出决定。

第 10 条　在本宪法第 7 条 1 所述的配套性法律通过前：

1. 这里所提及的保护不得超过 1966 年 9 月 13 日颁布的第 5.107 号法令第 6 条正文及该条 §1 的规定的 4 倍。

2. 禁止下列任意的免职或没有正当理由的免职：

（1）被选举为内部事故预防委员会主任的人员，从其登记参选到其任期届满为止 1 年后；

（2）怀孕的女性职员，从其妊娠确认到婴儿出生后 5 个月。

§1. 在依据宪法第 7 条 19 制定专门的法律之前，陪产假的期限为 5 日。

§2. 在专门法律颁布之前，对农村集团的捐款应当与农村财产权合并由同一政府机构管理。

§3. 本宪法公布之后，依照第 233 条的规定，农村雇主所设置的劳动义务的初始证明，应当符合劳动合同以及劳动法院所确认的适用于整个雇佣时期的新增劳动义务。

第 11 条　每个州制宪机关应当在本宪法公布之后 1 年内，在尊重本宪法的基础上，制定州宪法。

独立条款：各市立法机关应当在其所在的州宪法公布之后 6 个月内，在尊重本宪法和州宪法的基础之上，讨论和表决本市的组织法。

第 12 条　本宪法公布 90 日内，应当成立一个领土研究委员会。该委员会成员为 15 名，国会任命 10 名，行政机关任命 5 名，其宗旨是研究国家的领土边界，拟定一部新的领土统一法案，特别是亚马孙区域以及其他有待确定区域的法律问题。

§1. 该委员会应当在 1 年之内向国会提交其研究报告。国会应当在 12 个月内依照宪法审议该报告，并随后解散委员会。

§2. 各州和各市应当在本宪法实施后的 3 年内，通过谈判、仲裁或诉讼划定它们各自的边界。边界的调整和补偿应当考虑天然界限、历史因素、管理便利以及边界区内居民的意愿。

§3. 联邦可以基于相关州或市的请求接管边界勘定工作。

§4. 如果边界勘定工作在本宪法公布 3 年后依然没有完成，则联邦应当解决有争议的边界划分。

§5. 阿克里州与亚马孙州及朗多尼亚州之间的边界，应当由上述三州选派代表组成一个三方委员会，会同巴西地理及统计局的专业技术人员，通过测量和绘图进行界定和确认。

第 13 条　托坎廷斯州由本条规定的区域组成，于本条第 3 款规定的选举结束 46 日之后正式成立，但不得早于 1989 年 1 月 1 日。

§1. 托坎廷斯州属于巴西北部地区，沿着阿拉瓜亚河畔圣米格尔、波兰加图、福莫苏、米娜苏、卡瓦尔坎蒂、戈亚斯州蒙蒂阿莱格里和埃普斯贝卢斯等市的北部边界与戈亚斯州相毗邻，其东部、北部和西部目前维持着原戈亚斯州和巴伊亚州、皮奥伊州、马拉尼昂州、帕拉州和马托格罗索州的边界。

§2. 托坎廷斯州的行政机构应当在本州选择一个城市作为州政府临时所在地，直到州制宪会议明确确定州政府所在地为止。

§3. 州长、副州长、参议员、联邦代理人和州议员应当在本宪法公布 75

日内一并选举产生，但不得早于 1988 年 11 月 15 日。高等选举法院应当制定以下规则：

1. 政党候选人应当在选举日 75 日以前确认加入某个政党；

2. 政党地区大会的举行日期依照党部的决定和候选人的选择决定，政党候选人的登记日期及其他相关法律程序由选举法院依照具体的日程安排决定；

3. 州或市的现任公务员如果在本款规定的选举日 75 日以前未辞职，则无权进行竞选登记；

4. 戈亚斯州的现任政党地区管理主管依然维持不变，其依照相关法律规定的方式和目的，与国家行政委员会共同组成托坎廷斯州临时委员会。

§4. 前款规定的州长、副州长、联邦和州议员的任期与联邦的其他区域相同；获得最少票数的参议员的任期亦相同，其他两个参议员的任期与其他州在 1986 年选举的参议员任期相同。

§5. 州制宪会议应当在其成员选举产生 46 日之内成立，但不应早于 1989 年 1 月 1 日。在戈亚斯州地区选举法院院长的主持下，经选举产生的州长和副州长应当在同一日宣誓就职。

§6. 托坎廷斯州从马托罗格索州分离出来的部分应当适用本宪法第 234 条所确定的法律规则。

§7. 戈亚斯州免除因为新州设立而在后者境内所产生的债务和费用，联邦基于自身的判决来解决相关债务。

第 14 条　罗赖马和阿马帕两个联邦直辖地改制为联邦州，但保持它们现在的地理边界。

§1. 上述两州的成立之日为其各自州长在 1990 年选举产生并宣誓就职之日。

§2. 在尊重本宪法和本法案相关条款的前提下，罗赖马和阿马帕两个州的设立规则和标准与朗多尼亚州相同。

§3. 本宪法公布之后的 55 日内，共和国总统应当向联邦参议院提名罗赖马和阿马帕两个州州长的候选人，后者应当在这两个新州成立并选举产生新的州长之前主持该州的行政工作。

§4. 在新的州没有依照本条规定完全建成之前，罗赖马和阿马帕两地依然享有依照宪法第 159 条 1 -（1）以及本法案第 34 条 §2 - 2 给予的转移支付资金。

第 15 条　废除费尔南多—迪诺罗尼亚群岛联邦直辖地，其区域合并入伯南布哥州。

第 16 条　在本宪法第 32 条 §2 生效之前，联邦总统在获得联邦参议院批准的情况下，应当负责任命联邦特区的行政长官和副行政长官。

§1. 在联邦特区的立法机关未成立之前，其权力由联邦参议院行使。

§2. 在联邦特区立法机关未成立之前，联邦特区的会计、财政、预算、运营和遗产管理，由联邦参议院在联邦特区审计院的帮助下，按照宪法第72条的规定，进行外部控制。

§3. 联邦特区的财产由联邦依法进行管理。

第 17 条 任何与宪法规定不一致的薪金、工资及额外补贴以及养老金规定，都应当减少到宪法规定的范围，既有规定之外的权利或者额外的利益不予承认。

§1. 不得在公共行政机构直接或者间接担任两个职务或私人行医，军医除外。

§2. 不得在公共行政机构直接或者间接担任两个职务或专业保健人员，军医除外。

第 18 条 如果在联邦制宪会议成立之后提交的任何立法或行政法案，旨在授予公共服务机构以特定任期，却没有在直接或间接的公共管理（包括政府组成和运营的基金会）中进行竞争性选拔测试，那么其是无效的，不具有任何法律效力。

第 19 条 联邦、州、联邦特区和市的公共行政机构以及其直属行政机构、独立机构以及公共基金的职员，如果在宪法颁布之时任职且连续工作5年以上，但没有被本宪法第37条规定的方式承认的，可以继续保有其职位。

§1. 本条所述的公共行政服务期间，应当从相关人员依法通过竞争性选拔考试并获得相关证书日起算。

§2. 本条不适用于保密或委员会职位、职务或工作，也不适用于已经依法被解雇的人员。这些人员的服务期限不应当依照本条正文的规定计算，除非他们是公务员。

§3. 本条依照相关法律的规定不适用于从事高等教育的教授。

第 20 条 退休公务员和领养老金者的权利应当在180日内重新审查，其收入和养老金应当依照本宪法相关条款的规定进行调整。

第 21 条 通过公共竞争选拔并获得职业证书而获得一定期限任职的职业法官以及本宪法公布之日任职的职业法官，在试用期内届满之后，正式取得任职资格，并依法组成一个逐步离任制的团体来保持他们的管辖权，优待和法律设置的限制，除非任职期限特别短暂。

独立条款：针对其他州法官的退休规则同样适用于本条所规定的法官。

第 22 条 在全国制宪会议成立之日，为确保自由选择职业的权利，公设辩护律师依照宪法第 134 条独立条款所规定的保障和限制依然保有职位。

第 23 条　在议会依据宪法第 21 条 16 制定出具体规范之前，现任联邦检察官依然任职，并依照宪法规定，与联邦警察部门相互合作。

独立条款：应当依照宪法的规定，制定联邦检察官工作方式的法律。

第 24 条　联邦、联邦特区和市，应当在本宪法公布 18 个月之内，确保他们的雇员符合宪法第 39 条的规定以及行政改革目标。

第 25 条　本宪法公布 180 日内，或法律另行规定的延长之日，有关宪法授予国会的权力被委托或委任给行政机关的所有法律规定一律废除，特别是以下方面：

1. 规范性行为；

2. 任何形式的资金分配和移转。

§1. 在宪法公布之时，已经提交国会但尚未被国会审查的法令，依照下列方式处理：

1. 如果是 1988 年 9 月 2 日公布的，国会应当自宪法公布之日起 180 日内进行审查，休会期间不计入其中；

2. 如果某一法令在上一项规定的期限内没有被审查，那么其应当视为已被拒绝；

3. 在上述两项规定的情况中，如果相关的法律曾经有效，则其应当依然具有全部效力；如果需要的话，联邦国会可以制定法律保持它们的效力。

§2. 在 1988 年 9 月 3 日到本宪法公布之日期间公布的法律，应当依照宪法第 62 条独立条款所设立的规则，在宪法公布之日转换成临时性措施。

第 26 条　在本宪法公布 1 年以内，国会应当成立一个联合委员会来调查和分析巴西外债形成的原因，并形成相关报告。

§1. 该委员会应当具有议会调查委员会的法律地位，可以基于需要传唤证人，并应当获得联邦会计法院的帮助。

§2. 如果发现不当之处，国会应当建议行政部门宣布相关法案无效，并移交联邦检察机关，检察机关应在 60 日内采取合理措施。

第 27 条　高等法院应当在联邦最高法院的管辖之下设立。

§1. 在高等法院成立前，联邦最高法院应当行使其根据之前的宪政体制所具有的权力和司法管辖权。

§2. 高等法院初始人员组成如下：

1. 留任联邦上诉法院法官；

2. 任命满足本宪法关于法官人数要求的法官。

§3. 为了落实本宪法相关条文的目的，联邦上诉法院的现任法官，应当被视为是来自其被任命时所属的阶层。

§4. 在高等法院组建后，原联邦上诉法院的退休法官自然获得高等法院退休法官的身份。

§5. 在遵守宪法第 104 条独立条款的情况下，本条§2－2 所提及的法官应当从 3 倍于应选联邦上诉法院法官人数的名单中遴选。

§6. 本宪法公布 6 个月内，设立 5 个联邦地区法院；联邦上诉法院应当在考虑案件数量和地理位置的基础上，来确定联邦地区法院的管辖权和办公地点。

§7. 在联邦地区法院没有设立之前，联邦上诉法院应当在遵守本条§9 的前提下行使联邦地区法院的管辖权。联邦上诉法院同样应当从 3 倍于应选联邦地区法院法官人数的名单中遴选联邦地区法官。

§8. 本宪法公布之后，禁止增加联邦上诉法院的法官。

§9. 如果没有本宪法第 107 条 2 规定的最短期限任职的联邦法官，那么少于 5 年任期的法官可以获得升迁的资格。

§10. 在本宪法公布之前，联邦法院有权对提交其审理的案件作出裁判；在此之前，联邦地区法院以及高等法院应审理对联邦法院判决的撤销诉讼，包括其所涉事项之管辖权已移交其他司法机关的案件。

第 28 条　1967 年宪法第 123 条§2 所规定的联邦法官以及 1977 年第 7 号宪法修正案规定的联邦法官，应当在他们之前被任命或指定的司法岗位继续任职；如果没有空缺，那么应当将现有的法院分立。

独立条款：基于资历而进行的升迁，应当从这些法官任职之日起计算其服务期限。

第 29 条　在有关检察机关和联邦总法律顾问的配套性法律被批准前，联邦检察机关、国库检察机关、各部法律顾问办公室、联邦独立机构的检察和法律部门及其代表，以及公立大学检察处之成员，应继续任职并行使相应权力。

§1. 共和国总统应当在 120 日内，向国会提交一份规定联邦总法律顾问署组织和运行的配套性法律的草案。

§2. 依照配套性法律的规定，现任共和国检察官应在联邦检察机关和联邦总法律顾问署两个机构中择一任职，但做出选择后不得变更。

§3. 在本宪法颁布前任职于检察机关的成员，可就有关个人之利益和保障，选择原有体制，但应遵守本宪法颁布之日有关法律的禁止性规定。

§4. 劳工检察机关和军事检察机关的现任补充人员，如获得其职位的永久任期，则应成为各自职位的常任人员。

§5. 在本条规定的配套性法律通过前，现任国库总检察长有责任直接或授权各州检察机关，在各自管辖范围内，在涉税案件中代表联邦出庭。

第 30 条　在新任治安法官就职之前，设立治安法官的立法机关应维持现任治安官之职务，并确保其享有授予新任治安法官的权利和权力，并决定宪法第 98 条 2 规定之选举的日期。

第 31 条　在尊重现有法院职员权利的前提下，法院职员应当依法由各州进行管理。

第 32 条　在尊重相关雇员权利的前提下，本宪法第 236 条关于劳工权利的规定，不适用于由政府提供的官方公证和注册服务。

第 33 条　除抚养费外，当事人要求政府支付的资金在本宪法公布之日已判决但尚未支付的，包括剩余的资金及利息，应当逐年平均分期支付，最长期限为 8 年（从 1989 年 7 月 1 日起算）。行政机关应当在本宪法公布 180 日内实行。

独立条款：为了实施本条，债务人应该每年公布公共债券偿还的额度。公共债券不应当基于限定性的负债总额度而进行计算。

第 34 条　国家税收系统应当在本宪法公布第 5 个月之后的第 1 天开始生效；在此之前，1967 年宪法建立的税收系统、1969 年第 1 号宪法修正案以及相关条文的规定依然有效：

§1. 本宪法公布之后，第 148 条、第 149 条、第 150 条、第 154 条 1、第 156 条 3 以及第 159 条 1 -（3）的规定应当生效，废止 1967 年宪法及其修正案所有相冲突的条款，特别是其第 25 条 3。

§2. 州、联邦特区以及市参与的基金，应当服从以下规则：

1. 自本宪法公布始，第 153 条 3 和 4 规定的税收比例应当分别为 18% 和 20%，本宪法第 161 条 2 规定的配套性法律实施之后，现有的分配标准停止实施；

2. 在 1989 财政年度，州和联邦特区参与的基金应当增加 1%；自 1990 年起，每财政年度（包括 1992 年）应当增加 0.5%，到 1993 年达到本宪法第 159 条 1 -（1）规定的比例；

3. 从 1989 年起，各市参与的基金应当每个财政年度提高 0.5%，直到其达到本宪法第 159 条 1 -（2）规定的比例限制。

§3. 本宪法公布之后，联邦、州、联邦特区以及市可以基于落实国家税收系统的需要，制定相关法律。

§4. 本宪法所建立的国家税收系统一经实施，则前款所规定的相关法律同步生效。

§5. 在新的国家税收系统生效后，与新的国家税收系统以及本条 §3 和

§4 规定的法律不冲突的法律依然可以实施。

§6. 在 1989 年 12 月 31 日之前，本宪法第 150 条 3 -（2）不能适用宪法第 155 条 1 -（1）、1 -（2）以及第 156 条 2、3 规定的税收项目，在设立和增加相关税收项目的法律公布 30 日之后，其才可以实施。

§7. 在配套性法律确定税率前，各市液态和气态燃料零售交易税的最高税率不得超过 3%。

§8. 本宪法公布 60 日内，第 155 条 1 -（2）规定的税收项目依然没能制定出配套性法律，各州和联邦特区应当按照 1975 年 1 月 7 日第 24 号配套性法律的规定，达成临时协议。

§9. 在配套性法律没有颁布之前，配电厂应当负责从电力产品或者最后的流通环节扣除税收。最后流通环节包括纳税人或纳税代理人购买相关产品，即便是从公司发货的目的地是联邦其他地区，也不例外。税收依照最终售出的价格进行计算。不同的税收项目在州和联邦特区之间的分配取决于货物交易地。

§10. 只要宪法第 159 条 1 -（3）规定的法律在 1989 年 12 月 31 日没有生效，相关条款中规定的基金遵循以下方式处理：

1. 北部区域：0.6%，由亚马孙银行办理；

2. 东北部区域：1.8%，由巴西东北银行办理；

3. 中西部区域：0.6%，由巴西银行办理。

§11. 为了在中西部落实宪法第 159 条 1 -（3）和第 192 条 §2 的规定，应当依法建立中西部发展银行。

§12. 第 148 条 2 所规定的紧急事由，不应影响 1962 年 11 月 28 日第 4.156 号法令及其修正案给予巴西中央电力公司的强制性借款。

第 35 条　本宪法第 165 条 §7 的规定应以 10 年为期进行逐步改革，宏观经济的资金分配应当与它们的人口数量相一致。人口数量以 1986—1987 年的统计数据为基础。

§1. 应当适用本条规定的标准，总支出不包括以下费用：

1. 在多年度的计划中优先考虑的项目；

2. 国家安全和防卫；

3. 联邦特区的联邦机构的运行；

4. 国会，联邦会计法院和司法部门；

5. 联邦直属或非直属部门的债务，包括联邦设立和经营的基金。

§2. 在宪法第 165 条 §9-1、§9-2 所规定的配套性法律没有实施之前，下列规则应当继续适用：

1. 凡是持续到下届总统任期的多年期的财政计划应当在第一个财政年度结束前 4 个月提交国会，国会应当在会议期结束之前送回总统批准案；

2. 预算管理法案的起草应当在本财政年度结束前的 8 个半月送交国会。国会应当在第一次立法会期结束之前送回总统批准案；

3. 联邦的财政法草案应当在本财政年度结束前 4 个月提交国会，国会应当在立法会期结束之前送回总统批准案。

第 36 条　本宪法公布之日已经存在的基金，如果没有在 2 年内获得国会的批准就应当解散，基于免税成为私人财产或者关涉国防的基金例外。

第 37 条　本宪法第 167 条 3 规定的事项应当在 5 年内完成，至少每年减少 1/5。

第 38 条　本宪法第 169 条规定的配套性法律没有实施之前，联邦、州、联邦特区和市的人事费用不得超过其年收入的 65%。

独立条款：如果联邦、州、联邦特区和市的人事费用超过上款所规定的额度，那么其应以每年减少 1/5 开支的方式逐步达到该额度。

第 39 条　本宪法公布后，为了实现联邦的收支符合宪法规定的目的，行政机关应当起草一项旨在修改 1989 财政年度预算法的法案，议会应当审查该法案。

独立条款：国会应当在 12 个月内就本宪法第 161 条 2 所规定的配套性法律进行投票。

第 40 条　马瑙斯自由贸易区的自由贸易特性，以及其进出口以及财政奖励措施，应当在本宪法公布 25 年内继续实施。

独立条款：惟有联邦法律可以修改马瑙斯自由贸易区内批准项目的管制标准。

第 41 条　联邦、州、联邦特区和市的行政分支，应当重新评估现行的所有优惠税率奖励办法，并向立法分支提出合理的改革措施。

§1. 如果在宪法颁布两年之内这些奖励办法没有被法律确认，其应当被废止。

§2. 这种废止不适用于在本宪法公布之前授予的附条件且附期限的税收优惠权利。

§3. 依照 1967 年宪法第 23 条 6 以及 1969 年 10 月 17 日第 1 号宪法修正案所规定的各州税收奖励协议，应依照本条规定重新评估并重新确认。

第 42 条　在未来 25 年内，联邦对于灌溉方面的资金分配应当：

1. 25% 用于中西部区域；

2. 5% 用于东北部区域，特别是该区域半干旱地区。

第 43 条　在有关矿产资源勘探和开采的法律公布之后，或者在本宪法公布 1 年之后，如果相关主体不能证明其勘探或采矿是在法定期限开始的，或者属于废矿重新开采，其专属权、特许权以及与采矿权有关的其他权利就应当失效。

第 44 条　为了遵守本宪法第 176 条 §1 的规定，巴西公司现在所拥有的开矿专属权、矿产资源和水利资源使用特许权，自本宪法公布之日起 4 年内依然有效。

§1. 除了本宪法规定的国家利益条款之外，巴西公司不适用第 176 条第 1 款的规定，自本宪法公布之日起 4 年内，其应在自己的工厂或其控制的工厂生产矿产产品和在领土范围内基于工业化进行矿产加工。

§2. 巴西公司在使用自身拥有的水利资源进行工业生产时，不适用宪法第 176 条 §1 的规定。

§3. 本条 §1 所规定的巴西公司拥有的采矿专属权，或者采矿许可，或者开发水利资源权只能用于其自己从事的矿产产品的工业生产。

第 45 条　属于本宪法第 45 条和 1953 年 10 月 3 日第 2.004 号法律规定的国内原油提炼，不适用宪法第 177 条 2 关于垄断的规定。

独立条款：巴西石油公司在宪法公布前已经签署并生效的石油勘探风险合同不适用第 177 第 §1 的规定。

第 46 条　没有任何中断或中止，基于调解或外部司法清算而产生的信贷在没有实际支付之前，应当适用合同到期之日的货币校正结果。

独立条款：本条规定同样适用于：

1. 本条正文规定的程序已经处理的事务的执行；

2. 贷款、融资、再融资、为了偿债而进行的财政资助、对抵押或抵押债券的权益转让或代为清偿，政府机构进行的存款保证的履行、债务偿还，包括基于相似目的而执行的资金使用；

3. 在本宪法公布之前已经存在的信贷；

4. 在本宪法公布之前，且在 1988 年 1 月 1 日之前没有清偿的政府信贷。

第 47 条　如果是由银行或金融机构提供贷款所产生的债务清偿，包括随后的重新谈判和结算，即使已经进行了裁定，也应当提供无需货币校正的贷款，具体如下：

1. 从 1986 年 2 月 28 日到 1987 年 2 月 28 日，向微型或小型公司提供的贷款；

2. 在 1986 年 2 月 28 日到 1987 年 12 月 31 日，向微型、小型或中型农村生产者提供的旨在用于农村信贷的贷款。

§1. 本条所称的微型公司是指年收入不超过 10000 国库券的法人和独资企业；小型公司是指年收入不超过 25000 国库券的法人和独资企业。

§2. 微型、小型和中型农村生产者按照贷款合同生效时的农村信贷规则进行分类。

§3. 本款所规定的货币校正仅仅适用于下列情形：

1. 如果是初始债务，包括应付法定利息和司法费用，在本宪法公布 90 日内进行清算的；

2. 资金的使用不违反财政目标，且信贷组织承担举证责任的；

3. 信贷机构不能证明债务人有途径偿债的，不包括通过债务人公司，住所或生产工具进行偿债；

4. 原始贷款未超过 5000 可调整利率国库券；

5. 受益人拥有不超过 5 个农村建筑单位。

§4. 本条所规定的利益并不适用于已经清偿的债务或者制宪会议成员为债务人的债务。

§5. 对于债务清偿日超过债务偿还最后期限的，如果借款人因此获利的，银行和金融机构应当通过不同的方式修改合同条件以便调整这种利益。

§6. 无论在任何情况下，授予私人商业银行的相关利益不应给政府形成负担，即便是通过中央银行再融资和再分配资金也不例外。

§7. 在官方财政机构或信用合作组织进行重新分配时，相关责任由最初的基金承担。

第 48 条   在本宪法公布 120 日内，国会应当通过一部消费者保护法。

第 49 条   法律应当规制城市不动产的租赁组织，在租赁合同终止后，承租人可基于相关合同约定条款授予的直接权利，选择购买该不动产的租赁权。

§1. 在合同未约定相关条款时，不动产的处分应当适用现行联邦法规定的标准和基准。

§2. 现在登记在册的居住者的权利应当通过适用其他类型的合同来确保。

§3. 位于海岸线内安全地带的潮间地及其添附土地的租赁依旧适用。

§4. 租赁权收回以后，前所有权人应当在 90 日内，按照处罚责任将所有与该不动产有关的文件委托相关不动产登记处托管。

第 50 条   应当在本宪法规定 1 年内制定农业法。该法应当包括农业政策的目标、优先次序、产量计划、销售、内部供应、外国市场和土地信贷组织。

第 51 条   国会应当于本宪法公布 3 年内，重新评估 1962 年 1 月 1 日到 1987 年 12 月 31 日捐赠、出售和转让的超过 3000 公顷的公有土地。

§1. 对于土地出售行为的审查只考虑交易行为的合法性。

§2. 对于土地的转让和捐赠行为的审查，应当以其合法性和是否符合公共利益为基础。

§3. 如果上款规定的行为被证明为非法，或者不符合公共利益，相关土地应当相应恢复为联邦、州、联邦特区或市所有。

第52条　本宪法第192条规定的条件没有生效之前，下列事项禁止实行：

1. 国外金融机构在本国成立新的分支机构；

2. 居住在国外的个人或者设立于国外的金融机构增加其在本国的资本比例。

独立条款：本条设立的禁止性规范并不适用于国际协议、互惠协定或者有利于巴西政府利益的协定。

第53条　依照1967年9月12日第5.315号法令的规定，凡实际参加过第二次世界大战的退伍老兵享有以下权利：

1. 无须经过考试选拔即可获得公务员任命；

2. 特别抚恤金比照军队二等中尉的抚恤金级别发放，可以依照其要求于任何时候发放，且不计入社会保险以外的其他公职收入内；

3. 如其死亡，应向其遗孀或伴侣或受其抚养者支付相应的抚恤金，数额等同于前述规定之抚恤金；

4. 本人及受本人抚养的人的医疗、住院和教育免费；

5. 在任何情况下，实际服务25年后，有权获得全额退休金；

6. 如其或者其遗孀或伴侣没有住房，有权优先获得房屋。

独立条款：依据本条2规定发放的特别抚恤金，在法律效果上，可以代替其他已经发放给退伍军人的抚恤金。

第54条　依据1943年9月14日颁布的第5.813号法令招聘并受1946年9月16日颁布的第9.882号法令保护的橡胶工人，如果生活贫困，则可终身每月领取相当于最低薪金2倍的抚恤金。

§1. 上述规定同样适用于在"二战"期间应巴西政府的召集在亚马孙区域从事橡胶生产的工人。

§2. 本条所规定的利益可以转让给被认定为需要由上述工人抚养的人。

§3. 行政机关应当在本宪法公布150日内拟订一部旨在落实本条规定的利益的法律。

第55条　在预算准则法没有被批准之前，至少应当将社会保险预算（包括失业保险）的30%分配给健康部门。

第56条　在本宪法第195条1规定的法律没有颁布之前，至少有5项税收应当拨付0.6%，按照1982年5月25日颁布的第1.940号法令，以及1983

年 8 月 1 日修订后颁布的第 2.049 号法令，1985 年 5 月 8 日颁布的第 91.236 号法令以及 1987 年 7 月 8 日颁布的第 7.611 号法令的规定，上述税收应当与社会保险税收加以整合，不过，1988 年财政年度已经投入的项目和工程应当排除。

第 57 条 各州和市基于社会保险而形成的债务应当在 1988 年 6 月 30 日之前清算完毕，并进行货币校正。只要债务人要求分期付款，并且于本宪法公布 180 日内开始支付，则可免除利息及罚金。

§1. 按照每月均分的原则，在分期付款前两年应当支付的比例不应少于现有债务及新增债务总额的 5%。

§2. 按照 1986 年 12 月 23 日颁布的第 7.578 号法令的规定，清算可以包括分配资产以及提供服务这两种形式。

§3. 为了确保分期付款的安全，各州和市应当在每年的预算中编制专门用于还款的适当资金。

§4. 如果许可分期付款的任何条件没有满足，总债务就应当被视为是过期未付，拖欠的相关利息也应当支付；在这种情况下，如果部分分享基金的财政资金已经分配给作为债务人的州和市，则后两者应当冻结和转移他们的社会保险金以偿还他们的债务。

第 58 条 为了维持购买力，对于维持社会保险的资金的价值应当在本宪法公布之日进行重新审查。在以下条款提及的基金和资金成立之前，应当以最低工资标准的倍数来表达他们准许获得的收益。

独立条款：本条所指按月支付的利益应当在本宪法公布 7 个月内进行到期支付。

第 59 条 本宪法公布不超过 6 个月内，应当向国会提出关于社会保险以及与基金和利益相关计划的法案。国会应当在 6 个月内审议该法案。

独立条款：国会通过后，该法案应当在随后的 18 个月内生效。

第 60 条 在本宪法修正案公布后的 14 年内，各州、联邦特区和市应当部分适用联邦宪法第 212 条正文规定的资金以维持和发展基础教育，足额支付从事教育工作人员的薪金，并遵守以下规定：

1. 资源和责任在联邦特区、州和市的分配，应当通过在州和联邦特区的范围内设立一项旨在维持和发展基础教育，稳定教育职业且可以进行会计审核的基金来实现；

2. 上款所规定的基金应当由以下几个部分各占 20% 组成：联邦宪法第 155 条 1、2、3 规定的基金；第 157 条正文 2 规定的基金；第 158 条正文 2、3、4 规定的基金；第 159 条正文 1 - （1）、1 - （2）、2 规定的基金；这些基金依照各州以及其所属市不同阶段的学生数量来进行分配，并以基础教育的形式进入各自的体系，在其各自的管辖范围内，优先建立联邦宪法第 211 条 § 2、§ 3 规定的基金；

3. 为了确保建立联邦宪法第 208 条 1、2、3、4 规定的并由国家教育规划所确定的基础教育普遍目标，相关法律应当规定：

（1）基金的组织、资源的合理分配、基础教育不同阶段和形式的学生的年度花费使用以及教育类型；

（2）每个学生年度花费最少额的计算；

（3）依据联邦宪法第 208 条和第 214 条的规定以及国家教育规划所设定的目标，对于不同阶段和形式的基础教育合理分配资源的最高比例；

（4）监督和控制基金；

（5）通过特别法的规定，为国家基础教育教学的职业人员定期设定工资标准；

4. 依照本条正文 1 的规定而获得的基金，应当按照联邦宪法第 211 条 § 2、§ 3 的规定，由各州和市用于优先项目；

5. 联邦应当依照本条正文 2 的规定，将基金用于联邦特区每个学生的花费以及没有达到国家最低标准的州，联邦应当依照本条正文 7 的规定，禁止将基金用于联邦宪法第 212 条 § 5 规定的事项；

6. 本条正文 5 规定的联邦资金，应当依照本条正文 3 所述的相关法律的规定，将基金 10% 用于直接改善教育质量的项目；

7. 本条正文 5 规定的联邦的补充费用的最小值应为：

（1）第一年的相关基金额度为 20 亿巴西雷亚尔；

（2）第二年的相关基金额度为 30 亿巴西雷亚尔；

（3）第三年的相关基金额度为 45 亿巴西雷亚尔；

（4）本条正文 2 规定的基金总额的 10%，应该在第 4 年开始拨付；

8. 对于本宪法第 212 条所建立的旨在维持和发展教育的基金，应当在考虑本条正文 7 规定的总额的基础上，联邦政府最多提供 30%；

9. 本条正文 7 -（1）、7 -（2）、7 -（3）规定的总额，应当自本宪法修正案颁布后每年更新，以保持联邦提供的资金的真正价值；

10. 联邦宪法第 160 条规定的应当适用于联邦提供的资金；

11. 如果未能达到本条正文 5 和 7 的规定，应当追究相关主体的刑事责任；

12. 本条正文 1 所述的每个基金的 60% 以上，应当用于支付实际从事基础教育的老师的工资。

§1. 对于基础教育的财政资助，联邦、州、联邦特区和市应当确保改进教育质量，以达到国家界定的最低标准。

§2. 在本宪法修正案正式生效以后，每个州和联邦特区用于每个学生基础教育的基金不应当少于用于维持和发展基础教育和稳定教育职业的基金。

§3. 维持和发展基础教育的基金以及稳定教育职业的基金，为每个学生每年在基础教育中所支出的花费的最低限度，不应当少于上年度以及本宪法修正案生效后国家界定的最低标准。

§4. 基于本条正文 1 规定的基金资源分配的目的，应当考虑学前教育总入学人数以及学前教育以及中学、青少年和成人教育的目的，1/3 在第一年入学，2/3 在第二年入学，其他的从第三年开始入学。

§5. 按照本条正文 2 的规定，构成基金的资源的比例应当在前三年按照以下标准对基金进行管理：

1. 联邦宪法第 155 条正文 2，第 158 条正文 4，第 159 条正文 1－（1）、1－（2）和 2 规定的税收和转让：

（1）第一财政年度适用 16.66%；

（2）第二财政年度适用 18.33%；

（3）第三财政年度适用 20%；

2. 联邦宪法第 155 条正文 1、3，第 157 条正文 2，第 158 条正文 2、3 规定的税收和转让：

（1）第一财政年度适用 6.66%；

（2）第二财政年度适用 13.33%；

（3）第三财政年度适用 20%。

§6. （已废止）

§7. （已废止）

第 61 条　对于满足联邦宪法第 213 条 1、2 要求的教育机构，以及依法建立的教育和研究机构，如果在过去 3 年间获得过政府资助，那么其可以继续接受政府资助，法律另有规定的除外。

第 62 条　在不影响相关政府机构权力行使的前提下，法律应当以国家工业学徒服务制和国家商业学术服务制为模型，建立国家农村学徒服务制。

第 63 条　为纪念第一共和国宪法颁布 100 年，应当建立一个 9 人制委员会，立法机关、司法机关和行政机关各任命 3 名成员。该委员会可以依据自身的自由裁量权建立若干个分委员会。

独立条款：为了履行自身职责，该委员会可以与各州和市政府以及各种公法人和私法人团体一起，促进对国家政治、社会、经济和文化发展的研究、辩论和评估。

第 64 条　国家出版社以及联邦、州、联邦特区和市的其他出版机构，以及这些出版机构直属或间接管辖的行政组织，包括由政府建立和支持的基金，应当出版本宪法的全文文本。该文本应当便携且免费提供给学校、公共登记办公室、集团、军营、教会和其他社区代表机关，从而确保每个巴西公民都可以从政府获得一份巴西宪法文本。

第 65 条　立法机关应当在 12 个月内，就本宪法第 220 条第 4 款规定的事项制定相关法律。

第 66 条　公共电信特许权应当依法继续实行。

第 67 条　联邦应当在本宪法公布 5 年内公布土著居民土地的划分情况。

第 68 条　对于流亡的奴隶社区现在所占用的土地，应当授予其对相关土地的所有权，州应当向其颁发相应证书。

第 69 条　应当允许各州保留独立于检察机关和法律顾问署的法律咨询机关，在本宪法颁布之日，应规定其保持独立机构以继续履行职能。

第 70 条　依照本宪法第 125 条 §1 的规定，在各州宪法没有准确界定之前，各州法院依然遵守其现行的司法管辖权。

第 71 条　为了实现恢复联邦财政和经济稳定的目的，应当在 1994—1995 财政年度以及 1996 年 1 月 1 日到 1997 年 6 月 30 日，1997 年 7 月 1 日到 1999 年 12 月 31 日组建"紧急社会基金"。该基金优先用于支付健康和教育系统的费用，包括社会保险责任的清算和辅助相关经济和社会利益项目的财政支出。"紧急社会基金"包括本宪法过渡条款法案第 60 条 §3 所规定的基金，社会保险费用和持续救助费用。

§1. 本宪法第 165 条 §9－2 最后部分的规定不适用于本条规定的基金。

§2. 依据本条所建立的基金，自 1996 财政年度起，应当被称为"财政稳定基金"。

§3. 对于本条所述的基金的使用，行政机关应当每两个月公布一项财政执行计划。

第 72 条　"紧急社会基金"应当由以下几部分构成：

1. 由联邦以任何支付的形式加以扣除的对任何产品的收入或收益的税收，所谓联邦，包括其所属的各种独立机构和基金；

2. 依照 1994 年 6 月 21 日颁布的第 8.894 号法令和 1994 年 1 月 28 日颁布的第 8.849 号和第 8.848 号法令以及它们修正案规定的改变，从任何产品收入或收益的税收所得到的部分；与流通票据和抵押品相关的信贷交易、外币兑换管理，保险和交易中征收的税收；

3.1991 年 7 月 24 日颁布的第 8.212 号法令的第 22 条 §1 规定的对纳税人利润评估中的增长部分，特别是 1994—1995 财政年度，以及 1996 年 1 月 1 日到 1997 年 6 月 30 日之间的增长部分，应当征税 30%，其他一般法规定的修改依然适用 1988 年 12 月 15 日颁布的第 7.689 号法令规定的规则；

4. 所有的联邦税收和估价统一按照本条 §3、§4 的规定征税 20%，本条 1、2、3 规定的基金除外；

5. 应当依照自然资源收入和收益税收立法的界定，并服从一般法所做的改变，1970 年 9 月 7 日第 7 号配套性法律所述的税收评估部分，以及本条 3 规定的法律机构，应当对 1994—1995 财政年度，以及 1996 年 1 月 1 日到 1997 年 6 月 30 日，1997 年 7 月 1 日到 1999 年 12 月 31 日期间的税收收入的总额按照 0.75% 的税率进行计算；

6. 其他税收则依特别法规定。

§1. 本条 3、5 规定的税率和税基，自本修正案公布 90 日后第一个月的第一日开始适用。

§2. 上述 1、2、3、5 所规定的税基应当基于任何宪法或法律的规定而减少，但是本宪法第 159、212、239 条规定的事项除外。

§3. 本条 4 规定的税基应当依照本宪法第 153 条 §5，第 157 条 2 和第 239 条的规定而减少。

§4. 上述提及的规定不适用本宪法第 158 条 2 和第 159 条所规定的基金。

§5. 依照本条 2 的规定，对从任何产品的收入或收益的税收中提取的基金部分且用于紧急社会基金的，税金不得超过其总额的 5.6%。

第 73 条　本宪法第 59 条 5 规定的流通票据不得用于紧急社会基金。

第 74 条　联邦可以组建一个临时的评估证券、信贷或金融权利移转的机构。

§1. 本条所规定的税收评估比例不能超过 0.25%，行政机关可以依照法律规定的条件和限制全部或者部分减少或重新设定。

§2. 本宪法第 153 条 §5 和第 154 条 1 规定的内容不适用本条关于税收评估的规定。

§3. 本条关于税收评估的全部规定适用于国家健康基金且资助健康活动和服务。

§4. 本条规定的税收评估应当列为本宪法第 195 条 §6 规定的下级目录，实施期限不应当超过 2 年。

第 75 条　第 74 条规定的临时评估证券、信贷或金融权利移转的机构的税收延长 36 个月。这种评估依照 1996 年 10 月 24 日第 9.311 号法令建立，并依照 1997 年 12 月 12 日第 9.539 号法令修改，其同样延长到上述期限。

§1. 联邦宪法第 195 条 §6 的评估税率应当在前 12 个月设置为 0.38%，在其余的月份设置为 0.3%。行政机关可以在这个范围内全部或部分减少该比例。

§2. 1999—2001 财政年度的税收增长应当计入社会保险基金。

§3. 联邦有权发行国内债券，相关资源应当按照 1999 年规定但未变现的评税收入等量计入"医疗卫生和社会保险基金"。①

第 76 条　已经确定或者在指定日期确定的联邦税收、社会评税和进行经济领域干预的评税的 20%，以及它们的附加费和各自的法律增值，在 2015 年 12 月 31 日之前，不得同有关机构、基金或费用相分离。

§1. 本条正文的规定不能以宪法第 153 条 §5，第 157 条 1，第 158 条 1、2 以及第 159 条 1 - （1）、1 - （2）的规定为基础，对各州、联邦特区和市的税基进行减少，第 159 条 1 - （3）关于税基规定同样适用本规定。

§2. 本宪法第 212 条 §5 规定的征收教育薪金评税应当从本条正文关于不分离的规定中排除。

§3. 为计算资源以落实本宪法第 212 条规定的维持和发展教育事业之目的，本条正文所规定的比例应当为 0。

第 77 条　在 2004 财政年度之前，用于公共卫生活动和服务方面的资源最低标准应当达到：

1. 联邦层面：

（1）在 2000 年公共卫生活动和服务方面的薪金应当在 1999 财政年度最低标准的基础上增长 5%；

（2）从 2001—2004 年，每年校正内部产品总值（PIB）来决定相应价值；

2. 对于州和联邦特区，第 155 条所规定的税收的 12% 和第 157 条，第 159 条 1 - （1）和规定的基金，扣除转移支付给相关市的资金；和

3. 对于市和联邦特区，第 156 条规定的税收的 15% 和第 158 条、159 条 1 - （2）和 §3 规定的基金。

§1. 各州、联邦特区和市如果达不到本条 2、3 规定的比例，那应当在 2004 财政年度以后逐步提升其比例，每年至少应当减少 1/15 的差别；2000 年以后应当至少达到 7%。

§2. 各市依照本条规定从联邦获得的基金中的 15% 应当依法用于基础健康活动和服务。

---

①　译者注：巴西联邦最高法院于 2003 年 10 月 17 日宣布该条款违宪。

§3. 由联邦转移支付给州、联邦特区和市的用于公共健康活动和服务的资金应当通过健康基金来使用，具体使用由健康委员会依照联邦宪法第 74 条的规定在没有偏见的前提下进行协助和监督。

§4. 在第 198 条 §3 规定的配套性法律未制定之前，从 2005 财政年度开始，联邦、州、联邦特区和各市应当适用本条的规定。

第 78 条　除了由法律界定的小额债务，具有支持性质的且在过渡宪法法案以及其补充条款第 33 条提及的，相关资金存放于法院的，在本修正案公布之前未发送司法信用证的，以及 1999 年 12 月 31 日裁定过的债务，应当依照其现在的真实价值，加上法定利息逐年偿还，最长期限不得超过 10 年。这些债务可以进行划分。

§1. 债权人基于自身的自由裁量权，决定重新划分分期付款的份额。

§2. 如果在财政年度结束的时候依然没有清算，本条正文规定的分期付款可以用于偿还债务主体的税收。

§3. 如果司法信用证是基于对债权人不动产的征收而发放的，且该不动产是当事人当时惟一的财产，本条正文规定的期限应当减少至 2 年。

§4. 如果债权人提出请求，无论是否已经过期，或者财政上的疏忽，或者没有尊重相关程序权利，相关法院应当要求或者决定将已经执行了的财政资源的附属物用于分期付款。

第 79 条　用于消除和消灭贫困的基金应当由联邦行政机构在其权限内设立，到 2010 年生效。这项基金由旨在确保所有巴西公民有权获得有尊严生活的配套性法律进行规范。这项基金应当用于提供营养、住房、教育、健康，提供家庭收入和旨在改善生活质量的其他社会福利项目。

独立条款：本条规定的基金，应当允许由公民社会代表组成的辅助性咨询委员会依法参与。

第 80 条　"消除和消灭贫困基金"应当包括：

1. 依照宪法过渡条款法案第 75 条规定的评税税率，相当于 0.08% 的附加税的报税单，适用于 2000 年 6 月 18 日到 2002 年 6 月 17 日；

2. 对工业产品税增加 5% 的附加税，或者征收任何可以取代该税种的税，包括奢侈品税，一直适用到本基金停止运营为止；

3. 本宪法第 153 条 7 规定的税收收入；

4. 符合比例的财政预算；

5. 个人或者法人，国家或外国的捐赠；

6. 由该基金相关法律规范规定的其他收入。

§1. 本宪法第 159 条和第 167 条 4 规定的，以及其他任何分开的财政资源不适用本条所规定的基金；

§2. 在 2000 年 6 月 18 日到第 79 条规定的配套性法律生效期间，基于本条 1 而获得的收入应当全部纳入消除和消灭贫困的基金并应当存储在联邦公共债券中，并依法在 2000 年 6 月 18 日之后逐步偿还。

第 81 条　当公司的股东被不属于公有机关组成部分的个人或单位通过股票转让而控制，或者这种非公有机关的股东在股票转让后依然参与公司的管理时，联邦从混合所有制公司的私有化过程中接收一部分资源来成立一项基金。联邦可以直接或者间接通过各州来执行这一工作。自 2002 年 6 月 18 日起，该项基金的收益应当用于"消除和消灭贫困基金"。

§1. 本款上述条文所规定的基金应当每年向"消除和消灭贫困基金"拨付不少于 40 亿巴西雷亚尔的资金，如果有差额，应当依照宪法过渡条款法案第 80 条 4 规定的形式进行。

§2. 在不影响 §1 规定的情况下，对于本条所提及的基金从联邦财产转移中获得的收入，行政机关应当指定其用途。

§3. 本条正文规定的基金的组织结构，向"消除和消灭贫困基金"拨付资金，以及本条 §1 提及的其他内容，应当进行法律保留。本宪法第 165 条 §9 - 2 的规定不适用于本条规定的情形。

第 82 条　各州、联邦特区和市，应当将本条规定的资金来源和其他相关收入用于成立"消除贫困基金"，这种基金应当由允许公民社会参与的主体进行管理。

§1. 对于向州和联邦特区进行转移支付的基金，依照本宪法第 155 条 §2 - 12 的配套性法律规定的条件，在流通商品和服务环节对奢侈品和奢侈品服务征收 2% 的附加税。宪法第 158 条 4 规定的内容不适用这一比例。

§2. 对于向市进行转移支付的资金，对服务税征收 0.5% 的附加税，或者对奢侈品服务征收可以取代该附加税的税种。

第 83 条　第 80 条 2 和第 82 条 §2 规定的奢侈品和奢侈品服务的范围由联邦法律界定。

第 84 条　本宪法过渡条款法案第 74 条、第 75 条和第 80 条 1 规定的证券、信贷或者金融权利的交易和转让，应当在 2004 年 12 月 31 日之前完成。

§1. 1996 年 10 月 24 日颁布的第 9.311 号法令修改后，有效期应当延长至本条正文规定的日期。

§2. 本条设置的税收评估应当确定，其相应部分的税率为：

1. 对于资助健康活动和服务的国家健康基金为 0.2%；

2. 社会保险基金为 0.1%；

3. 宪法过渡条款法案第 80 条和第 81 条规定的消除和消灭贫困基金为 0.08%。

§3. 本条规定的税率评估应当：

1. 在 2002—2003 财政年度为 0.38%。

2. （已废止）

第 85 条　本宪法修正案公布 30 日后，宪法过渡条款法案第 84 条的规定不能适用于以下交易：

1. 目前的存款，特别是公开且惟一用于交易的存款：

（1）票据结算或者实施票决结算的服务，以及 2001 年 3 月 27 日颁布的第 10.214 号法令第 2 条独立条款规定的清算；

（2）1997 年 11 月 20 日颁布的第 9.514 号法令提及的证券化公司；

（3）仅仅以信贷为目的在金融市场活动的股份公司；

2. 相关的存款支票账户：

（1）使用股票市场的交易系统，或者在指定场所，或者在直接交易市场，购买或出售股份；

（2）股票或股指合约，依照其各自不同的形式，在股票市场交易商品或者预期权利；

3. 外国投资者进入本国向国外汇款的资金，该资金应当完全基于本条 2 规定的交易和合同而获得。

§1. 行政机关应当在本宪法修正案公布 30 日内制定有关本条规定内容的规则。

§2. 本条 1 规定的内容只适用于由行政法案规定的交易，而且这些交易应当由有关主体基于社会目标而进行。

§3. 本条 2 规定的内容仅仅适用于金融组织、证券经纪人、承销人和商品经纪人的管理和合同。

第 86 条　联邦、州和联邦特区以及市的已经经过终身判决需要支付的债务按照联邦宪法第 100 条的规定进行支付。如果符合以下条款，宪法过渡条款法案第 78 条正文规定的分期付款，不予适用：

1. 已经发布的司法信用证；

2. 属于联邦宪法第 100 条 §3 或者宪法过渡条款法案第 87 条规定的小额债务；

3. 在本宪法修正案公布之后才能全部或者部分支付的债务。

§1. 由于偿还顺序会带来巨大的利益，本条正文规定的债务，或者它们的余额，应当按照相关司法信用证颁发的时间顺序进行偿还。

§2. 本条正文规定的债务，如果依然没有按照宪法过渡条款法案第 78 条规定的方式进行部分偿还，如果法律允许的话，可以分 2 年偿还。

§3. 如果本条规定的某项债务有资助性质，其可以优先偿还，而不用遵守上述偿还顺序。

第 87 条　在相关联邦机关制定具体法律发布官方标准之前，为了实施联邦宪法第 100 条 §3 和宪法过渡条款法案第 78 条，在考虑联邦宪法第 100 条 §4 的前提下，债务或者由司法信用证所确定的义务如果具有较小的价值，其被认定与以下内容价值相当或者次于以下内容的话：

1. 如果违反州和联邦特区财政部门的话，最低 40 级工资；

2. 如果违反市级财政部门的话，最低 30 级工资。

独立条款：如果债务额度超过本条规定的范围，则其应当按照司法信用证的方式进行支付，但是如果当事人选择采用放弃信贷的方式，则不使用第 100 条 §3 规定的司法信用证方式进行支付。

第 88 条　在联邦宪法第 156 条 §3 - 1、§3 - 3 规定的配套性法律没有制定之前，该条正文 3 所规定的税收：

1. 除了 1968 年 12 月 31 日颁布的第 406 号法令所附带的服务列表的第 32、33、34 项所提及的服务，其余最低征收 2%；

2. 对于前款规定的最低税率不能实施免税，税收激励或者可能导致直接或者间接降低最低税收标准的行为。

第 89 条　能够证明其在前朗多尼亚联邦直辖地担任武装警察和市政职员，以及 1981 年 12 月 22 日配套性法律第 36 条规定的雇员和武装警察；1987 年 3 月 15 日第一次州长选举中获得职位的职员，应当基于其各自的选择，组建联邦人事行政部门，以确保相关人员的权利和待遇不会受到不合理的区别对待。

§1. 武装警察的成员应当按照权力与职级相一致的原则，继续在朗多尼亚州履行分配给他们的职责。

§2. 正文规定的市政雇员应当继续在朗多尼亚州履行分配给他们的职责，直到他们被只属于联邦行政机关、独立机构或基金所属的组织或实体批准雇佣为止。

第 90 条　宪法过渡法案第 84 条正文规定的期限应当延长至 2007 年 12 月 31 日。

§1. 1996 年 10 月 24 日颁布的第 9.311 号法令规定的期限，应当延长至本条正文规定的日期。

§2. 在本条正文规定的日期之前，宪法过渡条款法案第 84 条所规定的评估税率应当为 0.38% 。

第 91 条　联邦应当基于考虑初级产品出口和半工业产品的出口，进出口的关系，购买固定资产的信贷以及第 155 条 §2 – 10 – （1）规定的对维持和批准信贷的税收效果等因素，按照配套性法律规定的标准、期限和条件向州和联邦特区移交一部分基金。

§1. 分配给各州的基金额度，按照本宪法第 158 条独立条款的规定，75% 属于各州本身，25% 属于各州的市级政府。

§2. 在第 155 条 2 规定的税收达到 80% 之前，按照配套性法律的规定，对于本条规定的基金应当继续发放，而且主要用于那些消费商品、货物或者服务的州。

§3. 在本条正文规定的配套性法律没有实施之前，应当引入由 1996 年 9 月 13 日颁布的第 87 号配套性法律附件第 13 条规定的，并由 2002 年 12 月 26 日颁布的第 115 号配套性法律具体界定的资源分配系统，并确保其继续有效。

§4. 州和联邦特区应当按照财政部长的指令以及第 155 条 2 规定的税收项目，向联邦提交专为外国提供服务或者进行交易的纳税人的名单。

第 92 条　本宪法过渡条款法案第 40 条规定的期限应当延长 10 年。

第 93 条　宪法第 159 条 3 和 §4 规定的内容只有在第 3 项规定的法律实施之后才能生效。

第 94 条　对于属于联邦、州、联邦特区和市的微型、小型公司的特殊税收体制在宪法第 146 条 3 – （4）规定的税收体制生效之后停止运行。

第 95 条　对于在 1994 年 6 月 7 日到本宪法修正案公布之日期间在海外出生的巴西人（作为父亲或者母亲）的子女，可以到当地的巴西大使馆或者领事馆登记为巴西公民；如果他们移居到巴西联邦共和国居住，则到登记机关登记为巴西公民。

第 96 条　在考虑相关市设立时已经生效的州级立法的基础之上，2006 年 12 月 31 日公布的旨在规定市的设立、吸收、合并和废除行为的法律是有效的。

第 97 条　在联邦宪法第 100 条 §15 规定的配套性法律颁布之前，各州、联邦特区和市如在本宪法修正案公布之日，依然没有支付涉及其直接或者间接管理的过期司法信用证，包括本条规定的特殊支付体制时期签发的司法信用证，应当按照以下规定进行支付。在不损害本宪法修正案公布之日已经达成的调解协议的前提下，联邦宪法第 100 条除 §2、§3、§9、§10、§11、§12、§13、§14 外，均不适用。

§1. 通过适用行政法案，州、联邦特区和市依照本条规定的特殊支付体制可以采取以下方案处理：

1. 将本条 §2 所规定之数额的款项存储到特殊账户中；或者

2. 建立了一个期限为 15 年的特殊支付体制，这个体制应当每年都要达到司法信用证规定的总体额度。对于基本工资的官方指数，储蓄账户应当保持与储蓄账户延迟赔偿相同的比例，除了赔偿利息外，其他由有关机关逐步减少并依照特殊支付体制逐年偿还。

§2. 通过特殊支付体制支付司法信用证，无论是过期的还是未过期的，各州、联邦特区和市，应当每月存储 1/12 应付债务的资金。在本条 §14 规定的最后限期到来之前，这个比例应当：

1. 对于州和联邦特区：

（1）位于巴西北部、东北部和中西部的州以及联邦特区，或者那些为其直接或者间接管理而持有的未决司法信用证额占其目前纯收入 35% 以下的州，其最低比例为 1.5%；

（2）位于巴西南部和东南部、为其直接或者间接管理而持有的未决司法信用证额占其目前全部纯收入 35% 以上的州，最低比例为 2%；

2. 对于市：

（1）位于巴西北部、东北部和中西部的市，或者其直接或者间接管理的未决司法信用证额占其目前纯收入 35% 以上的市，其最低比例为 1%；

（2）位于巴西南部和东南部、为其直接或者间接管理而持有的未决司法信用证额占其目前纯收入 35% 以上的州，最低比例为 1.5%。

§3. 为了实现本条规定的目的，现在的收入应当被理解为包括税收、遗产、工业、渔业、农业、出资和服务的总和；现在的财务风险转移或者其他收入，包括联邦宪法第 20 条 §1 规定的收入；已验证的期限包括 11 个优先月，但排除重复计算和抵扣的。

1. 对于州来说，基于宪法决定向市进行转移支付；

2. 对于州、联邦特区和市来说，依靠其雇员的贡献来建立他们自身的社会保险和社会救助制度，其收入来源于联邦宪法第 201 条 §9 规定的金融补偿。

§4. 本条 §1、§2 规定的具体数额应当由发布司法信用证的地方法院来具体确定。

§5. 本条 §1、§2 规定的存储在特殊账户中的资金可以不返还作为债权人的州、联邦特区和市。

§6. 本条 §1、§2 所提及的资金至少应当有 50% 用于逐年支付司法信用证，支付的顺序按照司法信用证发放的日期确定，每年度支付的额度应当依照本条 §1 的规定按照同年的请求支付，分期付款的年份则依照第 100 条 §2 的规定确定。

§7. 如果两个司法信用证之间不能明确偿还顺序，则价值少的司法信用证优先偿还。

§8. 存续资金的使用应当依赖于作为债务人的州、联邦特区和市依照行政法令做出选择，后者可以依照以下规则，单独或者一并使用：

1. 通过拍卖方式支付司法信用证；

2. 对于§6和1规定的，以及司法信用证增值独立法令规定的但是未支付的司法信用证，实行见证即付；

3. 依据债务人实体自身适用的、可能规定了调解会议的产生和运作方式的法律，和债权人达成直接协议进行支付。

§9. 本条§8-1规定的拍卖行为：

1. 应当通过证券交易委员会或者巴西中央银行批准的电子系统进行；

2. 应当许可通过司法信用证来证明，或者由所有者出示每个司法信用证的部分内容，前提是这个司法信用证没有因为上诉或者起诉而处于效力未定的状态，为了赔偿已转化为现款的或者特定的债务，应当允许行政机关基于创新精神发放许可，无论实际债务是否记名，都可以在司法信用证规定之日强制由财政部进行拍卖，基于立法原因而被暂停，或者按照联邦宪法第100条§9的规定已贴现的除外；

3. 应当通过债务人联合体向所有的债权人公开报价；

4. 考虑自动满足相关条件的债权人，其满足2规定的条件，或者包括在该项中的条件；

5. 应当实现可以多次获得的金额；

6. 总体价值的部分内容之间的竞争可以作为债权人债权的标准，作为其价值的贴现率；

7. 折扣的类型可以与最高累积量联系在一起，可以不是折扣的最高百分比；最大数量的价值可以由债权人，或者招标邀请书上确定的其他标准来确定；

8. 价格的形成机制应当在拍卖的招标邀请书中确定；

9. 司法信用证的分批支付应当由发布司法信用证的法院来确定。

§10. 在没有按照本条§1-2以及§2至§6的规定及时开发相关资源时：

1. 法院院长应当依据本条§4下达命令将作为债务人的州、联邦特区和市的债务数量附加在没有被开发的价值上；

2. 或者，基于相关法院院长的命令，可以违背作为债务人的州、联邦特区和市的意愿，组建司法信用证的信贷。一项易变现且确定的权利，可以适用自动且独立的管制方案，从而通过后者来自动补偿汇出的金额。如果有债权人中意的方案，这种价值应当自动用于满足于支付州、联邦特区和市的税收，直到他们偿还为止；

3. 行政机关首长应当负责制定追究财政责任和不适当管理责任的法律；

4. 只要依然存在遗漏，债权人：

（1）可以不签订国内外的借款合同；

（2）应当阻止接收自愿资产转让；

5. 联邦应当保有其在州和联邦特区参与的基金以及市参与的基金中的份额，并且应当将这些份额纳入本条§1规定的特殊账户；其用途应当依照本条§5的规定进行。

§11. 与司法信用证相关的各种债权人应当一起分配由法院批准的司法信用证额度，应当依照债权人应得的权利进行分配，但不适用联邦宪法第100条§3规定的规则。

§12. 如果第100条§4规定的一项法律在180日内没有公布，从本宪法修正案公布之日起计算，在尊重作为债务人的州、联邦特区和市的基础上，遗漏的价值应当被视为：

1. 州和联邦特区最低工资的40倍；

2. 市最低工资的30倍。

§13. 当作为债务人的州、联邦特区和市在特殊支付体制下偿还司法信用证时，除了没有在规定的时间内偿还本条§1-2和§2规定的债务外，它们免于扣押财产。

§14. 只要应支付的司法信用证的价值高于本条§2规定的资源的价值，或者在适用本条§1-2的情况下固定于15年期限内的资源的价值，本条§1-1规定的司法信用证特殊支付体制就应当适用。

§15. 本过渡宪法法案规定的第33条和第78条规定的司法信用证是按照分期付款进行偿付的以及还没有支付的债务，应当按照每个司法信用证未支付的实际价值进入特殊支付体系，同时要确保司法决定和非司法性决定的平衡一致。

§16. 从本宪法修正案公布之日起到有效支付之日，无论性质如何，应当由官方公布储蓄账户的基本报酬构成，为了对延期支付进行赔偿，应当承受与储蓄账户相同比例的单利。补偿性利息应当排除。

§17. 在特殊支付体制生效期间，联邦宪法第100条§2提及的债务应当依照此条§6、§7或者§8-1、§8-2、§8-3的规定进行支付。联邦宪法第100条§2规定的数额应当计算到此条§6之中。

§18. 本条规定的特殊支付体制生效后，年龄超过 60 岁的司法信用证持有人在本修正案公布之后依然享有第 6 款规定的优先权。

巴西利亚，1988 年 10 月 5 日

签名（略）

巴西联邦共和国宪法
修正案未插入条款[①]

1992 年 8 月 25 日第 2 号
宪法修正案未插入条款

独立条款： 过渡性宪法条款法案第 2 条所规定的全民公决应于 1993 年 4 月 21 日举行。

§1. 由全民公决决定的国体和政体应自 1995 年 1 月 1 日起生效。

§2. 法律应对举行全民公决作出规定，包括规定通过获得特许权或公用事业许可的大众传播途径免费宣传关于国体和政体的知识，并应确保传播时间与时机的平等。

§3. 前述相关规则不得排除高级选举法院针对全民公决之举行签发必要指令的权限。

1993 年 3 月 17 日第 3 号
宪法修正案未插入条款

第 2 条　联邦可根据在 1994 年 12 月 31 日之前依然生效的配套性法律，对有价证券、信贷和金融性权利的活动与转让征收税额。

§1. 该条款中所提到的税率不得超过 25%，在法律规定的情况和限度下，

---

① 译者注：截至 2012 年 3 月 29 日最新一次修正，巴西宪法共进行了 70 次修正。历次宪法修正案在宪法正文和过渡宪法条款中增加、修改、删除了若干条款和内容，但部分修正案还包括一些无法插入宪法正文和过渡宪法条款中的内容，这些内容单列最后作为宪法修正案未插入条款。

行政机关有权部分或全部减少或重新按原税率征收。

§2. 该条款中所述税收不得适用宪法第 150 条 3 - (2)、6 以及宪法第 153 条 §5。

§3. 该条款中提到的税收收入，不得受以任何方式划分的任何其他联邦单位支配。

§4. （已废止）

第 3 条 该宪法修正案所规定的取消各州所征收的所得附加税从 1996 年 1 月 1 日起生效，相应的税率至少降低至 1995 年财政年度的 2.5%。

第 4 条 该宪法修正案所规定的取消乡市所征收的液体和气体燃料零售销售税从 1996 年 1 月 1 日起生效，相应的税率至少应减少至 1995 财政年度的 1.5%。

第 5 条 除过渡宪法条款法案第 33 条独立条款的规定外，至 1999 年 12 月 31 日，州、联邦特区和市只能按照可转让类票据所代表的他们的最新到期资金筹集义务的总额来发放公共债权。

第 6 条 联邦宪法第 145 条 4 和 §4 现予废止。

1994 年 3 月 1 日第 1 号
宪法修正案未插入条款

第 2 条 1993 年 3 月 17 日的第 3 号宪法修正案第 2 条 §4 现予废止。

1995 年 8 月 15 日第 6 号
宪法修正案未插入条款

第 3 条 联邦宪法第 171 条现予废止。

1995 年 8 月 15 日第 8 号
宪法修正案未插入条款

第 2 条 禁止通过采用临时性措施对此宪法修正案第 21 条 11 的规定进行调整。

1995 年 11 月 9 日第 9 号
宪法修正案未插入条款

第 3 条   禁止通过采取临时性措施对联邦宪法第 177 条 1 至 4 以及 §1、§2 所规定的事项进行规制。

1997 年 11 月 22 日第 17 号
宪法修正案未插入条款

第 3 条   除过渡宪法条款法案第 72 条 1 中所提及的份额外，联邦应当根据 1988 年 10 月 5 日宪法第 159 条 1 中所提及的资金的规定，将从收入或任何性质的津贴上所征收的税收按以下的比例划拨给市：

1. 1997 年 7 月 1 日到 1997 年 12 月 31 日为 1.56%；
2. 1998 年 1 月 1 日到 1998 年 12 月 31 日为 1.875%；
3. 1999 年 1 月 1 日到 1999 年 12 月 31 日为 2.5%。

独立条款：该条款中所提到的划拨资金，应根据宪法第 160 条的规定，与市参与分配基金适用相同的时间表、相同的分配标准以及相同的规则。

第 4 条   根据本修正案第 1 条和第 2 条的相关规定，过渡宪法条款法案第 71 条和第 72 条的效力，追溯至 1997 年 7 月 1 日。

独立条款：在从 1997 年 7 月 1 日至本修正案颁布之日这一期间内，以宪法第 159 条 1 规定的形式交付的财政稳定和交付基金，将按照每月交付总额的 1/10 的限度从随后的配额中减去。

第 5 条   鉴于前款规定，联邦将使本修正案第 3 条的效力追溯至 1997 年 7 月 1 日。

1998 年 6 月 4 日第 19 号
宪法修正案未插入条款

第 25 条   在联邦宪法第 21 条 14 所提及的基金设立前，联邦有权力维持现有的为联邦特区提供公共服务的财政事务。

第 26 条   自本修正案颁布之日起 2 年内，间接管理单位的内部细则应考虑已生效条款的效力与宗旨，并根据各自的法律性质加以改进。

第 27 条   在该修正案颁布后 120 日之内，国会应起草一项保护公共服务用户的法律。

第 28 条　在不违背联邦宪法第 41 条 §4 中所提到的评价条款的前提下，应保证目前处于试用阶段的公务员获得为期 2 年的聘用期。

第 29 条　该修正案颁布实施后，工资、收入、薪酬、退休福利和退休金以及任何其他类型的补偿应根据联邦宪法规定的相关限度进行调整。不允许由任何原因所引起的超额度收入。

第 30 条　自本修订案颁布之日起 180 日内，相关行政部门应将联邦宪法第 163 条所提及的配套性法律草案提交国会。

第 31 条　在原阿马帕和原罗赖马联邦直辖地转化为州之时，仍在原直辖地定期履行职责、提供服务的联邦直接和间接管理的公务员、市公务员以及直辖地纪律部队成员，为联邦法律承认、由联邦负责其支出的纪律部队，以及上述州内通过实际联系已被联邦承认的公务员，将在联邦行政体系内组成一个不再扩大的团体。保障上述人员享有内在于其服务的权利和利益，禁止出于任何名义的酬劳差异。

§1. 纪律部队中的公务员应按照指定的条件，服从各自纪律部队组织的相关法律法规，遵循与其职务等级对应的职位权力，继续为各自所在的州提供服务。

§2. 在为联邦行政机构服务之前，公务员应按照指定的条件继续为各自所属的州提供服务。

第 33 条　根据联邦宪法第 169 条 §3 - 2 的相关规定，属于直接管理，独立机构的或者基金会中的未通过公共选拔或其他考试并持有 1983 年 10 月 5 日后颁发的资格证书的将被视为非正式聘任人员。

1998 年 12 月 16 日第 20 号
宪法修正案未插入条款

第 3 条　公务员与一般社会保障制度的受保人的退休权和退休津贴，以及在本修正案公布之日，其被抚养人中根据当时生效的法律所规定的标准符合取得津贴之要求者，在任何情况下都应当受到保障。

§1. 本条所提到的公务员，如已达到完全退休的要求而选择继续留任，应免除其社会保障费，直到其满足联邦宪法第 40 条 §1 - 3 - （1）所规定的退休条件为止。

§2. 本条正文所提及的公务员退休津贴以及其亲属的抚恤金的全部或部分，在本修正案颁布之日的已经支付的，应按对这些津贴设置期限的法律，或者根据目前现行法律设定的条件来计算。

§3. 根据联邦宪法第37条6的规定，从该修正案颁布之日起生效的该宪法条款的所有权利和保障都保留给公务员和军事人员，包括已离职的和已享受退休津贴的人员，被大赦的和前参战人员，以及在当时满足享有这些权利条件的人员。

第4条 根据联邦宪法第40条§10的规定，在相关法律没有颁布之前，旨在规范退休制度的法律所规定的工作期限应当被计入工龄。

第5条 联邦宪法第202条§3中关于赞助资金和保证资金应对等要求的有效期为2年，从该修正案颁布之日，或者本条§4中所提到的配套性法律颁布之前的第一次发生之日起算。

第6条 由包括公共公司和合资公司在内的公共实体发起的封闭型私人社保组织，应在本修正案公布之后2年内检查他们的福利及服务计划，以便按照他们的实际资产进行调整。他们的主管以及他们相关的发起人如未遵照本条款规定，则应被追究相应的民事和刑事责任。

第7条 联邦宪法第202条规定的配套性法律草案应在本修正案公布后最迟90日内提交国会。

第8条 （已废止）

第9条 依照本修正案第4条的规定，除根据一般社会保障制度的相关规则所享有的退休选择权外，在逐步满足下列条件时，在本修正案公布前已参加一般社会保障制度的受保人的退休权利，应当受到保障：

1. 男性年满53岁，女性年满48岁；并且

2. 最低服务期限达到：

（1）男性满35年，女性满30年；并且

（2）额外服务期限相当于在本修正案公布之日未满足上述年限要求之部分的20％。

§1. 依照本修正案第4条的相关规定，只要达到本条1的要求，在符合下列条件时，本条所涉及的受保人可按照与其自身服务时间相符的数量退休：

1. 最低服务期限达到：

（1）男性满30年，女性满25年；并且，

（2）额外服务期限相当于在本修正案公布之日未满足上述年限要求之部分的40％；

2. 弹性退休制的数量应相当于本条正文规定的退休数量的70％，服务期限超过上述标准者，每年增加5％，直到100％。

§2. 在本修正案颁布之日前仍在职的教师如果选择本条规定的方式退休，

其在本修正案颁布之前的教学活动实际服务期限，如是男性则增加 17%，如是女性则增加 20%，但其必须是从全职教学活动中退休的。

第 10 条　（已废止）

第 11 条　联邦宪法第 37 条 §10 所规定的限制条款不适用于已离任的公务员和在本修正案颁布之前已通过公共竞争性考试或获得类似专业证书类的考试和联邦宪法提供的以其他方式进入公共服务行业的军人，根据联邦宪法第 40 条的规定，在任何情况下他们禁止在社会保障体系下获得多于一种的退休权利。在任何情况下，他们应适用第 11 条及该条款中所规定的限制。

第 12 条　在联邦宪法第 195 条所规定的评估条款生效前，为社会保障和各项社会保障制度所设立的基金，可按照法律规定的评估额支付。

第 13 条　在法律对公务员、承保人及其家属取得家庭收入和伤残补贴方面进行调整前，这些津贴只能给那些总月收入不超过 360 巴西雷亚尔的人员。在相关法律颁布之前，这些津贴的数额应按照一般社会保障制度津贴的指数进行修正。

第 14 条　联邦宪法第 201 条规定的一般社会保障制度津贴标准由 1200 巴西雷亚尔的最大限额提高到 2003 年 12 月 19 日第 41 号修正案第 5 条规定的 24000 巴西雷亚尔。从本修正案公布之日起将按永久保留其真实估价的方式进行再调整。它将按照一般社会保障制度所适用的指数进行更新。

第 15 条　如本宪法修正案颁布之日所承诺，在联邦宪法第 201 条 §1 所规定的配套性法律颁布之前，1991 年 7 月 24 日第 8.213 号法律第 57 条和第 58 条将仍然有效。

1999 年 12 月 9 日第 24 号
宪法修正案未插入条款

第 2 条　确保完成对高级劳工法院目前的临时类部长和区域劳工法庭调解和审判委员会的临时类法官的授权。

2001 年 9 月 11 日第 32 号
宪法修正案未插入条款

第 2 条　在这项修正案公布之前发出的临时性措施在被以后的临时性措施或者国会的权威决定明确废除之前应继续有效。

2001 年 12 月 11 日第 33 号
宪法修正案未插入条款

第 4 条　在联邦宪法第 155 条 §2－12－（8）中所提到的补充性法律尚未生效期间，州和联邦特区应当按同条 §2－12－（7）所约定的协议对相关问题进行暂时性调整。

2003 年 12 月 19 日第 41 号
宪法修正案未插入条款

第 2 条　根据 1998 年 12 月 15 日第 20 号宪法修订案第 4 条关于自愿选择退休的权利以及根据联邦宪法第 40 条 §3 和 §17 计算的相关津贴，是用来保证累计满足以下条件的：即，那些在本修正案公布以前已为公共政府直接管理的、独立机构的或者基金会的一个有效职位上定期服务的公务员：

1. 男性年满 53 岁，女性年满 48 岁；

2. 退休之前已在该职位上实际服务 5 年；

3. 最低服务期限达到：

（1）男性满 35 年，女性满 30 年；并且

（2）额外服务期限相当于在本修正案公布之日未满足（1）中年限要求之部分的 20%。

　§1. 本条所提到的满足退休要求的公务员的离职津贴，应当随着其所预期的联邦宪法第 40 条 §1－3－（1）及 §5 所规定的年龄期限，按以下比例逐年减少：

1. 在 2005 年 12 月 31 日前达到退休的要求的为 3.5%；

2. 在 2006 年 1 月 1 日及之后达到退休要求的为 5%；

　§2. 本条规定适用于法官以及检察机关和审计法院成员。

　§3. 在适用 §2 相关规定时，法官以及检察机关和审计法院成员，如果是男性，其至 1998 年 12 月 15 日第 20 号宪法修正案公布之时所需达到服务期限应在本条 §1 的规定上增加 17%。

　§4. 在本修正案公布之前已被联邦、州、联邦特区以及市包括他们的独立机构，所聘任并在一个有效的教学职位上定期服务的教师，选择按照正文规定方式退休的，只要其是从全职教学活动中退休的，则其在 1998 年 12 月 15 日第 20 号宪法修正案公布之前的服务时间，根据 §1 的规定，如果是男性应

增加 17%，如果是女性应增加 20%。

　　§5. 本条所提及的公务员如已满足自愿退休的要求而选择继续留任服务的，应在其满足联邦宪法第 40 条§1－2 所规定的强制性退休要求之前，为其保留相当于其社会保障缴款数额的奖金。

　　§6. 联邦宪法第 40 条§8 的规定适用于本条所规定的退休。

　　第3条　应当保障在本修正案公布之前，任何公务员在满足当时施行的法律标准下所获得的任何时间退休的权利以及其家属获得养老金的权利。

　　§1. 本条中所提到的公务员在已满足法律规定的自愿退休要求后选择继续留任服务的，服务期达到 25 年以上的女性，或者服务期达到 30 年以上的男性，应在其满足联邦宪法第 40 条§1－2 所规定的强制性退休要求之前，为其保留相当于其社会保障缴款数额的奖金。

　　§2. 本条正文所提及的公务员退休津贴以及其亲属的抚恤金的全部或部分，在本修正案颁布之日的已经支付的，应按对这些津贴设置期限的法律，或者根据目前现行法律设定的条件来计算。

　　第4条　自本修正案公布之日起领取津贴的，联邦、州、联邦特区和市，包括他们的独立机构的离职人员和退休福利领取者，以及第 3 条所包括的相关人员，应当按照相当于为在职人员所规定的比例为联邦宪法第 40 条所述制度的筹备基金捐款。

　　独立条款：本条提及的社会保障缴款只能在超过以下数额的救济金和养老金的基础上征收：

　　1. 联邦宪法第 201 条为州、联邦特区和市的离职人员和退休福利领取者所规定的一般社会保障制度救济金最高限额的 50%；

　　2. 联邦宪法第 201 条为联邦离职人员和退休福利领取者所规定的一般社会保障制度救济金最高限额的 60%。

　　第5条　联邦宪法第 201 条规定的一般社会保障制度救济金的最高限额为 2400 巴西雷亚尔。这个数字将进行一定程度上的调整以保持其至该修正案颁布之日的真正价值，即按照适用于一般的社会保障制度救济金的指数对其进行更新。

　　第6条　除了联邦宪法第 40 条或者本修正案第 2 条所规定的退休选择权利，在本修正案颁布之日前加入公共服务的联邦、州、联邦特区和市的包括它们独立机构的雇员应在退休时按照相关法律规定并参照联邦宪法第 40 条§5 关于按照年龄及服务期限减少的法律规定，获得与其退休前所在职位总薪酬相对应的全部津贴，当其逐步达到以下条件时：

　　1. 男性年满 60 岁，女性年满 55 岁；

2. 男性达到 35 年的服务期，女性达到 30 年的服务期；

3. 实际公共岗位服务期达到 20 年；

4. 职业服务达到 10 年并且在退休时的职位上实际服务超过 5 年。

独立条款：（已废止）

第 7 条　联邦宪法第 37 条 11 关于由联邦、州、联邦特区和市，以及他们的独立机构发放给处于实际工作岗位公务员的退休津贴及其家属的退休金已在本修正案颁布之日进行修订，本修正案第 3 条所规定的雇员的退休津贴及其家属的退休金也将按照在职员工的薪酬调整比例同时进行修订。以后赋予在职员工的包括由于退休前岗位或工作的转换或重新安排发放的任何津贴，或者法律规定的作为津贴获得许可的参考条件，也应同样扩展到退休人员和养老金领取者。

第 8 条　在联邦宪法第 37 条 11 规定的总薪酬的限额确定前，为实现该条款规定的限制目的，在本修正案公布之日法律确定的联邦最高法院法官的基本薪金、月度补贴工资和工龄工资的最高数额，应作为行政机关的最高薪俸限制。在市一级，市长的固定薪酬作为最高薪俸限制；在州和联邦特区，州长和特区行政长官的月固定薪酬作为最高薪俸限制，州议会和特区议会议员的固定薪酬作为立法机关的最高薪俸限制，不高于本条所指的联邦最高法院法官月固定薪酬 90.25% 的州高等法院法官的固定薪酬作为司法机关的最高薪俸限制，该限制亦适用于检察机关成员、检察官和公共辩护人。

第 9 条　过渡宪法条款法案第 17 条的规定适用于联邦、州、联邦特区和市直接管理的或者他们的独立机构及任何其他部门的在职人员、工作人员和公共雇佣人员，选举任命的代表和其他政治代理的人员，以及他们的收入、退休金、薪酬、其他任何累积或一次性获得的包括个人获利或其他任何类型的酬金。

第 10 条　联邦宪法第 142 条 §3 - 9 以及 1998 年 12 月 15 日第 20 号宪法修正案第 8 条和第 10 条已废止。

2003 年 12 月 19 日第 42 号
宪法修正案未插入条款

第 4 条　在本修正案颁布之日前由州、联邦特区制定的一定程度上与本修正案规定、2000 年 12 月 14 日第 31 号宪法修正案规定、或宪法第 155 条 §2 - 12 所提到的补充性法律规定不一致的附加税将继续有效，最晚可施行至过渡性宪法法案第 79 条所规定的时间。

第 5 条　在本修正案颁布之日起 60 日内，行政机关应根据宪法规定的紧急制度将规范信息技术部门培训的财政津贴的法律草案提交给国会，该草案将在本修正案的批准法案生效的条件下在 2019 年前有效。

第 6 条　过渡性宪法法案第 84 条 § 3 – 2 已废止。

2004 年 12 月 8 日第 45 号
宪法修正案未插入条款

第 3 条　法律应用劳动和劳动监察中的行政征用以及其他收益来创建劳动执行保证基金。

第 4 条　阿尔卡拉地区的法院，不论位于何处，都将被取消，在考虑工作资历和出身类别的情况下，这些法院的成员应成为各自所在州的审判法院的成员。

独立条款：在本修正案颁布之日起 180 日内，审判法院应按照行政条例规定在他们的等级范围内吸收原属于被取消法院的人员，调整他们的司法权限，并在同一时间内向立法机关提交一份调整相应司法组织和部门的申请，以保证离职和退休人员的权利和保证他们的雇员在州法院的任职。

第 5 条　国家司法委员会和国家检察机关委员会将在本修正案颁布之日起 180 日内设立，其成员的提名与选拔将在最后设立日起的 30 日内完成。

§1. 如果国家司法委员会与国家检察机关委员会成员的提名未在本条所设定的时间内完成，则应由联邦最高法院和联邦检察机关来完成该提名工作。

§2. 在管辖权立法生效前，国家司法委员会将坚决规范其职责并确定监察部长的职责权限。

第 6 条　高级劳动司法委员会将在 180 日内设立。只要第 111 – A 条 § 2 – 2 所提及的法律没有颁布，高级劳动法院将负责依决议调整委员会的职责

第 7 条　在本宪法修正案颁布后 180 日内国会应立即成立一个特殊混合委员会，用来详细制定管理相关问题所必须的法律草案，以及推动联邦法律制度的调整，使提起诉讼的途径更加充足以及审判的处理更加迅速。

第 8 条　目前联邦最高法院的判例只有经其 2/3 以上成员确认以及在官方媒体发表后才具有约束力。

第 9 条　第 36 条 4，第 102 条 1 –（8），第 103 条 § 4，以及第 111 条 § 1 至 § 3 已废止。

2005 年 7 月 5 日第 47 号
宪法修正案未插入条款

第 2 条　2003 年第 41 号宪法修正案第 7 条规定适用于以该修正案第 6 条规定的方式退休的公共雇用员工的退休福利。

第 3 条　除联邦宪法第 40 条或者 2003 年第 41 号宪法修正案第 2 条和第 6 条所规定的退休选择权外，在 1998 年 12 月 16 日前进入公共服务的联邦、州、联邦特区和市及其独立机构的公务员，只要其累积满足以下条件，则应获得全部退休津贴：

1. 男性达到 35 年的服务期，女性达到 30 年的服务期；

2. 25 年的实际公共服务，15 年的职业服务，以及在退休前所在岗位上服务满 5 年；

3. 根据联邦宪法第 40 条 §1 - 3 - （1）的规定，达到最低退休年龄，且服务期限内每一年服务都超过本条 1 所规定的条件。

独立条款：2003 年第 41 号宪法修正案第 7 条相关规定，适用于依照本条款标准所应获得的退休津贴价值，依照本条款退休的已故公共雇员的津贴调整标准同样适用于该退休津贴价值。

第 4 条　在联邦宪法第 37 条 §11 所提到的法律未公布前，任何具有补偿性质的或在 2003 年第 41 号宪法修正案公布之日生效的法律所确定的分配，都不会被考虑在该条 11 所提及的补偿金限度内。

第 5 条　2003 年 12 月 19 日第 41 号宪法修正案第 6 条的独立条款已废止。

第 6 条　本宪法修正案从颁布之日起生效，效力可追溯至 2003 年第 41 号宪法修正案生效之日。

2006 年 2 月 14 日第 51 号
宪法修正案未插入条款

第 2 条　在本宪法修正案颁布之后，社区健康代理和地区性疾病防治代理只能由州、联邦特区和市，依照联邦宪法第 198 条 §4 的相关规定，参照联邦宪法第 169 条所提到的配套性法律中所规定的费用限度，直接雇用。

独立条款：在本修正案颁布之日，只要是按照之前州、联邦特区或市的直接或间接的行政机构或单位，或其他由联邦直接行政单位监管或授权的组织的公共选拔程序所雇用的，以任何名义进行法律规定的社区健康代理和地区性疾病防治代理活动的专业人员，将按照联邦宪法第 198 条 §4 规定的公共选拔程序进行职务免除。

2006 年 3 月 8 日第 52 号
宪法修正案末插入临时性条款

第 2 条 本宪法修正案自公布之日起生效，且适用于 2002 年进行的选举。

2006 年 12 月 19 日第 53 号
宪法修正案末插入条款

第 3 条 本宪法修正案将在颁布之日起生效，临时性宪法法案第 60 条将继续有效，如 1996 年 9 月 12 日第 14 号宪法修正案所规定的，直至本宪法修正案规定的基金生效时止。

2007 年 9 月 20 日第 55 号
宪法修正案末插入条款

第 2 条 在 2007 财政年度，本宪法修正案对联邦宪法第 159 条所做出的变更，仅适用于 2007 年 9 月 1 日之后从工业生产的收入或其他形式的收益中所征收的税收收入。

2009 年 11 月 11 日第 59 号
宪法修正案末插入条款

第 6 条 按照国家教育规划规定的方式，在联邦技术和财政的支持下，联邦宪法第 208 条 1 的规定将在 2016 年前逐渐贯彻执行。

2009 年 12 月 9 日第 62 号
宪法修正案末插入条款

第 3 条 过渡宪法条款法案第 97 条所创建的薪酬体系将在本宪法修正案颁布之日后 90 日内进行完善。

第 4 条 在下列情形下，联邦组成单位将回到只受联邦宪法第 100 条规范的状态：

1. 对于过渡宪法条款法案第 97 条 §1 - 1 所规定的制度，当司法债务的数值少于为其所指定支付的款项时；

2. 对于过渡宪法条款法案第 97 条 §1 - 2 所规定的制度中，在其期限结束时。

第 5 条　所有在本宪法修正案颁布之前的司法债务的分配将有效，无需债务人单位的同意。

第 6 条　在本修正案颁布之前，凡按照大宪章第 78 条 §2 所规定的形式于 2009 年 10 月 31 日之前完成的司法债务与债务人单位税收的抵消，将仍然有效。

2010 年 12 月 22 日第 67 号
宪法修正案未插入条款

第 1 条　过渡宪法条款法案第 79 条规定的消除和消灭贫困基金的时限，被无限延长；根据过渡宪法条款法案第 79 条、第 80 条和第 81 条所列的形式对消除和消灭贫困基金作出规定的 2011 年 7 月 2 日第 111 号配套性法律的时限，同样被无限期延长。

2012 年 3 月 29 日第 69 号
宪法修正案未插入条款

第 2 条　在不违反联邦特区组织法准则的前提下，依照联邦宪法适用于州公共辩护机关的原则和规则，亦适用于联邦特区公共辩护机关。

第 3 条　本宪法修正案公布后，国会和联邦特区议会应当立即，根据各自管辖权限成立专门委员会，以在 60 日内准备为基于其议题进行充分的非宪法性立法所需的法律草案。

2012 年 3 月 29 日第 70 号
宪法修正案未插入条款

第 2 条　联邦、州、联邦特区和市，以及他们的独立机构自该宪法修正案生效起的 180 日内，应当以 1998 年 12 月 15 日宪法修正案对联邦宪法第 40 条

§1的修改内容为基础，审查他们的退休金和养老金，其对财政影响自本宪法修正案公布之日起生效。

（韩雪、许婕、严文君、孙书妍、方杰译，
田伟、程雪阳、朱道坤、涂云新校）

秘　鲁

秘鲁共和国宪法 *

序　言

民主立宪大会以万能上帝的名义，遵照秘鲁人民的要求，并谨记世世代代为我们国土浴血牺牲的先辈，决定颁布本部秘鲁宪法。

第一章　人和社会

第一节　人的基本权利

第 1 条　保护个人并维护其尊严是社会和国家的最高目的。

第 2 条　所有人均有以下权利：

1. 有生存权、有自己的身份和道德观、身心完整、能自由发展和享受福利的权利。在任何有利于即将出生者的情形下，他们也被视作受到保护的对象。

2. 法律面前人人平等的权利。所有人都不能因出身、种族、性别、语言、宗教信仰、见解、经济状况或其他原因而受到歧视。

3. 所有人都可以以个人或社团的形式自由奉行道德观念和宗教信仰。任何人不得因思想或信仰而受到迫害，没有因观点而带来的犯罪。在不危害公共道德或破坏公共秩序的情况下，每个人可自由地从事各种公开信仰活动。

---

* 1993 年 10 月 31 日由公民投票通过，1993 年 12 月 29 日由民主立宪大会批准，1993 年 12 月 31 日生效。

4. 所有人都有在事先无须受到批准、检查或阻碍的情况下，通过任一社会传播媒介，以口头、书面、图像或其他方式报道情况、发表意见、表达和传播思想的自由，但须按照法律规定的方式。

通过书籍、报刊或其他社会传播媒介而触犯的罪行由《刑法典》规定，并且由法院审判。

造成某种传播思想的媒介中止或停止的行为，或妨碍其自由发行的任何行动，将构成犯罪行为。报道情况和发表意见的权利包括创办传播媒介的权利。

5. 依据法律规定的相关条款，可不经特定原因，而向任一公共机构要求并得到相关信息的权利。但影响个人隐私、明确被法律禁止或涉及国家安全的信息除外。

若银行机密或纳税准备金的信息涉及正在接受调查的案件时，按照法律规定，应法官、总检察官或议会特别委员会的要求，这些信息应被提供。

6. 确保无论是电子化或非电子化、公共或私人的信息机构，都不得提供涉及个人或家庭隐私的信息的权利。

7. 维护自身荣誉和声誉、个人和家庭隐私及本人声音和肖像的权利。因不实言论受到伤害或因任一传播媒介而受到侮辱的任何人，在不影响法律责任的情况下均有权要求进行免费、及时、恰当地纠正。

8. 进行思想、艺术、科学和技术创作的自由，并对这些创作拥有所有权和从中获得利益的权利。国家应拓展获取文化的渠道并鼓励文化的发展和传播。

9. 住宅不受侵犯的权利。未经居住人同意或法律授权，任何人不得进入，更不得进行调查或搜查居所。但发生现行犯罪行为或有发生现行犯罪行为的紧迫危险情况除外，由法律规定的健康和严重危险的情况除外。

10. 私人通信和文件不受侵犯和对其保密的权利。

只有在得到法官指令并按照法律规定的情况下，通信、电讯或相关个人隐私才可被打开、扣留、拦截或没收。一切与正被审查的案件无关的事项应被保密。以违反此项规定的手段而得到的私人信件无法律效力。

书籍、收据、账户和行政文书应受到法律规定的相关主管部门的检查和审计。除经授权外，针对此方面采取的行动不包括免职或扣押。

11. 自由选择居住地点、在国家领土内迁徙和出、入境的权利。但因健康、许可证或移民申请等原因而受到限制的除外。

12. 不携带武器和平集会的权利。私人或对公共开放的此类集会无须事先告知。在广场和公共道路上举行的此类集会须事先通知相关部门，相关部门只有根据批准的安全和公众健康原因方可予以禁止。

13. 按照法律相关规定，有结社、成立基金会及设立其他形式的非营利合法组织的权利，而无须事先征得批准。此类组织不得因行政决议而被解散。

14. 在不违背法律规定的公共秩序情况下，有以合法目的签订合同的权利。

15. 按照法律规定自由工作的权利。

16. 财产权和继承遗产的权利。

17. 以个人或组织的方式参与国家政治、经济、社会和文化生活的权利。符合法律规定的居民拥有选举权、罢免权、废除公共部门权、立法动议权和公投权。

18. 保护政治、哲学、宗教以及其他方面信仰和专业秘密的权利。

19. 维持民族和文化特性的权利。国家要确认并保护民族和文化的多样性。每个秘鲁人均有权在当局面前通过翻译使用属于自己的语言，外国人在被任何机构传唤时同样享有此项权利。

20. 以个人或集体的形式向主管当局提出书面请愿的权利，主管当局根据其职责，有义务在法定期限内给有关个人或集体以书面答复。武装部队和警察部队成员不得以个人的方式行使请愿的权利。

21. 拥有国籍的权利。不得剥夺任何人的国籍，也不得剥夺任何人在共和国领土内外取得或更换护照的权利。

22. 安宁、平静、享受悠闲时光的权利，并在和谐环境中建设人生的权利。

23. 自我防卫的权利。

24. 追求自由和人身安全的权利。因此：

（1）不得强迫任何人做法律未予规定的事情，也不得阻挠任何人做法律未予禁止的事情。

（2）除法律规定的情形外，不准以任何方式限制人身自由。废除奴隶制、农奴制以及任何形式的人口交易。

（3）不得因债务而进行人身监禁。拒不履行法庭命令所规定的赡养义务者，不受此限制。

（4）任何行为或失职，在发生之时法律未予事先明确无误地定为该受惩罚的违法行为，或者并不构成法律所惩罚的违法行为，不得对其起诉和判罪。

（5）任何人在未被证实有罪之前均应视为无辜。

（6）非经法官发出书面命令或在现行犯罪时由警察当局执行，任何人不得被逮捕。

在任何情况下，被捕者均应在 24 小时以内或这段时间结束时被送交有关法院处理。

涉及恐怖、间谍和非法贩毒交易的案件时，此期限不再适用。在这类案件中，警察当局可对嫌疑人实施不超过 15 个自然日的预防性逮捕，并负责向检察机构和法官报告，法官须在期限届满之前行使司法权。

（7）除非为澄清罪行并按照法律规定的方式和时间，任何人不受监禁。当局必须立即以书面形式说明被捕人所在的地点，否则应承担责任。

（8）任何人均不应受到道德、身体或心灵的迫害，也不应受到虐待、非人道对待和羞辱。在受到伤害的人员无法自行要求当局进行医疗诊断时，任何人均可立即替其提出要求。通过暴力方式获取的声明无效。采用相关申请的人也将承担责任。

第 3 条　本节列举的上述各项权利并不排斥宪法所保障的其他权利，也不排斥具有类似性质，或基于人的尊严、人民主权、法律的民主原则和政府的共和形式而派生出的其他权利。

第二节　社会和经济权利

第 4 条　社会和国家为被遗弃的儿童、青少年、母亲和老人提供特别保障。社会和国家保护家庭并提倡婚姻，因其被视作社会的自然的和基本的制度。

缔结婚姻的方式、夫妻分居和解除婚姻的原因由法律确定。

第 5 条　没有婚姻障碍的男女双方组成事实上的家庭，因这种稳定结合带来的财产关系，受到夫妻共同财产制度的约束。

第 6 条　国家人口政策的目标是弘扬和提倡负责任的母子关系和父子关系，保障家庭和个人的权利。基于此，国家需提供适合的教育、信息项目以及获得这些资源的渠道，只要不伤害到生命或健康。

父母有抚养、教育和保障子女安全的权利和义务。子女有尊敬和帮助父母的义务。

所有子女享有同等的权利。禁止在民事登记或任何其他身份文件中提及父母的公民地位及其与子女关系的类型。

第 7 条　所有人均有权保护健康、家庭环境和社区环境，同时也有责任为其发展和保护贡献力量。

任何因身心障碍不能照顾自己的个人均有权要求尊重自己的尊严，有权获得法律的保护、照料、康复和社会保障。

第 8 条　对非法贩毒行为国家应予以打击和惩处。此外，对社会药品也应予以监管。

第 9 条　国家应确定全国的医疗政策。行政部门设定标准并监督其实施。行政部门负责拟定并通过多元化、分散化的方式给每个人提供平等的医疗服务。

第 10 条　国家保障所有人在法律规定的紧急情况下得到全面和不断进步的社会保障权利，以提升自身的生活质量。

第 11 条　国家保障公民可通过公立、私立或公私合营机构自由获得健康福利和抚恤金，并监管以上机构的有效运作。

由法律规定的政府机关代表国家管理养老金体系。

第 12 条　社会保险基金和储备金是无形资产，通过法律规定的方式和责任予以使用。

第 13 条　教育的目的是全面发展人的个性。国家明确并保障教育自由。父母有教育子女的义务和选择学校及参与教育过程的权利。

第 14 条　教育应提升对人文、科学、技术、艺术、体育教育和体育运动的知识、认知和实践，教育为工作、生活做好准备，并促进团结。

国家负有促进科学技术发展的责任。

在民事教育或军事教育的过程中，都要进行道德和公民训练，宪法和人权教育。宗教教育在不侵犯良知自由的前提下进行。

依据宪法原则和相关教育机构的宗旨，在各个阶段实施不同的教育。

传播媒介在教育以及文化与道德塑造方面需与国家合作。

第 15 条　公共学校的教师属于公职人员。法律规定学校校长或教师应具备的条件、权利和义务。国家和社会对其进行持续的评定、培训、职业化和晋升。

学生有资格接受尊重其身份、满足其心理及身体条件的教育。

任何自然人或法人均有权开办和经营教育机构，并按照法律规定转移教育机构的所有权。

第 16 条　教育制度及其管理实行非中央集权制。

国家负责统筹教育政策，设定学校课程的一般指导原则，以及学校组织的最低要求，并对其执行情况及教育质量进行监督。

国家有义务确保没有人因经济状况、身心障碍而被拒绝给予恰当的教育。

教育在共和国国家预算分配一般资源中享有优先的权利。

第 17 条　幼儿、小学、初中教育属于义务性教育。公立学校实行免费教育。在公立大学，对好学上进但因无经济来源而无力支付学费的学生，国家应保障他们能得到免费的教育。

为确保教育最大程度地选择和帮助不能支付学费的学生，法律对各种形式的私人教育机构，包括集体的或合作的，规定补助的办法。

国家鼓励在有需要的地方设立学校。

国家确保扫除文盲，并可根据各地实际情况鼓励双语和跨文化的教育，确保整个国家文化和语言的多样性，促进民族融合。

第 18 条　大学教育的目的包括进行专业训练、文化传播、思想和艺术创作、科学和技术研究。国家保障学术自由，反对学术专制。

大学可由公共或私人机构赞助办学。由法律规定授权其经营的情形。

大学由在校教师、学生和校友组成。大学理事也可按法律规定参与其中。

每所大学在管理、治理、学术、行政和财务制度方面有自主权。在宪法和法律框架内，大学根据自身的条例进行管理。

第 19 条　鉴于大学的教育和传播文化的目的，大学、学院及其他依据法律设立的教育机构，可免除就资产、活动和服务征收的直接税或间接税。涉及进口税时，针对特殊资产的税收分配可进行特别安排。

用于教育用途的奖学金和补助金免予征税，并在法律规定的范围和方式内享受税收优惠。

对上述机构及满足上述要求和条件而享受同样免税优惠的文化中心，法律规定相应的税收管理条款。

私人教育机构根据法律所界定的利润收入纳入所得税征收范围。

第 20 条　依据公法，行业组织属于自治机构。由法律决定强制加入组织的情形。

第 21 条　已明确宣布或理应是文化资产的遗址、遗迹、建筑、古迹、名胜、文献资料、档案、艺术物品、具有历史价值的文物等，不管是国家或私人拥有，都是国家的文化遗产，受到国家的保护。

法律保障这些文化遗产的所有权。依据法律规定，鼓励私人参与保护、维修、展出、宣传这些文化遗产，在被非法运出国时也鼓励私人将其送返国内。

第 22 条　劳动既是权利也是义务，是获得社会福利的基础，也是实现自我的方式。

第 23 条　劳动多样化是国家优先考虑的事项，国家对职业母亲、少数民族和残疾人予以特殊保护。

通过旨在鼓励生产性就业和职业教育的政策，国家促进经济和社会发展的条件。

任何工作都不得妨碍劳动者行使宪法权利，否认或贬低劳动者的尊严。

不得强迫任何人提供无偿或未经其自由同意的劳动。

第 24 条　劳动者有权得到使其本人及其家庭享受物质和精神发展的合理报酬。

支付劳动者的报酬和社会福利优先于雇主的任何其他义务。

在劳动者和企业主组织代表参与的情况下，最低工资由国家调整。

第 25 条　一般工作日为每日 8 小时，一周不超过 48 小时。采取累计工作或不规律工作的情况下，相同时期内的平均工作时间不得超过最高值。

劳动者有权得到每周和每年有报酬的休假，这项福利和补偿由法律或协议规定。

第 26 条　以下原则在劳动关系中必须得到执行：

1. 不被歧视的平等机会。

2. 宪法和法律明确不得被剥夺的权利。

3. 对规定的含义遇到无法解决的疑问时，作出有利于劳动者的解释。

第 27 条　法律保障劳动者在被不公平辞退时得到适当的保护。

第 28 条　国家保障劳动者加入工会，进行集体协定和罢工的权利。确保以下民主权利的行使：

1. 国家确保组织工会的权利。

2. 鼓励通过集体讨论及和平方式解决劳动纠纷。集体协议对与其条款有关的事项具有约束力。

3. 调整罢工权以使其符合社会公益，并对特殊情况和有关限制作出规定。

第 29 条　国家承认劳动者参加企业分红及其他形式的参与权利。

第三节　政治权利与义务

第 30 条　所有年满 18 岁的秘鲁人都是秘鲁公民。为行使公民权利，需在选举登记处注册。

第 31 条　所有公民可通过行使公投权、立法创制权、罢免权、撤销部门权和要求承担责任等方式参与国家事务。公民有被选举权，也可按照选举法规定的条件自由选出自己的代表。

法律规定并鼓励居民直接和间接参与辖区内市政府事务的权利。所有享有公民权的公民均有投票选举权。为行使此项权利，公民需进行恰当的登记。

对 70 岁以下的公民实行本人参加、平等、自由、秘密和强制性的投票。对 70 岁以上公民实行非强制性投票。法律规定相应的机制以保障国家在选举和公民参与的过程中保持中立。

任何旨在禁止或限制公民参与国家政治生活的行为均属无效并应受到

惩罚。

第 32 条　公投适用于以下情形：

1. 对宪法进行部分或全部的修订。

2. 对必须遵守规定的批准。

3. 市政条例。

4. 有关分权进程的事项。

对个人基本权利、税收和预算条例、现行国际条约的废除或限制不进行公投。

第 33 条　因下列情况之一的，暂停行使公民权：

1. 遭到司法机关禁止。

2. 被判处刑罚的。

3. 被剥夺政治权利的。

第 34 条　当承担积极的执法义务时，现役武装部队和国家警察成员可行使选举权和公民参与权，但没有被选举权，不得参加政治活动和政治集会，不得参加劝诱改变信仰的活动。

（根据 2005 年 3 月 30 日 28480 号法令修改）

第 35 条　按照法律规定，秘鲁公民可通过私人方式或通过如政党、政治运动、政治联盟等政治组织依法行使权利。这些组织应致力于发展和表达人民的意愿，通过正当注册后可被赋予法人资格。

法律应规定旨在确保各政党民主运作、使其财政资金来源透明和按照上次大选结果的比例自由接触国有社会媒体的相应条款。

第 36 条　国家承认政治避难权。国家接受收容国政府提供的避难者的资格证书。在政治避难者受到驱逐的情况下，不将其交给政府正在迫害他的原国家。

第 37 条　只能由行政部门在事先得到最高法院同意后，按照法律和国际条约规定及对等原则进行引渡。

如有充分证据认为引渡是以宗教、国籍、政见或种族为理由进行迫害或惩罚时，则可拒绝引渡。

因政治犯罪或与政治犯罪有牵连的犯罪遭到迫害的不在引渡之列。种族灭绝、行刺政治人物和恐怖主义同样不在引渡之列。

第 38 条　所有秘鲁人都有为秘鲁争光、维护和保护国家利益，尊重、履行和维护国家宪法和法律规定的义务。

第四节　公　务　员

第 39 条　所有官员和公务员为国家服务。总统是为共和国服务的最高级别官员，其次分别为国会议员、内阁成员、宪法法院成员、地方议会议员、最高法院大法官、国家检察院总检察长或同级别监察专员，再次是分权化机构的代表及市长等。

第 40 条　公务员的招录、权利、义务和责任由法律规定。担任政治或委任职务的官员不列入公务员。任何官员或公务员不得担任一种以上有报酬的职务，但担任另一种教育职务除外。

受雇在国有企业、合营企业或私人公司工作的劳动者不属于公务员。

因职务的强制性，按照法律规定，高级官员和其他公务员应定期在官方公报上发布所有收入的情况。

第 41 条　法律规定的官员和公务员，或经营、掌管由国家财政支持的公共基金或机构的人员，应在就职、卸任时说明个人财产和相应职位的收入情况。按照法律规定的条款和情形，相关的公告应在官方公报上进行发布。

国家总检察长在怀疑有人非法致富时，可根据任何人的控告、第三方政党的控告或依职权向法院提出指控。

法律规定官员或公务员的责任，以及不再胜任公共职务的固定时段。

法律应对侵犯国有资产罪行的处罚限制期限予以加倍处罚。

第 42 条　法律承认公务员有组织工会和罢工的权利。有决策权力或担任委任或管理职务的政府官员以及武装部队和警察部队的成员不适用于此。

第二章　政府和国家

第一节　政府、国家和领土

第 43 条　秘鲁是民主、社会、独立和主权的共和国。

国家统一不可分裂。

国家实行统一的、代议制的和非中央集权的政体，并按照权力分立的原则组织。

第 44 条　维护国家主权，保障充分享有人权，确保居民免受安全威胁，促进建立在公正和国家全面且均衡发展基础之上的普遍富裕，是国家的首要义务。

按照外交政策，国家同样有责任促进边境政策的确立和实施，以推动拉丁美洲的一体化，促进边境地区的发展和团结。

第 45 条　权力来自人民。行使权力的人均应代表人民并按照宪法和法律规定的限制和责任而行使。

任何个人、组织、武装部队或警察部队以及人民团体均不得盗用这一权力。盗用这一权力即是造反或叛乱。

第 46 条　对于篡权上台的政府或违反宪法和法律规定的程序行使国家职责和职务的人，任何人均不应服从。

人民有发动起义维护宪法秩序的权利。

任何篡权上台执政的行动一律无效。

第 47 条　按照法律规定，国家检察官有责任维护国家利益。国家免于支付司法成本和开支。

第 48 条　共和国的官方语言为西班牙语，但依据法律规定，克丘亚语、艾马拉语和其他土著语言，在作为当地主要语言时也可作为官方语言使用。

第 49 条　秘鲁共和国的首都是利马城，历史首都是库斯科。

法律规定由红、白、红三条竖条组成的国旗及国徽、国歌是祖国的标志。

第 50 条　国家在独立自主制度的范围内承认天主教会是秘鲁历史、文化和道德形成中的重要因素。国家与天主教会进行合作。

国家尊重其他形式的宗教，并且规定与其他宗教合作的形式。

第 51 条　宪法高于任何其他法律规则，法律高于任何其他低级的法律规定，依此类推。公布是执行任何国家法律规则的必要条件。

第 52 条　凡在秘鲁共和国领土出生的人都是因出生而获得国籍的秘鲁人。秘鲁籍父母在国外所生的子女，只要在未成年时期在有关户籍上进行登记即是秘鲁人。

通过归化或选择而获得秘鲁国籍的人，只要在秘鲁拥有居所就是秘鲁人。

第 53 条　获得或恢复秘鲁国籍的方式由法律规定。除非向主管政府部门明确表示放弃秘鲁国籍，秘鲁国籍一概不会丧失。

第 54 条　秘鲁共和国领土不可侵犯。领土包括地面、地下、海域以及其上的空间。

国家的海域包括毗邻海岸的海洋以及海床和底土，直到从法律规定的基线算起 200 海里的距离。

在其海域内，秘鲁可根据法律和经共和国批准的条约，在不妨碍国际交通自由的前提下行使主权和管辖权。

根据法律和经共和国批准的条约，秘鲁可在不妨碍国际交通自由的前提下，对领土上面的空间和 200 海里界限以内的毗邻海洋行使主权和管辖权。

第二节　条　约

第 55 条　国家缔结且有效的条约是法律的一部分。

第 56 条　若涉及下列事项，条约在被共和国总统正式批准之前须经国会同意：

1. 人权。

2. 国家的主权、领土和完整。

3. 国防。

4. 国家的财政义务。

设立、修改或取消税收的条约，需要修改或取消任何法律的条约，需要通过立法的方式实施的条约同样要事先经国会同意。

第 57 条　若不涉及上述事项，共和国总统可不事先经国会同意而废除、批准或同意条约，但无论何时，都必须告知国会。

当条约影响宪法的规定时，需经与修改宪法同样的程序通过，方可由共和国总统批准。

在向国会尽到告知责任后，共和国总统有权谴责条约。但若是需国会批准的条约，这种谴责同样需经国会提前同意。

第三章　经济制度

第一节　总　则

第 58 条　私人创业自由。私人创业在社会市场经济制度下进行。在此机制下，国家引导全国的发展，并主要在促进就业、健康、教育、安全、公共服务和基础设施方面发挥作用。

第 59 条　国家鼓励创造财富并确保工作、企业、贸易和产业自由。行使这些自由时，不能有损公共道德、健康或安全。国家促进遭受不平等机会部门的发展，即鼓励各种类型小企业的发展。

第 60 条　国家承认经济的多元制。国民经济以多种形式的所有制和企业的共存为基础。

只有经公开法律的授权，为了提升重要的公共利益或明显的国家便利，国家方可直接或间接地附带从事商业活动。无论公共还是私人的商业活动，都应受到同样的法律对待。

第 61 条　国家促进和监督自由竞争。对任何限制自由竞争、滥用操纵或垄断的行为予以打击。任何法律或协议不得授权或建立垄断。

报纸、电台、电视和其他的传播和社会沟通方式，以及其他一切与自由表达和交流有关的企业、商品和服务，不能成为国家或私人部门直接或间接独占、垄断或专营的对象。

第 62 条　合同自由确保当事人可按照签订合同时的规定进行有效的协商。合同条款不因法律或其他任何规定而改变。按照合同中设立的保护机制或法律规定，因合同关系产生的纠纷只能通过仲裁或司法途径解决。

按照合同法规定，国家应提供保障并确保安全。这些不会因立法而被修改，对前述章节所提到的保护也没有影响。

第 63 条　本国和外国的投资服从相同的条件。商品和服务的生产、外汇的兑换自由。若另外一国或多国采取贸易保护主义或差别对待的方法，从而造成秘鲁的利益受损，秘鲁政府为自卫可采取同样的措施。

在国家和公共企业同外国人签订的一切合同中，必须专门载明外国人服从共和国的法律和具有管辖权的法院并放弃一切外交权利的要求。金融性的合同可不受国家管辖。

国家和公共企业可将因合同关系产生的争端提交根据条约组成的司法特别法庭裁决，也可按照法律规定的方式将其提交给国家或国际仲裁。

第 64 条　国家确保居民有拥有和支配外国货币的自由。

第 65 条　国家保护消费者和使用者的利益。为此，国家确保居民获得市场上的商品和服务信息的权利。同样，国家还应特别注意全体居民的健康和安全。

第二节　　环境和国家资源

第 66 条　可再生和不可再生的自然资源均为国家财产。国家具有独立自主的使用权。

法律规定资源的开采及授权给私人部门应具备的条件。按照这些法律规定，这种特许权赋予权利人物权。

第 67 条　国家应制定国家环境政策，并促进自然资源的持续利用。

第 68 条　国家有义务促进生物的多样性并保护自然风景区。

第 69 条　国家按照相应法律规定，促进对亚马孙河流域的持续开发。

第三节 财 产 权

第70条 财产权不可侵犯。国家保障财产权。财产权的行使应符合公共利益和受到法律的限制。除非出于依法决定的国家安全或公共需要，并以现金支付包括潜在损害的估价，不得剥夺任何人的财产。在征收财产的过程中，对国家所确立的财产价值，可以通过诉讼程序向司法机关起诉。

第71条 在财产权方面，外国的自然人和法人均与秘鲁的自然人和法人处于同等地位，在任何情况下不得要求例外或外交保护。

但是，外国人在边界50公里以内的地区不得以任何名义直接或间接、个人或合伙取得和拥有矿山、土地、森林、水源、燃料和能源；否则，取得的权利应收归国有。但按照法律规定，由内阁通过的行政命令明确为公共所需时，不受此限。

第72条 出于国家安全的原因，法律可临时性地对某种财产的取得、拥有、开采和转让作出特别的限制和禁令。

第73条 政府所属的财产不可转让和剥夺。按照法律规定，为促进经济效益的提高，公共所有的财产可授权给私人部门管理。

第四节 特别的税收待遇和预算体系

第74条 捐税的设立、修改、取消或免除只能根据法律或立法机关的授权命令规定。但关税和税率可由行政法令规定。

地区和地方政府可在管辖范围内与法律规定的界限内设立、修改和取消税收和税率，免除税收等。在行使税收权力时，国家应尊重法律保留的原则、平等的原则、保障公民基本权利的原则。所有税收不能带有没收的性质。

预算法和应急命令不得包含税收条款。有关年度税收的法律在获得正式通过后，于每年1月1日开始生效。

一切违背此条规定的税收条款无效。

（根据2004年11月17日28390号法令修改）

第75条 根据宪法和法律，国家只保障偿还历届立宪政府欠付的公共债务。

国家举借内外债务的活动须经法律批准。

地方政府可根据自己的资源和财产做抵押举借债务，不需要法律授权。

第76条 利用公共资金或资源进行公共工程建设、取得物资或购置或转让财产，都必须通过合同和公开投标进行。

法律所规定的超过已定数额的重要服务和项目合同必须通过公开招标进行。有关程序、例外和各方的责任由法律规定。

第 77 条　国家通过由国会每年批准的预算法案管理国家的经济和财政。公共部门的预算结构由两部分组成：中央政府和地方机构。

预算以平等的方式分配公共资源。预算的编制和实施以效率为标准，关注社会的基本需求和分权。按照法律规定，对于国家以开采权益为名就每个地区自然资源的利用所取得的全部所得和收入，每一固定区域都应当获得足够的份额。

（根据 1995 年 6 月 13 日 26472 号法令修改）

第 78 条　共和国总统应于每年 8 月 30 日前将预算法案提交国会。

在相同日期内，总统还应同时提交负债和财政稳定法案。预算草案应实现收支平衡。

秘鲁中央储备银行或国家银行的贷款不能作为财政收入。

贷款不能用来弥补经常性支出。

没有一定拨款用于公共债务还本付息款项的预算不得通过。

第 79 条　国会议员不得提议设立或增加公共开支，除非是有关预算的事务。

国会不得通过已预先确定目的的征税法案，除非是应行政机关的要求。在其他情况下，涉及补贴或免税的税法需提前向经济与财政部报告。

只有经国会 2/3 以上成员通过的法律明示，才能选择性或暂时性延长针对国家特定地区的特殊税收待遇。

第 80 条　经济与财政部部长在共和国国会全体会议之前对收入报告进行确认。各部部长应对各自领域的开支报告进行辩解，之前还要对前一年预算的决算结果和目标，以及相关财政年度预算的执行进展情况进行辩解。

最高法院首席大法官、国家总检察长和国家选举委员会主席对各自机构的报告进行辩解。

若签署后的预算法未能在 11 月 30 日前递交总统，相关法案应生效并由立法命令颁布。

辅助性的贷款和拨款，以及转账和其他相关安排事宜，在议会上以预算法同样方式办理；议会休会期间由常设委员会处理，且需要其成员法定人数的 3/5 投票赞成才能予以核准。

第 81 条　共和国总决算，连同总审计署的审计报告，由总统在预算决算下一年的 8 月 15 日前递交国会。

共和国总决算由修订委员会于 10 月 15 日前进行检查并报告。国会在 10 月 30 日前进行决定。若国会在此期限内没有作出任何决定，修订委员会的意见将被送交总统，以便其作出一项包含共和国总决算的法令。

第 82 条　总审计署作为公法的分权机构，享有宪法所规定的自治权。它是国家监督体系的最高机构，负责对国家预算、公共债务活动、应接受管理的公共活动实行监督。

依据总统的推荐，国会任命总审计长，任期 7 年。如总审计长犯有重大错误，国会可进行撤换。

第五节　货币和银行

第 83 条　共和国的货币制度由法律确定。发行纸币和金属货币是国家的专有职权。通过秘鲁中央储备银行行使该项职权。

第 84 条　秘鲁中央银行是公法法人，依照法律享有自主权。

秘鲁中央银行的目标是保持货币体系的稳定，职能是调节金融体系的货币和信贷，管理国际储备和法律规定的其他职能。

该银行应定期、准确地向全国报告其董事会负责的国家金融状况。

中央银行不能对国库进行融资，除非在法令限定的范围内在二级市场上购买由财政部发行的债券。

第 85 条　中央银行可进行信贷业务或签订信贷协议，以克服国家国际储备暂时不平衡的现象。

当这类业务或协议的总金额超过公共部门预算所规定的限度时，中央银行需经法律授权并负责报告国会。

第 86 条　秘鲁中央银行由 7 名成员组成的董事会负责管理。4 名成员，包括行长，应由行政机构任命，其中行长还需国会批准。

另外 3 名成员由国会议员法定人数的绝对多数投票选举产生。

秘鲁中央银行的董事与共和国总统的宪法任期一致。他们不代表任何单位或个人利益集团。如犯有严重错误可由国会予以免职。在此情况下，新当选的董事只能在余下的任期内任职。

第 87 条　国家鼓励和保障私人储蓄。对吸收公共存款企业的责任和限制，以及保障的方式和范围，由法律作出规定。

银行、保险和企业年金管理总局负责对银行、保险、企业年金管理公司以及其他吸收公众储蓄的公司，或其他开展相关类似业务的公司实行监督。

法律规定银行、保险和企业年金管理总局的组织机构和自治职能。

　　银行、保险和企业年金管理局局长由行政机关任命，任期与该行政机关依据宪法获得的任期一致，由国会对其任命予以批准。

　　（根据 2005 年 4 月 5 日 28484 号法令修改）

第六节　农业、农村和原住民村社

　　第 88 条　国家优先关注农业部门的全面发展，确保私人、集体或其他方式参与的土地所有权。法律根据各个地区的特点划分边界和土地范围。根据法律规定，被遗弃的土地归政府所有，以便用于出售。

　　第 89 条　农民村社和原住民村社的存在是合法的并具有法人身份。按照法律规定，农民村社和原住民村社在组织结构、村社劳动、土地使用和遗弃以及经济和管理方面享有自主权。

　　原住民的土地所有权不得被剥夺，除非是前条所规定的遗弃。国家尊重农民村社和原住民村社的文化特性。

第四章　国家结构

第一节　立法权力机构

　　第 90 条　国会拥有立法权，并由单一议院组成。

　　国会议员为 80 名。

　　按照法律规定的选举程序，国会每 5 年选举一次。共和国总统候选人不可以作为国会议员候选人。副总统候选人可同时作为国会议员候选人。

　　出生于秘鲁、年龄在 25 岁以上、享有选举权的秘鲁人，才可被选举为国会议员。

　　第 91 条　以下人员若在选举前 6 个月还未离职，不得当选为国会议员：

　　1. 政府部长、副部长、总审计长。

　　2. 宪法法院法官、国家司法官员委员会委员、大法官、大检察官、国家选举委员会的成员和监察专员。

　　3. 中央储备银行行长，银行、保险和企业年金管理总局局长，国家税务总局局长。

　　4. 武装部队和警察部队的现役成员。

　　5. 本宪法规定的其他情形。

　　（根据 2005 年 10 月 4 日 28607 号法令修改）

第 92 条   国会议员是全职工作。因此，议员在国会运转期间禁止担任其他任何职务、从事其他任何职业或工作。

国会议员的职位与其他公职不可同时兼任，但在经国会事先同意的情况下，政府部长职务和国际事务特别委员会职务不受此限。

国会议员不可同时兼任与国家签有建设或供货合同，或管理公共收入，或提供公共服务的企业的经理、代理人、代表、律师、理事、大股东和董事会成员。在担任国会议员职务期间，同样不得兼任获得国家特许权的企业或银行、保险和企业年金管理总局监管的财政信用体系中企业的类似职务。

（根据 2005 年 4 月 5 日 28484 号法令修改）

第 93 条   国会议员代表国家，不受任何有约束力的命令或质询的限制。

国会议员在履行职能时的投票或发表的意见，不对任何行政机关或司法机关负责。

自其当选至停职 1 个月后，未经国会或常务委员会事先允许，国会议员不得被起诉和逮捕，但有现行犯罪行为时除外。在这种情况下应于 24 小时内交国会或常设委员会处理，以决定是否允许剥夺其自由和进行审判。

第 94 条   国会起草和通过其具有法律效力的章程，按照法律规定选举参加常务委员会和其他委员会的代表，规定议会团体的组织和职责，管理经济，批准预算，任免官员和职员并给予他们依法应得的收益。

第 95 条   立法权不得放弃。国会对其议员执行包括停职在内的制裁不得超过议会会期的 120 日。

第 96 条   任何一位国会代表均可要求政府各部部长，全国选举委员会，总审计长，中央储备银行，银行、保险和企业年金管理总局，地区或地方政府，法律规定的其他机构提供他们认为履行职责所必需的报告。

此要求需以书面形式提出，并与国会章程一致。不作回应会导致法律责任。

（根据 2005 年 4 月 5 日 28484 号法令修改）

第 97 条   国会可发起设立任何有关公共利益的调查委员会。一旦有此要求，必须如遵守司法程序那样强制性即刻出席该委员会的传问。

为完成其职责，委员会有权获取任何信息，甚至包括银行秘密和纳税准备金信息，但影响个人隐私的信息除外。委员会的结论不受司法机关的限制。

第 98 条   共和国总统必须按照国会主席所要求武装部队和警察部队的兵力，如数调归国会使用。

非经国会主席许可，武装部队和警察部队不得进入国会的区域。

第 99 条   共和国总统、国会议员、政府部长、宪法法院成员、国家行政首长委员会成员、最高法院法官和高级检察官、监察官和总审计长，在任职期间因违反宪法或犯有任何罪行，应由常务委员会向国会提出控告，此种控告即使在他们离职后5年内仍可提出。

第100条 在未召开常务会议时，由国会负责决定是否中止受指控官员的职权或宣布其最长10年内不得担任公职，或在不影响其他责任的情况下免除其职位。

在此过程中，被指控的官员有权为其自身进行辩护，或在召开常务会议或国会时得到委员会的支持。

若是刑事诉讼，总检察长在5日内向最高法院提出刑事判决意见。主管刑事案件的最高法院法官再启动刑事指令。

最高法院宣告无罪时，应将政治权力归还受到指控的官员。

检察官指控的期限和要求启用司法程序的期限不得超过或减少国会控诉的期限。

第101条 国会应选举出常务委员会。成员应按照各自议院代表的比例组成，且不得超过国会议员总数的25%。

常务委员会的职责是：

1. 根据总统的推荐任命总审计长。

2. 批准对中央储备银行行长和银行、保险和企业年金管理总局局长的任命。

（根据2005年4月5日28484号法令修改）

3. 在国会休会期间批准追加贷款、预算支付和追加份额等事宜。

4. 行使国会所委任的立法权，有关宪法改革、国际条约的批准、国家机构的基本法律、预算和总决算法案不由常务委员会代行。

5. 其他由宪法和国会章程所规定的责任。

第102条 国会有以下职责：

1. 通过法律和立法决议，并对其他法律进行解释、修改或予以废除。

2. 监督宪法和法律的遵守情况，并作出适当规定以切实追究违法者的责任。

3. 依宪法规定终止国际条约或国际协议。

4. 批准预算和总决算。

5. 依宪法规定批准贷款。

6. 行使大赦权。

7. 批准行政机关提议的领土区划。

8. 在绝对不影响国家主权的情况下，同意外国军队进入国土。

9. 批准共和国总统可离开国家。

10. 行使宪法规定的和立法职能所固有的其他职权。

第二节　立法职能

第 103 条　特别法律可因事务的性质要求而发布，但不能因人的不同而发布。

一旦生效，法律适用于现行法律关系和情形的结果，没有追溯力，除非在两种情形下涉及刑事案件而对被告有利时。法律只能由另一部法律撤销。法律一旦违宪即可宣布无效。

宪法不保护权利滥用。

（根据 2004 年 11 月 17 日 28389 号法令修改）

第 104 条　国会可根据立法法令关于特殊事项的规定，授权行政机构按照此授权法规定的期限进行立法。

国会不得将不可委托立法的事项委托给常务委员会。

立法法令在颁布、公布、生效和效力方面应遵循的准则，与法律应遵循的相同。

共和国总统应就每部立法法令向国会或常务委员会报告。

第 105 条　未经相关管理委员会预先同意的法案不得通过，除非国会章程另有规定。由行政机关按紧急情况报送的法案在国会具有优先权。

第 106 条　宪法所规定的国家机构的结构和运作，以及宪法所规定的其他由组织法调整的事项，由组织法调整。

组织法案应与其他法律通过和修改的程序一致。需国会成员法定人数的一半以上投票同意才能通过或修改。

第三节　法律的制定与执行

第 107 条　共和国总统和国会议员有权提议制定法律。其他国家机构、自治公共机构、区域和地方政府、专业组织在涉及其本身的事务方面也有提出动议的权利。普通居民也可按照法律规定行使提出动议的权利。

（根据 2004 年 11 月 17 日 28390 号法令修改）

第 108 条　法律草案按宪法规定的方式通过后，即送交共和国总统在 15 日内颁布。否则，由国会主席或常设委员会主席颁布。

若共和国总统对国会通过的法律草案在整体或部分上持有意见，需在 15

日期限内向国会提出。

法律草案经重新审议后，只需得到国会议员法定人数一半以上的人投票赞成，即可由国会主席颁布。

第 109 条 法律在官方公报公布一日后即生效，除非法律本身在期限上对其整体或部分作出推迟的规定。

第四节　行政机构

第 110 条 共和国总统是国家元首，代表国家。必须是出生于秘鲁、享有选举权，提名时年满 35 岁的秘鲁人，方可当选为共和国总统。

第 111 条 共和国总统由直接选举产生，获得所投选票半数以上者方可当选。无效或空白投票不计入。

若任何一位候选人均未获得绝对多数票，需在第一轮选举宣布官方结果后 36 日内，在得票最多的两个候选人中进行第二轮选举。

在选举共和国总统的同时，以同样方式在同样期限内选举两名副总统。

第 112 条 总统任期 5 年。须间隔一届总统任期后方可再次当选。

同样，前总统在至少一个宪法任期后也可再次竞选。

（根据 2000 年 11 月 5 日 27365 号法令修改）

第 113 条 共和国总统职位可因下列原因空缺：

1. 共和国总统死亡。
2. 国会宣布总统因身体原因长期不能胜任或道德上不能胜任。
3. 国会接受总统辞职。
4. 总统未经国会允许离开国家领土或在所允期限届满后未返回。
5. 因犯有第 117 条所规定的某项罪行被判处刑罚后被罢免。

第 114 条 共和国总统职务因下列原因暂停行使：

1. 国会宣布其暂时不能胜任。
2. 依照第 117 条规定而接受司法程序审查时。

第 115 条 共和国总统临时或长期缺位时，由第一副总统履行其职务。第一副总统缺位时，由第二副总统履行其职务。在第一和第二副总统均不能履行时，由国会主席履行其职务。不管是否为长期空缺，国会主席都应立即召集选举。

共和国总统离开国家领土时，由第一副总统代行总统职务。在第一副总统缺位时，由第二副总统代行总统职务。

第 116 条 共和国总统应按照法律规定进行宣誓，并根据当年选举情况，在当年的 7 月 28 日在国会前宣誓就职。

第 117 条 共和国总统在任期内只有因叛国，阻挠总统、国会、地区或地方选举，在第 134 条规定的情形以外解散国会，阻挠国会、全国选举委员会和其他选举系统机关举行会议或行使职能时，方可被控告。

第 118 条 共和国总统有以下职责：

1. 遵守并执行宪法、国际条约、法律以及其他法律规定。

2. 在国内外代表国家。

3. 指导政府的总政策。

4. 维护共和国的国内秩序和国外安全。

5. 组织共和国总统、国会议员、市长、市议员及法律规定的其他官员的选举。

6. 召集国会举行特别会议并签署会议法令。

7. 可在国会每年第一次例行会议开始后，亲自或以书面形式，随时或必要时向国会发布国情咨文。年度国情咨文包括对共和国形势的详细说明以及总统认为必须或应该提交国会审议的改善和革新措施。除第一项内容外，总统的国情咨文需经部长会议事先通过。

8. 在不触犯和曲解法律的前提下行使调整法律的权力，并在此范围内发布法令和决议。

9. 遵守并执行司法机关的判决和命令。

10. 遵守并执行国家选举委员会的决定。

11. 指导对外政策和国际关系，缔结并批准国际条约。

12. 经部长会议通过并向国会报告后，任命大使和特命全权公使。

13. 接见外国外交代表，授权领事行使职责。

14. 领导国家防务体系，组织、分配和安排武装部队和警察部队的使用。

15. 采取为保卫共和国、领土完整和主权所必需的措施。

16. 在国会授权的情况下宣战和媾和。

17. 管理国家财政。

18. 协商借债。

19. 在国家利益需要时，以具备法律效力的紧急法令的形式，发布经济和金融方面的非常措施，并负责向国会报告。

20. 调整关税。

21. 给予免刑或减刑。

22. 根据部长会议的决定以国家名义授勋。

23. 批准秘鲁公民在外国军队中服役。

24. 行使宪法和法律授予的其他统治和行政职能。

第五节　内　阁

第 119 条　对公共事务的行政和管理被委托给内阁，以及主管相关公务的部长。

第 120 条　共和国总统的文告未经部长副署者无效。

第 121 条　内阁由作为集体的部长会议组成。内阁的组织和职能由法律规定。

内阁设主席。当共和国总统召集或出席内阁会议时，由共和国总统主持内阁会议。

第 122 条　内阁主席由共和国总统任免。

其余部长由共和国总统根据内阁主席的提议和同意任免。

第 123 条　内阁主席，即便不兼任部长，也具有以下职责：

1. 作为仅次于总统的政府官方发言人。

2. 协调其他部长的职责。

3. 副署立法法令和紧急法令，以及宪法和法律规定的其他法令和决议。

第 124 条　必须是出生于秘鲁、有权行使公民权利、年满 25 岁的秘鲁公民方可担任政府部长职务。武装部队和国家警察的成员也可成为部长。

第 125 条　内阁有下列职责：

1. 批准由总统提交国会的法律草案。

2. 批准总统颁布的立法法令和紧急法令，以及法律规定的其他法令、法案和决议。

3. 审议有关公众利益的一切事务。

4. 行使宪法和法律授予的其他职权。

第 126 条　内阁的一切决定均需要其成员的绝对多数投票赞成，并记录在案。

部长不得担任其他任何公职，除具有立法性质的以外。

部长不得成为自身利益或第三方利益的经理人，不得从事营利性活动，也不得参与私人企业和私人团体的领导或管理工作。

第 127 条　不设代理部长。当某部部长不能胜任其职位时，共和国总统可委托另一部部长在保留原职的同时兼任该部部长职务，但此项委托不得超过30 日，也不得转委托其他部长。

第 128 条　部长个人应对自己的法案及副署的总统法案负责。

由共和国总统委托制定的法律或内阁会议决定的法案违反宪法时，虽然部长并未投票赞成，但只要没有立即辞职，就由各部长共同负责。

第 129 条　内阁全体或每位部长个人均可出席国会，并享有国会议员的特权而参加辩论，若不是国会议员不能参与表决。

在受邀向国会报告时可出席国会。

内阁主席或至少一位部长应固定出席国会全体会议，以便接受质询。

第六节　与立法机构的关系

第 130 条　在就职后 30 日内，内阁主席应与其他部长一同出席国会会议，以便就政府的总纲领以及政府为进行管理所需的主要政治和立法措施发表意见和进行辩论。

若适逢国会没有开会，总统应召集一次专门会议。

第 131 条　内阁及其任何一位部长在国会召其质询时必须出席。

质询用书面形式提出。质询书应至少由国会法定人数 15% 的人提交。质询书至少需得到有效代表人数 1/3 的同意方可接受，并要在接下来的会议中再举行一次成功的投票。

部长答询的日期和时间由国会确定。答询或投票不得在接受质询书的第 3 日以前或第 10 日以后进行。

第 132 条　国会通过不信任投票或反对票以追究内阁或部长个人的政治责任。后者仅在由内阁主动提出时方可进行。

对内阁或任何一位部长的不信任动议，应由不少于国会法定人数 25% 的人提交。在提交动议后的第 4 日与第 10 日之间进行辩论和投票表决。动议需得到国会法定人数一半以上的票数方可通过。

受到指责的内阁或部长应提出辞职。

共和国总统应于接下来的 72 小时内接受辞呈。

部长的某项提议被否决并不一定要求部长辞职，除非提议的通过关乎信任问题。

对部长质询、指责和表示信任的权力为众议院独有。

第 133 条　内阁主席应代表内阁接受国会关于信任问题的质询。

当信任被驳回或内阁主席受到指责、辞职或被主席免职时，内阁危机即产生。

第 134 条　若国会已指责和拒绝信任两届内阁，共和国总统有权解散国会。

解散国会的法令应包括召集新国会选举的内容。此选举应在不对当前选举制度作出任何修改的情况下，在解散国会后的 4 个月内举行。

国会在当届的最后一年不可被解散。一旦国会被解散，由未被解散的常务委员会继续履行其职能。

除上述条款规定情形外，其他任何情形下均不得解散国会。

在戒严状态下，国会不可被解散。

第 135 条 新的国会召集后，在内阁主席向国会作出关于国会更迭期间行政机关法案的说明后，国会可对内阁进行责难或投不信任票。

在国会更迭期间，行政机关通过紧急法令而进行立法，提交常务委员会审核，之后于国会开始任职后再提交国会。

第 136 条 若选举没有在规定的时期内如期举行，被解散的国会依法恢复宪法权力，并对内阁进行免职，而且内阁任何成员在该届总统任期内均不得重新被任命为部长。

新选出的国会替代之前被解散的国会及常务委员会，并一直任期到被解散国会的宪法任期结束。

第七节　特殊情况

第 137 条 共和国总统可在内阁的建议并同意下，在一定期限内，在整个或部分领土上，决定本条规定的下列特殊状态并向国会或常务委员会报告：

1. 在和平局面或国内秩序受到扰乱、灾难或危害国家生活的严重事态的情况下宣布紧急状态。在这种意外情形下，可暂时停止第 2 条第 9、11、12 项和第 2 条第 24 项第（6）目规定的有关人身自由和人身安全、住宅不受侵犯、自由集会和在领土上迁徙自由的宪法保障。但在任何情况下任何人不得被流放。

紧急状态不能超过 60 日，延长期限需要新的法令。在紧急状态期间，经共和国总统决定，武装部队可以控制国内秩序。

2. 在发生入侵、对外战争或内战或迫在眉睫的危险时宣布戒严状态。但需说明基本权利不会受到限制或中止。戒严状态的期限不超过 45 日。戒严状态宣布后，国会依照法律举行会议。戒严状态需经国会批准方可延长。

第八节　司法机构

第 138 条 掌管司法的权力来自于人民。司法权由按照宪法和法律规定建立的等级制度组织来行使。

在任何诉讼中，若在宪法和法律规则间出现不相容的情形时，由法官决定宪法适用。同样，法官决定法律规则高于其他低一级的规则。

第139条　司法职能有以下原则和权力：

1. 司法权的统一性和排他性。除仲裁和军事方面的司法权外，不得存在或建立其他任何独立的司法权。禁止通过委托机构或代表机构进行审判。

2. 行使司法权的独立性。任何机关不得接管已提交司法机构的未决案件，不得干扰司法机构行使其职能。亦不得对经过审判已具有权威性的决议宣布无效，不得打断诉讼程序，不得修改判决，不得拖延执行。享有行政豁免权和国会授予的调查权不受此项规定的约束，但行使时也不得干扰诉讼程序或产生任何司法后果。

3. 遵守正当的程序和司法保护。禁止使任何人偏离法律规定的司法审判。禁止以任何名义使任何人经受之前未明确的司法程序，或受到非专门为此目的而设立的特别司法机关或特别委员会的审判。

4. 除法律明文规定的例外情况外，保证诉讼程序的公开性。对涉及政府官员责任、通过媒体犯罪以及有关宪法保障的基本权利的司法审判，一律公开进行。

5. 除单纯的程序法令外，应对各级法院的判决作出书面说明，并明确说明可适用的法律及作出决定的依据。

6. 司法等级的多元化。

7. 在刑事案件和任意拘捕中发生司法错误时依法律规定予以赔偿，同时应承担规定的其他责任。

8. 不因法律有缺陷或不完善而不予执行。在这种情况下，适用一般法学原则和惯例法律。

9. 刑法和限制权利的法律不适用类推的原则。

10. 未经诉讼程序任何人不得被判刑的原则。

11. 在两个刑法条文间发生疑问或冲突的情况下，实行对犯人最有利的原则。

12. 不进行缺席判决。

13. 禁止重新审理已经终审判决的案件。大赦、赦免、延期执行和剥夺公权具有终审的效力。

14. 不得剥夺任何人在任何审理阶段进行自我辩护的权利。在被拘留时，每个人均应当及时被告知并收到书面的原因。此外，在被任何机关传唤或逮捕时，他还有权选择亲自或通过辩护律师进行沟通。

15. 在被逮捕时，每个人都应当及时被告知并收到书面的原因。

16. 为低收入者或法律规定的其他人员免除司法行政费和辩护费用的原则。

17. 按照法律规定，法官的任免需要公民的参与。

18. 行政机关有责任在审判中提供必要的协作。

19. 禁止未按宪法或法律规定的方式任命的人行使司法职能。司法机关不得授予这样的职位，否则应受到处罚。

20. 任何人均有权在法律限制的范围内就法庭的决议或判决提出分析和批评。

21. 被收监者和被判决者有权要求提供适宜的设施。

22. 刑事审判系统应秉持对犯人再教育、使其改过自新并重塑返回社会的目的。

第 140 条　根据秘鲁法律及参与的国际条约，死刑只适用于在战争或恐怖主义中有叛国行为者。

第 141 条　按照法律规定，当上诉是在高等法院或最高法院本身进行时，最高法院可行使终审权。但按照第 173 条的限定，还需要遵守军事法庭有关上诉无效的规定。

第 142 条　国家选举委员会关于选举事务的决定无须接受法院的审查，同样适用于国家司法官员委员会关于法官的评价和肯定。

第 143 条　司法机关由代表国家行使司法的职能机构和其他行使管理和行政的机构组成。

司法职能机构包括：最高法院、组织法所规定的其他法院和裁判机构。

第 144 条　最高法院首席大法官是司法机关的最高领导。最高法院全体会议是司法机关的最高审议机关。

第 145 条　司法机构的预算草案需提交行政机构，并得到国会的认可。

第 146 条　司法职务不得与任何其他公私职务兼任，但工作之余在大学担任教职职务除外。

法官只能从总预算划拨的经费中获得报酬，从教学或法律明确允许的职位中挣取收入。

国家保障：

1. 法官的独立性。法官只服从宪法和法律。

2. 法官职务的不可罢免性。非经本人同意法官不得被调动。

3. 只要法官的表现和素质与其职务相称，可一直任职。

4. 有与其职务和级别相称的报酬，以确保法官得到体面的生活水平。

第 147 条　最高法院的法官需具备下列条件：

1. 出生于秘鲁的秘鲁人。

2. 有公民权的公民。

3. 年满 45 岁。

4. 在高等法院或高级检察院任职 10 年，或从事律师职业或在大学教授法律学科不少于 15 年者。

第 148 条　按照行政法，对任何最终的行政命令都可提出行政诉讼。

行政诉讼的实行办法由法律规定。

第 149 条　按照惯例法，农村和土著村社当局应连同农民巡逻队，在地区的层面上共同行使司法职能，只要保障不侵犯任何人的基本权利。对此类司法职权与地方治安法庭和司法机关其他审级之间的协作，由法律规定具体的方式。

第九节　国家司法官员委员会

第 150 条　除民主选举外，国家司法官员委员会负责对法官、检察官进行挑选和任命。

国家司法官员委员会具有独立性，由自身组织法调整。

第 151 条　为挑选人才，作为司法机关一部分的司法官学院，负责对各个层次法官和检察官的教育和培训。

通过司法官学院所要求的特别教育是获得提拔的必备条件。

第 152 条　地方治安法官通过民主选举产生。

对选举的要求、司法职责、培训和履职时限，由法律进行规定。

法律确定对于初审法官的选举及相关的机制。

第 153 条　禁止法官和检察官参与政治、参加企业联合组织和参加罢工表达意见。

第 154 条　国家司法官员委员会有以下职责：

1. 经事先以素质考核为基础的招募、选拔程序和个人判断，任命各层级法官和检察官。此类任命需委员会法定人数 2/3 投票同意。

2. 每 7 年对法官和检察官进行考核。考核未通过者，不得重新被司法机关和总检察院接纳。考核过程独立于惩戒措施。

3. 对最高法院法官和高级检察官执行免职的处罚，或应最高法院或高级检察官委员会的各自要求，对各个层级的法官和检察官予以免职。在被调查当事人参与听审的情况下，最终和具体的命令不被起诉。

4. 授予法官和检察官委托其职务的官方职衔。

第 155 条　依据相关法律，国家司法官员委员会成员如下：

1. 1 名通过最高法院全体会议秘密投票产生。

2. 1 名通过高级检察官委员会秘密投票产生。

3. 1 名通过国家律师协会成员秘密投票产生。

4. 2 名通过国家其他的专业协会按照法律规定秘密投票产生。

5. 1 名通过国立各大学校长选举产生。

6. 1 名通过国家各私立大学校长秘密选举产生。

国家司法官员委员会成员数量可经其自身决定扩大至 9 名。另外 2 名可由委员会从代表工人和企业的机构所提供的个人名单中秘密投票产生。

国家司法官员委员会正式成员及其继任者任期为 5 年。

第 156 条　除第 147 条第 4 项规定外，成为国家司法官员委员会的要求与最高法院法官一致。国家司法官员委员会委员享有同样的福利和权利，负有与最高法院法官同样的责任并同样不得兼任其他职务。

第 157 条　因严重过失，经国会法定人数 2/3 投票赞成，国家司法官员委员会委员可被免职。

第十节　总检察院

第 158 条　总检察院是自治组织，由高级检察官委员会选出的国家总检察长为其最高领导。国家总检察长任期 3 年，若重新当选，可再延长 2 年。总检察院的成员享有与同级司法机关的法官一样的权利和特权，负有同样的责任并不得兼任其他职务。同样，他们的任命需要与同级司法机关法官的任命相同的要求和程序。

第 159 条　总检察院的职责如下：

1. 根据职权自行或应一方的要求提起司法诉讼，以维护法治、维护受法律保护的公民权利和公共利益。

2. 监督司法机构的独立性和公正执法。

3. 在司法诉讼中代表社会。

4. 从起始阶段起参与对罪行的调查。为达此目的，国家警察有义务执行总检察院在其职责范围内的命令。

5. 根据职权自行或应私人诉讼提起刑事诉讼。

6. 在法律规定的情况下，在最高法院作出任何决议前提出意见。

7. 行使立法动议权，向国会和总统告知法律的漏洞或错误。

第 160 条　总检察院的预算草案需经高级检察官委员会批准，再提交给行政机关。草案需得到总统和国会的认可。

第十一节　监　察　院

第 161 条　监察院是自治组织。无论监察院何时要求帮助，国家机关均有义务配合监察院。国家层面监察院的组织结构由法律规定。

经国会成员法定人数 2/3 投票同意，监察官可当选或被免职。监察官享有与国会议员同样的豁免权和特权。

可当选为监察官的候选人，须是年满 35 岁的律师。监察官任期 5 年，且没有固定的职权，与最高法院大法官一样不得兼任其他职务。

第 162 条　监察院的职责是维护公民和社区的宪法基本权利，确保国家机关和公共机构对公民承担责任。监察官每年向国会提交一次报告，或应国会要求随时向国会提交报告。监察官可建议立法，可推荐便于其改进职责履行的措施。

监察官向行政机关提交其预算草案，且需得到总统和国会的认可。

第十二节　安全和国防

第 163 条　国家通过国防体系保障国家安全。实行全面的和长久的国防，从内部和外部两方面增强国防。按照法律规定，所有自然人和法人均有义务依法参加国防。

第 164 条　国防的领导、配备和实施通过一整套体系进行，该体系的组织和职能由法律规定。共和国总统是国防体系的最高领导。

为达到防卫目的，实行动员的范围和程序由法律规定。

第 165 条　武装部队由陆军、海军和空军组成。武装部队的首要目的是保障共和国的独立、主权和领土完整。武装部队可依照第 137 条负责控制国内秩序。

第 166 条　警察部队的基本职责是维持国内秩序，维护和保护公共秩序，保障法律的执行、人身安全、公共和私人财产，防止、调查和打击犯罪活动，保卫和控制国家边界。

第 167 条　共和国总统为武装部队和警察部队的最高统帅。

第 168 条　武装部队和警察部队的组织、职能、专门化、训练、动用和纪律由各自法律和条例规定。

武装部队根据国防的需要，依法组织并支配其预备役人员。

第 169 条 武装部队和警察部队并非审议机构。它们必须服从宪法权力。

第 170 条 武装部队和警察部队各自用于后勤保障的资金依法律规定拨付。此项资金只能在法律规定的机关的监管下，用于指定目的。

第 171 条 武装部队和警察部队参加国家的经济和社会发展，并依法参加民间防务。

第 172 条 武装部队和警察部队的人数每年由行政机关确定。所需资金列入预算法案。

依法对部队军官进行晋升。武装部队将官和海军将官及警察部队将官由相关部门推荐后，再由共和国总统批准晋升。

第 173 条 武装部队和警察部队成员涉嫌职务犯罪时，接受各自司法机关和军法审判。除犯法律规定的叛国罪和恐怖主义罪外，军法的规定不得适用于非军人。第 141 条规定的上诉只适用于判处死刑的情况。

违反义务兵役制者受军法审判。

第 174 条 武装部队和警察部队军官等级制固有的军衔、荣誉、报酬和退休金实行对等原则。对于没有军官军衔或等级的职业军事和警察人员如何实行对等原则由法律规定。在上述两种情况下，非经法律判决均不得取消拥有上述权利者的权利。

第 175 条 只有武装部队和警察部队才可持有和使用军用武器。国内现有的、制造的和进口的一切武器无须通过法律程序也无须赔偿而归国家所有。

经法律允许可制造军用武器的私人企业可免除这种限制。私人制造、买卖、持有和使用非军用武器的办法由法律规定。

第十三节 选举制度

第 176 条 选举委员会负责确保选举是公民意愿自由、真实和自愿的表达，确保选票是直接选举时投票者意愿真实和及时的反映。选举制度的基本功能是计划、组织并实施选举、公投或其他民主协商，维持和保护对投票者身份的统一登记及公民地位的变更记录。

第 177 条 选举体系由国家选举委员会、国家选举办公室、国家身份和公民地位登记处组成。这些部门是自治组织，按照各自职权互相配合工作。

第 178 条 国家选举委员会的职责是：

1. 监督投票、选举行为、公投、其他民主选举过程及准备选民花名册的合法性。

2. 维持和保持政治组织登记簿的安全。

3. 确保关于政治组织的规定及其他有关选举条款的实施。

4. 确保选举事务的公正。

5. 宣布选举的获胜者并发布委任书，公布公投或其他民主协商的结果。

6. 法律规定的其他职能。

国家选举委员会有权动议有关选举事务的立法，有权向行政机关递交附带选举体系中各个机关单独条目的预算草案，并得到总统和国会的认可。

第 179 条   国家选举委员会的最高职权被赋予由 5 名成员组成的全体会议。委员会成员产生如下：

1. 最高法院从其退休或现任法官中通过秘密投票选举出 1 名成员。在后者中，当选者被允许休假。来自最高法院的代表任委员会主席。

2. 高级检察官委员会从其退休或现任高级检察官中通过秘密投票选举出 1 名成员。在后者中，当选者被允许休假。

3. 利马律师协会从其成员中通过秘密投票选出 1 名。

4. 全国各公立大学法律系主任从原系主任中通过秘密投票选出 1 名。

5. 全国各私立大学法律系主任从原系主任中通过秘密投票选出 1 名。

第 180 条   国家选举委员会全体会议成员不能低于 45 岁，同时不得超过 70 岁。成员任期 4 年并可重新当选。每两年举行一次的对其成员进行更新的交替选举由法律规定。

此项工作是全职并有酬劳，除临时性的教学工作外，担任此职者不得兼任任何一项其他公职。

选举委员会全体会议成员、担任领导职务的公民，或在选举日期以前 4 年内曾担任过此类职务的公民，均不得作为候选人参加国家选举委员会成员之选举。

第 181 条   国家选举委员会全体会议成员通过自主判断的方式对事实进行调查，并按照法律和法律的一般原则解决争议。对涉及选举、公投或其他公众协商选举的事务，委员会的决定是最终确定的，且不得被推翻。不得就其决定提出申诉。

第 182 条   国家选举办公室主任由国家司法官员委员会每四年重新任命一次，其犯严重过失时，此职务可被国家行政首长委员会免除。与国家选举委员会全体会议成员一致，此职务同样具有不可兼任性。国家选举办公室主任的主要职责是组织选举、公投和其他大众协商性选举，准备办公室预算草案，设计选票，分发选举表格及选举需要的其他材料、宣布选举结果，在投票站的唱票开始后，负责不间断地提供有关计票的信息，同时履行法律规定的其他职责。

第 183 条　全国身份和公民地位登记办公室主任由国家司法官员委员会每四年重新任命一次，其犯严重过失时，此职务也可被国家司法官员委员会免除。与国家选举委员会全体会议成员一致，此职务同样具有不可兼任性。

全国身份和公民地位登记办公室负责对出生、结婚、离婚、死亡和其他变更婚姻状况的行为进行登记。其发布各种证明文件，准备并保持选举花名册的更新。同时，向国家选举委员会和国家选举办公室提供便于他们履行职能所需的信息，维护公民的身份记录，发布证明文件，履行法律规定的其他职责。

第 184 条　当所投选票有 2/3 无效或空白时，无论是联合选举或是单独选举，国家选举委员会可宣布该次选举过程、公投或大众协商性选举无效。对市一级的选举，法律可规定不同的比例要求。

第 185 条　在任何选举、公投或其他大众协商性选举中，计票工作均应在投票站公开且不间断地进行。只有在确有错误或受到指责时，计票结果才可被复查，且需依法解决一切问题。

第 186 条　全国选举委员会发布指令和规定，以维护选举活动中的选举秩序和选举自由。上述指令和规定由武装部队和警察部队强制执行。

第 187 条　在进行多人制选举时，可依据法律中规定的体系而实行比例代表制。

法律规定便于生活在国外的秘鲁人进行投票的条款。

第十四节　分　权

（本节根据 2002 年 3 月 7 日 27680 号法令修改）

第 188 条　分权是民主组织的一种形式，是国家政策的委托和延续，其最本质的目的是为推动国家的全面发展。按照允许恰当分配管辖权和资源从中央政府转移给地方、地区政府的标准，分权的过程以渐进有序的方式，通过不同的阶段进行实施。

政府机关和国家自治机构，以及共和国总预算均应依照法律规定分权。

第 189 条　国土被划分为大区、区域、省和地区，在宪法和法律规定的期限内，单一的政府依据宪法和法律在国家、区域和地区的不同层面履行职能和进行管理，并保持国家和民族的统一和团结。

大区层级的政府由大区和区域组成，地方层级的政府由省、地区和乡村组成。

第 190 条　在具有历史、文化、行政和经济关系的相连区基础上设立大区，并在此基础上形成稳定的地缘经济体。

　　大区化的进程始于依据卡亚俄省宪法进行的区政府选举。按照法律规定，两个或两个以上相连区域，可通过赞成性的公投形成一个大区。同样，两个或两个以上相连省份或地区，也可按照相同程序变更选区。

　　大区的其他相关的机构和学院可按照法律规定设立。

　　当进行整合时，两个或两个以上大区间应建立合作机制。相关法律应对这种机制进行规定。

　　第 191 条　大区政府在其职权范围内的事务中享有政治、经济和行政自治权。它们与市政府进行合作，但不影响市政府的权力或职责。这些政府最基本的组织结构有：大区议会，作为调整和监督机构；大区政府，作为行政机构；大区协调委员会，由省辖市和民间团体代表组成，按照法律规定的职能和权力，作为协商机构协调各市之间的关系。

　　大区议会最少应包括 7 名成员，最多则包括 25 名成员，且每省至少 1 名。余下则按照选举人数的标准，根据法律规定进行配置。

　　大区主席和 1 名副主席通过直接选举产生，任期 4 年并可重新当选。大区议会议员的选举程序和任期与此相同。依据法律，这些机关的指令可撤销但不可放弃，但宪法规定的情形除外。

　　在竞选共和国总统、副总统、国会议员或市长时，大区主席必须在相关选举前 6 个月辞去职务。法律应规定最低比例，便于妇女、农村和土著社区、土著人民在大区议会占有一定席位。此规定适用于市议会。

　　（根据 2005 年 10 月 4 日 28607 号法令修改）

　　第 192 条　大区政府应促进大区发展并提升经济，鼓励投资，增强公共服务并完善其职责范围内的活动，与国家和地方层面的发展规划和政策保持一致。其职责如下：

　　1. 核准其内部组织制度和预算。

　　2. 经相关各市及民间团体同意，形成并实施大区发展规划。

　　3. 管理其财产和收入。

　　4. 管理并发布其职责范围内关于公共服务的许可、执照和授权。

　　5. 鼓励大区经济社会发展并执行相关计划和规划。

　　6. 就大区的管理发布相关规定。

　　7. 依据法律，就有关农业、渔业、工业、以农业为基础的工业、商业、旅游业、能源、矿业、道路、交通、教育、医疗和环境的行为或公共服务进行管理。

　　8. 鼓励竞争和投资，并为基础设施项目和大区层级工程的发展提供财政支持。

9. 就相关事务动议立法并在管辖权范围内进行发布。

10. 行使依法规定属于其固有的其他职权。

第 193 条　大区政府的财产和收入包括：

1. 自身财产和固定资产。

2. 年度预算法院拨付的特别资金。

3. 法律规定用于支持其的税收。

4. 按照法律规定，来源于私有化、特许权以及提供服务所带来的经济收益。

5. 按照法律规定，来源于国家赔偿基金的收入，带有再分配性质。

6. 从开采权益中分配的收入。

7. 按照法律规定，从包括国家担保的方式中进行财政运作而获得的收入。

8. 法律规定的其他收入。

第 194 条　省级或地区市政机关属于地方政府机关。在其职权范围内的事务中享有政治、经济和行政自治权。可依照法律设立乡村当局。

地方政府构成为：市议会，作为规范和监管机构；市政府，作为行政机构。以上组织按照法律规定享有职能和权力。

市长和市议会议员通过直接选举产生，任期 4 年并可重新当选。依据法律，这些机关的指令可撤销但不可放弃，但宪法规定的情形除外。

在竞选共和国总统、副总统、国会议员、市长、大区主席时，市长必须在相关选举前 6 个月辞去职务。

（根据 2005 年 10 月 4 日 28607 号法令修改）

第 195 条　地方政府应促进当地发展并提升经济，在其职责范围内提供公共服务，与国家和大区层面的发展规划和政策保持一致。其职责如下：

1. 核准其内部组织制度和预算。

2. 经民间团体同意，形成并实施地区发展规划。

3. 管理其财产和收入。

4. 根据法律规定，设立、修改或取消市级税收、税率、费用、特许或征税等。

5. 组织、规范和管理其职责范围内的公共服务机构。

6. 制定其界限内的乡村和城镇发展计划，包括分区、城市和总平面规划。

7. 鼓励竞争和投资，并为地区基础设施项目和工程的发展提供财政支持。

8. 依据法律，就有关教育、医疗、住房、卫生、环境、自然资源的可持续、公共交通、交通循环和流量、旅游、古迹和遗迹的保护、文化、休闲及运动的行为或公共服务进行管理并促进其发展。

9. 就相关事务动议立法并在管辖权范围内进行发布。

10. 行使依法规定属于其固有的其他职权。

第196条 市政当局的财产和收入包括：

1. 自身财产和固定资产。

2. 法律规定用于支持其的税收。

3. 依法由市政条例设立的市级税收、税率、费用、特许和关税。

4. 按照法律规定，来源于私有化、特许权以及提供服务所带来的经济收益。

5. 按照法律规定，来源于市政赔偿基金的收入，带有再分配性质。

6. 年度预算法案拨付的特别资金。

7. 从开采权益中分配的收入。

8. 按照法律规定，从包括国家担保的方式中进行自身财政运作而获得的收入。

9. 法律规定的其他收入。

第197条 市政当局鼓励、支持和规范公民参与地方发展。此外，通过与秘鲁国家警察部队的合作向公民提供安全服务。

第198条 共和国首都所在的城市不属于任何大区，并在分权法和市政法案中享有特别待遇。利马大都市市政当局在利马省域内行使管辖权。

位于边界地区的市政当局同样在市政法案中享有特别待遇。

第199条 地区或大区政府受其自身监督机关、宪法和法令规定的其他机关的控制，受总审计署的控制和监督。总审计署分别并持续地进行监督。按照法律规定，在公民参与的前提下，这些机关形成自身预算并对其年度决算负责。

第五章　宪法保障

第200条 宪法保障如下：

1. 人身保护状：当任何一个当局、官员或任何人的行动或失职，损害或威胁个人自由或相关宪法人权时，均可提出人身保护状。

2. 公民权保护状：当任何一个当局、官员或任何人的行动或失职，损害或威胁宪法规定的其他权利时，均可提出公民权保护状。但在面对法律规则和一般司法诉讼的法庭判决时不可适用。

（根据1995年6月12日26470号法令修改）

3. 人身数据保护状：当任何一个当局、官员或任何人的行动或失职，损害或威胁本宪法第 2 条第 5 项、第 6 项涉及的权利时，均可提出人身数据保护状。

（根据 1995 年 6 月 12 日 26470 号法令修改）

4. 违宪状：在法律、立法法令、紧急法令、国际条约、国会章程、大区一般规则、市政法令在形式或实体上违反宪法时，可提出违宪状。

5. 一般法令状：当规定、行政条例、一般决议和法令违反宪法和法律时，不论这些规定由何机关颁布，均可提出一般法令状。

6. 当任何当局、官员拒绝遵守法律规定或行政法案时可提出训令状，且并不因此影响该法律责任。

人身保护状和公民权保护状的执行，不因实施本宪法第 137 条规定的例外状态而中止。鉴于权利受到限制或中断，当此类宪法权利的申诉被立案时，相关司法机关检查该限制法案的合理性和比例性。法官无权质疑紧急状态或戒严状态的宣布。

第 201 条　宪法法院是宪法的监督机构，是自治且独立的机关。法庭由 7 名成员组成，任期 5 年。

宪法法院成员须具备与最高法院法官一致的条件。宪法法院成员享有与国会议员一致的豁免权和特权，但同样此职务具有不可兼任性，亦不可连任。

宪法法院成员需经国会议员法定人数 2/3 以上投票赞成方可当选。法官或检察官未能提前 1 年辞去职务者，不得当选宪法法院法官。

第 202 条　宪法法院的职责如下：

1. 在初审中对违宪状进行听证。

2. 作为终审法院，对拒绝给予人身保护、公民权保护、人身数据保护、训令申诉的法令进行听证。

3. 按照法律规定，对事关管辖权争议进行听证，对宪法分配的权力进行听证。

第 203 条　下列人员和机构有权宣布违宪状：

1. 共和国总统。

2. 国家总检察长。

3. 监察长。

4. 国会议员法定人数的 25%。

5. 5000 名经全国选举委员会确认签名的公民。若受到质疑的法令是市政法令时，假设该地区 1% 的居民总数不超过前述规定所要求的签名总数，只需经相关地域内 1% 居民的质疑即可。

6. 大区区长在经大区协调委员会的建议和同意后，或省属市长在经其议会同意后，对其所管辖的事务宣布违宪状。

7. 专业组织针对其领域内的事务时。

第 204 条　宪法法院下令宣布一部法律违宪时，须在官方公报上公布。在公布之次日起该法律失效。

宪法法院下令宣布一部法令整体或部分违宪时，该法令不具追溯效力。

第 205 条　一旦国内司法机关提供的所有司法途径已被使用或被拒绝，若当事人认为其宪法承认的权利受到损害，可向依照秘鲁所参加的国际条约所组成的国际法庭或国际机构起诉。

第六章　宪法的修正

第 206 条　对宪法进行修正的任何动议，需经国会成员法定人数的绝对多数投票赞成方能采纳，且此修正须通过公投批准。当国会在两个连续的常规会议中都得到赞成票，且在每次会议中都得到其成员法定人数 2/3 以上同意时，可免予进行公投。共和国总统不得反对关于宪法修正的法律。

总统在经内阁同意后，有权向国会提出动议对宪法进行修正。经相当于全体选民 0.3% 的公民签名，并由相关选举机关确认其签名后，也可提议对宪法进行修正。

（张斌译，毕洪海、许婕校）

古 巴

古巴共和国宪法*

序 言

我们，古巴的公民们——

是我们祖先所培养出来的具有自我牺牲精神、英雄主义、坚韧不拔的斗争传统和创造性劳动习惯的后辈和继承者；

是宁愿根绝从属关系的土著人；

是奋起反抗自己主人的奴隶们；

是唤醒民族觉悟、唤起古巴人对祖国和自由渴望的人们：1868 年发动反抗西班牙殖民主义的独立战争的爱国者们，以及因美帝国主义的入侵和军事占领而于 1895 年开始进行激烈斗争，并在 1898 年取得独立战争胜利的人们；

是那些在 50 多年中进行反对帝国主义统治、政治腐败、失业和资本家以及地主的剥削的斗争，以争取人民的各项权利和自由的工人、农民、学生和知识分子们；

是那些推动、组织和发展工农组织、传播社会主义思想和最早开展马克思列宁主义运动的人们；

是那些遵循马蒂的学说，引导我们取得一月人民革命胜利的马蒂诞生百年来的先锋队的组成者们；

是那些以牺牲生命捍卫革命从而使革命无比坚定的人们；

是那些完成英雄的国际主义使命的人们。

遵循——

---

* 1976 年 2 月 15 日经全民投票通过。

何塞·马蒂理论和所向无敌的马克思 – 恩格斯 – 列宁社会政治思想。

依靠——

无产阶级国际主义，全世界人民特别是拉丁美洲和加勒比地区人民兄弟般的友谊、援助和合作。

决定——

充满决心地把菲德尔·卡斯特罗所领导的蒙卡达、格拉玛·马斯特拉山和吉隆滩胜利的革命向前推进，这个革命依靠一切革命力量和人民本身的紧密团结，已经获得了完全的民族独立，建立了革命政权，进行了各项民主改革，开启了社会主义建设，并且在共产党的领导下为建设共产主义社会而继续前进。

意识到——

任何一种人剥削人的制度，都必定是对被剥削者的玷污和剥削者人格的堕落；

当人们从奴隶制度、封建制度和资本主义制度等一切剥削制度中解放出来以后，只有在社会主义和共产主义制度下，才能使人类获得全部尊严；而我们的革命则提高了祖国和古巴人的威望。

我们声明——

希望共和国的法律能够贯彻并最终实现何塞·马蒂的志愿：

"我希望我们共和国的基本法律能成为古巴人对人类的全部尊严的最深切的崇敬。"

通过——

在全民投票中自由表达自己的意志，我们通过了如下这部宪法。

（根据全国人民政权代表大会 1992 年 7 月 12 日作出的修正案修改）①

第一章　国家的政治、社会和经济基础

第 1 条

古巴共和国是属于全体劳动者的独立、主权、统一、民主的社会主义国家，追求政治自由、社会正义、个人和集体福利和人类团结。

（根据全国人民政权代表大会 1992 年 7 月 12 日作出的修正案修改）

第 2 条

古巴的国名是古巴共和国；官方语言是西班牙语；首都为哈瓦那市。

---

① 译者注：关于文本修正的说明性文字为译者所加，下同。

（根据全国人民政权代表大会 1992 年 7 月 12 日作出的修正案修改）

第 3 条

古巴共和国一切权力属于劳动人民，人民直接或通过人民政权代表大会和由其组成的其他国家机关行使权力。人民政权代表大会和由其组成的其他国家机关依照宪法和法律规定产生和运行。

当任何人企图推翻依据本宪法建立的政治、社会、经济秩序时，任何公民有权进行捍卫，当其他方式无法采用时甚至可以采用武装捍卫。

根据本宪法建立的社会主义，以及革命和社会制度，已经在多年来的英勇抵抗最强大的帝国主义列强发起的各类侵略和经济战争中得到证明，同时也验证了其有能力改变国家，并创造一个全新、公正、无毁灭的社会。古巴永远不会回到资本主义社会。

（根据 2002 年 6 月 24 日闭幕的全国人民政权代表大会作出的修正案修改）

第 4 条

百余年来鼓舞古巴人进行争取独立、人民的权利和社会进步的国家标志是：

国旗独星旗；

国歌巴雅摩歌；

描绘有皇家棕榈树的国徽。

第 5 条

古巴共产党——工人阶级的有组织的马蒂主义和马克思列宁主义先锋队，是社会和国家的最高领导力量，它组织和指导大家共同努力，以求实现建设社会主义和向共产主义未来推进的崇高目标。

（根据全国人民政权代表大会 1992 年 7 月 12 日作出的修正案修改）

第 6 条

共产主义青年联盟——古巴先进青年的组织，国家承认和鼓励其发挥推动广大青年参与社会主义建设，使其成为具有责任感且具有为全社会承担更大责任能力公民的基本职能。

（根据全国人民政权代表大会 1992 年 7 月 12 日作出的修正案修改）

第 7 条

古巴社会主义国家承认和鼓励各群众社会团体的活动，这些团体是在古巴人民斗争历史过程中产生的。社会团体联合各阶层、代表其特殊利益，团结其他参加建设任务、巩固和保卫社会主义社会的各种组织。

（根据 2002 年 6 月 24 日闭幕的全国人民政权代表大会作出的修正案修改）

第 8 条

国家承认、尊重和保障宗教自由。

在古巴共和国，宗教机构与国家分离。

不同信仰的宗教信徒享有同等对待。

（根据全国人民政权代表大会 1992 年 7 月 12 日作出的修正案修改）

第 9 条

社会主义国家：

（1）体现劳动人民的意志并：

——指导人民努力参加社会主义建设；

——维护和捍卫祖国的领土完整和主权；

——保障人的自由和完全的尊严，实现其权利、履行其义务，并全面发展其个性；

——维护摆脱了人剥削人现象的社会的意识形态以及公共生活和行为规则；

——保护人民的创造性劳动，保护社会主义国家所有制和财富；

——实现国民经济的有计划地发展；

——保证发展国家的教育、科学、技术和文化。

（2）作为人民的政权并为人民服务，保障：

——一切有劳动能力的人有可能得到工作，促使其为社会做出贡献并满足他们的个人需要；

——一切失去工作能力的人都有适当的生存条件；

——一切病人都能得到医疗服务；

——所有的儿童都有可能上学，得到食物和衣服；

——任何青年人都有机会接受教育；

——所有的人都能够受到教育、从事文化活动和参加体育运动。

（3）力求使每个家庭都有舒适的住宅。

（根据全国人民政权代表大会 1992 年 7 月 12 日作出的修正案修改）

第 10 条

一切国家机关及其领导人员、公职人员和服务人员在其职权范围内进行工作，严格遵守社会主义法制，设法使社会主义法制在社会生活的各个方面都能被严格遵守。

（根据全国人民政权代表大会 1992 年 7 月 12 日作出的修正案修改）

第 11 条

古巴社会主义国家在下列各方面行使主权：

（1）包括古巴岛、青年岛和其他邻近岛屿和小岛在内的全部国家领土上，在内河、法定领海和全部领空范围内；

（2）领域内的自然环境和自然资源；

（3）依据国际惯例确认的专属经济区内水域、海床和底土中的一切有生物和无生物。

古巴共和国对于按照不平等条件缔结的否认或者侵犯其任何一部分国家领土主权的协定、条约或者租约，一律予以拒绝并宣告无效。

他国不得以侵略、威胁、胁迫的方式与古巴达成经济、外交和政治关系。

（根据 2002 年 6 月 24 日闭幕的全国人民政权代表大会作出的修正案修改）

第 12 条

古巴共和国反对帝国主义，维护国际主义并且：

（1）承认国家，无论大小、强弱，都有追求价值、正义和真正的和平的权利，尊重其人民独立、主权和自决权；

（2）建立以权利平等、人民自决、领土完整、国家独立、合作和和谐、和平解决争议、平等和相互尊重地交往等为内容的《联合国宪章》和其他古巴加入的国际条约为原则的国际关系；

（3）努力使拉丁美洲和加勒比海各国成为共同体并相互合作，古巴同这些国家有着共同的认同和历史需求，通过推动政治和经济一体化取得真正独立，以获得正当的国际地位；

（4）倡导全体第三世界国家团结起来反对妄图限制和打压我们主权、加剧剥削、压迫不发达国家经济造成经济恶化的帝国主义和新殖民主义政策；

（5）谴责帝国主义、所有法西斯主义、殖民主义、新殖民主义、种族主义的推动者和支持者，将其作为侵略和战争的主要起因和各族人民的最凶恶的敌人；

（6）反对对任何国家内部事务或外交政策的直接和间接干涉，并从而进行武装侵略和经济封锁，或对居住于他国的公民进行人身攻击，或以其他形式干涉国家完整性及其政治、经济、文化基础的行为；

（7）拒绝侵犯国家不可剥夺的主权。根据国际惯例和古巴签署的国际协议，国家在领土范围内规范和利用通讯设施；

（8）认定侵略和掠夺战争为国际罪行；承认民族解放战争以及武装反抗侵略和占领的合法性，重视自己援助被侵略者及为争取解放和自决而斗争的人民的国际主义义务和权利；

（9）根据建设新社会的共同目标，与社会主义国家建立兄弟般的友谊、合作和互助关系；

（10）与同古巴采取不同政治、社会和经济制度的国家保持友好关系，尊重其主权，遵守国家之间和平共处和互利互惠原则。

（根据全国人民政权代表大会 1992 年 7 月 12 日作出的修正案修改）

第 13 条

古巴共和国对于因尊崇信仰或争取民主权利而反对帝国主义、法西斯主义、殖民主义、新殖民主义；争取消除种族歧视；争取国家自由；争取工人、农民和学生的权利和要求；参加进步的政治、科学、艺术和文学活动；争取社会主义和和平而被通缉的人士给予庇护。

（根据全国人民政权代表大会 1992 年 7 月 12 日作出的修正案修改）

第 14 条

古巴共和国实行以生产资料社会主义全民所有制和消灭剥削制度为基础的社会主义经济制度。

社会主义分配原则是："人尽其能，按劳分配。"法律应作出规定保障这一原则的有效履行。

（根据全国人民政权代表大会 1992 年 7 月 12 日作出的修正案修改）

第 15 条

社会主义国有财产属于全民，其包括：

（1）不属于农民或农民合作组织所有的土地、地下蕴藏、矿产等非生物自然资源以及生物自然资源，属于其主权范围内的海洋、森林、水流和通讯设施；

（2）一切国有化和没收的帝国主义分子、庄园主和资产阶级的制糖厂、制造厂、基本运输工具，企业、银行和装备；以及工厂、器材，科技、社会、文化和体育中心等国家建设、扩建或者得到的一切东西，以及将来国家建成、发展或得到的设施。

上述财产的所有权不能转让给自然人或法人实体，除非转让是基于国家发展，并且不致损害国家的政治、社会和经济基础，经由部长理事会或其执行委员会的事先批准。转让上述资产的其他权利给国有企业和其他授权实体的，应以符合法律规定的方式进行。

（根据全国人民政权代表大会 1992 年 7 月 12 日作出的修正案修改）

第 16 条

国家根据发展社会经济的统一规划组织、指导和监督国家经济生活，并将巩固社会主义制度，全面地满足社会及公民日益增长的物质和文化需要，全面发展人的个性及其尊严，全面促进国家的发展和安全作为经济发展的目标。

国民经济一切部门和社会生活其他领域的劳动者自觉并积极地参加生产和发展计划的制定和执行。

（根据全国人民政权代表大会 1992 年 7 月 12 日作出的修正案修改）

第 17 条

国家直接管理或创办、运营企业、实体代其管理属于全体人民的社会主义财产。企业或实体的组成、归属、功能和规则均依法进行。

企业和实体依法独立承担财政义务。国家与企业、国家与实体、国家与其他法人之间互不承担缔约义务。

（根据全国人民政权代表大会 1992 年 7 月 12 日作出的修正案修改）

第 18 条

对外贸易由国家管理和控制。法律规定开展进出口业务的机构和国家机关有权：

——建立对外贸易企业；

——建立进出口标准和规则；

——确定自然人或法人从事对外贸易和缔结外贸协定的资格。

（根据全国人民政权代表大会 1992 年 7 月 12 日作出的修正案修改）

第 19 条

国家承认农民在法定范围内对其生活必需的土地和其他生产资料具有所有权。

根据国家机关的事先批准，农民可依法将其土地纳入农业合作社。农民同样可以依法向国家、农业合作社或其他农民出售、交换或转让其土地，但国家有通过支付公平价格的赎金而得到农民的小块土地的优先权。

禁止以出租、永佃、抵押和其他能严重损害土地所有制的方式取得小块土地。

国家支持农民个体生产，以促进国民经济的提高。

（根据全国人民政权代表大会 1992 年 7 月 12 日作出的修正案修改）

第 20 条

农民有权按法定形式和条件为生产农产品和取得国家贷款和帮助而联合起来。

农业合作社的组织根据法律规定的形式和条件加以解决。国家承认农业合作社作为一种所有制形式，对社会主义生产作出的积极而有效的贡献。

农业合作社所有制对其产生资产的占有、使用、收益和处分，依照法律和自身的规定进行。

不得对农业合作社的土地进行占有和课税，其所有权可通过法定原因和程序转让给国家或其他农业合作社。

国家提供各种便利支持农业合作社的生产。

（根据全国人民政权代表大会 1992 年 7 月 12 日作出的修正案修改）

第 21 条

公民劳动所得的收入、储蓄，依法占有的住宅以及满足其个人物质和文化需要的其他财物等个人财产受到保护。

个人和家庭劳动的资料和工具的所有权，如果不是用于剥削他人劳动的，也受到保护。

法律规定个人可依法占有资产的额度。

（根据全国人民政权代表大会 1992 年 7 月 12 日作出的修正案修改）

第 22 条

国家承认政治、经济和人民团体为本团体的目的所拥有的财产。

第 23 条

国家承认依法建立的混合所有制的公司和其他经济组织。

上述组织依照法律和自己的规章制度使用、收益和处置其拥有的资产。

（根据全国人民政权代表大会 1992 年 7 月 12 日作出的修正案修改）

第 24 条

法律规定属于个人所有的住宅和属于个人所有的财产继承权。

农民土地和其他为生产而必需的资产，除法律有规定的情形外，可以依法定程序由从事耕种的继承人继承。

法律规定合作社社员财产继承的条件和形式。

（根据全国人民政权代表大会 1992 年 7 月 12 日作出的修正案修改）

第 25 条

允许为国家或社会利益，以支付相应的补偿金为条件，征用财产。

法律规定征用的程序和确定必须征用的原因以及照顾到财产所有人的利益和社会经济上的要求给予补偿的方式。

第 26 条

公民由于国家公职人员或者国家机关的代表在执行其职务时的行为所造成的损害或损失，有权要求按照法定形式得到相应的赔偿金或补偿金。

第 27 条

为使人民生活更美好，保障人民的生存、福利，以及当代和子孙后代的安全，国家保护环境和自然资源，意识到经济和社会的可持续发展与其密切联系。相关国家机关执行相关政策。

保护水、空气、土地、动植物和自然资源是每个公民的义务。

（根据全国人民政权代表大会 1992 年 7 月 12 日作出的修正案修改）

第二章　国　　籍

第 28 条

古巴国籍根据出生或者入籍程序而取得。

第 29 条

有下列各种情况的人按出生取得古巴公民资格：

（1）出生在古巴国土上的人，但为本国政府服务或者为国际组织服务的外国人子女除外。法律规定未经常居住在国内的外国人，其子女加入古巴国籍的要求和程序；

（2）其父母一方是行使外交使命的古巴公民、出生在国外的人；

（3）其父母一方是古巴公民、出生在国外并完成了法律规定的手续的人；

（4）出生在古巴领土外、其父母一方是古巴共和国出生的、已丧失古巴国籍但已按法律规定的形式申请恢复的人；

（5）在争取古巴解放的斗争中有特殊功勋的外国人，应被认为生而具有古巴国籍。

（根据全国人民政权代表大会 1992 年 7 月 12 日作出的修正案修改）

第 30 条

有下列情况的人按入籍程序取得古巴公民资格：

（1）按法律规定程序取得古巴国籍的外国人；

（2）参加反对 1959 年 1 月 1 日推翻暴君的武装斗争的、按法律规定的形式证明无误的人；

（3）被强迫剥夺了自己的国籍并根据国务委员会的决定取得古巴国籍的人。

第 31 条

无论结婚或者离婚，都不能影响夫妻及其子女的国籍。

第 32 条

非因法定原因不得剥夺古巴公民的古巴国籍，也不得剥夺其改变国籍的权利。

不承认双重国籍。相应地，取得外国国籍即认为放弃古巴国籍。

法律规定丧失国籍的程序和有权作出这一决定的机关。

（根据全国人民政权代表大会 1992 年 7 月 12 日作出的修正案修改）

第 33 条

古巴国籍可以根据法律规定的条件和方式重新恢复。

第三章 外 国 人

（根据全国人民政权代表大会 1992 年 7 月 12 日作出的修正案增加）

第 34 条

居住在古巴境内的外国人与古巴人相同地适用下列诸项：

——人身和财产保护；

——在法律规定的条件和例外下，享有宪法承认的权利、履行宪法规定的义务；

——遵守宪法和法律的义务；

——按法律规定的方式和额度承担税赋；

——服从司法管辖，遵守法院判决和当局决议。

法律规定外国人被驱逐出境的原因和方式，以及作出这一决定的机关。

第四章 家 庭

第 35 条

国家保护家庭、母亲和婚姻。

国家承认家庭是社会的最基本单元，承担着教育和培养下一代的基本责任和功能。

（根据全国人民政权代表大会 1992 年 7 月 12 日作出的修正案增加）

第 36 条

婚姻是男女之间有法律根据的自愿结合，目的是为了共同生活。婚姻是以夫妻具有绝对平等的权利和义务为基础，夫妻必须共同努力关心维护家庭，全面教育子女，不要妨碍夫妻双方社会生活的发展。

法律调整婚姻的缔结、承认和解除以及上述法令所引起的权利和义务。

第 37 条

婚生子女和非婚生子女享有平等的权利。

取消由于出身证件所设的任何限制。

不承认出生的差别；不承认出生证登记的父母公民权的差别以及有关家庭出身的任何文件所记载的父母公民权的差别。

国家保证通过有关的法律手续确定和承认父子关系。

第 38 条

父母有抚养自己的子女、帮助他们维护其法定利益以及实现其正当的志愿的义务，并且也有义务教育子女并使其全面成长为能适应社会主义社会生活的、做好充分准备的、有用的公民。

子女一方，有尊敬父母和赡养父母的义务。

第五章　教育和文化

第 39 条

国家奖励和发展各种教育、文化和科学。

国家在教育和文化方面的政策中遵守下列原则：

（1）将科技发展、马克思列宁主义、古巴进步的教育传统和世界意义作为国家教育和文化政策的基础；

（2）教育是国家的职能，国家提供免费教育。教育应以科学的结论和成就为基础，应以学习和生活、劳动及生产最紧密的联系为基础；

国家保证为学生设立广泛的奖学金制度，使劳动者有各种可能的学习机会，尽最大可能使他们获得最高层级的知识和技能；

法律规定全国教育制度的组织和结构，以及接受义务教育人员的范围并确定每一个公民应得到的普通教育培养的最低水平；

（3）保证对新的一代进行爱国主义和共产主义教育，并鼓励儿童、青年和成年人参加社会实践；

为了实现此项原则，科学技术和文艺性质的普通教育和专业教育应同生产劳动、科学研究活动、生理教育、体育运动、参加社会政治生活及军事训练结合起来；

（4）如果文艺创作内容同革命不相矛盾，始终是自由的。艺术表现形式是自由的；

（5）为提高人民的文化水平，国家鼓励发展艺术教育和创作活动，以提高艺术才干和评价文艺的能力；

（6）创造性的科学研究活动是自由的。国家鼓励和奖励科学研究，首先是旨在解决保证全社会利益和人民福利问题的科学研究；

（7）国家奖励劳动者参加科学活动和发展科学；

（8）国家指导、鼓励和促进发展各种体育文化和作为全面发展的公民成长和教育手段的体育运动；

（9）国家关心古巴文化的塑造，保护作为国家财富的文化遗产和国家的艺术历史文物珍品。国家保护以其自然的优美著称或者具有艺术历史价值的各种国家古迹和胜地；

（10）国家促使公民通过各种群众性的社会团体参加实现国家的教育和文化政策。

（根据全国人民政权代表大会 1992 年 7 月 12 日作出的修正案增加）

第 40 条

国家和全社会有保护儿童和青年的义务。

家庭、学校、各种国家机关和群众性的社会团体有责任特别注意儿童和青年的全面发展。

（根据全国人民政权代表大会 1992 年 7 月 12 日作出的修正案增加）

第六章　平　　等

第 41 条

一切公民享有平等权利，承担同等义务。

第 42 条

因种族、肤色、性别、民族成分、宗教信仰和其他原因而实行歧视的行为，应予禁止并受法律制裁。

各种国家机关从儿童幼年就根据人人平等的原则教育一切公民。

（根据全国人民政权代表大会 1992 年 7 月 12 日作出的修正案增加）

第 43 条

国家宣布革命取得的神圣权利，一切公民按照此项权利，不分种族、肤色和民族成分可以：

——根据自己的功劳和能力担任国家的、公共管理的、生产的以及服务范围的职务；

——根据自己的功劳和能力在革命武装力量、国家安全和内务机关中任职；

——按照平等劳动取得平等报酬；

——在为一切人开门的国立学校中学习，享受从小学到大学的教育；

——在一切卫生机构得到医疗救助；

——在任何区域、地带或市区居住并在任何旅馆住宿；

——享用任何餐馆和其他公共饮食店；

——无限制地享用海上、铁路、航空以及汽车运输工具；

——享用一切疗养所、海滨浴场、公园、俱乐部和其他文化、体育、娱乐和休息场所。

（根据全国人民政权代表大会 1992 年 7 月 12 日作出的修正案增加）

第 44 条

妇女在经济、政治、文化、社会各个方面和家庭内享有同男子平等的权利。

国家为妇女与男子一样地参与国家建设提供机会和保障。

国家设立幼儿园、寄宿制和半寄宿制学校接收双职工家庭的适龄儿童。

为保障产妇健康，国家为临产前后的妇女提供带薪休假，并提供其可从事的临时性工作。

国家尽可能创造各种条件以实现平等。

（根据全国人民政权代表大会 1992 年 7 月 12 日作出的修正案增加）

第七章　权利、义务及其基本保障

第 45 条

社会主义社会的劳动是每个公民的权利、义务和光荣的事业。

劳动的报酬按劳动的数量和质量支付。根据经济和社会的需要、劳动者的愿望以及他的工作能力和熟练程度安排工作。劳动权的保障为：社会主义经济制度，它保证社会经济无危机地发展，永远消灭失业现象，也包括季节性失业，即所谓"淡季"在内。

为了全社会的福利在工业、农业、技术、艺术活动以及服务业范围内开展自愿的、义务性劳动，是培养古巴人民的共产主义觉悟的手段。

每个劳动者都不得拒绝履行自己职务上的义务。

第 46 条

劳动者享有休息权，此项权利的保障为：8 小时工作制，每星期一天休息日和每年的带薪休假。

国家促进休假设施和休假计划的发展。

第 47 条

国家通过社会保障制度保证每个劳动者在年老、残废或患病丧失劳动能力时得到相应的保障。

劳动者死亡时其家属得到同样的保障。

第 48 条

国家通过社会保障制度，照顾无养老院和生活资料的老年人以及无亲属照顾的一切丧失劳动能力的人。

第 49 条

国家通过相应的预防不幸事故和职业病的措施，保障劳动保护、安全和卫生的权利。

劳动者在生产中遭到不幸事故或者感染职业病，有权得到医疗照顾，在永久或者暂时丧失劳动能力时有权得到补助和退休金。

第50条

一切公民享有关心他们的健康和保护其健康的权利。国家对此项权利的保障是：

（1）给予免费医疗帮助和在医院、农村医疗服务机构网的组织、诊疗所、医院、专门医疗援助中心和防治医院免费治疗；

（2）给予免费的口腔医疗；

（3）实行普及卫生计划，进行定期医疗检查，普遍打防疫针并采取其他预防疾病的措施。全国所有居民通过群众性的社会团体参加这些措施。

第51条

所有公民都有受教育的权利。此项权利的保障是：广泛发展免费学校和保育院，发给各种学习程度的奖学金，以及不管学生家庭物质状况如何，发给每个学生学习材料；根据各自的能力、社会的需要以及社会经济发展的要求，给予各种学习的机会。

法律保障成年男女根据优惠条件，通过成年教育制度和职业技术教育，通过在企业、国家机关为劳动者举办的普通教育学习班提高熟练程度的办法，享受免费受教育的权利。

第52条

所有公民都有参加体育锻炼，享受体育运动和文化娱乐的权利。

实现此项权利的保障是：吸收公民参加全国教育制度下的教学计划中的体育运动理论学习和实际锻炼，广泛扩大学习规模并向人民分配必要的工具，以便促进群众性体育运动和文化娱乐。

第53条

公民享有符合社会主义社会目的的言论和出版自由。这些自由实现的物质条件是：报刊、无线电、电视和群众性的其他通讯手段都是国家的或者社会的财产，在任何场合都不可能成为私有财产；为了劳动人民和社会的利益，毫无例外地保证实现这些自由。

法律保障这些自由的实现。

第54条

集会、游行示威和结社权赋予劳动人民——体力劳动者和脑力劳动者，包括农民、妇女、学生和劳动人民的其他阶层，为此目的，他们拥有必要的手段。群众性的社会团体享有实现上述权利的一切条件，同时，他们的成员享有以无任何限制的倡议和批评的权利为基础的最广泛的言论和表达意见的自由。

第 55 条

国家承认、尊重和保护思想自由，同时承认、尊重和保护公民是否信仰宗教的自由。公民依法信仰他们选择的宗教。

依法规范宗教机构的活动。

（根据全国人民政权代表大会 1992 年 7 月 12 日作出的修正案修改）

第 56 条

住宅不可侵犯。任何人都不得违反住户的意志，闯入他人住宅，但法律有特别规定的除外。

第 57 条

通信秘密受到保障。只有在法律规定的场合，才能扣押、拆阅和检查来往信件。与检查原因无关的信件内容的秘密应予保障。

海空电报和电话通讯联系也适用同样的原则。

第 58 条

对本国领土内的一切居民的人身自由和不可侵犯性都予以保障。

非有法律规定的方式和保证，任何人都不受逮捕。

不得侵犯被逮捕人、被拘禁人作为人的完整性。

第 59 条

任何人非经有权的法院，根据在犯罪行为完成前颁布的法律，按照法定的手续和保证，不得被起诉和判罪。

每个被告均有辩护权。

禁止对任何人为逼使其招供使用暴力或任何强迫手段。

用破坏上述原则的办法所取得并因而使犯罪者受到法定的处罚的任何供词，都被认为无效。

第 60 条

没收财产只能经有关当局批准，并按法律规定的情形和手续进行。

第 61 条

刑法在有利于被告或判罪时有溯及既往的效力。其他法律，如果其本身不是为了社会和国家的利益，就无此溯及既往的效力。

第 62 条

公民所享有的任何自由，其行使不得违反宪法和法律的规定，不得违反社会主义国家存在的目的，不得违反古巴人民建设社会主义和共产主义的决心。违反此项原则，应受处罚。

第 63 条

每个公民有权向政权代表提出控告和要求并根据法律得到答复。

第 64 条

每个公民必须爱护国家和社会的财产，遵守劳动纪律，尊重其他公民的权利，遵守社会主义公共生活规则以及履行自己的公民义务和社会职责。

第 65 条

保卫社会主义祖国是每个古巴人最大的光荣和崇高的责任。

法律调整古巴人服兵役的程序。背叛祖国是最严重的犯罪；犯了背叛祖国罪行的人，应受到最严厉的惩罚。

第 66 条

严格遵守宪法和法律是每个人确定不移的义务。

第八章　紧急状态

（根据全国人民政权代表大会 1992 年 7 月 12 日作出的修正案增加）

第 67 条

发生的自然灾害或事件，其性质、面积和破坏程度对国内秩序、国家安全和国家稳定造成影响时，国务会议主席可宣布全国或部分地区进入紧急状态，并在该时期发布动员令。

法律规定宣布紧急状态的形式、效力和终止；同时规定紧急状态下宪法确认的基本权利和基本义务的必要变化。

第九章　国家机关组织和活动的原则

第 68 条

国家机关根据社会主义民主原则开展工作，社会主义民主表现在：

（1）一切国家权力机关的代表由选举产生并定期更新；

（2）人民群众监督一切国家机关、人民代表、代表和公职人员的活动；

（3）当选人员必须对选民报告自己的工作，选民有权随时将其罢免；

（4）每个国家机关在自己的职权范围内广泛发挥首创性，以便利用地方资源和当地可以利用的各种力量，并吸收群众性的社会团体参加自己的工作；

（5）上级国家机关的指示下级国家机关必须执行；

（6）下级国家机关对上级国家机关负责并报告自己的工作；

（7）一切集体制国家机关必须实行自由讨论、批评和自我批评以及少数服从多数的原则。

（根据全国人民政权代表大会 1992 年 7 月 12 日作出的修正案修改）

第十章　最高人民权力机关

第 69 条

全国人民政权代表大会是最高国家权力机关，它代表并反映全体人民的主权意志。

第 70 条

全国人民政权代表大会是共和国内有立法权的惟一机关。

第 71 条

全国人民政权代表大会代表按照自由、直接、秘密的投票方式产生，其比例和程序由法律确定。

（根据全国人民政权代表大会 1992 年 7 月 12 日作出的修正案修改）

第 72 条

全国人民政权代表大会 5 年选举一次。

如遇战争或者存在阻碍正常进行选举的其他非常情况，直到该种情况消除以前，可以根据全国人民政权代表大会的决议延长本届任期。

第 73 条

全国人民政权代表大会在其代表中选举大会主席、副主席和秘书各 1 人，其产生形式和程序由法律规定。

（根据全国人民政权代表大会 1992 年 7 月 12 日作出的修正案修改）

第 74 条

全国人民政权代表大会在其代表中选举主席 1 人，第一副主席 1 人，副主席 5 人，秘书长 1 人和其他委员 23 人组成国务委员会。

国务委员会主席是国家元首和政府首脑。

国务委员会对全国人民政权代表大会负责并报告工作。

第 75 条

全国人民政权代表大会的职权是：

（1）根据宪法第 137 条的原则修改宪法；

（2）批准、修改或废除法律，并视立法文件的性质，事先把法律提交全民讨论；

（3）解决关于法律、法令、指令和其他具有普遍性的决定是否违宪；

（4）部分修改或者完全废除国务委员会所通过的法令；

（5）讨论和批准国民经济和社会发展计划；

（6）讨论和批准国家预算；

（7）批准国民经济计划和管理体制的原则；

（8）确定货币和信贷制度；

（9）批准内政和外交政策的总方针；

（10）在遭到军事侵略时宣布战争状态和批准合约；

（11）根据宪法第102条确定和变更国家的政治行政区划；

（12）选举全国人民政权代表大会的主席、副主席和秘书；

（13）选举国务委员会的主席、第一副主席、副主席、秘书和其他委员；

（14）根据国务委员会主席的提议任命部长会议的第一副主席、副主席和其他委员；

（15）选举最高人民法院院长1人、副院长数人和其他成员；

（16）选举共和国总检察长和副总检察长；

（17）任命各常设委员会和临时委员会；

（18）罢免其选举或任命的人员；

（19）对国家和政府机关的活动进行最高监督；

（20）研究、评价国务委员会、部长会议、最高人民法院、共和国总检察署以及各省人民政权代表大会提出的总结报告并通过相应的决议；

（21）撤销国务委员会的违反宪法或法律的法令、部长会议的违反宪法或法律的决议和命令；

（22）撤销或者变更地方各级人民权力机关违反宪法、法律、法令、指令和上级机关通过的其他决定的决议和命令，以及侵犯其他行政区域单位利益或者国家整体利益的决议；

（23）宣布大赦；

（24）在宪法规定的情况和全国人民政权代表大会本身认为必要的时候，通过关于举行全民公决的决议；

（25）通过全国人民政权代表大会的议事规程；

（26）行使本宪法规定的其他职权。

第 76 条

全国人民政权代表大会的法律和决议，除修改宪法的法律外，一律以简单多数票通过。

第 77 条

全国人民政权代表大会所通过的法律从其公布之时起开始生效。

法律、法令、指令、决议、规程以及国家机关的其他决定在《共和国公报》上公布。

第 78 条

全国人民政权代表大会每年召开常会两次。非常会议根据 1/3 的代表的要求或者国务委员会的提议召集。

第 79 条

全国人民政权代表大会举行会议必须有全体代表过半数出席。

第 80 条

全国人民政权代表大会会议公开举行，但全国人民政权代表大会为国家利益决定举行秘密会议的情况除外。

第 81 条

全国人民政权代表大会主席行使下列职权：

（1）主持全国人民政权代表大会会议并监督遵守规程；

（2）召集全国人民政权代表大会常会；

（3）提出全国人民政权代表大会会议议事日程草案；

（4）签署全国人民政权代表大会通过的法律和决议并发布关于在《共和国公报》上公布这些立法文件的命令；

（5）建立全国人民政权代表大会的国际联系；

（6）指导和组织全国人民政权代表大会设立的各常设委员会和临时委员会的工作；

（7）出席国务委员会会议；

（8）宪法或者全国人民政权代表大会赋予的其他职权。

第 82 条

代表资格并不导致个人享有特权或者物质利益。

在进行代表活动的必要范围内，代表领取和其工资相当的报酬以及同履行代表职务有关的补助费用。

（根据全国人民政权代表大会 1992 年 7 月 12 日作出的修正案修改）

第 83 条

任何一个全国人民政权代表大会代表，非经全国人民政权代表大会的许可，在全国人民政权代表大会闭会期间，非经国务委员会的许可，不受逮捕或者刑事追诉，但现行犯被逮捕者除外。

第 84 条

全国人民政权代表大会代表必须为人民的利益履行其职责，必须保持同自己的选民的联系，听取选民的申诉、建议和批评，必须向选民宣传解释国家的政策，并依法报告履行代表职务的情况。

（根据全国人民政权代表大会 1992 年 7 月 12 日作出的修正案修改）

第 85 条

全国人民政权代表大会代表可以随时由其选民，按照法律规定的程序、原因和方式予以罢免。

（根据全国人民政权代表大会 1992 年 7 月 12 日作出的修正案修改）

第 86 条

全国人民政权代表大会代表有权对国务委员会、部长会议及其个别成员提出质询，受到质询的相应机关或个人应在该次会议期间或者下次会议时给予答复。

第 87 条

一切国家机关和机构必须在代表履行其职务的时候给予必要的帮助。

第 88 条

立法创制权属于：

（1）全国人民政权代表大会代表；

（2）国务委员会；

（3）部长会议；

（4）全国人民政权代表大会各委员会；

（5）古巴劳动者中央工会全国委员会和其他群众性社会团体的全国领导机构；

（6）最高人民法院（就有关审判管辖方面的问题）；

（7）共和国总检察长（就其职权范围内的问题）；

（8）公民。此种情况必须有享有选举权的公民至少 10000 人的倡议。

第 89 条

国务委员会是全国人民政权代表大会的机关，它在全国人民政权代表大会闭会期间代表全国人民政权代表大会执行其决议，并行使本宪法授予的其他职权。

国务委员会具有合议制性质，在国内和国际事务中是古巴国家的最高代表者。

第 90 条

国务委员会的职权是：

（1）召集全国人民政权代表大会的非常会议；

（2）决定全国人民政权代表大会定期改选的日期；

（3）在全国人民政权代表大会闭会期间通过法令；

（4）在必要时对现行法律进行一般性的强制解释；

（5）行使立法创制权；

（6）为举行全国人民政权代表大会决定的全民公决，保证一切必要的条件；

（7）宪法规定由全国人民政权代表大会处理，而全国人民政权代表大会在闭会期间并且因必须保证安全和情况紧迫又不能召集会议，为了国家国防利益宣布总动员，遇到侵略时行使宣战权以及缔结合约；

（8）在全国人民政权代表大会闭会期间根据主席的提议，撤换部长会议的成员；

（9）通过最高人民法院主席团给各级法院发布具有普遍性的指示；

（10）向共和国总检察长发布指示；

（11）根据主席的提议任免古巴驻外国的外交代表；

（12）授予荣誉称号；

（13）指定设立委员会；

（14）行使赦免权；

（15）批准和废除国际条约；

（16）接受外国外交代表的国书和卸任状；

（17）停止违反宪法或法律的或者侵犯其他区域单位的利益或者整个国家的利益的部长会议的决议和命令，地方各级人民政权代表大会的决议和命令，向在停止此项决议和命令后召集的全国人民政权代表大会第一次会议提出报告；

（18）废除违反宪法、法律、法令、指令和上级机关颁布的其他文件，或者侵犯其他区域单位的利益或者整个国家利益的地方人民权力机关作出的决议和命令；

（根据全国人民政权代表大会 1992 年 7 月 12 日作出的修正案修改）

（19）通过国务委员会的议事规程；

（20）行使宪法、法律或者全国人民政权代表大会所授予的其他职权。

第 91 条

国务委员会的一切决议以其成员的普通多数表决通过。

第 92 条

国务委员会的任期直到新届全国人民政权代表大会选出新的国务委员会为止。其任期与全国人民政权代表大会任期相同。

（根据全国人民政权代表大会 1992 年 7 月 12 日作出的修正案修改）

第 93 条

国务委员会主席和政府首脑的职权如下：

（1）代表国家和政府并指导其总政策；

（2）组织和领导国务委员会和部长会议的活动，召集和主持国务委员会和部长会议的会议；

（3）监督和领导各部和其他中央管理机关的活动；

（4）承担领导各部或其他中央管理机关的工作；

（5）选举部长会议的成员后提交全国人民政权代表大会批准；

（6）解除部长会议任何成员职务，建议全国人民政权代表大会或国务委员会更换部长会议任何成员；

（7）接受外国外交使节的国书，此项职权可以转交给国务委员会一个副主席行使；

（8）担任所有武装力量的最高指挥，并确定其总体组成；

（根据全国人民政权代表大会 1992 年 7 月 12 日作出的修正案修改）

（9）主持国务委员会工作；

（根据全国人民政权代表大会 1992 年 7 月 12 日作出的修正案修改）

（10）依照本宪法规定宣布进入国家紧急状态，在条件允许时尽快将该宣布以法定方式通知全国人民政权代表大会或国务委员会；

（根据全国人民政权代表大会 1992 年 7 月 12 日作出的修正案增加）

（11）签署国务委员会的法令和其他决定，签署国务委员会及其执行委员会的其他文件，并发布于《共和国公报》；

（根据全国人民政权代表大会 1992 年 7 月 12 日作出的修正案修改）

（12）行使本宪法或全国人民政权代表大会所授予的其他权限。

（根据全国人民政权代表大会 1992 年 7 月 12 日作出的修正案修改）

第 94 条

国务委员会主席因病或者去世的，由国务委员会第一副主席代行其职权。

第 95 条

部长会议是最高执行和管理机关，是共和国的政府。

部和作为部长会议组成的中央机关的数额、名称和职权由法律规定。

第 96 条

部长会议的组成人员有：同时作为部长会议主席的国家元首和政府首脑、第一副主席、各副主席、各部部长、秘书长以及法律规定的其他成员。

（根据全国人民政权代表大会 1992 年 7 月 12 日作出的修正案修改）

第 97 条

部长会议主席、第一副主席、各副主席和主席确定的其他部长会议的组成人员组成执行委员会。

执行委员会在部长会议闭会期间决定属于部长会议权限内的各项问题。

（根据全国人民政权代表大会 1992 年 7 月 12 日作出的修正案修改）

第 98 条

部长会议的职权如下：

（1）根据全国人民政权代表大会的决议组织和领导政治、经济、文化、科学、社会以及国防等各个领域的工作；

（2）提出国家经济和社会发展总计划草案并在全国人民政权代表大会批准后监督计划的执行；

（3）领导制定共和国外交政策以及共和国同外国的关系方面的工作；

（4）缔结国际条约并将其提交国务委员会批准；

（5）领导和监督对外贸易；

（6）编制国家预算草案并在全国人民政权代表大会审查批准后保证其执行；

（7）采取加强货币信贷制度的措施；

（8）拟定法律草案，提交全国人民政权代表大会或者国务委员会审议；

（9）保卫国防，维持秩序和内部安全，保障公民的权利，在遭受自然灾害的时候，保护公民的生命和财产；

（10）领导国家各行政机关，使各部和各中央和地方管理机关的工作协调，并监督它们的活动；

（根据全国人民政权代表大会 1992 年 7 月 12 日作出的修正案修改）

（11）执行全国人民政权代表大会的法律和决议、国务委员会的法令和命令，并在必要时颁布相应的法令；

（根据全国人民政权代表大会 1992 年 7 月 12 日作出的修正案修改）

（12）根据并为执行现行法律通过指令和命令并监督其执行；

（根据全国人民政权代表大会 1992 年 7 月 12 日作出的修正案修改）

（13）地方各级人民政权代表大会产生的管理机构依据地方人民政权代表大会制定的决议进行的特定职权行为有违中央政府管理机关的决议和命令的，建议地方各级人民政权代表大会废除此项决议；

（根据全国人民政权代表大会 1992 年 7 月 12 日作出的修正案修改）

（14）各部部长的命令违反必须执行的上级机关的法令时，撤销这些命令或者宣布这些命令无效；

（根据全国人民政权代表大会 1992 年 7 月 12 日作出的修正案修改）

（15）地方各级人民政权代表大会的决议和命令违反法律和其他有关法令或者损害其他区域或者整个国家的利益时，建议全国人民政权代表大会废除或者国务委员会停止执行此项决议和命令；

（根据全国人民政权代表大会 1992 年 7 月 12 日作出的修正案修改）

（16）设立为完成所面临的任务而认为必要的各种委员会；

（根据全国人民政权代表大会 1992 年 7 月 12 日作出的修正案修改）

（17）根据法律规定的权限任免公职人员；

（根据全国人民政权代表大会 1992 年 7 月 12 日作出的修正案修改）

（18）行使全国人民政权代表大会或者国务委员会授予的任何其他职权。

（根据全国人民政权代表大会 1992 年 7 月 12 日作出的修正案修改）

第 99 条

部长会议向全国人民政权代表大会负责并定期报告自己的工作。

第 100 条

部长会议成员的职权如下：

（1）领导各部和所属各分支机构的活动，为此颁布必要的指示和命令；

（2）在非直接属于其他机关的职权时，发布为执行有关他们的法律和法令所必要的指示；

（3）出席部长会议的会议，享有决定性投票权，参加表决，提出他们认为必要的法律、法令、指令、决议、决定或者任何其他建议的草案；

（4）根据法律任命他们所属的公职人员；

（5）行使本宪法或全国人民政权代表大会所授予的其他权限。

第 101 条

设立国防委员会，由国防委员会在和平和战争时期宣布全国动员、紧急状态和战争状态。法律规定其组织和运行。

（根据全国人民政权代表大会 1992 年 7 月 12 日作出的修正案修改）

第十一章　政治行政区划

第 102 条

为政治和行政的目的，全国领土分为省和市，其数额、界限和名称由法律加以规定。

此外，法律还可以规定其他的区域单位。

省属介于国家和城市之间的地方区划，是产生完全法律效果的法律人格，依法进行政治活动，其区域等于管辖的市的面积的总和，依照其职权运行并完成国家交办的事务。省的首要义务是促进其领土内的经济和社会发展。为城市利益，省应与所辖城市共同协调和掌控国家上级机关批准执行的政策、方案和计划。

市属于地方区划，是产生完全法律效果的法律人格，是在必要的经济、社会关系决定的区域内依法进行政治活动，提供当地最低限度的生活需求。

省、市应相互合作行使其职能，以促成国家制定的目标。

（根据全国人民政权代表大会 1992 年 7 月 12 日作出的修正案修改）

第十二章　地方人民权力机关

第 103 条

按国家领土划分的政治行政单位组成的地方各级人民政权代表大会，是地方最高国家权力机关，因而在该区域内获得最高的授权，但只能在职权范围内依法行使该项职权。

同样，地方人民政权代表大会依法协助设在所辖地区内不是直属的企业开展活动和执行计划。

人民政权代表大会设立的地方管理部门指导其所属经济和生产企业以及服务性企业单位，以满足该机关辖区内的经济、医疗、救助、教育、文化、体育、娱乐服务等一系列需求。地方管理部门采用合议制。

地方各级人民政权代表大会因其行使上述职能而获得人民委员会的支持，且依靠居民的首创性和广泛参加，协调自己同各群众性社会团体的活动。

（根据全国人民政权代表大会 1992 年 7 月 12 日作出的修正案修改）

第 104 条

城市、乡镇、居民聚集区、定居点和农村设立的人民委员会，根据市、省和国家人民政权代表大会机关的最高授权在当地行使其职权。它们代表其发挥作用的地区，同时也代表了市、省一级国家的人民力量。

人民委员会积极开展工作，以提高发展生产和服务活动的效率，满足人民群众医疗、经济、教育、文化和社会的需求，推动人民群众更热情和积极地参与解决出现的困难。

人民委员会协调、掌握和控制其辖区内的所有机构开展的工作，推动它们之间的合作，管理并监督其行为。

人民委员会的委员在该区域内选举产生，并选举其中之一主持其工作。辖区内的行政组织和最重要的机构的代表由人民委员会的委员担任。

人民委员会的组成及其职权依照法律规定。

（根据全国人民政权代表大会 1992 年 7 月 12 日作出的修正案修改）

第 105 条

省人民政权代表大会在自己的职权范围内：

（1）执行和保证执行法津和上级国家机关通过的具体普遍性的命令；

（2）根据相关国家机关的政策，通过和监督该省计划的执行和收支预算；

（3）选举和罢免大会的主席和副主席；

（4）任命和罢免大会的秘书长；

（5）依法参与制定和监督国家预算中涉及位于辖区内的其他实体及其下属机构执行国家预算和经济技术计划；

（6）掌握和监督全省行政机关的工作，并对其提供资助；

（7）根据其主席提议，任免有关行政管理机构领导人的职务；

（8）根据部长会议所确定的原则，确定省人民政权代表大会所属的主管经济、生产、服务、教育、卫生、文化、体育、环保和休闲娱乐的省级行政机关的组成、运行和职权；

（9）根据其管理的行政区域，依法签订不属于中央和市级机关签订的协议；

（10）批准市级人民政权代表大会关于人民委员会的设立和组成的建议；

（11）在其职权范围内撤销省级行政机关作出的决定，但如果此决定是根据中央行政机关的授权作出的，则应向部长会议建议撤销该决定；

（12）审查并评估其省级行政部门和下级人民政权代表大会提出的工作报告，并就此通过相应的决议；

（13）组织和解散工人委员会；

（14）执行上级机关制定的所有政策；

（15）促进巩固法制，维护国内秩序并加强国防能力；

（16）行使宪法和法律授予的其他权限。

（根据全国人民政权代表大会 1992 年 7 月 12 日作出的修正案修改）

第 106 条

市级人民政权代表大会在自己的职权范围内：

（1）执行和保证执行法津和上级国家机关通过的具体普遍性的命令；

（2）选举和罢免大会的主席和副主席；

（3）任命和罢免大会的秘书长；

（4）根据其职权推动和监督辖区内的实体开展工作；

（5）下属机关或主管部门作出的决定违反宪法、法律、法规、规定、决议和上级机关作出的决议，或其决定影响本地、其他区域和国家利益的，对其进行撤销或修改，但如果此决定是根据中央行政机关的授权作出的，应向部长会议建议撤销或修改该决议；

（6）根据宪法和现行法律规定，为该市利益签订协议并监督其执行；

（7）根据其主席提议，任免有关行政管理机构领导人的职务；

（8）根据部长会议确立的原则决定负责经济、生产服务、人民健康和其他具有生计、教育、文化、体育、环保性质的附属管理机构的组织、运行和目标；

（9）依法建议设立和组成人民委员会；

（10）组织和解散工人委员会；

（11）根据中央政府各部门作出的规定，通过并监督本级经济社会计划和预算；

（12）协助辖区内不由其管辖的实体依靠其工会和管理机关完成其生产和服务计划；

（13）审查并评估其省级行政部门提出的工作报告，并就此通过相应的决议；

（14）执行上级机关指定的所有政策；

（15）促进巩固法制，维护国内秩序并加强国防能力；

（16）行使宪法和法律授予的其他权限。

（根据全国人民政权代表大会 1992 年 7 月 12 日作出的修正案修改）

第 107 条

地方各级人民政权代表大会的常会和非常会议都是公开举行。当审议内容有关国家利益或影响一些人的荣誉时，地方人民政权代表大会可以通过举行秘密会议的决议。

（根据全国人民政权代表大会 1992 年 7 月 12 日作出的修正案修改）

第 108 条

地方各级人民政权代表大会必须有全体代表过半数出席才有权决定问题。决议以简单多数表决通过。

第 109 条

依照法律、法规和规章，根据实现当地各类目标的需要设立地方管理部门。为实现全社会利益，部长会议和地方政府可以决议、中央政府各机构负责人可以决定，依法在其职权范围内设立地方管理部门。

（根据全国人民政权代表大会 1992 年 7 月 12 日作出的修正案修改）

第 110 条

省、市人民政权代表大会设立常设工人委员会，为保障当地具体利益，协助人民政权代表大会开展工作。其工作特别地表现在掌握和监督辖区内设立的各类地方实体。

临时性的工人委员会执行它为特定任务而设立的和给它规定的专门性任务。

（根据全国人民政权代表大会 1992 年 7 月 12 日作出的修正案修改）

第 111 条

省级人民政权代表大会的组成人员每 5 年改选一次，一经改选，代表任期即结束。

市级人民政权代表大会的组成人员每两年半改选一次，一经改选，代表任期即结束。

地方各级人民政权代表大会只能根据全国人民政权代表大会按宪法第 72 条所指情况作出的决议延长其任期。

（根据全国人民政权代表大会 1992 年 7 月 12 日作出的修正案修改）

第 112 条

地方人民政权代表大会代表的资格可以随时撤销。法律规定其撤销的形式、原则和程序。

（根据全国人民政权代表大会 1992 年 7 月 12 日作出的修正案修改）

第 113 条

代表为了全社会的利益履行选民的委托，必须协调好履行其职责和日常工作的关系。法律规定履行其职责的方式。

（根据全国人民政权代表大会 1992 年 7 月 12 日作出的修正案修改）

第 114 条

市级人民政权代表大会代表拥有宪法和法律赋予的权利和义务，特别是如下义务：

（1）向人民政权代表大会反映选民提出的建议、要求和困难；

（2）向选民传达人民政权代表大会执行的政策以及为满足居民的需要所采取的措施或者有关解决某些问题所产生的困难；

（3）定期向选民和所在的人民政权代表大会及其委员会报告自己的工作，只要其提出这样的要求。

（根据全国人民政权代表大会 1992 年 7 月 12 日作出的修正案修改）

第 115 条

省级人民政权代表大会代表应该为选民谋取利益，并依照法定程序报告自己的工作。

（根据全国人民政权代表大会 1992 年 7 月 12 日作出的修正案修改）

第 116 条

省、市人民政权代表大会代表从所在大会成员中选举主席和副主席。选举根据按法定方式提出的候选人名单依照法定程序进行。

（根据全国人民政权代表大会 1992 年 7 月 12 日作出的修正案修改）

第 117 条

省、市人民政权代表大会主席当然的是该地行政机关的主席和国家在对应行政区划的代表。其任命依照法律规定。

（根据全国人民政权代表大会 1992 年 7 月 12 日作出的修正案修改）

第 118 条

省、市人民政权代表大会产生的管理机关以合议制开展工作。法律规定其结构、组成、任命和义务。

（根据全国人民政权代表大会 1992 年 7 月 12 日作出的修正案修改）

第 119 条

省、市和国防区的国防委员会根据国防总体规划和军事委员会的组织和职权，在和平时期备战和战争时期宣布其辖区内的动员令和紧急状态。国家国防会议依法决定地方国防会议的组织和设立。

（根据全国人民政权代表大会 1992 年 7 月 12 日作出的修正案修改）

第十三章　法院和检察院

第 120 条

审判权属于人民，由最高人民法院和依法设立的其他法院代表人民行使。

法律规定司法行为的基本目标，法院的组织规则，各级法院的管辖权和职权、权限、工作方式，以及审判人员的资格、选任和罢免程序。

（根据全国人民政权代表大会 1992 年 7 月 12 日作出的修正案修改）

第 121 条

各级法院组成独立行使职权的国家机关系统，不受任何其他机关的干涉，只从属于全国人民政权代表大会和国务委员会。

最高人民法院行使最高审判决，其判决具有终审效力。

虽然国务委员会行使立法权和监督权，决定各人民法院应履行义务的规范，是审判工作的来源，但其制定的强制性规范是为司法实践进行统一的法律解释和适用。

（根据全国人民政权代表大会 1992 年 7 月 12 日作出的修正案修改）

第 122 条

法官独立行使审判权，只服从法律。

第 123 条

各级法院在其职权范围内所作出的判决和其他最终决定，对一切国家机关、社会经济机构和公民，无论是直接有影响，还是没有直接关系，都是必须执行的。

第 124 条

各级法院通过合议进行审判。职业审判员和人民陪审员参加行使审判权，享有平等的权利并负担平等的义务。

人民陪审员参与审判具有社会意义，因此应该优先选择这种审判方式。

（根据全国人民政权代表大会 1992 年 7 月 12 日作出的修正案修改）

第 125 条

法院依照法律规定的时间向选举它的人民政权代表大会报告自己的工作。

（根据全国人民政权代表大会 1992 年 7 月 12 日作出的修正案修改）

第 126 条

罢免法官的权利属于选举他的机关。

第 127 条

共和国总检察署是国家机关，其主要任务是通过监督国家机关、经济和社会机构以及公民严格执行宪法、法律和其他规范性法令的途径监督遵守法制。同时，代表国家提起和参与刑事诉讼。

总检察署的其他任务和职能，以及行使上述职权所依据的方法、范围和原则，由法律规定。

（根据全国人民政权代表大会 1992 年 7 月 12 日作出的修正案修改）

第 128 条

共和国总检察长只服从全国人民政权代表大会和国务委员会。

共和国总检察长直接从国务委员会获得指示。

共和国总检察长领导和决定全国各地检察长的活动。

检察机关在全国按垂直系统组织，只服从共和国总检察长，不受地方政权机关的干涉。

（根据全国人民政权代表大会 1992 年 7 月 12 日作出的修正案修改）

第 129 条

共和国总检察长和助理检察长由全国人民政权代表大会选举和罢免。

（根据全国人民政权代表大会 1992 年 7 月 12 日作出的修正案修改）

第 130 条　共和国总检察长依照法律规定的形式和时间对全国人民政权代表大会报告工作。

（根据全国人民政权代表大会 1992 年 7 月 12 日作出的修正案修改）

古　巴　243/

第十四章　选举制度

第 131 条

所有具有选举权的公民，通过直接或选举自己的代表选举组成人民权力机关；依照法定形式自由、平等和秘密地参加选举和全民投票时，每个选民只有一次投票权。

（根据全国人民政权代表大会 1992 年 7 月 12 日作出的修正案修改）

第 132 条

年满 16 岁的所有古巴男女公民都有投票权，但下列人员除外：

（1）经法院判决无行为能力的精神不健全者；

（2）因犯罪被判决剥夺选举权者。

第 133 条

享有完全的政治权利的古巴男女公民，都有被选举权。

如选举全国人民政权代表大会代表，当选代表必须年满 18 岁。

第 134 条

革命武装力量和其他军事机关的成员同其他公民一样平等地享有选举权和被选举权。

第 135 条

省、市级人民政权代表大会代表的名额按照各该政治行政区域单位居民的人口比例，由法律规定。

省、市级人民政权代表大会代表经自由、平等和秘密地选举产生，其程序和方式由法律规定。

（根据全国人民政权代表大会 1992 年 7 月 12 日作出的修正案修改）

第 136 条

代表当选必须获得各该选区过半数投票才算有效。

无法达到上述结果或出现其他没有规定的情形，法律规定重新举行选举的程序。

（根据全国人民政权代表大会 1992 年 7 月 12 日作出的修正案修改）

第十五章　宪法的修改

第 137 条

本宪法只有经过全国人民政权代表大会以全体代表 2/3 以上的多数票通过

决议才能进行全部或部分修改。但不得更改经第一章第 3 条规定的政治、经济、社会体制和禁止在外国势力的侵略、威胁或胁迫下达成协议。

如宪法的修改是关于全国人民政权代表大会或者国务委员会的组织和权限或者是关于宪法所宣布的权利和义务的内容的，还须由全国人民政权代表大会为此举行全民公决，由享有选举权的公民以多数投票予以批准。

（根据 2002 年 6 月 24 日闭幕的全国人民政权代表大会作出的修正案修改）

特别条款

古巴几乎全体人民，于 2002 年 6 月 15 日至 18 日表示，强烈支持该月 10 日由全国人民政权代表大会特别会议的各机构起草的共和国宪法修正案的各部分，强烈支持建议将社会主义性质和政治、社会体制宣布为不可更改，以此作为对美帝国主义政府 2002 年 5 月 20 日威胁的庄严回应。

修正案由 2002 年 6 月 24、25、26 日举行的第五届全国人民政权代表大会特别会议一致通过。

（潘灯译，王旭校）

加 拿 大

1867 年至 1982 年加拿大宪法文件*

1867 年宪法法**

该法是为了联合的目的，为加拿大、新斯科舍、新布伦瑞克联邦以及他们的政府而定。

1867 年 3 月 29 日

鉴于加拿大省、新斯科舍省、新布伦瑞克省已经表达了他们想联合组成一个在大不列颠和爱尔兰联合王国王权之下的独立自治地区，制定一个与联合王国基本原则相同的宪法；

鉴于这样一个联盟有利于各省人民的福利以及能够促进大英帝国的利益；

鉴于基于通过议会权威建立联盟是合适的，不仅在自治地区提供具有立法权威的宪法，而且宣布具有执行力的政府管理的本质；

鉴于为最后进入北美英联邦的其他部分制定规定是可行的。①

第一章 序 言

第 1 条 题目

本法可被引用为《1867 年宪法法》。②

---

* 包含加拿大议会和各省立法机关通过立法的方式对两个宪法文件的所有修改，从 1867 年至 1982 年联合宪法法。

** 英国议会制定，1867 年 3 月 29 日生效。

① 原文注：本段经《1893 年成文法修改法》（the Statute Law Revision Act, 1893）修改。

② 原文注：本条由《1982 年宪法法》制定，1982 年 4 月 17 日生效。

第 2 条 （废止）①

第二章 联　邦

第 3 条　联邦的声明

为了女王，根据女王陛下最荣耀的枢密院的建议，通过公告合法地宣布，在指定日之后本法通过后不超过 6 个月的某日，加拿大省、新斯科舍省、新布伦瑞克省将组成一个名字为加拿大的新的自治地区；相应地，3 个省在该日后形成一个以加拿大命名的独立自治地区。②

第 4 条　法后续规定的建立

除非另有表示或说明，加拿大这个名字应该按照本法解释的意思。③

第 5 条　四个省

加拿大分成 4 个省，安大略省、魁北克省、新斯科舍省和新布伦瑞克省。④

---

①　原文注：由《1893 年成文法修改法》废止。

②　原文注：1867 年 5 月 22 日发布的公告把这一天固定为 1867 年 7 月 1 日。

③　原文注：经《1893 年成文法修改法》部分废止。

④　原文注：加拿大现在由 10 个省（安大略、魁北克、新斯科舍、新布伦瑞克、马尼托巴、不列颠哥伦比亚、爱德华王子岛、阿尔伯塔、萨斯喀彻温以及纽芬兰）和 3 个地区（育空地区、西北地区和努纳武特地区）组成。并入联邦的第一个地区鲁伯特兰德（Rupert's Land）和西北部地区（North – Western Territory）后来定名为西北地区（Northwest Territories），是根据《1867 年宪法法》第 146 条和《1868 年鲁伯特兰德法案》（the Rupert's Land Act，1868），通过 1870 年 6 月 23 日制定、1870 年 7 月 15 日生效的《鲁伯特和西北部地区法令》（the Rupert's Land and North – Western Territory Order）得到承认的，在接纳这些地区之前，当和加拿大联合时，加拿大议会制定了《鲁伯特利和西北部地区临时政府法案》（An Act for the temporary Government of Rupert's Land and the North – Western Territory when united with Canada），且《1870 年马尼托巴法案》（Manitoba Act，1870）规定了马尼托巴省的构成。

不列颠哥伦比亚是根据《1867 年宪法法》第 146 条，通过 1871 年 5 月 16 日制定、1871 年 7 月 20 日生效的国会法令，即《不列颠哥伦比亚联邦条款》得到承认的。

爱德华王子岛是根据《1867 年宪法法》第 146 条，通过 1873 年 6 月 26 日制定、1873 年 7 月 1 日生效的国会法令，即《爱德华王子岛联邦条款》得到承认的。

1871 年 6 月 29 日，联合王国议会制定了《1871 年宪法法》（the Constitution Act，1871），授权创建不包括在任何省之内、在地区以外的独立省，加拿大议会制定了《阿尔伯塔法案》（1905 年 7 月 20 日）以及《萨斯喀彻温法案》（1905 年 7 月 20 日），规定分别创建阿尔伯塔和萨斯喀彻温省。两个法案在 1905 年 9 月 1 日生效。（转下页注）

第 6 条　安大略和魁北克省

从前分别由上加拿大省和下加拿大省组成的加拿大省的部分（存在于本法通过过程中）已经被分离，并将组成两个独立的省。原组成上加拿大省的部分将组成安大略省，原组成下加拿大省的部分将组成魁北克省。

第 7 条　新斯科舍省和新布伦瑞克省

新斯科舍省和新布伦瑞克省和在本法通过中拥有同样的界限。

第 8 条　十年一次人口普查

加拿大的人口普查从 1871 年开始，然后每十年对四个省的人口进行一次普查。

第三章　行 政 权

第 9 条　以女王的名义宣布行政权

加拿大的政府和行政权力特此宣布继续并由女王授予。

第 10 条　关于总督的规定的适用

本法关于总督的规定扩展和适用于加拿大目前的总督，或其他首席行政官员或目前代表和以女王名义执行加拿大政府管理权的管理者，无论他们被指定为任何头衔。

第 11 条　加拿大枢密院的组建

应该设立一个在加拿大政府中起帮助和建议作用的委员会，作为女王陛下

（接上页注）同时，除纽芬兰殖民地及其属地以外，所有剩余的北美不列颠领地和地区以及邻近的岛屿，根据 1880 年 7 月 31 日制定的《相邻领地法令》（Adjacent Territories Order, dated July 31, 1880），均被纳入到加拿大联邦。

加拿大议会在 1912 年通过《1912 年安大略边界扩展法案》（The Ontario Boundaries Extension Act, 1912）、《1912 年魁北克边界扩展法案》（The Quebec Boundaries Extension Act, 1912）以及《1912 年马尼托巴边界扩展法案》（The Manitoba Boundaries Extension Act, 1912）把西北地区并入了邻近省，其他部分由《1930 年马尼托巴边界扩展法案》（The Manitoba Boundaries Extension Act, 1930）规定纳入马尼托巴。

1898 年根据《育空地区法案》（The Yukon Territory Act）在西北地区以外创建了育空地区。

纽芬兰是在 1949 年 3 月 31 日通过《纽芬兰法案》（Newfoundland Act）加入的，该法案正式批准了纽芬兰和加拿大联邦条款。

努纳武特是在 1999 年根据《努纳武特法案》（Nunavut Act, S. C. 1993）脱离西北地区创建的。

在加拿大的枢密院；委员会的成员应该随时由总督选择和召集并以枢密院议员的身份宣誓，总督也可以随时罢免其成员。

第 12 条　根据法案由总督按照枢密院的建议或单独行使的各种权力

任何大英帝国议会，或大不列颠和爱尔兰联合王国议会，或上加拿大、下加拿大、加拿大、新斯科舍或新布伦瑞克立法机构的法之下的所有权力、职权和职责，在联邦中授予并由各省尊贵的省长或副省长行使，按照各省的尊贵的行政委员会的建议或建议及批准，或者与这些委员会、委员会的成员协作，或者通过省长或副省长独立行使；在联邦成立后能够继续存在和被行使的涉及加拿大政府的这些权力，应该被授予并由总督行使，总督根据女王陛下在加拿大的枢密院或其成员的建议，或建议及批准，或与其协作行使，或者由总督独立行使权力，尽管如此，在需要的情况下，可以由加拿大议会废除和改变这些权力（除非考虑到大不列颠议会或大不列颠和爱尔兰联合王国议会法中存在的情况）。①

第 13 条　关于委员会中总督（Governor General in Council）的规定的适用

本法关于委员会中总督的规定应被解释为指根据和按照女王陛下在加拿大的枢密院的建议行动的总督。

第 14 条　女王陛下授权总督委任代理的权力

如果女王陛下认为合适，为了女王，根据女王表达或给予的任何限制或指导，可以合法地随时授权总督委任任何个人或几个人个别或联合地在加拿大某部分或任何部分做其代理，使其有权力行使总督执政期间总督认为有必要或有利委派给代理人（们）的总督的各种权力、职权和职责；但是代理人（们）的委任不能影响总督自己的权力、职权和职责的行使。

第 15 条　以女王的名义授予军队的命令

以女王的名义授权宣布，加拿大的海军、陆军民兵组织和所有的海军和军事武装继续存在。

第 16 条　加拿大政府所在地

除非女王另外宣布，加拿大政府首都是渥太华。

第四章　立　法　权

第 17 条　加拿大议会的组成

设立加拿大议会，由女王、参议院形式的上议院和众议院组成。

---

①　原文注：见本法第 129 条的脚注。

第 18 条　议院的特权等

由参议院、众议院及其成员拥有、享有和行使的特权、豁免和职权应随时通过加拿大议会法界定，但是加拿大议会法界定的这些特权、豁免和职权不能超越在这些法通过过程中由大不列颠和爱尔兰联合王国的下议院及其成员拥有、享有和行使的特权、豁免和职权。①

第 19 条　加拿大议会首次会议

在联邦成立后应在 6 个月内召集加拿大议会。②

第 20 条　（废止）③

参 议 院

第 21 条　参议员数量

根据本法规定，参议院由 105 名成员组成，他们被称为参议员。④

第 22 条　参议院中各省的代表

关于加拿大参议院的组成应该有四个部分：

（一）安大略省；

（二）魁北克省；

（三）沿海各省：新斯科舍省和新布伦瑞克省以及爱德华王子岛；

（四）西部省份：马尼托巴省、不列颠哥伦比亚省、萨斯喀彻温省以及阿尔伯塔省。

上述四个部分应该在参议院平等地被代表（根据本法的规定），代表数如下：安大略省 24 名参议员；魁北克 24 名参议员；沿海各省和爱德华王子岛 24 名参议员，其中新斯科舍省 10 名代表，新布伦瑞克省 10 名代表，爱德华王子岛 4 名代表；西部省份 24 名参议员，其中马尼托巴省 6 名代表，不列颠哥伦比亚省 6 名代表，萨斯喀彻温省 6 名代表，阿尔伯塔省 6 名代表；纽芬兰省有 6 名参议员代表；育空地区和西北地区各有 1 名参议员代表；

---

①　原文注：本条内容由《1875 年加拿大议会法》（Parliament of Canada Act, 1875）废止并重新制定。

②　原文注：已失效，第一届议会第一次会议在 1867 年 11 月 6 日召开。

③　原文注：由《1982 年宪法法》废止。

④　原文注：经由《1915 年宪法法》（Constitution Act, 1915），《纽芬兰法》（the Newfoundland Act），《1975 年宪法法（第二号）》[the Constitution Act (No. 2), 1975]，《1999 年努纳武特宪法法》[the Constitution Act, 1999 (Nunavut)] 修改。

如魁北克，代表其省的 24 名参议员，应该从加拿大统一法第一章附件一规定的下加拿大 24 个选区中每选区选出 1 名被委任。①

第 23 条　参议员的资格

参议员当选资格如下：

（一）年满 30 岁；

（二）是或者生来即为女王的臣民，或者在联邦组建之前根据大不列颠议会法或大不列颠和爱尔兰联合王国议会法，或上加拿大、下加拿大、加拿大、新斯科舍、新布伦瑞克其中一个省的立法，或联邦组建后加拿大议会法归化为女王的臣民；

（三）他应该在其被委任的省内，合法或根据衡平法要求，有自己使用和收益的以自由和共有的农役租赁方式出租的土地或房产的永久业权，有要求或拥有以友好法国或平民身份（in Franc – alleu or in Roture）使用和收益的土地或出租房产，在租金、应缴税、债务、费用、抵押贷款和财产留置权或所付费用或其他同样的费用之外，要求其价值在 4000 元以上；

（四）在其债务之外，他的地产和个人财产总额价值应在 4000 元以上；

（五）居住在其被委任的省份；

（六）涉及魁北克省，他应该具有他被委任的选区要求的财产资格，或者居住在那个选区。②

第 24 条　参议员的召集

总督应该随时以女王的名义，通过加盖国玺签署文件，召集合格的人员到参议院；且根据本法的规定，每一个被召集的人应该作为参议院的成员成为 1 名参议员。

---

① 原文注：经由《1915 年宪法法》（Constitution Act, 1915），《纽芬兰法》（the Newfoundland Act），《1975 年宪法法（第二号）》［the Constitution Act（No. 2），1975］修改。

② 原文注：《1999 年努纳武特宪法法》规定，为了本部分的目的（其为努纳武特增加了 1 名参议员），《1867 年宪法法案》第 23 条中的"省"与《1985 年解释法》（Interpretation Act）第 35 条中的"省"有相同的含义，修改后，其规定"省"是指"加拿大的一个省，包括育空、西北部地区和努纳武特"。

《1975 年宪法法（第二号）》规定，为本法案目的（其为育空地区和西北部地区各增加了 1 名参议员），在《1867 年宪法法》第 23 条中的"省"与《1970 年解释法》第 28 条的"省"有相同的含义，其规定"省"是指"加拿大的一个省，包括育空地区和西北部地区"。

第 25 条　（废止）①

第 26 条　特定情况下参议员的增加

在任何时候，根据总督的建议，女王认为合适即命令增加 4 名或 8 名参议员，总督可以召集 4 名或 8 名合格的人员（视情况而定），同等代表加拿大的四个选区，相应地增加到参议院中。②

第 27 条　参议院自然人数的减少

在如上条所述的任何时间内增加参议员的情况，除非按照类似提到的推荐并由女王发布命令，在四个选区已经由正好 24 名参议员所代表时，总督不能再召集任何代表四个选区其中之一的人到参议院来。③

第 28 条　参议员的最多人数

参议员的人数在任何时候不能超过 113 名。④

第 29 条

一、参议院的任期

根据第二款规定，一个参议员应该按照本法的规定，终身在参议院任职。

二、达到 75 岁年龄的退休

根据本法的规定，在本款内容生效之后，一个被召集到参议院的参议员，应该在参议院任职直到 75 岁。⑤

第 30 条　在参议院的辞职

参议员应该以书面辞呈递交总督辞去其在参议院的职位，因此参议员席位空缺。

第 31 条　参议员丧失资格

在下述情况下参议员应该离职：

（一）如果连续两个议会的会期他不能出席参议院会议；

（二）如果他通过宣誓、发表声明或效忠的方式服从或遵守外国政权，或者通过行为成为外国的臣民或公民，或有资格享有外国臣民或公民的权利；

（三）如果他被宣布破产或资不抵债，或者申请享有有关破产债务人的法律规定的利益，或者其是侵犯公共利益者；

---

① 原文注：由《1893 年成文法修改法》废止。

② 原文注：由《1915 年宪法法》修改。

③ 原文注：由《1915 年宪法法》修改。

④ 原文注：经由《1915 年宪法法》，《1975 年宪法法》和《1999 年努纳武特（Nunavut）宪法法》修改。

⑤ 原文注：《1965 年宪法法》修改制定，1965 年 6 月 1 日生效。

（四）如果他犯有叛国罪或重罪或任何不名誉的犯罪；

（五）如果因为财产或居住条件，其终止拥有参议员资格；但是，在居住方面不能仅因为其履行政府职责要求其居住在加拿大首都就认为其参议员的资格终止。

第 32 条　参议院空缺时的召集

当因为辞职、死亡或其他原因参议院发生职位空缺时，总督应该召集合适和有资格的人填补空缺。

第 33 条　关于参议院资格和空缺的问题

如果因参议员的资格或空缺所引发的问题，由参议院听证和决定。

第 34 条　参议院议长的委任

总督可以随时通过加盖国玺签署文件的方式，委任 1 名参议员为参议院议长，且可以罢免他委任另一人代替。①

第 35 条　参议院的法定人数

除非加拿大议会另有规定，必须至少有包括议长在内的 15 名参议员出席参议院会议，参议院才能行使权力。

第 36 条　参议院的投票

提交参议院的问题应该由多数表决决定，议长在任何情况下都只有一个投票权，当表决票数相等，反对方意见胜出。

众 议 院

第 37 条　加拿大众议院的组成

根据本法的规定，众议院由 308 名成员组成，其中 106 名选自安大略，魁北克 75 名，新斯科舍 11 名，新布伦瑞克 10 名，马尼托巴 14 名，不列颠哥伦比亚 36 名，爱德华王子岛 4 名，阿尔伯塔 28 名，萨斯喀彻温 14 名，纽芬兰 7 名，育空地区 1 名，西北地区 1 名，努纳武特地区 1 名。②

第 38 条　众议院的召集

总督应该随时以女王的名义，通过加盖国玺签署文件召集众议院议员到会。

---

①　原文注：在参议院议长缺席期间议长职责的行使是由《1985 年加拿大议会法案》第二部分（原来由《1970 年参议院议长法》）作出规定的，关于议会制定参议院议长法案的权力的质疑是通过《加拿大议长（代理人的委任）法案》消除的，其已被《1982 年宪法法》废止。

②　原文注：这里给出的数字源自第 51 条的应用，由《1985 年宪法法（代表法）》制定，并经《1999 年努纳武特宪法法》修改，根据《1985 年选举边界重新调整法》（Electoral Boundaries Readjustment Act）调整。

第 39 条　参议员不参加众议院会议

参议员不能被选举为众议院议员，或作为众议院议员参会或投票。

第 40 条　四个省的选区划分

除非加拿大议会另有规定，为了选送成员到众议院，安大略、魁北克、新斯科舍以及新布伦瑞克被分成如下选区：

（一）安大略

安大略被分为列入本法附件一中的县、县选区（Ridings of Counties）、市、市区及镇，每一部分是一个选区，每一个被列入附件一中的地区有资格选送 1 名成员；

（二）魁北克

魁北克被分成 65 个选区，这些选区在本法通过过程中，包括根据加拿大统一法第二章、下加拿大统一法第七十五章、女王二十三年加拿大省法第一章或任何在联邦成立后同样有效的修改法的规定曾经是下加拿大的 65 个选区，根据本法，每一个选区有资格选送 1 名成员；

（三）新斯科舍

新斯科舍有 18 个选区，哈利法克斯县有资格选送两名成员，其他县各选送 1 名成员；

（四）新布伦瑞克

新布伦瑞克被划分为 14 个县，作为 14 个选区，还包括圣约翰市。圣约翰市是独立的选区，15 个选区有资格各自选送 1 名成员。①

第 41 条　除非加拿大议会另有规定，现存选举法继续有效

除非加拿大议会另有规定，联邦中在几个省生效的所有法律涉及的如下问题，即：被选举为几个省议院大会或立法大会成员的资格和无资格，或作为成员参会及投票的资格和无资格，有关这些成员选举的投票者，投票者的宣誓，恢复公职，他们的权利和义务，选举的程序，选举继续的期间，有争议的选举的裁决，突发事件的程序，成员席位的空缺，除会议解散外成员席位空缺时新的委任的执行。这些问题分别在几个省中同样适用于众议院议员的选举。

但是，除非加拿大议会另有规定，在众议院为阿尔戈马区选举成员的选举中，除了根据加拿大省法投票有资格当选的人员外，每一个男性的英国公民，年满 21 岁，有房产，都有一个投票权。②

---

①　原文注：已失效。选区现在是通过《1985 年选区边界调整法》随时发布的公告建立的，通过议会法修正了特别的地区。

②　原文注：已失效。选区现在是通过《1985 年加拿大选举法》规定；议员的资格和无资格由《1985 年加拿大议会法》规定。公民的投票权和任职由《1982 年宪法法》第 3 条规定。

第 42 条　（废止）①

第 43 条　（废止）②

第 44 条　众议院议长的选举

在普选之后众议院首次开会时，应该尽快选举 1 名成员做议长。

第 45 条　议长席位空缺的补充

一旦由于死亡、辞职或其他原因议长席位出现空缺，众议院应该尽快选举另一位议员做议长。

第 46 条　议长主持会议

议长应该主持众议院所有会议。

第 47 条　议长缺席时的规定

除非加拿大议会另有规定，不论任何原因，一旦议长从众议院的席位上连续缺席 48 个小时，参议院应该选举另一位议员做议长，由此选举产生的成员应该在议长缺席的连续时间段内拥有和执行议长的所有权力、特权和职责。③

第 48 条　众议院法定人数

召开众议院会议行使权力至少需要有 20 名议员出席，议长包括在内。

第 49 条　众议院投票

众议院对问题的表决采取除议长以外的多数表决方式，如果表决票数相同的情况下，议长有一个投票权。

第 50 条　众议院的任期

每一届众议院任期 5 年，从选择议院的令状发回那天开始（直到总督宣布解散），不再延长。④

第 51 条

一、众议院代表的重新调整

众议院的议员数以及其中各省代表的数量，按照本款规定生效，其后，根据十年一度的人口普查结果，由有关部门按照加拿大议会当时规定的内容，服从和遵守下列规则进行调整：

---

①　原文注：由《1893 年成文法修改法》废止。

②　原文注：由《1893 年成文法修改法》废止。

③　原文注：关于议长缺席期间其职能的执行的规定现在通过《1985 年加拿大议会法》第三部分规定。

④　原文注：第十二届议会已经通过《1916 年不列颠北美法》而扩展，这个法被《1927 年成文法修正案》所废止。其规定众议院议员任期不能超过 5 年，从议员普选后的令状送达之日起计算，也可参见《1982 年宪法法》第 4 条第二款，其规定在特殊情况下，众议院可以延长。

（一）分配到每个省的议员数应该等于其人口数除以选举商数得到的数，且保留一位小数；

（二）如果按照规则（一）和第51条之一计算出分配到省里的议员数少于《1985年宪法法（代表法）》生效日分配给该省的议员总数，应该增加分配的议员数量，从而保证该省分配到同等数额的议员；

（三）规则（一）和规则（二）及第51条之一适用后，关于满足规则（四）列出条件的省，如果必要的话，在完成调整的基础上，应该增加一些议员，数量通过分配给该省的议员数除以分配给所有省的总数获得，且不低于、尽可能接近于用该省总人口除以所有省总人口得到的商数；

（四）在结束了前述调整的基础上，如果通过分配给该省的议员数除以分配给所有省的总数获得的数量等于或大于用该省总人口除以所有省总人口得到的数量，规则（三）适用于某省。每省的人口数是10年一次人口普查当年7月1日的人口数，如果人口普查先于调整，则按照为调整目的所进行的估算；

（五）除非文本有例外规定，这些规则中，一省的人口数是最近一次10年人口普查当年7月1日的估算人口数；

（六）这些规则中，"选举商数"是指：

1. 就2011年人口普查结束后进行的调整而言，是111166；

2. 就任何一次后续的人口普查后进行的调整而言，按照为之前调整目的所做的估算，用每个省人口数除以人口普查当年7月1日该省的人口数获得的商数，再乘以用于之前调整的选举商数得到的数目，保留乘积到一位小数。

一之一、人口估算

为符合第一款各规则的目的，通过权威部门，以某种方式，随时由加拿大议会规定对2001年7月1日和2011年7月1日加拿大人口以及每个省的人口，以及在2011年十年人口普查之后的每一年（已进行完人口普查的10年），当年的7月1日的人口进行估算。①

二、育空地区、西北部地区和努纳武特地区

根据《1985年加拿大修正法》第Ｙ-2章的规定，育空地区应该有1名议

---

① 原文注：由《2011年公平代表法》（Fair Representation Act）制定，经皇室批准在2011年12月6日生效。该条文内容经过了多次修改［经《1893年成文法修改法》、《1943年不列颠北美法》（被《1982年宪法法》废止）、《1946年不列颠北美法》（被《1982年宪法法》废止）、《1952年不列颠北美法》（该法同样被《1982年宪法法》废止）、《1974年宪法法》、《1985年宪法法（代表法）》修改或重新制定］。

员，根据《1985 年加拿大修正法》第 N - 27 章第 2 条的规定（该条经过了《1993 年加拿大法》第 28 章第 77 条的修改），西北地区应该有 1 名议员，根据《1993 年加拿大法》第 28 章第 3 条，努纳武特应该有 1 名议员。[1]

第 51 条之一　众议院的组成

尽管有本条规定，一个省的众议院人数不能少于该省在参议院议员的数量。[2]

第 52 条　众议院人数的增长

众议院成员数量可以由加拿大议会随时增加，只要本条规定的各省的比例代表制不被违反。

财政投票权；王室同意权

第 53 条　拨款和税收法案

对公共财政的任何拨款的法案，或者增加税收或关税的法案，都由众议院决定。

第 54 条　财政法案的提议

凡政府咨文提到的有关给公共财政拨款，或有关税收、关税的表决、决议、演说或法案没有首先提交到众议院，而众议院采纳或通过了该公共财政拨款或有关税收、关税的表决、决议、演说或法案，是不合法的。

第 55 条　王权对法案的同意等

当议会通过的法案呈递给总督提请女王同意时，除根据本法规定和女王陛下的指令外，总督有权力按照自己的判断宣布，他以女王的名义同意，或者拒绝女王同意或者把法留给尊贵的女王来签署。

第 56 条　总督同意的法案经枢密院令不许可

当总督以女王的名义同意了一个法案，他应该第一时间给女王陛下的首席国务秘书送达法案的副本，如果女王在由国务秘书签收副本后的两年内通过枢密院认为应该驳回该法案，这一驳回（国务秘书在接收这个法那天已经签章）由总督签署，通过口头或书面信息的方式，送交议会两院，或者通过公告的方式，将从签署之日起废止该法案。

---

① 原文注：通过《1999 年努纳武特宪法法》制定，对育空地区的描述现在在 2002 年《育空法案》的附件一中列出，代替了原来经由《1975 年宪法法（第一号）》修改制定的条款。

② 原文注：由《1915 年宪法法》制定。

第 57 条　由尊贵的女王签署的法案

留给尊贵的女王签署的法案不应该有强制力，除非或直到为了女王同意从其送交总督起两年之内，总督通过口头或书面信息的方式通知议会两院或通过公告签署该法案，并且已经得到了女王陛下枢密院的同意。

这种口头、书面信息或公告应该登记在每一议院的刊物上，经验证的副本应该送交合适的官员以确保其保存在加拿大档案中。

第五章　各省的宪章

行 政 权

第 58 条　各省的省督（A Lieutenant Governor）的委任

每一省应该设 1 名省督，由总督通过枢密院加盖加拿大国玺的方式书面委任。

第 59 条　省督的任期

省督在总督认可的期间内任职，但是在加拿大第一届议会开会之后任命的省督除非因为辞职从任命之日起 5 年内不能免职，免职需要和他本人以书面的方式、在辞退令发出后的一个月内进行沟通，如果议会正在会期，应该通过咨文的方式在这之后的一周之内和参议院及众议院沟通，如果不是在会期，则在下一届议会开会之后的一周内沟通。

第 60 条　省督的薪金

省督的薪金是固定的，由加拿大议会规定。①

第 61 条　省督的宣誓等

每一个省督在就职之前应该在总督或某些由总督授权的人面前进行类同于总督所做的效忠尽职宣誓并签字。

第 62 条　关于省督规定的适用

本法关于省督的规定扩展及适用于每个省目前在任的省督，或者目前管理各省的其他的无论任何头衔的行政首长或行政长官。

第 63 条　安大略和魁北克行政首长的任命

安大略和魁北克的行政委员会应该由省督随时认为合适的人员组成，即，司法部长（the Attorney General）、省书记官和注册官（the Secretary and Registrar of the Province）、省财务大臣（the Treasurer of the Province）、皇室土地专

---

①　原文注：由《1985 年薪酬法》规定。

员（the Commissioner of Crown Lands）、农业和公共事务专员（the Commissioner of Agriculture and Public Works），以及在魁北克立法委员会的主席（the Speaker of the Legislative Council）和首席司法长官（the Solicitor General）。①

第 64 条　新斯科舍和新布伦瑞克的政府

根据本法的规定，新斯科舍和新布伦瑞克的行政权力章程应该像在联邦一样继续有效，直到按照本法的权力做了更改为止。②

第 65 条　安大略或魁北克的省督根据建议或单独行使的权力

根据任何大不列颠议会法，或者大不列颠和爱尔兰联合王国议会法，或者上加拿大、下加拿大或加拿大立法机构的法规定的所有的权力、权限和职能，在联合之前或联合中曾经或现在被授予或由各省省长或省督行使的这些职权，其或者根据各省行政委员会的建议，或者根据其建议和同意，或者和这些委员会共同，或者和委员会的任何数目的成员共同，或者通过省长或省督单独行使的，只要是在联合之后在安大略和魁北克同样有能力行使的，应该被赋予以及应该或可以由安大略和魁北克的省督单独行使，或者根据各自行政委员会的行政建议或根据其建议并同意，或者与其共同，或者与其成员共同行使。尽管如此，同时要服从于安大略和魁北克各自立法机构的废止或改变权的限制（除非涉及诸如根据大不列颠法或者大不列颠和爱尔兰联合王国的议会法规定的情况）。③

第 66 条　关于委员会里的省督（Lieutenant Governor in Council）的规定的适用

本法涉及在委员会的省督的规定应该解释为指根据和按照其执行委员会的建议行为的省督。

第 67 条　省督行政上的缺席等

在委员会的省督可以随时任命行政官员在其缺位、生病或其他不能行使职权时行使其行政职能。

第 68 条　省政府的首府

除非该省的政府没有在本省作出指示和直到作出指示为止，省政府的首府

---

① 原文注：目前在安大略由 1990 年《行政委员会法》（the Executive Council Act）规定，在魁北克，由 1977 年《行政权力法》（the Executive Power Act）规定。

② 原文注：同样的规定包括在接纳不列颠哥伦比亚、爱德华王子岛和纽芬兰的每一个部门中。马尼托巴、阿尔伯塔和萨斯喀彻温的行政权力是通过创建这些省的成文法规定的。参见本法第 5 条的脚注。

③ 原文注：参见本法第 129 条的脚注。

应该如下：即安大略省在多伦多城；魁北克在魁北克城；新斯科舍在哈利法克斯城；新布伦瑞克在弗雷德里克顿城。

立法权力

一、安 大 略

第 69 条　安大略立法机构

安大略的立法机构由省督和一院，即安大略立法大会组成。

第 70 条　选区

安大略立法大会应该由 82 名成员组成，由选举产生的根据本法附件一规定的 82 个选区的代表组成。①

二、魁 北 克

第 71 条　魁北克立法机构

魁北克立法机构由省督和两院组成，模式为魁北克立法委员会（the Legislative Council of Quebec）和魁北克立法大会（the Legislative Assembly of Quebec）。②

第 72 条　立法委员会的组成

魁北克立法委员会由省督以女王的名义通过加盖魁北克印玺的文件任命的 24 名成员组成，根据本宪法所称的下加拿大 24 个选区各委任 1 名成员，每一名成员终身任职，除非魁北克立法机构根据本法的规定另外作了规定。

第 73 条　立法委员的资格

魁北克立法委员会委员的资格和魁北克参议员的资格相同。

第 74 条　辞职、丧失资格等

魁北克立法委员的位置空缺的情况加以必要的变通和参议员位置空缺的条件相同。

---

①　原文注：失效，现在通过《2005 年代表法》规定。

②　原文注：《有关魁北克立法委员会法》（1968 年）规定了魁北克立法机构应该由魁北克的省督和国民大会组成，废止了《1964 年立法法》关于魁北克立法委员会的规定。现在由《国民大会法》（National Assembly Act）所涵盖。因此下文的第 72—79 条规定现在完全失效。

第 75 条　职位空缺

当因为辞职、死亡或其他情况在魁北克立法委员会发生职位空缺时，省督应当以女王的名义，通过加盖魁北克印玺的书面文件，委任合适的和有资格的人选填补空缺。

第 76 条　关于空缺的问题等

如果提出涉及魁北克立法委员会委员资格或者魁北克立法委员会的职位空缺的任何问题，都由立法委员会听证和决定。

第 77 条　立法委员会的议长

省督可以随时通过加盖魁北克印玺的书面文件任命 1 名魁北克立法委员会的委员为议长，也可以罢免他，另任命他人代替。

第 78 条　立法委员会的法定人数

除非魁北克立法机构另有规定，应该至少有 10 名立法委员出席会议，包括议长，才能形成能够行使权力的法定会议。

第 79 条　立法委员会的表决

提交魁北克立法委员会的问题应该通过多数表决，议长在所有问题中有一个投票权，当得票数相等时，反对方意见胜出。

第 80 条　魁北克立法大会的组成

魁北克立法大会应该由 65 名经选举代表本法所称的下加拿大 65 个选区的代表组成，且服从魁北克立法机构所做的更改；如果提交魁北克省督同意改变本法附件二提到的选区的限制的任何法案，则是不合法的，除非这一法案的第二和第三读已经在立法大会经代表所有选区的多数成员同意通过，省督不能赞同这个法案。① 除非书面呈文已经由立法大会呈递给宣布通过它的省督。

三、安大略和魁北克

第 81 条　（废止）②

第 82 条　立法大会的召集

安大略和魁北克的省督应该随时以女王的名义通过加盖省印玺的书面文件召集本省的立法大会成员开会。

---

①　原文注：1970 年《关于选举地区法》（Act respecting electoral districts）规定本条不再有效。

②　原文注：由《1893 年成文法修改法》废止。

第 83 条　官员职务选举的限制

除非安大略或魁北克立法机构另有规定，通过省督指派，在安大略或魁北克公务机构、委员会或雇佣机构永久或临时任职的人，其年薪、酬金、津贴、报酬或任何其他种类的获利都是来自于本省的，该人没有资格作各自省的立法大会的成员；

但是本条的规定不等于其无资格成为各自省的任何行政委员会的成员，或执行下列职权，即，司法部长的职权、省书记官和注册官员、省财务大臣、皇室土地专员、农业和公共事务专员，以及魁北克首席司法长官，或者如果他被选举时已经在这些部门任职，则不能使他无资格在他被选举的议院拥有席位或投票。①

第 84 条　现存选举法的继续生效

除非安大略和魁北克的立法机构各自作了其他规定，在涉及下列问题时或其中之一的问题时，联邦所有的法律在这些省都是有效的，即：作为加拿大议会成员被选任或拥有席位或投票的人员的资格和无资格问题，投票者的资格和无资格问题，投票者的宣誓问题，选举监察人的权力和责任，选举的程序，选举能够继续的期间，有争议的选举的审判和适用的程序，成员席位的空缺，以及涉及非因解散而出现的空缺席位问题的新的令状的执行等问题，在安大略和魁北克的立法大会应该分别适用各自的成员选举法。

但是，如果安大略立法机构另有规定，在为阿尔戈马选区选举安大略立法大会成员的任何选举中，除了根据加拿大省法关于选举的规定之外，每一个年满 21 岁的拥有房产的不列颠男性臣民，有一个投票权。②

第 85 条　立法大会的任期

安大略的每一个立法大会和魁北克的每一个立法大会任期 4 年，从为选择立法大会的令状返回之日起计算，不能超过这个期限（然而，要服从省督提前解散安大略立法大会或魁北克立法大会的决定）。③

第 86 条　立法机构的年会

安大略和魁北克的立法机构的会期至少要每年一次，由此每省在立法机构

---

①　原文注：可能失效。在安大略，本条的主旨现在包含在《1990 年立法大会法》在魁北克包含在《国民大会法》中。

②　原文注：可能失效。在安大略，本条的主旨现在包含在《1990 年选举法》和《1990 年立法大会法》中，在魁北克包含在《选举法》和《国民大会法》中。

③　原文注：安大略和魁北克立法大会的最长任期已经改为 5 年。分别见《1990 年立法大会法》，以及《国民大会法》。也可参见《1982 年宪法法》第 4 条，其规定了立法大会的最长任期为 5 年，但是也授权在特殊情况下延长。

的上一届会议和下一届第一次会议之间要有不间断的 12 个月。①

第 87 条　议长、法定人数等

本法关于加拿大下议院的下列规定应该延伸和适用于安大略和魁北克的立法大会，即：关于最初的议长的选举以及空缺、议长的缺席、法定人数、选举模式的规定，类似于那些原有的规定被重新制定和适用于其立法大会的规定一样。

四、新斯科舍和新布伦瑞克

第 88 条　新斯科舍和新布伦瑞克的立法机构的组成

根据本法的规定，新斯科舍和新布伦瑞克每一个省的立法机构的组成应该像在联邦里一样继续存在，直到根据本法由有权的机构改变为止。②

五、安大略、魁北克和新斯科舍

第 89 条　（废止）③

六、四个省

第 90 条　关于立法机关财政投票规定的适用

本法关于加拿大议会的下述规定，即：涉及拨款和税收的法案、财政法案的提议、法案的同意、决议的驳回以及对保留法案的同意签署，应该扩展和适用于这几个省的立法机构，视同这些规定被重新制定和适用于各自省份和其立法机构，在条文内容上，用省督替换总督，用总督替换女王和国务卿，用一年替换两年，以及用省替换加拿大。

---

①　原文注：也可参见《1982 年宪法法》第 5 条，其规定每一个立法机构每十二个月要至少召开一届会议。

②　原文注：由《1893 年成文法修改法》部分废止并制定。

③　原文注：由《1893 年成文法修改法》废止。

第六章　立法权的分配

议会的权力

第 91 条　加拿大议会的立法权

女王应该根据和按照参议院与众议院两院的建议和同意，合法制定有关加拿大和平、秩序和良好政府的法律，不包括根据本法的分类设置专门分配给省立法机构立法的所有事项；为了更准确地表述，但是不至于限制本条先前的内容的普遍适用性，因此宣布（尽管包含在本法中）专属加拿大议会的专属立法权扩展到下面列举的分类目录中的所有问题，即：

（一）（废止）①

（一）之一　公债和财产；②

（二）贸易和商业的调整；

（二）之一　失业保险；③

（三）通过任何模式或税收机制筹集资金；

（四）通过公共信用借入款项；

（五）邮资；

（六）人口普查和数据统计；

（七）民兵、军队和海军服役，以及防务；

（八）加拿大公务员和其他政府公职人员的固定的薪金和津贴；

（九）信标、浮标、灯塔和岛屿标志物；

（十）航海和船舶运输；

（十一）海军医院的检疫和建立；

（十二）海岸和内陆渔场；

（十三）在一省和任何不列颠或外国国家或者两省之间的轮渡；

（十四）货币和货币制度；

（十五）银行、银行组织以及纸币发行；

---

① 原文注：第（一）项内容是由《1949 年不列颠北美法案（第二号）》加进去的，这一法案和第（一）项内容由《1982 年宪法法》废止。

② 原文注：原来的第（一）项内容由《1949 年不列颠北美法（第二号）》重新列举，作为（一）之一项。

③ 原文注：由《1940 年宪法法》增加。

（十六）储蓄银行；

（十七）度量衡；

（十八）货币汇率和预留金；

（十九）利息；

（二十）合法投标；

（二十一）倒闭和破产；

（二十二）发明和发现专利；

（二十三）版权；

（二十四）印第安人和为印第安人保留的土地；

（二十五）外国人的归化和外国人；

（二十六）结婚和离婚；

（二十七）除刑事司法法院章程以外的刑法，但是包括刑事程序；

（二十八）监狱的建立、维持和管理；

（二十九）这些分类排除本法分配给专属于省立法机构的分类的列举。

本条列举的所有分类内容不应该解释为包括本法分配给专属于省立法机构列举的本质上是地方或私人的事务。①

---

① 原文注：其他法律授予议会的立法权力如下：

1. 《1871 年宪法法》：

第 2 条　加拿大议会可以随时在加拿大任何省以外的临时领地设立新省，设立时可以规定新省的宪法和行政机构，以及以议会的名义通过有关和平、秩序和良好治理的法律。

第 3 条　经过所提到的自治领的任何省的立法机关同意，加拿大议会可以通过该省立法机关同意的条款和条件而增加、减少或改变这些省的界限，且可以经过同样的同意，规定关于增加、减少或改变受影响省份的疆域的效力和操作。

第 4 条　加拿大议会可以随时制定不是临时包含在一省的行政、和平、秩序和良好治理的规定。

第 5 条　下列由上述提到的加拿大议会通过的法案，题目为：《与加拿大联合鲁伯特兰德和西北地区临时政府法案》（An Act for the temporary government of Rupert's Land and the North Western Territory when united with Canada）、《关于修改和继续维多利亚第 32 和第 33 法案第三章的法案、关于建立和规定马尼托巴政府的法案》，上述法案应该从其得到以女王名义经上述提到的加拿大自治领总督批准之日起生效。

第 6 条　除本法案第 3 条的规定外，根据马尼托巴省议会的权利改变立法机关议员和选民资格的规定，以及在所提到的省制定选举法的权利，加拿大议会不能改变上述提到的议会制定的涉及马尼托巴或在所说的自治领建立新省的其他法案的规定。（转下页注）

专属于省立法机构的权力

第92条　专属于省立法机构的项目

在每一省都有下面列出的专属于省立法机构制定法律的权力，即：

（一）（废止）①

（二）为省财政目的而收集的省内直接的税收；

（三）基于单独的省信用而借入的资金；

（四）省官员的设立和任期以及省官员的委任和薪酬金；

（五）属于省的公地以及其上木材和林木的管理和买卖；

（六）在省内以及省的监狱的设立、维持和管理；

（七）在省内或省的医院、精神病院、慈善以及接受施舍的机构（不包括海军医院）的设立、维持和管理；

（八）省地方政府机构；

（九）为省、地方或市政目的征集税收而特许的商场、酒吧、客栈、拍卖行以及其他特许行业；

（十）除了下列事项的地方事务：

1. 连接省和其他地区或者其他省的其他地区，或者扩展超出了省的范围的蒸汽机或其他轮船航线，火车，运河，电信以及其他业务；

2. 省和任何不列颠或外国之间的蒸汽轮船航线；

（接上页注）《1868年鲁伯特兰德法案》（由《1893年成文法修改法》废止），曾经在关于进入鲁伯特兰德和西北地区问题上授予同样的权力给议会。

2.《1886年宪法法》：

第1条　加拿大议会可以随时在加拿大各省以外的自治领临时地域内制定关于众议院和参议院代表的规定。

3.《1931年维斯特敏斯特制定法》：

第3条　特此宣布和规定自治领议会有制定关于特别领地执行法律的完全的权力。

4. 根据《1982年宪法法》第44条，议会有修改加拿大宪法关于加拿大政府或参议院与众议院两院的专属的权力。法案第38条、第41条、第42条和第43条授权参、众两院通过决议批准宪法修正案的权力。

① 原文注：由《1982年宪法法》废止。

《1982宪法法》第45条现在授权立法机关制定修改各省宪法的法律的权力。该法的第38条、第41条、第42条和第43条授权立法机关通过决议同意对加拿大宪法相关内容的修改。

3. 尽管整体上位于省内，但在根据加拿大议会宣布其行政之前或之后是为了加拿大的普遍利益或为了两个或更多省的利益而存在的事项；

（十一）带有省项目的公司法人；

（十二）在省内的结婚仪式；

（十三）省内的财产和民权；

（十四）省内的司法事务，包括管辖民事和刑事司法的省法院的组成、维持以及组织，也包括在这些法院的民事事务的程序；

（十五）为实行有关本条列举的项目的省法律通过罚款、刑罚或者监禁征收的罚金；

（十六）一般意义上在省内属于地方或私人性质的所有问题。

不可再生的自然资源、森林资源以及电能

第 92 条之一

一、关于不可再生自然资源、森林资源和电能的法律

在每一个省，立法机构可以享有制定关于下列问题的法律的专有权：

（一）在省内对不可再生资源的勘探；

（二）省内不可再生资源和森林资源的开发、保护和管理，包括关于此种资源做成的原始产品的价格的法律；以及

（三）省内产生和生产电能的场地和设施的规划，保护和管理。

二、自然资源从省内输出

各省立法机关可以独自制定法律，规定从本省向加拿大的其他部分输出本省用不能更新的自然资源和林业资源做成的原始产品和本省产生电力能源设施的产品，但对于向加拿大的其他部分输出的供应品和价格，法律不得认可或者规定差别待遇。

三、议会的权力

第二款不能减损议会制定关于第二款所涉及的事项的法律的权力，当议会因此制定的法律和省法律冲突时，在冲突的地方适用议会制定的法律。

四、资源税

在每一省，立法机构可以制定通过任何模式或税收体制筹集关于下列事项的资金的法律：

（一）省内的不可再生自然资源和森林资源和用它们做成的原始产品；以及

（二）省内电能的发生和生产的场地和设施。

五、"原始产品"

"原始产品"表述的意思由附件六规定。

六、第一款到第五款的规定不能减损一个省的立法机构或政府在本条生效以前既已取得的权力或权利。①

教　育

第93条　关于教育的立法

在省内或为了本省，每一个省的立法机构服从和按照下面的规定可以专享关于教育的立法权：

（一）这样的立法不能有损于教会学校的权利或利益，这些学校里面人群的分类已经通过联邦中的省内法律确定；

（二）联邦通过法律赋予的，以及在上加拿大通过法律施行的，关于分离的学校以及女王的罗马天主教臣民的学校管理委员会所有的权力、特权和义务应该继续并且同样延伸到女王的新教徒和罗马天主教臣民的异教者们的学校；

（三）当在任何省一系列分离或异教徒的学校根据联邦的法律存在或通过省的立法机构随后建立，这种诉请应该从有关教育的任何法或决定送交总督委员会，这些决定是省的权威机构作出的影响新教徒或女王臣民的罗马天主教少数人的决定；

（四）假使这些省的法律对总督委员会要求正确执行本条的规定来说不发生效用，或者假使总督委员会对本条规定的任何诉请的任何决定没有被代表一省的权威机构正确执行，那么在这样的情况下，根据每一种情况的要求，加拿大议会可以规定正确执行本条和根据本条作出有关总督委员会的决定的补充法律。②

---

① 原文注：本款由《1982年宪法法》增加。

② 原文注：关于马尼托巴的规定的修改是由《1870年马尼托巴法》第22条规定的（经由《1871年宪法法》确认）。关于阿尔伯塔的修改是由《1905年阿尔伯塔法》第17条规定的。关于萨斯喀彻温的修改是由《1905年萨斯喀彻温法》第17条规定的。关于纽芬兰的修改是由《纽芬兰与加拿大联合条款》第17条规定的（经由《纽芬兰法》确认），并经《1998宪法修正案》（《纽芬兰法案》）和《2001年宪法修正案（纽芬兰和拉布拉多）》修改。（以上修改内容略）。也可见《1982年宪法法》第23条、第29条和第59条。第23条规定了新的少数民族语言教育的权利，且第59条允许魁北克在这些权利生效方面可以延迟。第29条规定加拿大权利和自由宪章中的内容不能废除或减损由加拿大宪法保障的涉及教派的、分离的或者宗教少数派的学校的任何权利或特权。

第 93 条之一   魁北克

第 93 条第（一）项至第（四）项不适用于魁北克。①

安大略、新斯科舍和新布
伦瑞克的法律的统一

第 94 条   三个省统一法律的立法

尽管本法作了规定，加拿大议会可以规定在安大略省、新斯科舍省和新布伦瑞克省的所有或和财产、民权相关的法律的统一，以及三个省的法院和其他所有的程序的统一，从这方面的任何法案通过之后，加拿大议会制定的与在法案中提出的有关任何问题的法律的权力不受限制；但是加拿大议会规定这种统一的任何法案不应该影响任何省，除非和直到其被省内立法机构采纳和制定为法律。

老年人养老金

第 94 条之一   关于老年人的养老金和辅助福利的立法

加拿大议会可以制定关于老年人的养老金和辅助福利的法律，包括不考虑年龄的生还者和残疾人福利，但是这样的立法不能影响一省立法机构关于这样的事项的现有或未来法律的实施。②

农业和移民

第 95 条   关于农业立法的并行权力等

在每个省，立法机构可以制定关于本省农业的法律，以及向本省移民的法律；并且特此宣布加拿大议会可以随时制定关于在所有或任意省的有关农业的法律，以及有关向所有及任意省移民的法律；只要不与加拿大议会的任何法矛盾，省的立法机构制定的关于农业或移民的法律应该在省内和为了本省有效。

---

①   原文注：经由《1997 年宪法修正案（魁北克）》增加。

②   原文注：由《1964 年宪法法》修改。原来是由《1951 年不列颠北美法》制定，后经《1982 年宪法法》废止。

第七章　司　　法

第 96 条　法官的委任

除了在新斯科舍省和新布伦瑞克省的那些遗嘱认证法院的法官以外，总督可以任命每个省的高级法官、地方法官和郡县法官。

第 97 条　安大略省法官的选任等

直到在安大略省、新斯科舍省和新布伦瑞克省涉及财产和民权的法律以及这些省的法院的程序统一为止，由总督任命的这些省的法院的法官应该从这些省的律师中选任。

第 98 条　魁北克省法官的选任

魁北克省法院的法官应该从该省的律师中选任。

第 99 条

一、法官的任期

根据本条第二款，高等法院的法官在其任职期间应该品行良好，但是可以由总督致辞参议院和众议院免去其职务。

二、达到 75 岁停止行使权利

高等法院的法官，无论是在本条生效前还是本条生效后被任职的，在 75 岁时或者在本条生效时他已达到了这个年龄，应该停止行使职权。[①]

第 100 条　法官的薪金等

高等法院、地区法院和县法院法官，以及海军法院的临时领取薪金的法官的薪酬、津贴和退休金（除新斯科舍和新布伦瑞克的遗嘱认证法院以外），应该是固定的并由加拿大议会规定。[②]

第 101 条　一般上诉法院等

虽然本法作了规定，加拿大议会可以随时规定加拿大一般上诉法院的组成、维持和组织，以及为了更好执行加拿大法律增加的法院的设立。[③]

[①]　原文注：由《1960 年宪法法》修改，1961 年 3 月 1 日生效。

[②]　原文注：现在规定在《1985 年法官法》中。

[③]　原文注：参见《1985 年最高法院法》、《1985 年联邦法院法》以及《1985 年加拿大税务法院法》。

第八章　财政；债务；资产；税收

第 102 条　统一财政基金的建立

除了本法保留给各省的立法机构的部分，或者根据本法赋予各省的特别权力征收的部分以外，在联邦以前和现在由加拿大省、新斯科舍省、新布伦瑞克省各自拥有的征用权力所征用的所有的关税和财政收入应该组成一个统一财政基金，根据本法规定的方式和提供的费用，为加拿大的公共事业而专用。

第 103 条　款项的开销等

除非议会另有规定，加拿大统一财政基金应该永久性承担款项募集、管理和收入发生的成本、费用和支出款项，同时形成统一财政基金基础上的第一笔费用，接受由总督委员会决定的以款项发生方式为线索进行的审查和审计。

第 104 条　省公债的利息

在联邦里的加拿大几个省、新斯科舍省和新布伦瑞克省的年度公债利息应该组成统一财政基金基础上的第二笔费用。

第 105 条　总督的薪金

除非加拿大议会作出更改，总督的薪金是 1 万镑大不列颠和爱尔兰联合王国先令，由加拿大统一财政基金支付，同时形成其上的第三笔费用。①

第 106 条　随时拨款

根据本法规定的建立在加拿大统一财政基金基础上的几笔支出，同时由加拿大议会为了公共事业而拨付。

第 107 条　股份转让等

除非本法所提到的，所有属于联邦时期的每一省的股票、现金、银行的账面余额以及有价证券，应该属于加拿大的财产，并纳入联邦内各省债务的总量减量中。

第 108 条　附件中财产的转让

列举在本法附件三中的公共事项和财产应该是加拿大的财产。

第 109 条　土地、矿山的财产等

在联邦里的加拿大几个省、新斯科舍省和新布伦瑞克省的所有的土地、矿山、矿产以及特许权使用费，以及应支付或支付给其土地、矿山、矿产或特许权使用费的所有费用，应该属于其所在的或出产的安大略、魁北克、新斯科舍和新布伦瑞克这几个省，遵从涉及的并非同等地位的省的同样的现存的信托以

---

① 原文注：现在包含在《1985 年总督法》中。

及任何利息。①

第110条 和省债务相连的资产

和每个省的本省认为的公债部分相连的那部分资产属于那个省。

第111条 加拿大负责的省债务

加拿大应该对联邦现存的各省的债务和负债负责。

第112条 安大略和魁北克的债务

安大略和魁北克联合起来应该对在联邦中（如果有）超出6250万元的债务对加拿大负责，并应该负担每年5%的利息。

第113条 安大略和魁北克的资产

列举在附件四中的在联邦里属于加拿大省的资产应该是安大略和魁北克联合的财产。

第114条 新斯科舍的债务

新斯科舍应该对在联邦中（如果有）超出800万元的公债对加拿大负责，并应负担由此产生的每年5%的利息。②

第115条 新布伦瑞克的债务

新布伦瑞克应该对在联邦中（如果有）超出700万元的公债对加拿大负责，并应负担由此产生的每年5%的利息。

第116条 新斯科舍和新布伦瑞克利息的支付

一旦新斯科舍和新布伦瑞克不在联邦里的公债总额各自达到了800万和700万元时，他们应该各自基于其实际债务总额和规定的总额之间的差异的基础上按照年利率5%从加拿大政府利息中每年提前支付一半。

第117条 省公共财产

各个省应该保存本法没有处理的其各自所有的公共财产，服从加拿大的权益，设定所有为建设防卫工事或为国家防务所需的土地或公共财产。

---

① 原文注：按照原来《1930年宪法法》第五部分第26章（英国）的规定，马尼托巴、阿尔伯塔和萨斯喀彻温是具有同等地位的省。这些问题涉及由联邦中不列颠哥伦比亚条款规定的不列颠哥伦比亚，也涉及《1930年宪法法》规定的部分。根据纽芬兰法第六部分，第22章纽芬兰也被列入同等地位。关于爱德华王子岛，见《联邦爱德华王子岛条款》的附件。

② 原文注：本条、第115条和第116条规定的义务，以及在创制或承认其他省的法律文件下同样的义务，已经由加拿大议会制定法律，现在规定在《1985年省津贴法》（the Provincial Subsidies Act）中。

第 118 条　（废止）①

第 119 条　对新布伦瑞克的进一步拨款

因为 10 年的期限中在联邦中每年 63000 元的额外的津贴，新布伦瑞克应该从加拿大接受每年一半的提前支付，但是只要省的公债保持在 700 万元以下，针对不足部分从 6.3 万元中减掉每年 5% 的利息。②

第 120 条　支付的形式

按照本法的所有的支付，或者执行加拿大各省、新斯科舍、新布伦瑞克各自法产生的义务，以及加拿大设定的义务，除非加拿大议会另外指示，应该以随时通过总督委员会命令的方式和形式作出。

第 121 条　加拿大制造业等

任何一个省的种植、生产或制造的产品应该从联邦开始或之后被自由接纳进入其他任何一省。

第 122 条　关税和消费税法的继续

根据本法的规定，每一省的关税和消费税应该继续有效，直到被加拿大议会改变为止。③

第 123 条　在两省之间的出口和进口

在联邦中，当在任意两省之间针对任意货物、商品征收关税时，这些货物、商品在联邦成立之时或之后，在证实支付了本省出口的商品关税的基础上，并且支付了本省的进口商品关税（如果有的话），可以从一省进口到另外一省。④

第 124 条　新布伦瑞克的木材税

本法的规定不应该影响新布伦瑞克征收木材税的权利，该权利是由新布伦瑞克修订章程第三编第十五章规定的，或者是在联邦之前或之后修订这个法的任何法规定的，本法的规定并且不能增加木材税的总额；但是除了新布伦瑞克

---

① 原文注：经《1950 年成文法修改法》废止。参见《1985 年省津贴法》第 P－26 章，以及《1985 年联邦省财政安排法》第 F－8 章。也可参见《1982 年宪法法》第三章，其阐明了议会和省立法机关关于促进机会平等、经济发展、提供基本公共服务方面的义务，以及议会和加拿大政府采取均衡支付原则方面的义务。

② 原文注：失效。

③ 原文注：失效。现在包含在《1985 年海关法》（the Customs Act）第 1 章（第二补充条款），《1997 年海关关税法》（the Customs Tariff）第 36 章，《1985 年消费法》和《1985 年消费税法》（the Excise Tax Act）中。

④ 原文注：失效。

以外的省的木材不遵从这个税。①

第 125 条　公地的免税额等

属于加拿大或任何省的土地或财产不用缴税。

第 126 条　省的统一财政基金

加拿大、新斯科舍和新布伦瑞克各自的立法机构在联邦拨款权行使之前征收的这部分税收和财政由本法保留给各省的政府或立法机构，各省根据本法赋予它们的特别权力收取的所有的财政税收应该在每一省形成一个统一的财政基金用于各省的公共事业拨款。

第九章　杂项规定

一般规定

第 127 条　（废止）②

第 128 条　效忠宣誓等

加拿大参议员或众议院的每一个成员都应该在就职之前在总督或总督授权的人面前宣誓并签名，任意省的立法机构或立法大会的每一个成员都应该在就职之前在省督或省督授权的人面前宣誓并签名，效忠誓言规定在本法的附件五中；加拿大参议院的每一个成员以及魁北克立法委员会的每一个成员也应该在就职之前在总督或其授权的人面前宣誓并签名，资格声明规定在同一附件中。

第 129 条　现存法律、法院和官员的继续等

除非本法另有规定，所有法律在联邦中的加拿大、新斯科舍或新布伦瑞克有效，所有存在于联邦中的民事和刑事管辖权的法院以及所有的立法委员会的权力和职权，所有的司法、行政官员和部长应该继续在安大略、魁北克、新斯科舍和新布伦瑞克各地履行其职责，视同联邦无此规定；尽管如此，（根据大不列颠的议会法，或大不列颠和爱尔兰联合王国的议会法制定的或存在其下的法律制定的相同问题除外）按照本法规定的议会或立法机构的职权，要服从

---

①　原文注：这些税已经在 1873 年废止。也可参见《1873 年关于木材出口关于木材出口税收的法案》以及《1985 年省津贴法》第 2 条。

②　原文注：由《1893 年成文法修改法案》废止。

加拿大议会或各自省的立法机构的废止、取消或改变权。①

第 130 条　转变为加拿大官员

除非加拿大议会另有规定，几个省有义务执行非本法专门指定给省的立法机构的事项目录中的相关事务的所有官员应该被看做是加拿大官员，应该在同样的义务、责任和惩罚下继续执行他们各自的职务，视同联邦无此规定。②

第 131 条　新官员的委任

除非加拿大议会另有规定，总督委员会可以随时委任总督委员会认为必要和适合有效执行本法的官员。

第 132 条　条约义务

加拿大议会和政府应该拥有所有必要或适当完成加拿大或任意省义务的权力，作为大英帝国的一部分，有权与外国和在帝国及外国之间缔结条约。

第 133 条　英语和法语的使用

英语或法语可以在加拿大议院和魁北克立法机构的议院辩论中被任何人使用；两种语言应该分别被使用于这些议院的记录和出版物中；每一种语言可以被任何人或在任何辩护或根据本法建立的加拿大任何法院程序中所使用，以及在魁北克任何法院程序中使用。

加拿大议会以及魁北克立法机构的法应该用两种语言印刷和出版。③

安大略和魁北克

第 134 条　安大略和魁北克行政官员的委任

除非安大略或魁北克立法机构另有规定，安大略和魁北克的总督各自拥有可以加盖省签章任命下列官员的尊贵的权力，即司法部长，省的书记官和注册

---

① 原文注：除了涉及特定的宪法文件，对改变或废止由联合王国成文法制定或在其下现存的法律的限制由《1931 年威斯特敏斯特法》（the Statute of Westminster）废除。修改形成加拿大宪法组成部分的法的综合程序由《1982 年宪法法》第 5 章规定。

② 原文注：失效。

③ 原文注：针对马尼托巴的同样的规定由《1870 年马尼托巴法》第 3 章第 23 条规定（经由《1871 年宪法法》确认）。

《1982 年宪法法》第 17 条至第 19 条重申了第 133 条阐述的语言权利，即涉及《1867 年宪法法》设立的议会和法院使用的语言权利，且保障在新布伦瑞克的立法机关和法院使用的语言的权利。

《1982 年宪法法》第 16 条、第 20 条、第 21 条和第 23 条在英语和法语语言规定方面承认了额外的语言权利。第 22 条保护在英语和法院之外的其他语言的权利和特权。

官，省财务大臣，皇室土地专员，农业和公共事业专员，以及在魁北克的最高司法长官，也可以，通过省督委员会的命令，随时规定这些官员的职责，以及他们应该负责或者应该从属的几个部门的职责，官员和其职员的职责，也可以委任其他和另外的官员的尊贵的职权，随时规定这些官员的职责，他们负责或从属的几个部门以及官员和他们的职员的职责。①

第 135 条　行政官员的权力、职责等

除非安大略或魁北克立法机构另有规定，在本法存在过程中，所有归于或授予司法部部长、司法部副部长、加拿大省书记官和注册官、财政部部长、皇室土地专员、公共事业主任以及农业和无线接收部部长的、根据上加拿大、下加拿大或加拿大的法、法规或命令享有的和本法不矛盾的权利、权力、职责、职能、责任或授权，应该赋予或授予任何由省督委任于为了执行同样或其中任何职责的官员；农业和公共事业专员应该履行在本法存在过程中由加拿大省法律赋予的农业部官员的职责和职能，公共事业专员也一样。②

第 136 条　签章

除非省督委员会作出修改，安大略和魁北克各自的签章应该一致，或者有同样的设计，就像在联邦之前在加拿大省签章分别用于上加拿大和下加拿大省一样。

第 137 条　临时法的建构

用词"保证立法机关的会期从那时起到下一次结束"，或者同样效果的用词，使用在加拿大省临时法中且在联邦成立之前没有失效，如果法案中的主题在本法界定的同一个主题的权力之内，应该解释为延伸和应用于加拿大议会的下一届会议；或者如果法案中的主题在本法界定的同一个主题的权力之内，解释为安大略和魁北克各自的立法机关的下一次会议。

第 138 条　关于名字的使用

在联邦中或在联邦之后"上加拿大"的名字由"安大略"代替，或者"下加拿大"由"魁北克"代替，在任何证书、特许状、程序、辩护、文件、题材内容或事务中使用同样的表述不认为无效。

第 139 条　关于联邦成立之前发出，在联邦之后开始的声明

在联邦成立之前以加拿大省签章发出的任何声明，在随后一段时间在联邦中继续有效，无论是否和本省，或上加拿大，或下加拿大相关，以及其宣布了

---

①　原文注：失效。现在在安大略包含在《1990 年行政委员会法》中，在魁北克包含在《行政权力法》中。

②　原文注：可能失效。

几个事项，应该存在和继续有同样效力，视同联邦无此规定。①

第 140 条　关于联邦之后发出的声明

由加拿大省立法机构通过任何法的方式授权以加拿大省签章发布的声明，无论是否涉及省、或上加拿大、或下加拿大，以及不是在联邦成立之前发布的，可以由安大略或魁北克省督按其主题所需加盖签章发布；或者从这样的声明发布之后，同样的和声明中的事项应该在安大略或魁北克存在和继续同样有效，视同联邦无此规定。②

第 141 条　监狱

除非加拿大议会另有规定，加拿大省的监狱应该设立和保有安大略和魁北克的监狱。③

第 142 条　关于债务的仲裁等

上加拿大和下加拿大的债务、贷款、负债、不动产以及资产的分配和调整应该归于 3 名仲裁员组成的仲裁委员会，1 名从安大略政府中选出，1 名从魁北克政府中选出，1 名从加拿大政府中选出；直到加拿大议会与安大略和魁北克立法机构协商后，仲裁员的选择才能确定；由加拿大政府选出的仲裁员不能定居在安大略或魁北克。④

第 143 条　记录的划分

总督委员会可以在其认为合适时随时命令加拿大政府的诸多记录、账册和文件应该被专用和移交给安大略或魁北克，同时这些记录、账册和文件因此成为那个省的财产；由负责该职责的官方证实的任何副本或摘录应该被作为证据接受。⑤

第 144 条　魁北克镇区组建

魁北克省督可以随时，通过加盖省签章发布声明的方式，从被委任那天开始生效，在魁北克省那些没有组建小镇的地方组建镇区，统一度量单位。

---

①　原文注：可能失效。

②　原文注：可能失效。

③　原文注：失效。监狱现在由《1992 年改正和有条件释放法》（the Corrections and Conditional Release Act）第 20 章规定。

④　原文注：失效。

⑤　原文注：可能失效。在 1868 年 1 月 24 日根据本条制定了两个法令。

第十章　殖民地内的铁路

第 145 条　（废止）①

第十一章　其他殖民地的承认

第 146 条　接受纽芬兰等加入联邦的权力

通过和在女王陛下最尊贵的枢密院的建议下，在向加拿大议院、殖民地各个立法机构或者纽芬兰省、爱德华王子岛以及不列颠哥伦比亚的议院呈文的基础上，女王应该合法地接受这些殖民地或省，或它们中的任何一个加入联邦，在向加拿大议会议院呈文的基础上，接受如鲁伯特地区和西北地区，或其中之一加入联邦，根据本法的规定，每一种情况由呈文所表达，由女王认为合适时同意；代表那些地区的委员会令的任何规定应该有效，视同由大不列颠和爱尔兰联合王国议会制定的。②

第 147 条　关于纽芬兰和爱德华王子岛在参议院的代表

一旦接纳纽芬兰和爱德华王子岛或其中之一，每一个地区都有权派 4 名成员到参议院做代表，同时，（尽管本法作了规定）一旦接纳纽芬兰，参议员的正常数量将达到 76 名以及最大数量将达到 82 名；但是当接纳爱德华王子岛，一定要把其包含在加拿大 3 个地区中的第三个，涉及参议院的组成，由本法分配。因此，在接纳爱德华王子岛后，无论纽芬兰被接纳与否，新斯科舍和新布伦瑞克在参议院的代表，视同发生空缺，将各自从 12 名减少到 10 名，这些省的每一省的代表在超过 10 名时将不再增长，除非根据本法的规定，在女王的指示下委任额外的 3 名或 6 名参议员。③

附件一　安大略选区（略）④

---

① 原文注：由《1893 年成文法修改法》废止。
② 原文注：本条提到的所有地区现在都是加拿大的组成部分。见本法第 5 条的脚注。
③ 原文注：失效。参见第 21 条、第 22 条、第 26 条、第 27 条和第 28 条的脚注。
④ 原文注：废止，参见《1990 年代表法》。

附件二　魁北克特别规定
的县的选区（略）

附件三　作为加拿大财产的
省公共事业和财产

（一）运河，以及与此相连的土地和水域；

（二）公共海港；

（三）灯塔，防洪堤以及岛屿标志物；

（四）汽船，挖掘船以及公共船舶；

（五）河流和湖泊改造工程；

（六）铁路和铁路公司拥有的铁路股票，抵押以及其他债券；

（七）军用道路；

（八）除加拿大政府挪用省的立法机关和政府的设施以外，海关、邮局以及所有其他的公共建筑物；

（九）通过帝国政府转让的财产以及军械财产；

（十）军械库、军事掩体（Drill Sheds）、军队服装，以及为战争准备的军需品，不用于通常公共目的的土地。

附件四　作为安大略和魁北克
联合财产的资产

（一）上加拿大建筑基金（Upper Canada Building Fund）；

（二）精神病院（Lunatic Asylums）；

（三）师范学校（Normal School）；

（四）艾尔默、蒙特利尔和卡穆拉斯卡的法院，下加拿大（Court Houses in Aylmer. Montreal. Kamouraska，Lower Canada）；

（五）法律协会，上加拿大（Law Society，Upper Canada）；

（六）蒙特利尔收费公路信托（Montreal Turnpike Trust）；

（七）大学永久基金（University Permanent Fund）；

（八）王室机构（Royal Institution）；

（九）统一市政信贷基金，上加拿大（Consolidated Municipal Loan Fund，Upper Canada）；

（十）统一市政信贷基金，下加拿大（Consolidated Municipal Loan Fund, Lower Canada）；

（十一）农业协会，上加拿大（Agricultural Society, Upper Canada）；

（十二）下加拿大立法性拨款（Lower Canada Legislative Grant）；

（十三）魁北克消防信贷（Quebec Fire Loan）；

（十四）泰米斯库阿塔预付款账户（Temiscouata Advance Account）；

（十五）魁北克公路收费信托（Quebec Turnpike Trust）；

（十六）东部地区教育（Education-East）；

（十七）建筑和陪审团基金，下加拿大（Building and Jury Fund, Lower Canada）；

（十八）市政基金（Municipalities Fund）；

（十九）下加拿大高级教育收入基金（Lower Canada Superior Education Income Fund）。

附件五　效忠誓言

效忠宣誓

我，_____，宣誓：我将对维多利亚女王陛下保持真实的信义和忠诚。

（注：大不列颠和爱尔兰联合王国国王或女王的名字使用届时在任之人的名字。）

资格声明

我，_____，宣布和证明：我是合法正当地被选为加拿大参议院议员（或根据情况其他身份），我在新斯科舍省（或其他省）合法或根据衡平法有自己使用和收益的以自由和共有的农役租赁方式出租的土地或房产的永久业权，（或有要求或拥有以友好法国或平民身份自己使用和共有收益的土地或出租房产），在租金、应缴税、债务、费用、抵押贷款和财产留置权或所付费用或其他同样的费用之外，价值 4000 元以上，我没有为了使自己成为加拿大参议院议员（或根据情况其他身份），而蓄谋取得一个头衔或占有上述的土地和租赁物或其他财产，我的不动产和个人财产在负债之外总价值在 4000 元以上。

附件六[①]　　不可再生自然资源和森林资源做成的原始产品

第 1 条　根据本法第 92 条之一的立法目的

一、如果属于下述情况，不可再生的自然资源做成的产品就是原始产品：

（一）该产品现在的形状是恢复自然资源的原状或者从其自然状态分割的；

（二）该产品是将资源加工或者提炼而成的产品，而不是一种制造品或者由提炼的原油、提炼改进的重原油、由煤炭提炼的气体或者液体或者由原油的合成代用品做成的产品。

二、由林业资源做成的产品，如果属于下述情况，就是由此做成的原始产品：它由锯木、木杆、制材、木片条、锯木屑或者任何其他原始的木产品或者木浆构成的，而不是由木材制造的产品。

1982 年加拿大宪法法[*][②]

第一章　加拿大权利与自由宪章

鉴于加拿大是建立在承认上帝至上和法治原则的基础上：

保障权利与自由

第 1 条　在加拿大的权利和自由

加拿大权利与自由宪章保障其列出的权利与自由，仅受由法律规定的能被证明在自由民主社会中有正当理由的合理限制。

---

   * 加拿大参议院和众议院制定，英国议会批准，1982 年 4 月 17 日生效。

   ① 原文注：由《1982 年宪法法》第 51 条增加。

   ② 原文注：该法是《1982 年加拿大法案》（the Canada Act 1982）附件二，1982 年 4 月 17 日生效。

基本自由

第 2 条　基本自由

人人享有下列基本自由：

（一）良心和宗教自由；

（二）思想、信仰、观点和表达的自由，包括出版自由和使用其他传播媒体进行交流的自由；

（三）和平集会的自由；以及

（四）结社的自由。

民主权利

第 3 条　公民的民主权利

每一个加拿大公民有在众议院或者立法大会的成员选举中投票的权利，并有当选为众议院或立法大会成员的资格。

第 4 条

一、立法机关的最长任期

众议院和立法大会的任期最长不超过 5 年，从其成员的普选受任令状返回之日起计算。①

二、特殊情况下任期的延长

在已经发生或相信会发生战争、外敌武装入侵或者爆发叛乱的时候，根据情况，如果众议院或者立法大会的成员有超过 1/3 多数投票不反对延长任期，则议会可以决定延长众议院的任期，立法机构可以决定延长立法大会的任期超过 5 年。②

第 5 条　立法机关的年度会议

议会和每一个（省）立法机关应该至少每 12 个月召开一次会议。③

---

① 原文注：参见《1867 年宪法法》第 50 条和第 85 条、第 88 条的脚注。

② 原文注：代替《1867 年宪法法》第 91 条第（一）项，经由《1982 年宪法法》废止，参见附表中列出的分项 1 中的第三栏。

③ 原文注：参见《1867 年宪法法》第 20 条、第 86 条和第 88 条的脚注。

迁徙自由权

第 6 条

一、公民的迁徙自由权

每一个加拿大公民有进入、居留和离开加拿大的权利。

二、迁徙和谋生权

每一个加拿大公民和具有加拿大永久居住身份的人，有权利：

（一）迁居并在任何一省建立居所；

（二）在任何一省为生计而努力。

三、限制

第二款规定的各项权利受限于：

（一）在一个省内有效的普遍适用的法律或惯例，但主要以现在或以前居住的省为基础对人们进行差别对待的法律或惯例除外；

（二）把合理的居留条件规定为接受公共提供的社会服务的资格的法律。

四、肯定性行动计划

如果一省的就业率低于加拿大的就业率，第二款和第三款并不妨碍任何其旨在改善该省在社会和经济方面处于不利地位的个人在本省的条件的法律、计划或活动。

法律权利

第 7 条　生命、自由和人身安全

人人有生命、自由和人身安全的权利，除非根据基本正义原则该权利不被剥夺。

第 8 条　搜查或者扣押

人人有不受不合理的搜查或者扣押的权利。

第 9 条　拘留或者监禁

人人有不受任意拘留或者监禁的权利。

第 10 条　逮捕或者拘留

每个人在被逮捕或拘留时有权：

（一）迅速获知被逮捕或拘留的理由；

（二）毫不延误地会见律师并获得法律帮助，且被告知享有此项权利；

（三）根据人身保护令的决定获得拘留的有效性，且如果拘留非法应立即被释放。

第 11 条　刑事与刑罚程序

任何被指控为犯罪的人有权：

（一）毫不延迟地被告知受指控的犯罪；

（二）在合理的时限内接受审判；

（三）不被强迫在指控其犯罪的诉讼程序中作证；

（四）在由一个独立的、公正的法庭举行公平和公开的审判，并按照法律证明其有罪之前，应推定其为无罪；

（五）无正当理由不被拒绝合理保释；

（六）除由军事法庭依军法审理犯罪的情况外，当犯罪的最高刑罚是监禁5年或者更重的刑罚时，有权接受陪审团参加的更有利于其的审判；

（七）除非根据加拿大法律或者国际法，作为或不作为构成犯罪，或者根据国际社会公认的一般法律原则认为构成犯罪，不得因任何作为或不作为被认定构成犯罪；

（八）如果宣判无罪已经是终局性的，不得因此再次被审判；如果发现有罪和对犯罪进行处罚已经是终局性的，不得再次因此被审判或处罚；

（九）如果在犯罪发生和审判进行期间，犯罪认定和对犯罪的处罚已经改变，则应受更有利的较轻的刑罚。

第 12 条　待遇或者刑罚

人人有权不受任何残忍的和非正常的待遇或者刑罚。

第 13 条　自证其罪

在任何诉讼中作证的证人，有权不在其他诉讼程序中因为其提供的控告证据来使自身归罪，除非是在伪证罪或给出了矛盾证据的起诉中。

第 14 条　翻译

当事人或者证人如果在诉讼程序中听不懂或者不会讲诉讼程序中所使用的语言或者是聋人，有权获得翻译人员的帮助。

平等权利

第 15 条

一、在法律面前一律平等；享有法律的平等保护和平等受益

人人在法律面前一律平等，人人享有不受歧视的法律的平等保护和平等权益，尤其是不受基于人种、民族、种族、肤色、宗教、性别、年龄或者身心残

疾方面的歧视。

二、肯定性行动计划

第一款的规定不排除目标在于改善处于弱势地位的个人或者群体，包括由于人种、民族、种族、肤色、宗教、性别、年龄，或者身心残疾而处于弱势地位的个人或者群体的条件而制定的任何法律、计划或者活动。①

加拿大的官方语言

第 16 条

一、加拿大的官方语言

加拿大的官方语言是英语和法语，二者在加拿大议会和政府中的使用具有平等的地位、权利和待遇。

二、新布伦瑞克的官方语言

新布伦瑞克的官方语言是英语和法语，二者在新布伦瑞克议会和政府中的使用具有平等的地位、权利和待遇。

三、地位和使用上的促进

本宪章中的任何规定不能限制议会或者一省的立法机关促进英语和法语地位平等或者平等使用的权力。

第 16 条之一

一、新布伦瑞克英语和法语的语言社区

新布伦瑞克的英语语言社区和法语语言社区有平等的地位和平等的权利和待遇，包括各有划分教育机构的权利，且这种不同的文化机构划分是为保存和促进这些社区所必需的。

二、新布伦瑞克立法机关和政府的角色

由新布伦瑞克立法机构和政府来担任保存和提升第一款提到的地位、权利和待遇的角色。②

第 17 条

一、议会的程序

在议会的辩论中和任何其他议程中，人人有使用英语或者法语的权利。③

---

① 原文注：第 32 条第 2 款规定第 15 条直到第 32 条生效后 3 年才生效，第 32 条在 1982 年 4 月 17 日生效；因此，第 15 条在 1985 年 4 月 17 日生效。

② 原文注：第 16 条之一通过《1993 年宪法修正案》增加。

③ 原文注：参见《1867 年宪法法》第 133 条及其脚注。

二、新布伦瑞克立法机关的程序

在新布伦瑞克立法机关的辩论中和其他任何议事程序中，人人有使用英语或者法语的权利。①

第 18 条

一、议会的制定法和记录

议会的制定法、记录和刊物，用英语和法语印刷和出版，两种语言文本具有同样的权威性。②

二、新布伦瑞克的制定法和记录

新布伦瑞克立法机关的制定法、记录和刊物，用英语和法语印刷和出版，两种语言文本具有同样的权威性。③

第 19 条

一、由议会设立的法院的诉讼程序

人人有权在议会设立的任何法院中或在法院的任何辩护或辩论程序中使用英语或法语。④

二、新布伦瑞克法院的诉讼程序

人人有权在新布伦瑞克的任何法院中或在法院的任何辩护或辩论程序中使用英语或法语。⑤

第 20 条

一、民众和联邦机构的沟通

在加拿大，任何民众都有权使用英语或者法语同加拿大政府或议会的某一机构的总部或者中央办事机构沟通，且从其获得便利的服务，同时有同样的权利在下述情况下与政府或议会的任何其他办事机构沟通：

（一）有使用一种语言同某一机构沟通及得到服务的重大需要；

（二）由于该机构的性质，使用英语和法语两种语言同该机构沟通和获得服务是合理的。

二、民众和新布伦瑞克机构的沟通

在新布伦瑞克，任何民众都有权使用英语或者法语同新布伦瑞克政府或议会的某一机构的总部或者中央办事机构沟通，且从其获得便利的服务。

---

① 原文注：参见《1867 年宪法法》第 133 条及其脚注。
② 原文注：参见《1867 年宪法法》第 133 条及其脚注。
③ 原文注：参见《1867 年宪法法》第 133 条及其脚注。
④ 原文注：参见《1867 年宪法法》第 133 条及其脚注。
⑤ 原文注：参见《1867 年宪法法》第 133 条及其脚注。

第 21 条　现行宪法规定继续有效

本法第 16 条至第 20 条的规定，不得废除或者减损根据加拿大宪法的任何其他规定存在的或者继续有效的关于英语和法语同时使用或者使用其中一种语言的权利、待遇或者义务。①

第 22 条　保留权利和待遇

本法第 16 条至第 20 条的规定，不得废除或者减损在本宪章生效之前或者之后，英语或者法语之外的其他语言获得的，或者享有的任何法律上或者惯例上的权利或者待遇。

少数民族语言教育的权利

第 23 条　教育语言

一、加拿大公民

（一）如果其学习且掌握的第一语言是其所居住的省份中作为少数人口所讲的英语或法语；或者

（二）其已经在加拿大接受了英语或法语的初等教育，且在其居住的省份，其获得教育的语言是该省作为少数人口所讲的英语或法语，则他们有权让自己的子女在该省接受以那种语言进行的初等和中等学校教育。②

二、语言教育的接续

加拿大公民的任一子女在加拿大已经接受或者正在接受以英语或者法语进行的初等或者中等学校教育，有权利让其所有子女接受以同种语言进行的初等和中等教育。

三、当数量许可时的适用

根据本条第一款和第二款，加拿大公民有使其子女接受某一省作为少数人口所讲的英语或者法语进行初等和中等教育的权利：

（一）适用于在该省享有此项权利的公民的子女数量足够多时，保证以公共资金提供少数人口语言教育；

（二）包括，当这些儿童的数量有保证时，有要求用公共资金提供进行少数人口语言教育的设施的权利。

---

① 原文注：参见，例如《1867 年宪法法》第 133 条的脚注以及《1870 年马尼托巴法》。

② 原文注：第 23 条第一款第（一）项对魁北克无效，见下文第 59 条。

执　行

第 24 条

一、受保障的权利与自由的执行

任何人其受本宪章保障的权利和自由受到侵犯或被否定时，他可以向有管辖权的法院申请，在法院依据具体情况进行恰当和公正的考虑时获得救济。

二、败坏司法名誉的证据的排除

当在第一款的诉讼程序中，法院断定证据是以侵犯或否定本宪章所保障的权利和自由的方式获得时，经过综合考虑，如果已经认定在诉讼中此项证据的采纳将败坏司法名誉，则该项证据应该被排除适用。

一般规定

第 25 条　土著人的权利和自由不受宪章影响

本宪章中对确定权利与自由的保障，不得撤销或者减损来自土著人的、条约的或其他附属于加拿大土著人民的权利和自由的解释，包括：

（一）1763 年 10 月 7 日《皇家宣言》所承认的所有权利或自由；

（二）通过土地所有权协议方式存在的或可能以此方式获得的任何权利或者自由。①

第 26 条　其他不受宪章影响的权利和自由

本宪章对确定权利与自由的保障，不得解释为否定存在于加拿大的任何其他权利或者自由。

第 27 条　多样化文化遗产

本宪章应当以与保存和提升加拿大人的多样文化遗产相一致的方式进行解释。

第 28 条　男女平等受保障权

尽管本宪章已有规定，应当保障男女平等享有宪章中列出的权利和自由。

第 29 条　关于尊重被保护的特定学校的权利

本宪章的规定不得废除或者减损受加拿大宪法保障的关于教派的、天主教的或者宗教少数派的学校的任何权利或特权。②

---

① 原文注：第 25 条第（二）项被《1983 年宪法修正公告》废止并重新制定。

② 原文注：参见《1867 年宪法法》第 93 条。

第 30 条　适用于各地区和地区当局

本宪章中关于某省或者某省的立法大会或立法机关的规定，应当视具体情况，包括关于育空地区和西北地区或者这两个地区的立法当局的规定。

第 31 条　立法权不扩大

本宪章的规定不得扩大任何机关或者权力（当局）的立法权。

宪章的适用

第 32 条　宪章的适用

一、本宪章适用于：

（一）加拿大议会和政府有关议会权限范围内的所有事项，包括有关育空地区和西北地区的一切事项；

（二）每个省的立法机关和政府有关在每个省立法机关权限范围内的一切事项。

二、例外

尽管有本条第一款的规定，直到本条实施 3 年后，第 15 条才发生法律效力。

第 33 条

一、明文宣告的例外规定

一省的议会或者立法机关可以根据情况，在议会或者立法机关法案中明文宣告，尽管某项规定包含在本宪章第 2 条或者第 7 条至第 15 条中，该法案或其中的某项规定，仍应实施。

二、例外规定的效力

如果根据本条所做的关于一项法案或它的某项规定的宣告有效，该法案或它的某项规定应该实施，视同在宣告中提到的本宪章有关规定不存在一样。

三、五年界限

根据第一款所作的宣告，在生效后满 5 年或者在该宣告中可能特别规定的较早的日期终止效力。

四、重新制定

一省的议会或者立法机关可以重新制定根据第一款所作的宣告。

五、五年界限

第三款的规定适用于根据第四款重新制定的宣告。

引　用

第 34 条　引用

本章可以引用为《加拿大权利与自由宪章》

第二章　加拿大土著民族的权利

第 35 条

一、现存的土著人的和条约上的权利的承认

现存的加拿大土著民族作为土著人的和条约上的权利应予承认和肯定。

二、"加拿大土著民族"的定义

在本法中，"加拿大土著民族"指加拿大的印第安人、因纽特人和混血民族。

三、土地权利

为了更明确，第一款中"条约上的权利"是指现存的通过土地权利主张或可能以这样的方式获得的权利。

四、男女平等享有土著人的和条约上的权利

尽管本法作了其他规定，男女平等享有第一款所指的土著人的和条约上的权利保障。①

第 35 条之一　参加宪法会议的保证

加拿大政府和省政府保证遵守下列原则，即在《1867 年宪法法》第 91 条第（二十四）项作出任何修改之前，对于本法的第 25 条或者对本部分：

（一）提出修改的条目包含在宪法会议的议事日程中，该宪法会议由加拿大总理和各省的总理组成，将由加拿大总理召集；

（二）加拿大总理将邀请加拿大土著民族的代表参与该条目的讨论。②

第三章　平均分担与地区差距

第 36 条

一、促进机会均等的义务

在不改变议会或者省立法机关的立法权或者在其行使立法权所享有的权利

---

① 原文注：第 35 条第三、四款是由《1983 年宪法修正公告》增加的。

② 原文注：第 35 条之一由《1983 年宪法修正公告》增加。

的情况下，议会和省立法机关以及加拿大政府和省政府应该致力于：

（一）为了加拿大人的幸福促进机会均等；

（二）推进经济发展，以减少机会悬殊；

（三）为全体加拿大人提供质量合理的基本公共服务。

二、提供公共服务的义务

议会和加拿大政府应遵守均衡支付原则，确保各省政府有足够的收入，在合理相当的税收水平下提供合理的相当水平的公共服务。①

第四章　宪法会议

第 37 条　（废止）②

第四章之一　宪法会议

第 37 条之一　（废止）③

第五章　加拿大宪法修改程序④

第 38 条

一、加拿大宪法修改的一般程序

当加拿大宪法修正案由下列决议批准时，可以通过由总督颁布的盖有加拿大国玺的公告的方式予以制定：

（一）参议员和众议院的决议；

（二）至少有 2/3 的省组成的立法大会的决议，并且根据最近的人口普查，这些省的人口数至少占到全国总人口数的 50％。

---

①　原文注：见《1867 年宪法法》第 114 条和第 118 条的脚注。

②　原文注：《1982 年宪法法》第 54 条规定在第七章生效一年后第四章废止，第七章在 1982 年 4 月 17 日生效，因此，第四章在 1983 年 4 月 17 日废止。

③　原文注：第四章之一第 37 条之一，通过《1983 年宪法修正公告》增加，在 1987年 4 月 18 日由《1982 年宪法法》第 54 条之一废止。

④　原文注：先前的加拿大宪法第五章的规定以及省宪法可以按照《1867 年宪法法》修改。见《1867 年宪法法》第 91 条第（一）项、第 92 条第（一）项的脚注。宪法的其他修改只能由联合王国议会通过制定法修改。

二、多数决议

根据第一款制定的减损一省立法机关或者政府的立法权、财产权或者任何其他权利或者特权的修正案，必须有参议院议员、众议员议员和本条第一款规定的省立法大会的成员，分别以过半数通过的决议支持。

三、异议的表达

在修正案相关的公告颁布前，如果某一省的立法大会通过其多数成员支持的决议表示异议，本条第二款所规定的修正案无效，除非该立法大会随后以其多数成员支持通过了撤销异议的决议并且批准了该修正案。

四、异议的撤销

在相关的公告颁布之前或者之后，为了第三款的目的作出的异议的决议，可以随时撤销。

第 39 条

一、对公告的限制

在启动修正程序的决议被采纳 1 年的期限内，不得根据第 38 条第一款颁布公告，除非各省的立法大会在此之前已经通过了同意或者异议的决议。

二、同上（Idem）

在启动修正程序的决议被采纳 3 年的期限内，不得根据第 38 条第一款颁布公告。

第 40 条　补偿

如果根据第 38 条第一款制定的修正案规定，将关于教育或者其他文化事项的省内的立法权，从省立法机关转移给议会，加拿大应当对修正案不适用的省提供合理的补偿。

第 41 条　无异议的修正案

涉及下列事项的加拿大宪法修正案，在参议院和众议院以及每个省的立法大会以决议批准后，即可以由总督以盖有加拿大国玺颁布的公告制定：

（一）女王、总督和省督的职位；

（二）一个省在众议院拥有若干名议员的权利，其人数不少于在本章生效时该省有权利获得的代表本省的参议员的人数；

（三）根据第 43 条的规定，英语或法语的使用；

（四）加拿大最高法院的组成；以及

（五）本部分的修改。

第 42 条

一、一般修正程序

有关下列事项的加拿大宪法修正案，只能依照第 38 条第一款的规定制定：

（一）由加拿大宪法规定的众议院中各省的比例代表制原则；

（二）参议院的权力和选举参议员的方法；

（三）各省有权利获得的在参议院被代表的议员的人数以及参议员的居留资格；

（四）根据第 41 条第（四）项的规定，加拿大的最高法院；

（五）现有的省延伸进入的地区；

（六）尽管有其他法律或者惯例存在，新省的建立。

二、例外

第 38 条第二款至第四款不适用于本条第一款所规定的事项的修改。

第 43 条　涉及某些省的宪法修正案

只要参议院的决议、众议院的决议和适用该宪法修正案的各个省的立法大会以决议批准，总督可以以盖有加拿大国玺颁布的公告，制定适用于单个或几个省的加拿大宪法修正案，包括：

（一）省与省之间的边界的改变；

（二）在一个省内使用英语或者法语的相关规定的修正案。

第 44 条　议会的修正案

遵守第 41 条和第 42 条的规定外，可以由议会独自制定法律修改加拿大宪法中有关加拿大行政部门或者参议院和众议院的规定。

第 45 条　省立法机关的修正案

除遵守第 41 条的规定外，可以由各省的立法机关独自制定法律修改本省的宪法。

第 46 条

一、修正程序的启动

按照第 38 条、第 41 条、第 42 条和第 43 条的规定，修正案的程序可以由参议院或者众议院或者由一省的立法大会启动。

二、撤销权

为本部分目的所作的同意的决议，可以在该决议批准的公告颁布前随时撤销。

第 47 条

一、无须参议院决议的修正案

按照第 38 条、第 41 条、第 42 条或者第 43 条的规定，以公告方式制定的加拿大宪法修正案，如果在众议院通过了批准颁布公告的决议作出后的 180 日内，参议院没有通过此项决议，并且经过上述期间之后，众议院随时再次通过同样决议，在此种情况下，无须参议院再通过批准颁布公告的决议；该修正案即属制定。

二、期间的计算

议会闭会或者解散的任何期间，都不得计入本条第一款所规定的 180 日的时限之内。

第 48 条　关于颁布公告的建议

负责加拿大事务的女王枢密院，应当建议总督，按照本章规定立即颁布一项公告，宣告根据本章所要求的通过公告制定宪法修正案的决议被通过。

第 49 条　宪法会议

由加拿大总理和各省总理所组成的宪法会议，应由加拿大总理召集，在本章生效后 15 年内召开，审查本章的规定。

第六章　对 1867 年宪法法的修改

第 50 条①

第 51 条②

第七章　总　　则

第 52 条

一、加拿大宪法的首要地位

加拿大宪法是加拿大的最高法，任何法律如果不符合宪法的规定，其不符合部分无效。

二、加拿大宪法

加拿大宪法包括：

（一）1982 年加拿大宪法法，包括本法；

（二）附表中提到的各个法和命令；

（三）本条第一款或第二款提到的法或命令的修正案。

三、加拿大宪法修改

只有根据加拿大宪法规定的权限，才能制定加拿大宪法修正案。

第 53 条

一、废除和新名称

附表第一栏提到的法规应予以废除，或者在附表一第二栏所指示的范围内

---

① 原文注：修正已经在《1867 年宪法法》中阐明，作为其中的第 92 条之一。

② 原文注：修正已经在《1867 年宪法法》中阐明，作为其中的附件六。

予以修正，并且，除非予以废除，在附表一第三栏提出的名称下，作为加拿大法律继续生效。

二、后续修改

除 1982 年加拿大宪法法外，任何法规，如果涉及附表第一栏指明的法规，应该加以修正，以附表第三栏的相应的名称代替，并且附表没有提到的任何不列颠北美法，可以被引用为附以制定年号和编号的宪法法。

第 54 条　废除和随后的修正

本章生效后满 1 年之日，第四章应予以废除，还可以由总督以盖有加拿大国玺颁布的公告废除本条，并且由于废除第四章和本条，因此本法的规定应重新编号。①

第 54 条之一　（废止）②

第 55 条　加拿大宪法的法语文本

附表提到的加拿大宪法的各个部分的法语文本，应由加拿大司法部长尽可能迅速地准备，当任何部分都已经准备到足以保证实施时，应当根据适用于加拿大宪法同样规定的修正案适用的程序，通过由总督以盖有国玺颁布公告的方式提交制定。

第 56 条　某些宪法文本的英、法文本

加拿大宪法的任何部分曾经或者现在是用英文和法文制定的，或者宪法的任何部分的法文本是依照第 55 条的规定制定的，则宪法的那部分内容的英文本和法文本具有同等效力。

第 57 条　本法的英、法文本

本法的英文本和法文本具有同等效力。

第 58 条　开始生效

除依照第 59 条外，本法从女王或者总督加盖有加拿大国玺颁布的公告所确定的日期起开始生效。③

第 59 条

一、第 23 条第一款第（一）项在魁北克的生效日期

第 23 条第一款第（一）项，从女王或者总督盖有加拿大国玺颁布的公告

---

①　原文注：第七章在 1982 年 4 月 17 日生效。

②　原文注：第 54 条之一，由《1983 年宪法修正公告》增加，规定了第四章之一和第 54 条之一在 1987 年 4 月 18 日废止。

③　原文注：本法，除涉及魁北克的第 23 条第一款第（一）项外，在 1982 年 4 月 17 日通过女王发布的公告生效。

所确定的日期起，对魁北克发生效力。

二、魁北克的认可

只有经魁北克立法大会或者魁北克政府批准，依照本条第一款所说的公告才能颁布。①

三、本条的废除

本条可以在第 23 条第一款第（一）项对魁北克发生效力之日废除，本条废除后，由女王或者总督以盖有加拿大国玺所颁布的公告修正本法并重新编号。

第 60 条　简称和引用

本法可以被引用为《1982 年宪法法》，1867 年至 1975 年（第二号）的各个宪法文本和本法可以合并称为《1867 年至 1982 年宪法法》。

第 61 条　参考文献

《1867 年至 1982 年宪法法》应该包括《1983 年宪法修正公告》。②

1982 年宪法法附表

宪法的更新改造

（第 53 条）

序号	第一栏 受影响的法	第二栏 修正	第三栏 新名称
1.	1867 年不列颠北美法，维多利亚，30—31，第三章（联合王国）	（一）第 1 条废止，用下文代替：第 1 条本法可以被引用为《1867 年宪法法》。 （二）第 20 条废止。 （三）第 91 条第一类别废止。 （四）第 92 条第一类别废止。	1867 年宪法法
2.	修正和继续施行维多利亚 32—33 第三章的法；以及建立和规定马尼托巴省政府的法，1870 年，维多利亚，33，第三章（加拿大）	（一）长标题废止，代之以：《1870 年马尼托巴法》。 （二）第 20 条废止。	1870 年马尼托巴法

---

①　原文注：根据第 59 条没有任何公告颁布。

②　原文注：第 61 条由《1983 年宪法修改公告》增加。也可参见《1985 年宪法法（代表性）》第 3 条以及《1987 年宪法修改（纽芬兰法案）》。

（续表）

序号	第一栏 受影响的法	第二栏 修正	第三栏 新名称
3.	1870 年 6 月 23 日女王陛下在枢密院承认鲁伯特和西北地区合并入联邦的命令		鲁伯特和西北地区令
4.	1871 年 5 月 16 日女王陛下枢密院承认不列颠哥伦比亚合并入联邦的命令		不列颠哥伦比亚联邦条款
5.	1871 年不列颠北美法，维多利亚，34—35，第二十八章（联合王国）	第 1 条废止，代之以：本法可以被引用为《1871 年宪法法》。	1871 年宪法法
6.	1873 年 6 月 26 日女王陛下枢密院承认爱德华王子岛加入联邦的命令		爱德华王子岛联邦条款
7.	1875 年加拿大议会法，维多利亚，38—39，第三十八章（联合王国）		1875 年加拿大议会法
8.	1880 年 7 月 31 日女王陛下枢密院承认在北美和毗邻岛屿的所有的英属财产和地区合并入联邦的命令		毗邻地区令
9.	1886 年不列颠北美法，维多利亚，49—50，第三十五章（联合王国）	第 3 条废止，代之以：本法可以被引用为《1886 年宪法法》。	1886 年宪法法
10.	1889 年加拿大（安大略边界）法，维多利亚，52—53，第 28 章（联合王国）		1889 年加拿大（安大略边界）法
11.	1895 年加拿大议长（副手的任命）法，第二次会议，维多利亚，59，第三章（联合王国）	该法废止。	
12.	1905 年阿尔伯塔法，爱德华七世，4—5，第三章（加拿大）		阿尔伯塔法
13.	1905 年萨斯喀彻温法，爱德华七世，4—5，第四十二章（加拿大）		萨斯喀彻温法
14.	1907 年不列颠北美法，爱德华七世，7，第十一章（联合王国）	第 2 条废止，代之以：本法可以被引用为《1907 年宪法法》。	1907 年宪法法
15.	1915 年不列颠北美法，乔治五世，5—6，第四十五章（联合王国）	第 3 条废止，代之以：本法可以被引用为《1915 年宪法法》。	1915 年宪法法
16.	1930 年不列颠北美法，乔治五世，20—21，第二十六章（联合王国）	第 3 条废止，代之以：本法可以被引用为《1930 年宪法法》。	1930 年宪法法
17.	1931 年威斯特敏斯特法，乔治五世，22，第四章（联合王国）	只要其应用到加拿大 （一）第 4 条废止； （二）第七款第（一）项废止。	1931 年威斯特敏斯特法

（续表）

序号	第一栏 受影响的法	第二栏 修正	第三栏 新名称
18.	1940 年不列颠北美法，乔治六世，3—4，第三十六章（联合王国）	第 2 条废止，代之以：本法可以被引用为《1940 年宪法法》。	1940 年宪法法
19.	1943 年不列颠北美法，乔治六世，6—7，第三十章（联合王国）	该法废止。	
20.	1946 年不列颠北美法，乔治六世，9—10，第六十三章（联合王国）	该法废止。	
21.	1949 年不列颠北美法，乔治六世，12—13，第二十二章（联合王国）	第 3 条废止，代之以：本法可以被引用为《纽芬兰法》。	纽芬兰法
22.	1949 年不列颠北美法（第 2 号），乔治六世，13，第八十一章（联合王国）	该法废止。	
23.	1951 年不列颠北美法，乔治六世，14—15，第三十二章（联合王国）	该法废止。	
24.	1952 年不列颠北美法，伊丽莎白二世，1，第十五章（加拿大）	该法废止。	
25.	1960 年不列颠北美法，伊丽莎白二世，9，第二章（联合王国）	第 2 条废止，代之以：本法可以被引用为《1960 年宪法法》。	1960 年宪法法
26.	1964 年不列颠北美法，伊丽莎白二世，12—13，第七十二章（联合王国）	第 2 条废止，代之以：本法可以被引用为《1964 年宪法法》。	1964 年宪法法
27.	1965 年不列颠北美法，伊丽莎白二世，14，第四章，第一节（加拿大）	第 2 条废止，代之以：本部分可以被引用为《1965 年宪法法》。	1965 年宪法法
28.	1974 年不列颠北美法，伊丽莎白二世，23，第十三章，第一节（加拿大）	第 3 条，通过伊丽莎白二世，25—26 第二部分，第二十八章，第 38 条第一款（加拿大）修改，被废止，代之以：本部分可以被引用为《1974 年宪法法》。	1974 年宪法法
29.	1975 年不列颠北美法，伊丽莎白二世，23—24，第二十八章，第一节（加拿大）	第 3 条，经伊丽莎白二世，25—26，第二十八章第 31 条（加拿大）修改，被废止，代之以：本部分可以被引用为《1975 年宪法法（第一号）》。	1975 年宪法法（第一号）
30.	1975 年不列颠北美法（第二号），伊丽莎白二世，23—24，第五十三章（加拿大）	第 3 条废止，代之以：本法可以被引用为《1975 年宪法法（第二号）》。	1975 年宪法法（第二号）

（王秀哲译，莫纪宏校）

～ 美　　国 ～

1787 年美利坚合众国宪法[*]

序　　言

我们合众国人民，为了建立一个更完善的联邦，树立正义，确保国内安宁，提供共同防御，增进公共福利，并保证我们自身和子孙后代永享自由的幸福，特制定美利坚合众国宪法。

第 1 条

第 1 款

本宪法所授予的全部立法权属于由参议院和众议院组成的合众国国会。

第 2 款

众议院由各州人民每两年选举产生的议员组成，每州的选举人应具备该州州议会人数最多一院的选举人所需具备的资格。

年龄未满 25 岁，为合众国公民未满 7 年以及当选时非其选出州居民者，不得为众议院议员。

众议院人数和直接税税额均应按本联邦所辖各州的人口比例分配于各州，各州人口数目指自由人总数加上所有其他人口的 3/5。自由人总数包括必须在一定年限内服役的人，但不包括未被征税的印地安人。人口的实际统计应于合众国国会第一次会议 3 年内，以及此后每 10 年内依照法律规定的方式进行。众议员人数以每 3 万人选出 1 人为限，但每州至少应有众议员 1 人。在实行此种人口统计前，新罕布什尔州可选出 3 人，马萨诸塞州 8 人，罗德岛州和普罗维登斯种植园州 1 人，康涅狄格州 5 人，纽约州 6 人，新泽西州 4 人，宾夕法

---

[*]　1787 年制宪会议通过，1789 年 3 月 4 日生效。

尼亚州 8 人，特拉华州 1 人，马里兰州 6 人，弗吉尼亚州 10 人，北卡罗来纳州 5 人，南卡罗来纳州 5 人，佐治亚州 3 人。

任何一州所选众议员中出现缺额时，该州行政长官应发布选举令以补足此项缺额。

众议院应选举该院议长和其他官员，并独自享有弹劾权。

第 3 款

合众国参议院由每州州议会选出 2 名参议员组成，参议员任期 6 年，每名参议员有一票表决权。

参议员在第一次选举后集会时，应尽可能平均分为三组：第一组参议员应于第 2 年年终改选，第二组参议员应于第 4 年年终改选，第 3 组参议员应于第 6 年年终改选，以便每两年改选参议员总数的 1/3。

在任何一州州议会休会期间，如因辞职或其他原因出现参议员缺额，该州行政长官可在州议会召开下次会议补足缺额之前，任命临时参议员。

年龄未满 30 岁，为合众国公民未满 9 年以及当选时非其选出州居民者，不得为参议院议员。

合众国副总统应为参议院议长，但除非出现该院全体参议员的赞成票和反对票相等的情况，否则，无表决权。

参议院应选定本院其他官员，遇副总统缺席或行使合众国总统职权时，并应选举临时议长。

参议院享有审理一切弹劾案的全权。因审理弹劾案而开庭时，参议员应进行宣誓或作郑重声明。合众国总统受审时，应由最高法院首席大法官主持审判，无论何人，非经出席参议员 2/3 人数同意，不得被定罪。

弹劾案的判决，应以免职和剥夺其担任和享有合众国荣誉职位、信托职位或高收益职位的资格为限；但被定罪者仍应依法接受起诉、审讯、判决和惩罚。

第 4 款

举行参议员和众议员选举的时间、地点和方式，由各州州议会自行规定，但除选举参议员地点一项外，国会可随时以法律规定或改变此类规定。

国会每年至少应开会一次，除以法律另行指定日期外，会议应在 12 月的第一个星期一举行。

第 5 款

各院应自行审查本院议员的选举、选举结果报告和议员资格；各院议员出席过半数即构成议事的法定人数；不足法定人数时可逐日休会，并可依照各院规定的方式与罚则强迫缺席议员出席会议。

各院可制定其议事规则，处罚扰乱秩序的议员，并可经 2/3 人数同意开除议员。

各院应保存本院的会议记录，并不时予以公布，但各该院认为需要保密的部分除外；各院议员对任何问题所投的赞成票和反对票应依出席议员 1/5 的请求，载入会议记录。

在国会开会期间，一院未经另一院同意不得休会 3 日以上，也不得从两院开会地点移往他处。

第 6 款

参议员和众议员应取得由法律规定，并从合众国国库中支付的服务报酬。两院议员，除犯有叛国罪、重罪和妨害治安罪外，在出席各自议院会议期间和往返于各自议院途中不受逮捕；也不得因其在各自议院发表的演说或辩论而在其他任何地方受到质问。

参议员或众议员在其当选期间不得出任合众国当局在此期间设置或增加薪俸的任何文官职务；在合众国属下供职者，在其继续任职期间，不得担任国会任何一院的议员。

第 7 款

所有征税议案首先由众议院提出；但参议院可以如同对待其他议案一样，提出修正案或对修正案表示赞同。

众议院或参议院通过的每一议案，均应在成为法律之前送交合众国总统；总统如批准该议案，即应签署；如不批准，则应附上异议书将议案退还给提出该项议案的议院，该院应将总统异议详细载入本院会议记录，并进行复议。如复议后，该院 2/3 议员同意通过，即应将该议案连同异议书送交另一院，另一院亦应加以复议，如经该院 2/3 议员认可，该项议案即成为法律。但在这种情况下，两院的表决应以投赞成票和反对票决定，投赞成票或反对票的议员的姓名应分别载入各该院的会议记录。如议案在送交总统后 10 日内（星期日除外）未经退还，即视为业经总统签署，该项议案即成为法律；但如因国会休会而阻碍该议案退还，则该项议案不能成为法律。

凡须经参议院和众议院一致同意的命令、决议或表决（有关休会问题者除外）均应送交合众国总统，以上命令、决议或表决须经总统批准始能生效。如总统不予批准，则应按照对于议案所规定的规则与限制，由参议院和众议院 2/3 议员再行通过。

第 8 款

国会应有下列权力：

规定和征收直接税、间接税、进口税与货物税，以偿付国债、提供合众国共同防御与公共福利，但所有间接税、进口税与货物税应全国统一；

以合众国的名义借贷款项；

管理合众国与外国的、各州之间的以及与印地安部落的贸易；

制定全国统一的归化条例和破产法；

铸造货币，厘定国币和外币的价值，并确定度量衡的标准；

制定关于伪造合众国证券和通货的罚则；

设立邮局并开辟邮路；

保障作者和发明者对其著作和发现在限定期间内的惟一权利，以促进科学与实用艺术的发展；

设立低于最高法院的各级法院；

明确划定并惩罚在公海上所犯的海盗罪与重罪以及违反国际法的犯罪行为；

宣战，颁发缉拿敌船许可证和报复性拘捕证，制定关于陆上和水上的拘捕条例；

招募陆军并供应给养，但此项用途的拨款期限不得超过两年；

装备海军并供应给养；

规定民兵的组织、装备和纪律，规定可能被征召为合众国服务的那部分民兵的管理办法；

但民兵军官的任命和按照国会规定的纪律训练民兵的权力由各州保留；

在任何情况下，对由某些州让与合众国，经国会接受，充做合众国政府所在地的区域（其面积不超过 10 平方英里）行使专有的立法权；

并对经州立法机构同意由合众国在该州购买的一切用于修筑要塞、军火库、兵工厂、船厂及其他必要建筑物的区域行使同样权力；

制定为执行以上各项权力和依据本宪法授予合众国政府或政府中任何机关或官员的其他一切权力所必要的和恰当的法律。

第 9 款

现有任何一州认为应予接纳的人员移居或入境时，国会在 1808 年以前不得加以禁止；但对入境者可征收每人不超过 10 美元的税金或关税。根据人身保护令享有的特权，除非在发生叛乱或遭遇入侵，公共治安需要停止此项特权时，不得中止。

不得通过公民权利剥夺法案或追溯既往的法律。

除按本宪法前文对人口普查或统计结果规定的比例征税外，不得征收人头税或其他直接税。

对于从任何一州输入的货物不得征收直接税或间接税。

任何贸易条例或税收条例不得给予一州港口以优于另一州港口的特惠，不得强令开往或来自一州的船舶在另一州入港、出港或缴纳关税。

除依据法律规定拨款外，不得从国库支款；一切公款的收支报告和账目应不时予以公布。

合众国不得授予贵族爵位；在合众国担任任何高收益职位或信托职位者，未经国会许可，不得接受任何外国君主或国家所赠与的任何礼物、酬金、官职或爵位。

第 10 款

无论何州，不得缔结条约、结盟或加入邦联；不得颁发缉拿敌船许可证和报复性拘捕证；不得铸造货币；不得发行信用券；不得将金银币以外的任何物品作为偿还债务的法定货币；不得通过公民权利剥夺法案、追溯既往的法律或损害契约义务的法律；不得授予任何贵族爵位。

无论何州，不经国会同意，不得对进出口货物征收进口税或间接税，但为执行该州检查法令所绝对必要者不在此限。任何一州对进出口货物征得的一切间接税和进口税的净所得额应作合众国国库之用，所有这类法律均应由国会负责修订与控制。

无论何州，未经国会同意，不得征收船舶吨位税，不得在和平时期保持军队或战舰，不得与另一州或外国缔结协定或条约，除非已实际遭受入侵或遇到刻不容缓的危险，不得进行战争。

第 2 条

第 1 款

行政权属于美利坚合众国总统。总统任期为 4 年，副总统任期与总统任期相同。总统和副总统的选举办法如下：

各州应按照该州议会规定的方式选派选举人若干名，其人数应与该州所应选派于国会的参议员和众议员的总数相等；但参议员或众议员或在合众国政府中担任信托职位或高收益职位者不得被选派为选举人。

选举人应在本州集会，投票选举两人，其中至少应有一人不是选举人同州的居民。选举人应开列名单，写明所有被选举人和每人所得票数，在名单上签名作证，封印后送至合众国政府所在地，呈交参议院议长。参议院议长应在参议院和众议院全体议员面前开拆所有证明书，计算票数。获得选票最多者如选票超出选举人总数的一半即当选为总统。

如不止 1 人获得半数选票且票数相当，众议院应立即投票选举其中 1 人为总统。如无人获得过半数票，则众议院应以同样方式从名单上得票最多的 5 人中选举 1 人为总统。但众议院选举总统时应以州为单位投票，每州代表有 1 票表决权；以此种方式选举总统的法定人数为全国2/3的州各有1名或数名代表出席，并须取得所有州的过半数票始能当选。在总统选出后，获得选举人所投票数最多者即当选为副总统；但如有两人或数人获得相等票数，参议院应投票选举其中1人为副总统。

国会可决定选出选举人的时间以及选举人的投票日期，该日期须全国统一。

任何人除出生于合众国的公民或在本宪法通过时已为合众国公民者外，不得当选为总统。年龄未满35岁及居住于合众国境内未满14年者亦不得当选为总统。

如遇总统免职、死亡、辞职或丧失履行总统权力和职责的能力时，该项职务应移交给副总统；在总统与副总统均为免职、死亡、辞职或丧失履行总统权力和职责的能力时，国会得依法律规定宣布某一官员代行总统职权，该官员即为总统，直至总统恢复任职能力或新总统选出为止。

总统应在规定时间获得服务报酬，此项报酬在其担任总统期间不得增加或减少。总统在任期内不得收受合众国或任何一州给予的任何其他酬金。

总统在就职前应作如下宣誓或郑重声明：

"我谨庄严宣誓（或郑重声明），我一定忠实执行合众国总统职务，竭尽全力恪守、维护和捍卫合众国宪法。"

第2款

总统是合众国陆海军的总司令，也是在各州民兵奉召为合众国执行任务时的统帅；他可以要求每个行政部门的主管官员提出有关他们职务的任何事件的书面意见，除了弹劾案之外，他有权对违反合众国法律者颁赐缓刑和特赦。

总统有权缔结条约，但须争取参议院的意见和同意，并须出席的参议员中2/3的人赞成；总统应提出人选，并于取得参议院的意见和同意后，任命大使、公使及领事、最高法院的法官，以及一切其他在本宪法中未经明定，但以后将依法律的规定而设置的合众国官员。国会可以制定法律，酌情把这些下级官员的任命权，授予总统本人，或授予法院，或授予各部部长。

在参议院休会期间，如遇有职位空缺，总统有权任命官员补充缺额，任期于参议院下届会议结束时终结。

第3款

总统应经常向国会呈交有关国情的报告，并向国会提出他认为必要和适当的措施，供其考虑；在非常时期，总统可召集两院或其中一院开会，如两院对于休会时间意见不一致时，总统可使两院休会到他认为适当的时期为止；总统应接见大使和公使；他应监督一切法律的切实执行，并任命合众国的一切官员。

第 4 款

合众国总统、副总统及其他所有文官，因叛国、贿赂或其他重罪和轻罪而遭弹劾并被判定有罪时，应予以免职。

第 3 条

第 1 款

合众国的司法权属于最高法院以及由国会随时下令设立的低级法院。最高法院和低级法院的法官，如果尽忠职守得继续任职，并应在规定时间获得服务报酬，此项报酬在其继续任职期间不得减少。

第 2 款

司法权适用的范围如下：一切基于本宪法、合众国法律以及根据合众国权力所缔结的及将缔结的条约而产生的普通法及衡平法的案件；一切涉及大使、其他使节及领事的案件；一切有关海事法和海事管辖权的案件；以合众国为当事人的诉讼；两个州或数个州之间的诉讼；一州与另一州的公民之间的诉讼；一州公民与另一州公民之间的诉讼；同州公民之间对他州让与土地的所有权的诉讼；一州或其公民与外国或外国公民或国民之间的诉讼。

涉及大使、其他使节和领事以及以州为当事人的一切案件，其初审权属于最高法院。对上述的所有其他案件，无论是法律方面还是事实方面，最高法院有上诉审理权，但须遵照国会所规定的例外与规则。

一切罪案，除弹劾案外，均应由陪审团审判；审判应在犯罪发生的州内进行；但如不止在一个州内发生，审判应在国会以法律规定的一处或数处地点进行。

第 3 款

只有对合众国发动战争，或依附、帮助、庇护合众国敌人者，才犯有叛国罪。无论何人，如非经由两个证人证明他的公然的叛国行为，或非经由本人在公开法庭认罪者，均不得被判叛国罪。

国会有权宣布对于叛国罪的惩处，但对叛国罪犯公民权的剥夺，不得影响其继承人的权益，除剥夺公民权利终身者外，不得包括没收财产。

第 4 条

第 1 款

各州对其他州的公共法令、记录和司法诉讼程序应给予完全的信任和尊重。国会可以通过一般法律规定此类法令、记录和司法诉讼程序的验证方法和效力。

第 2 款

每州公民应享受其他各州公民所有之一切特权及豁免权。

凡在任何一州被控犯有叛国罪、重罪或其他罪行的人于另一州被缉获时，该州应即依照该人所逃出之州的行政当局的请求，将其交出，以便押送到对该罪行有审理权的州。

凡根据一州之法律应在该州服兵役或服劳役者，逃往另一州时，不得根据逃往州的任何法律或规章解除该兵役或劳役，而应依照有权得到劳役或劳动的当事人的要求，将其交出。

第 3 款

国会可准许新州加入本联邦；但不得在任何其他州的管辖权之内组成或建立新州，亦不得未经有关州议会和国会同意合并两州或数州的部分地区建立新州。

国会有权处置并制定合众国领土或其他财产的一切必要规则和规章；对本宪法条文，不得作有损于合众国或任何特定州的任何权利的解释。

第 4 款

合众国应保障联邦各州实行共和政体，保护各州免受入侵，并应根据州议会或州行政长官（当州议会不能召集会议时）的请求平定内乱。

第 5 条

国会应在两院各 2/3 议员认为必要时，提出本宪法的修正案，或根据全国 2/3 州议会的请求召开制宪会议提出修正案。以上任何一种情况下提出的修正案，经全国的 3/4 的州议会或 3/4 州的制宪会议批准，即成为本宪法的一部分而发生实际效力；采用哪种批准方式可由国会提出。但在 1808 年前所制定的修正案不得以任何形式影响本宪法第 1 条第 9 款第 1、4 两项；任何一州，未经其同意，不得被剥夺它在参议院中的平等投票权。

第 6 条

本宪法生效前所负的一切债务和所签订的一切契约在本宪法生效后对合众国仍然有效，其效力一如邦联时代。

本宪法及依照本宪法所制定之合众国法律以及根据合众国权力所缔结或将缔结的一切条约，均为全国的最高法律；即使与任何一州的宪法或法律相抵触，各州的法官仍应遵守。任何一州宪法或法律中的任何内容与之抵触时，均不得违反本宪法。

上述参议员和众议员、各州议会议员以及合众国政府和各州一切行政、司法官员均应宣誓或郑重声明拥护本宪法；但不得以宗教信仰测试作为担任合众国任何官职或公职的必要资格。

第 7 条

经过 9 个州的制宪会议批准，即足以使本宪法在批准本宪法的各州成立。

本宪法于耶稣纪元 1787 年，即美利坚合众国独立后第 12 年的 9 月 17 日，经出席制宪会议各州与会者一致同意后制定。我们谨在此签名作证。（签名略）

修 正 案

依照美利坚合众国宪法第 5 条的规定，经国会提出和各州州议会批准的美利坚合众国宪法增添与修正条文如下：

宪法修正案第 1 条①

国会不得制定关于下列事项的法律：确立国教或禁止宗教活动自由；剥夺言论或出版自由；剥夺人民和平集会和向政府诉冤请愿的权利。

宪法修正案第 2 条

管理良好的民兵是保障自由州的安全所必需的，人民持有和携带武器的权利不得侵犯。

宪法修正案第 3 条

士兵在和平时期，非经房主许可不得驻扎于任何民房；在战争时期，除依照法律规定的方式外亦不得进驻民房。

宪法修正案第 4 条

人民保护其人身、住房、文件和财物不受无理搜查扣押的权利不得侵犯；除非有合理的根据认为有罪，以宣誓或郑重声明保证，并详细列应予搜查的地点、应予扣押的人或物，否则，不得颁发搜查和扣押证。

宪法修正案第 5 条

非经大陪审团提出报告或起诉，任何人不受死罪和其他重罪的惩罚，惟在战时或国家危急时期发生在陆、海军中或正在服役的民兵中的案件不在此限。任何人不得因同一犯罪行为而两次遭受生命或身体伤残的危害；不得在任何刑事案件中被迫自证其罪；未经正当法律程序，不得剥夺任何人的生命、自由和财产；非有恰当补偿，不得将私有财产充做公用。

宪法修正案第 6 条

在一切刑事诉讼中，被告应享受下列权利：由犯罪行为发生地的州和地区

① 译者注：以下第 1 条至第 10 条修正案于 1791 年 12 月 15 日批准生效，也称为"权利法案"。

的公正陪审团予以迅速和公开的审判，该地区应事先已由法律确定；获知受控事件的性质和原因；与原告证人对质；以强制程序取得有利于自己的证据，并取得律师的帮助为其辩护。

宪法修正案第 7 条

在习惯法诉讼中，争执价额超过 20 美元者，由陪审团审判的权利应予保护；案情事实经陪审团审定后，除非依照习惯法的规则，合众国的任何法院不得再行审理。

宪法修正案第 8 条

不得索取过多的保释金，不得处以过重的罚金，或施加非常残酷之刑罚。

宪法修正案第 9 条

本宪法对某些权利的列举不得被解释为否定或轻视人民保留的其他权利。

宪法修正案第 10 条

本宪法未授予合众国也未禁止各州行使的权力，分别由各州或由人民保留。

宪法修正案第 11 条（1798 年 2 月 7 日批准生效）

合众国司法权不得被解释为可扩大受理另一州公民或任何外国公民或国民对合众国任何一州提出的或起诉的任何普通法或衡平法的诉讼。

宪法修正案第 12 条（1804 年 6 月 15 日批准生效）

选举人应在本州集会，投票选举总统和副总统，所选总统和副总统中至少应有一人不是选举人本州的居民；选举人应在选票上写明被选为总统之人的姓名，并在另一选票上写明被选为副总统之人的姓名。选举人须将所有被选为总统及副总统的人分别开列名单，写明每人所得票数，在名单上签名作证，封印后送至合众国政府所在地，呈交参议院议长。参议院议长应在参议院和众议院全体议员面前开拆所有证明书，然后计算票数。获得总统选票最多者，如所得选票超出选举人总数的一半，即当选为总统。如无人获得过半数票，众议院应即从被选为总统之人的名单上得票最多者（不超过 3 人）中投票选举其中 1 人为总统。但众议院选举总统时应以州为单位投票，每州代表有 1 票表决权。以此种方式选举总统的法定人数为全国 2/3 的州各有 1 名或数名代表出席，并须取得所有州的过半数票方能当选。如选举总统的权力转移给众议院而该院于次年 3 月 4 日前尚未选出总统，则副总统应按总统死亡或宪法所规定的其他有关丧失任职能力的条款代行总统职务。获得副总统选票最多者，如所得票数超过选举人总数之一半，即当选为副总统。如无人获得过半数票，参议院应从名单上得票最多的 2 人中选举 1 人为副总统。以此种方式选举副总统的法定人数为参议员总数的 2/3，选出副总统需要参议员总数过半数票。但依宪法规定无资格当选为合众国总统的人不得当选为合众国副总统。

宪法修正案第 13 条（1865 年 12 月 6 日批准生效）

一、在合众国境内或属于合众国管辖的任何地方，不准有奴隶制或强制劳役存在，但以此惩罚业经定罪的罪犯者不在此限。

二、国会有权以适当立法实施本条规定。

宪法修正案第 14 条（1868 年 7 月 9 日批准生效）

一、在合众国出生或归化于合众国并受合众国管辖的人，均为合众国和他所居住的州的公民。无论何州均不得制定或实施任何剥夺合众国公民的特权或豁免的法律；无论何州，未经正当法律程序均不得剥夺任何人的生命、自由或财产；亦不得拒绝给予在其管辖下的任何人以同等的法律保护。

二、众议员名额应按各州人口总数的比例分配，但不纳税的印地安人除外。各州年满 21 岁且为合众国公民的男性居民，除因参加叛乱或犯其他罪行者外，其选举合众国总统与副总统选举人、国会众议员、州行政与司法官员或州议会议员的权利被取消或剥夺时，该州众议员人数应按上述男性公民的人数占该州年满 21 岁的男性公民总人数的比例予以削减。

三、曾经作为国会议员、合众国官员、州议会议员或州行政或司法官员，宣誓拥护合众国宪法，却又参与反对合众国的暴乱或谋反，或给予合众国敌人以帮助或庇护者，不得为国会参议员或众议员、总统和副总统选举人，或在合众国或任何一州任文职、军职官员。但国会可以每院 2/3 的票数取消此项限制。

四、经法律认可的合众国公债，包括因支付对平定暴乱或叛乱有功人员的养老金与奖金而产生的债务，其效力不得受质疑。但合众国或任何一州均不得承担或偿付因资助对合众国作乱或谋叛而产生的债务或义务，或因丧失或解放任何奴隶而提出的赔偿要求；所有此类债务、义务和要求应视为非法和无效。

五、国会有权以适当立法实施本条规定。

宪法修正案第 15 条（1870 年 2 月 3 日批准生效）

一、合众国或任何一州不得因种族、肤色或以前的奴隶身份而否认或剥夺合众国公民的选举权。

二、国会有权以适当立法实施本条。

宪法修正案第 16 条（1913 年 2 月 3 日批准生效）

国会有权对任何来源的收入规定并征收所得税，所得税收入不必按比例分配于各州，也不必考虑任何人口普查或统计。

宪法修正案第 17 条（1913 年 4 月 8 日批准生效）

合众国参议院由每州人民选出 2 名参议员组成，参议员任期 6 年，各有 1

票表决权。各州选举人应具备该州州议会中人数最多一院的选举人所必需的资格。

任何一州在参议院的议席出现缺额时，该州行政当局应发布选举令以填补此项缺额；但任何一州州议会在人民按照州议会指示进行选举补足缺额以前，可授权行政长官作出临时任命。

本修正案对于本条作为合众国宪法一部分被批准生效前当选的任何参议员的选举或任期不发生影响。

宪法修正案第 18 条（1919 年 1 月 16 日批准生效）

一、从本条批准起一年以后，禁止在合众国及其管辖下的一切领土内酿造、出售或运送致醉酒类，并且不准此种酒类输入或输出合众国及其管辖下的一切领土。

二、国会和各州均有权以适当立法实施本条。

三、本条除非在国会送达各州之日起 7 年内经各州州议会按照宪法规定批准为宪法修正案，不发生效力。

宪法修正案第 19 条（1920 年 8 月 18 日批准生效）

合众国或任何一州不得因性别而否认或剥夺合众国公民的选举权。

国会有权以适当立法实施本条。

宪法修正案第 20 条（1933 年 1 月 23 日批准生效）

一、如果本条尚未获批准，则总统和副总统的任期应于原定任期届满之年 1 月 20 日正午终止，参议员和众议员之任期应于原定任期届满之年 1 月 3 日正午终止；其继任者的任期即从此时开始。

二、国会每年至少应开会一次，开会日期除以法律另行规定外，应于 1 月 3 日正午开始。

三、如当选总统在规定的任期开始之前死亡，当选副总统应成为总统。如在规定的总统任期开始时间之前总统尚未选出，或当选总统不符合资格，则当选副总统应代行总统职权直至有一名当选总统符合资格为止；如遇当选总统和当选副总统均不符合资格的情况，国会可以法律决定代理总统人选或选择代理总统的方式，此人即可依法代行总统职务，直至有一名总统或副总统符合资格为止。

四、当选举总统的权利转移到众议院，而可被该院选为总统的人中有人死亡；或选举副总统的权利转移到参议院，而可被该院选为副总统的人中有人死亡时，国会得以法律对此种情况作出决定。

五、第一款与第二款应在本条批准后当年 10 月 15 日起生效。

六、本条如在国会送达各州之日起 7 年内，未经 3/4 的州议会批准为宪法修正案，将不再发生效力。

宪法修正案第 21 条（1933 年 12 月 5 日批准生效）

一、合众国宪法修正案第 18 条现予废止。

二、在合众国各州、各领地或属地内为交付或使用致醉酒类而进行的运送或输入，如违反有关法律，应予禁止。

三、本条除非在国会送达各州之日起 7 年内经 3/4 州的制宪会议批准为宪法修正案，不发生效力。

宪法修正案第 22 条（1951 年 2 月 27 日批准生效）

一、无论何人不得当选总统职务两次以上；无论何人在他人任期内担任总统或代理总统超过 2 年者，不得当选担任总统职务两次以上。但本条不适用于在国会提出本条时正在担任总统职务的任何人；也不妨碍在本条开始生效的总统任期内可能担任总统职务或代理总统的任何人在此任期结束以前担任总统职务或代理总统。

二、本条除非在国会将其提交各州之日起 7 年内由 3/4 的州议会批准为宪法修正案，不发生效力。

宪法修正案第 23 条（1961 年 3 月 29 日批准生效）

一、合众国政府所在的特区，应按国会指定的方式选派若干总统和副总统选举人，为此目的，该特区应被视为一个州，选举人数量应相当于它有权选举的国会参议员和众议员人数的总和，但不得超过人数最少的州的选举人人数；以上选举人是在各州选派的选举人之外所增添的，但为了选举总统和副总统，应被视为一个州所选派的选举人。他们应在特区集会并依照宪法修正案第 12 条的规定履行其职责。

二、国会有权以适当立法实施本条。

宪法修正案第 24 条（1964 年 1 月 23 日批准生效）

一、合众国或任何一州不得以未交纳人头税或其他税款为由，否认或剥夺合众国公民在总统或副总统、总统或副总统选举人或参议员、众议员的任何初选或其他选举中的选举权。

二、国会有权以适当立法实施本条。

宪法修正案第 25 条（1967 年 2 月 10 日批准生效）

一、如果总统免职、死亡或辞职，副总统应成为总统。

二、副总统职位出现空缺时，总统应提名一位副总统，经由国会两院多数票批准后就职。

三、如总统向参议院临时议长及众议院议长递交书面声明，宣称他无能力履行其权力与职责，则其权力与职责应由副总统作为代理总统履行，直至他递交相反的书面声明为止。

四、如副总统以及各行政部门或国会依法设立的此种其他机构的多数主要官员，向参议院临时议长及众议院议长递交关于总统无能力履行其权力与职责的书面声明，则副总统应作为代理总统立即承担以上权力与职责。

此后，当总统向参议院临时议长及众议院议长递交他丧失能力情况并不存在的书面声明时，除非副总统以及各行政部门或国会依法设立的此种其他机构的多数主要官员在 4 日内向参议院临时议长及众议院议长递交总统无能力履行其权力与职责的书面声明，总统应恢复其权力与职责。国会应对此作出裁决。如在休会期间，应在 48 小时之内为此目的召集会议。如果国会收到后一书面声明 21 天之内，或国会处在休会期间，被要求召集后的 21 天之内，以两院的 2/3 票数决定总统不能履行其权力与职责，副总统应继续作为代理总统履行上述权力与职责；否则，总统应恢复其权力与职责。

宪法修正案第 26 条（1971 年 7 月 1 日批准生效）

一、合众国或任何一州不得因年龄而否认或剥夺已满 18 岁或 18 岁以上合众国公民的选举权。

二、国会有权以适当立法实施本条。

宪法修正案第 27 条（1992 年 5 月 7 日批准生效）

改变参议院和众议院议员职位薪酬的法律，应当在众议院选举开始后生效。

（莫纪宏译）

～墨 西 哥～

墨西哥合众国政治宪法[*]

宪法军队司令官，国家的首席执行官宣布如下：

我，韦鲁斯蒂阿溶·卡兰查（Venustiano Carranza），作为宪法军队司令官和墨西哥合众国的首席执行官通知：

1916 年 12 月 1 日召开的制宪会议，根据同年 9 月 19 日由司令官办公室发布的大会议决，1916 年 9 月 14 日对 1914 年 12 月 12 日在韦拉克鲁斯发布的法令的修订案第 4 条的规定，并附上 1913 年 3 月 26 日公布的瓜达卢佩圣母计划，正式颁布：

第一编

第一章　人权和保障

第 1 条（最新修订法令于 2011 年 6 月 10 日公布于官方公报上）①

墨西哥合众国内，人人享有本宪法以及墨西哥作为一方的条约认可的人权，以及对人权的保障。除本宪法规定的情况和条件外，人权的行使不得受限制或中止。

涉及人权的规范应根据本宪法和有关该事项的国际条约进行解释，在任何时候均应给予最大可能的保护。

所有机构在其权限范围内有义务以普遍、独立、不可分割和进步为原则，

＊ 1917 年 1 月 31 日由制宪会议制定，并于 1917 年 2 月 5 日公布于官方公报。

① 译者注：关于文本修正的说明性文字为译者所加，下同。

推动、尊重、保护和保障人权。因此，国家必须根据法律的规定防止、调查、制裁和赔偿侵犯人权的行为。

墨西哥合众国禁止奴役。从国外进入墨西哥领土范围内的奴隶应恢复自由并受法律保护。

任何因种族或国籍、性别、年龄、残疾、社会地位、健康状况、宗教、思想、爱好、民事财产或任何侵犯人类尊严的行为和旨在取消或减少人民权利和自由的歧视均予以禁止。

第 2 条（最新修订法令于 2011 年 8 月 14 日公布于官方公报上）

墨西哥是一个不可分割的整体。本国家源于土著居民，是多文化的国家。

成为殖民地之前居住在本国的祖先的后裔，保有他们自己的社会、经济、文化和政治体系或其中的一部分。

土著居民身份是决定是否适用土著居民条款的基本标准。

土著社区是指定居在一定区域并根据其习俗确定自己机构的文化、经济和社会单位。

土著居民的自决权应符合宪法的规定，以保障国家统一。各州和联邦特区宪法和法律必须考虑前段所规定的一般原则，以及种族语言和土地标准，承认土著居民和土著社区。

1. 本宪法承认和保护土著居民和土著社区对下列事项的自决权和自治权：

（1）决定其共存的内部形式，以及社会、经济、政治和文化组织。

（2）根据本宪法的一般原则，适用自己的法律体系管理和解决其内部争议，尊重基本权利和人权，尤其是妇女尊严和安全。法律应规定法官和法院确认前述规定的方式。

（3）在尊重联邦协定和各州和联邦特区主权的前提下，根据传统的规则、程序和习俗，选举机构或代表建立自己形式的政府，保障妇女与男子享有平等参与权。

（4）保存和发扬语言、知识和所有构成其文化和身份的因素。

（5）根据本宪法的规定维护和完善环境和土地。

（6）优先使用土著社区居住地的自然资源，本宪法规定的战略资源除外。该使用应具有本宪法和有关该事项的法律所规定的财产所有权和土地使用形式，并尊重第三方权利。为达到前述目的，土著社区可以根据法律规定的条件组成合伙。

（7）选举市议会的土著代表。

各州的宪法和法律应承认和管理城市中的该项权利，以加强土著居民根据其传统和规定参与政治活动的目的。

（8）完全参与国家的司法管辖。为保护该权利，在涉及土著居民个人或集体的所有审判程序中，应考虑其习俗和文化实践，尊重本宪法规定的条款。土著居民在任何时候都有权获得熟悉其语言和文化的翻译者和律师的协助。

土著社区被定义为公共利益团体，各州和联邦特区的宪法和法律应规定民族自决和自治的内容，以表达土著居民的要求和愿望。

2. 为推动土著居民享有平等机会，消除歧视，联邦、联邦特区、各州和市政委员会应规定必要的制度和政策以保障土著居民权利的完全行使、土著社区的全面发展。该制度和政策的设计和执行应由土著居民一同参与。

为满足土著城区和土著社区的需要和消除影响其发展的落后因素，机构有义务：

（1）促进土著区域的地区发展，以加强地区经济和改善生活质量为目的。未达到此目的，三级政府和土著社区必须相互协调。地区政府应公正地决定土著社区为特殊目的而直接产生的管理费的预算。

（2）保障土著居民的教育并提高其教育层级，进行双语和跨文化教育、扫盲，完成初级教育和中等教育、技术培训、高等教育和大学教育。同时，机构应为所有年级的土著学生设立奖学金制度，并根据土著居民文化遗产和意见以及法律的规定而明确和执行区域教育计划。机构必须推动对国家的几种文化和知识的尊重。

（3）提高国家医疗服务的覆盖面，充分利用传统药物，以促使人们获得有效的医疗服务；通过食物计划改善土著居民的营养，尤其是儿童的营养。

（4）改善土著社区的条件，通过公私融资对房屋建设和改善进行社会化及提供娱乐空间；扩大基本社会服务的覆盖面。

（5）推动设立土著妇女组织，支持生产性项目，保护其健康和鼓励其受教育；鼓励土著居民参与社区决议程序。

（6）扩展通讯设施，通过建设和扩大交通线路和电信方式使社区与国家的其他部分融合。另外，机构有义务提供所需的条件，以使土著居民和土著社区可以根据法律规定获得、运营和管理媒体。

（7）支持生产性活动和土著社区的可持续发展：（a）使其自给自足地活动；（b）鼓励公私投资创造新的工作岗位；（c）使用新技术增加生产力并确保公正地享受供应和市场系统。

（8）建立社会政策以保护墨西哥国家和国外的土著移民，方式如下：（a）确保农民劳动权；（b）改善妇女健康；（c）为移民家庭的儿童和年轻人执行特殊的教育和营养计划；（d）确保和尊重土著居民的人权；（e）传播土著居民文化。

（9）筹备国家发展计划、各州计划和地区计划时，咨询土著居民的意见和建议，如果适当，将其意见和建议包含在计划中。

为执行前述责任，众议院和联邦特区的立法机构和各州，以及市议会在其管辖范围内，应规定履行该义务的特殊预算，以及使得社区参与预算执行和监督的程序。

任何非土著社区应根据法律的规定享有土著居民的同等权利，但不得损害土著、社区和人民的权利。

第3条（最新修订法令于 2012 年 2 月 9 日公布于官方公报上）

人人都享有接受教育的权利。国家，包括联邦、各州、联邦特区和市，应给予学前、初级、中等和中级高等（高中）教育。学前教育、初级教育和中等教育构成基础义务教育；前述教育与中级高等（高中）教育均是义务教育。国家给予的教育应旨在和谐发展个人才能，同时培养其独立和公平的爱国、尊重人权和国际团结的意识。

（1）如宗教信仰自由受第 24 条的规定保障一样，所述教育应为独立的，并为该原因，完全独立于任何宗教教义。

（2）确定教育方向的标准应以科学研究的结果为基础，应防止无知、奴役、盲从和偏见。

另外：

（a）教育应是民主的，民主不仅是法律和政治体制，也是以人民经济、社会和文化的不断发展为基础的生活环境；

（b）教育应是民族的，不敌对也不排外，致力于理解我们自己的问题，利用我们的资源，维护我们的政治独立，确保我们的经济独立和我们文化的稳定和增长；

（c）教育应有助于人类的共同生活，以加强和教导学生的尊严、家庭的完整、社会的共同利益、关心友爱、人人权利平等的思想，避免种族、宗教、阶级、性别或个人的特权。

（3）为了充分履行第（1）和（2）项的规定，联邦行政机关应规定学前、初级、中级教育和师范教育的计划和规划。为此目的，联邦行政机关应根据法律的规定考虑联邦政府的意见和联邦特区的意见，以及不同社会部门涉及教育的意见。

（4）国家给予的所有教育应为免费的。

（5）除了给予第一段规定的学前、初级和中等教育外，国家应推动和致力于国家发展所必要的所有教育类型和形式——包括初始教育和高级教育，支持科学和技术研究，并鼓励文化的加强和传播。

（6）私人可以从事所有类型和形式的教育。在法律规定的条件下，国家可以授予和取消对私人机构完成的教育的有效性的官方认证。对于学前、初级、中等教育和师范教育，私人必须：

（a）给予的教育应符合第（1）和（2）项规定的目标和标准，符合第（3）项的计划和规划；以及

（b）在所有情况下，根据法律的条款，事先获得公共权力机构的明确授权。

（7）大学和其他高等教育的机构享有法律赋予的自治权，同时应具有能力和义务进行自我管理；应根据本条的原则达到教授、研究和传播文化的目的，尊重教育和研究的自由、试验和观点讨论的自由；应决定其计划和规划；应规定自己学术人员雇佣、提升和存续的条件；以及应管理其财产。大学和高等教育机构与其学术人员以及行政人员之间的劳动关系应根据本宪法第 123 条第 1 部分进行管理，符合《联邦劳动法》根据特定工作的特点而规定的期限和形式，自治、教育和研究自由的形式，以及本部分规定的体系目标。

（8）联邦国会以统一和协调联邦所有教育为目的，应加快制定必要的法律，旨在在联邦、各州和市之间分配教育职能，建立对该项公共服务的财政分配，明确对于不遵守或不执行相关条款的官员以及违反上述条款的官员的制裁。

第 4 条（最新修订法令于 2012 年 2 月 8 日公布于官方公报上）

男人和女人在法律面前一律平等。法律应保护家庭组织和发展。

每个人都有权以自由、负责和熟知的形式决定其孩子的数量和年龄差距。

每个人都有权获得营养和足够的有质量的饮食。国家将予以保障。

每个人都有权获得医疗服务。

每个人都有权获得健康保护。法律应规定获得医疗服务的基础和程序，并应规定联邦和联邦实体根据本宪法第 73 条第（16）项的规定对公共健康事件的参与。

每个人都有权获得其发展和幸福的健康环境。国家将尊重和保障该等权利。环境的损害和恶化将由破坏环境的人承担相应的法律责任。

每个人都有权以足够、健康、可接受和可获得的方式为个人和国内消费获得经过杀菌的水资源。国家将保障该等权利，且法律应明确平等获得水资源，以及水资源可持续的基础、支持和程序，规定为达到该目的的联邦、联邦实体和市政的参与权，以及公民的参与权。

每个家庭都有权享有体面和适当的房屋。为达到该目的，法律应规定政府

应提供的必要的设施和支持。

国家的所有决议和程序应保证和符合儿童更高利益的原则，以所有可能的方式保障其权利。儿童有权利享有为其全面发展所必需的食物、健康、教育和娱乐。该原则应指导有关儿童的公共政策的设计、执行、监督和评价。

家庭长辈、监护人和导师有义务维持和要求该等权利和原则的全面履行。

国家应向个人拨付设备，以协助儿童行使其权利。

每个人都有权获得文化和享有国家提供的资产和服务，以及行使其文化权利。国家应推动文化的宣传和发展方式，致力于在其所有事件和表达中尊重文化多样性，完全尊重创作自由。法律应规定获得和参与任何文化实践的机制。

每个人都有权获得体育文化和体育锻炼。国家根据法律的规定推动、鼓励和促进前述权利。

第 5 条

任何人都可以自由从事合法职业、工业、商业或其自己选择的其他工作。该项自由仅可以因第三方权利被侵害而由司法命令禁止，或由于社会的权利被侵害而根据法律规定的手段由政府命令禁止。除司法判决外，任何人都不得被剥夺劳动成果。

各州的法律应规定需要获得学位的职业，设定该学位的要求以及颁发学位的适当机构。

任何人都不得在未经其完全同意和未经公平补偿的情况下被强迫提供服务，除非该劳动是司法机关根据第 123 条第 1 部分和第 2 部分所作的刑罚。

下列公共服务为义务性的，并在任何情况下都应符合各自法律的规定：服兵役、陪审团、市议员和通过直接或间接投票产生的职位。选举和人口普查是义务的并且是免费的，但是开展该服务的专业人员应根据本宪法和任何适用的法律支付报酬。社会性质的职业服务应为强制性的，并根据法律规定支付报酬，但法律另有规定的除外。

国家禁止任何旨在限制、损害或不可逆转的牺牲个人自由的合同、约定或协议。

同样禁止约定自我放逐或流放，或暂时或永久放弃职业、工业或商业追求。

劳动合同中对雇工劳动时间的规定依法确定，雇工仅依据合同约定提供服务，其展期不得超过 1 年。劳动合同不得包含放弃、损失或限制任何政治或民事权利的内容。

如果工人未能完全履行上述合同，则其仅承担民事责任，但不得对他的人身施加任何强制。

第 6 条

思想表达不受司法或行政的调查,除非该思想表达违反美德或其他人的权利,或引发犯罪,或扰乱公共秩序。辩护权应根据法律的规定行使。国家应保障知情权。

为保障知情权,联邦、各州和联邦特区,依据其各自权力,应遵循以下原则:

(1)任何联邦、州或地方当局、团体或机构的所有信息应是公开的,仅因公共利益和法律的规定暂时保留。解释本权利时,应采取最大限度披露的原则。

(2)有关私人生活和个人数据的信息应根据法律进行保护,但法律另有规定的除外。

(3)人人都可以自由获得公共信息、个人数据,以及更新后的信息,而无须主张利益或正当性。

(4)应规定自由获取信息的机制和审查程序。该程序应由特定且公正的机构规定,具有可操作性、管理性和独立决议性。

(5)政府机构应将其文件保存在行政档案中并不断更新,并通过电子媒介披露有关其管理和公共资源使用的完整和更新的信息。

(6)法律应规定政府机构披露有关公共资源用于自然人或法人的信息的程序。

(7)未能遵守前述规定应根据法律进行处罚。

第 7 条

任何题材的写作和出版都不受限制。任何法律或机构均不可以事先审查出版物,或向作者或出版社要求保证金,或限制出版自由。出版自由仅因个人生活、道德和公共治安而受限制。任何情况下,印刷机都不得作为犯罪工具被扣押。

组织法应规定所有必要的情形以防止以控告为借口拘禁报贩、送报人、新闻工厂工人、印刷工和任何出版报道的出版物的工厂的其他雇员,除非其责任已经事先被证明。

第 8 条

公务员和公共雇员应尊重请愿权的行使,前提是该请愿为书面的,并以和平和礼貌的方式作出。

只有公民享有政治请愿权利。受理请愿的机构必须书面对每个请愿作出回复,且有义务迅速告知请愿人其决定。

第 9 条

为合法目的和平结社或集会的权利不受限制。只有合众国的公民可以参加国家的政治活动。不得进行武装集会。

为向权力机关请愿或抗议任何行为而组织的集会不得被认为非法，也不得被解散，前提是不得对当局进行任何侮辱，并且不得使用暴力或胁迫恐吓或迫使该机构作出决定。

第 10 条

墨西哥合众国的居民享有武力保护财产和正当防御的权利，联邦法律禁止的情况以及保留给由陆军、海军、空军和国民卫队使用的除外。联邦法律将说明居民可以被授权持有武器的情况、条件、要求和地点。

第 11 条（最新修订法令于 2011 年 6 月 10 日公布于官方公报上）

人人都有权进入和离开合众国、在领土内旅行、改变其居所，而无须介绍信、护照、安全通行证，或任何其他相似的要求。因民事或刑事责任，该权利的行使应受司法机关的限制，涉及移民和国民公共健康，或有关不受欢迎的外国人在国内居住时，行政机构应考虑法律对其的限制。

如果因政治动乱而发生迫害，任何人都有权请求庇护；如果因人道主义原因，可以给予庇护。法律应规定有关程序和例外情况。

第 12 条

墨西哥合众国不授予任何贵族头衔、特权和世袭荣誉。另外，任何其他国家授予的贵族头衔、特权和世袭荣誉均不具有效力。

第 13 条

任何人不得根据私人法律或在特别法庭上被审判。任何人或企业不得享有任何特权，或享受法律对公共服务必须支付的报酬之外的报酬。军事犯罪和违反军队纪律由军事法院审判；但是在任何案件且在任何情况下，军事法院都不可以将其管辖权延伸至非武装力量成员的人。平民从事军事犯罪或违反军队纪律的应由有权管辖的普通法院审判。

第 14 条

法律不得具有追溯效力。

非经正式设立的法院根据必要的程序和行为前颁布的法律审判，任何人不得被剥夺生命、自由、财产或权利。

刑事案件中，禁止施加任何未由适用于该争议的法律明确规定的，仅依据类推或先前的证据进行的惩罚。

民事诉讼中，最终判决必须符合法律的文义或司法解释。缺乏适当法律时，判决应当以一般法律原则为基础。

第 15 条（最新修订法令于 2011 年 6 月 10 日公布于官方公报上）

不得签署有关政治犯引渡或在其所犯罪行的国家正常状态下作为奴隶的罪犯的引渡条约，或对本宪法和墨西哥国家作为一方的国际条约中承认的人权加以改变的任何协议或条约。

第 16 条

非经有权机构发布的书面命令证实和陈述，任何人的人身、家庭、住所、文件或财产不受侵犯。

所有人均有权享有保护其个人数据，以及正确获得和删除该数据。所有人均有权根据法律的规定反对该数据的披露。法律应规定因国家安全、法律秩序、公共安全、公共健康或保护第三方权利，处理该数据标准的例外情形。

只有司法机关可以发出逮捕令。前提是其被指控或者其行为属于法律规定的犯罪且应被剥夺自由，这样的指控必须基于犯罪行为已经作出和存在犯罪或参与犯罪的证据。

执行逮捕的机关必须及时负责地将被告带到法官面前接受处理，违反该程序将受刑罚。

任何人都可以拘禁现行犯，并及时将其带到最近的当局接受处理，然后该当局应将其移交公诉人，并应当有拘留的记录。

下列情形，公诉人可以基于其职责命令拘留犯罪嫌疑人，并解释该决定的原因：

（a）紧急案件；

（b）严重犯罪；

（c）有被告可能逃脱制裁的可证实的风险；以及

（d）由于时间、地点或环境的原因，司法机关没有发布逮捕令。

如果情况紧急或属现行犯，法官收到移交后应立即根据法律规定的条件确认逮捕或命令释放。

如果是有组织犯罪，应公诉人的请求，并基于为调查、保护证人或证物的必要或当被告有逃脱司法程序的可能时，司法机关可以命令对某人进行暂时限制，该限制须符合法律规定的时间和地点，且不得超过 40 日。但如果公诉人证明对该人进行限制的起因一直存在的可以延长。在任何情况下，限制期限不得超过 80 日。

有组织犯罪是指三个以上的人组成的组织在相应的法律规定的期限内，以永久或经常的形式犯罪。

任何犯罪嫌疑人不得被公诉人拘留超过 48 小时。48 小时之后，应释放或将其移交司法机关。有组织犯罪的情形，该期限可以双倍。任何滥用上述权力的行为将受刑罚。

只有司法机关可以根据公诉人的请求发布搜查令。搜查令必须说明搜查的地点、被抓捕的人和搜寻的物品。搜查过程必须记录一份详细的报告，并由两位搜查地点占有人提供的，或其不在或拒绝提供时由执行机关提供的两位证人在场证明。

个人通讯自由不受侵犯。任何侵犯通讯自由和秘密的行为应受刑罚，但该通讯中涉及的一方自愿引起的除外。法官将根据其中是否包括有关犯罪的信息来界定通讯的范围，任何通讯不得违反法律有关保密权利的规定。

只有联邦司法机构可以基于法律授权的联邦机构或国家公诉人的请求授权干预私人通讯。为此，有权机关必须有具体的请求，以及请求的法律基础、干预的类型、干预的对象和持续期限。联邦司法机关在下列情况下不得授权干预：

（a）涉及选举、财务、商务、民事、劳动或行政事项；

（b）被告和其律师之间的通讯。

司法权应依靠法官，他们应致力于解决纠纷，以及时的方式，通过任何手段，采取预防措施，适用调查技术。司法权应控制和保障犯罪嫌疑人和受害人的权利。所有法官和公诉人以及其他有权机关之间的原始通讯记录应予保存。

被授权的干预应符合法律的规定和限制。不符合前述要求的不得采纳为证据。

行政机关只有在确定卫生管理和治安管理符合法律规定时，才能进入公民住宅，并且要显示这些文书和文件对于证明符合财政条款是不可或缺的，与案件相关并且具备搜查的手续。

密封的信件免于搜查，违反该规定应受制裁。

和平期间，军队的任何成员均不可以违背所有者意愿进入私人住宅，也不能施加任何义务。战争期间，士兵可以要求寄宿、行李、食物和其他军事法律规定的义务。

第 17 条（最新修订法令于 2010 年 7 月 29 日公布于官方公报上）

任何人都不得冒称正义或使用暴力收回他们的权利。

人人都有权在法律规定的起诉期限和审理期限内得到迅速的司法救济，并以快速、完全和公正的方式作出裁判。该项服务是免费的，因此禁止收取诉讼费。

国会应颁布法律规定集体行为。该法律将规定适用的事项、司法程序和损害赔偿的机制。联邦法官应根据这些程序和机制排他地行使管辖权。

法律应规定争议解决的替代机制。其应规定该机制在刑事诉讼中的应用，确保赔偿损害，并接受司法的监督。

通过口头辩论方式得出结论的判决必须在双方当事人之间进行公开质证。

联邦和地区法律应规定必要的方式以保障法院的独立和其决议的完全执行。

联邦、各州和联邦特区应确保为人民提供有质量的公共辩护律师服务，并确保辩护者拥有职业经验，且辩护者的知识不能少于公诉人。

任何人不得因纯民事的债务而被监禁。

第 18 条（最新修订法令于 2011 年 6 月 10 日公布于官方公报上）

只有被剥夺自由的罪犯可以被预防性拘留。拘留地点应不同于服刑的地点，并完全独立。

监狱应以尊重人权、劳动、培训、教育、健康和运动为基础，以达到被关押人可以重新融入社会以及不会重新犯罪的目的，并符合法律提供给被判决人的利益。妇女的服刑地应与男子的服刑地分离。

联邦、各州和联邦特区可以签署协议规定，在其管辖权范围内判决为犯罪的人可以在不同管辖区的监狱中执行判决。

联邦、各州和联邦特区应在其各自的管辖范围内建立完整的司法系统，适用于 12 岁至 18 岁之间的罪犯，但应保障本宪法认可的每个人的基本权利，以及一些特别授予他们的权利，如根据其条件进行培养的权利。12 岁以下的罪犯，应仅进行复健和社会救助。

政府有责任建立制度、法庭或特定机关帮助青少年获得救济。根据每个案子的特点采取指导、保护和对待措施，充分保护和最大化青少年的利益。

执行本制度时可以适当采用审判的替代方式。在所有指向青少年的程序中，应遵守正当法律程序，保持影响当事人的机关和采取强制措施的机关之间的分离。这些规定必须与实际从事的行为成比例，并把帮助青少年再次融入社会和家庭、促进他们的人格和能力的充分发展作为目标。拘留只能作为一种非常手段对 14 岁以上的、有严重的反社会行为的年轻人使用，并保持在尽可能短的时间内。

具有墨西哥国籍的人在国外被处以刑罚可以移交给合众国，以本条规定的重新融入社会为基础执行其判决，被联邦指控犯罪的外国人可以根据国际条约移交给其出生地或居住地的国家。犯人的移交必须获得其明确同意。

在法律规定的情况和条件下，罪犯可以在离其住所最近的监狱被执行判决，以促进其重新融入社区。该规定不适用于有组织犯罪，以及其他需要对罪犯采取特殊安全措施的情况。

为了对有组织犯罪事项中的预防性拘留和判决的执行，有权机关可以限制被告和有组织犯罪人的通讯，会见其律师除外，并可以采取特定的监视措施。后者可以适用于其他根据法律的规定要求采取特殊安全措施的罪犯。

第 19 条（最新修订法令于 2011 年 7 月 14 日公布于官方公报上）

司法机关作出的任何拘留不得超过 72 小时，从被告移交司法机关时开始，不需要证明对其起诉以及被指控的罪名、执行的地点、时间和环境、犯罪的证据和嫌疑人犯罪或参与犯罪的可能性。

公诉人仅可以当其他预防措施已经不足以保障被告出庭、调查进行、保护被害人、证人或社区，以及被告正在被审判或事前已经因严重罪行被判决时，才可以请求法官进行预防性拘留。法官可以在有组织犯罪、重大杀人、强奸、绑架、贩卖人口、暴力犯罪（如武装和爆炸），以及法律规定的损害国家安全、人类和健康自由发展的严重犯罪中，命令采取预防性拘留。

法律应规定法官可以剥夺被控告人自由的情形。

起诉的期限仅应犯罪嫌疑人的请求，以法律明确的方式而延长。因偏私而延长拘留期限将受到刑罚。负责拘留嫌疑人的机关未在法律规定的时间期限内收到起诉状副本和预防性拘留的命令，也没有在宪法规定的期限内收到延长的请求，则其必须告知法官该情形，如果其在接下来的 3 个小时内没有收到前述确认，则犯罪嫌疑人将被释放。

任何犯罪行为或起诉状列明的行为将被起诉。如果一个独立的罪名被起诉，则必须接受独立的调查，但不影响后面被合并宣判，如果合并宣判是有益的。

如果有组织犯罪被起诉后，被告逃避审判行为或处于另一个宣告他在国外的法官的管辖之下，那么程序将暂停，相应地，犯罪行为的追诉时效也应暂停。

任何逮捕或监禁期间的虐待、任何无法律动因的干预、任何监禁中的税收或捐献都是滥用职权，将由法律更正，并由相关机关进行谴责。

第 20 条（最新修订法令于 2011 年 7 月 14 日公布于官方公报上）

刑事诉讼应为口头起诉。其原则为公开、辩论、集中、连贯和及时。

1. 一般原则：

（1）刑事诉讼以澄清行为事实、保护无辜的人，让罪犯无法逃脱惩罚和犯罪引起的损害得到赔偿为目的。

（2）任何听审必须在法官面前进行，并以自由和有逻辑的方式进行，证据的提交和评估不能委托给任何人。

（3）为使判决有效，证据必须在庭审中提交。法律将规定例外和允许庭审前提交证据，这将由证据的性质来决定。

（4）审讯应由事先未接触案件的法官主持，论证和证明材料应以公开、辩论和口头的形式提交。

（5）证明有罪的举证责任属于起诉的一方，并与犯罪的等级相适应。起诉和辩护双方在程序上平等。

（6）在双方一方出庭，另一方不出庭的程序中，法官不得处理任何事项，必须遵守辩论的原则，本宪法规定的例外情况除外。

（7）刑事诉讼一旦开始，如果被告没有异议，可以根据法律规定的情形和方式中止。如果被告自愿承认司法管辖权，并了解后果，承认其参与犯罪，法官可以启动量刑听证。法律应规定被告承认时所获得的利益。

（8）法官独立确认犯罪的存在。

（9）任何侵犯基本权利取得的证据无效。

（10）本条规定的原则也应在审判前的听审中遵守。

2. 任何被告人的权利：

（1）在法官有罪判决宣告之前，任何嫌疑人应推定无罪。

（2）作证或保持缄默。自其被逮捕之日起，其应知道被逮捕的原因，以及保持沉默的权利，不得以此对其产生偏见。禁止任何单独拘禁、威胁或折磨，否则将受刑罚。无律师协助的自认缺乏证明效力。

（3）在其被逮捕时，以及出现在公诉人或法官面前时，应被告知受指控的行为，以及其享有的权利。对于有组织犯罪，司法机关可以拒绝告知被告的姓名和地址。

法律将规定被控告、审判或判决的人协助调查和起诉有组织犯罪中所享有的利益。

（4）允许其提供证人和其他相关证据，并根据法律规定给予必要的时间，支持证人到庭。

（5）由法官或法庭公开审理。当信息的披露将会导致危险或者法庭认为存在实质的理由可以证实这种危险时，可以基于国家安全、公共安全以及保护受害人、证人和未成年人而限制公开信息。

对于有组织犯罪，当调查不可能在审判中复制或存在对证人或受害人的危险时，调查过程中采取的行动具有证明效力。前述规定不得影响被告的辩护权或挑战他们的权利，以及提供相反证据的权利。

（6）告知其辩护所需的并在诉讼程序中出现的所有信息。

当被告被羁押和其作供认或审讯时，其和其律师应可以获得调查的记录。同样，当其第一次出现在法庭上时，他可以基于为辩护做准备的目的，查阅该记录。从此刻开始，调查事件不再保密，法律明确规定的对于保护调查结论不可或缺的情况除外，但前提是该记录快速的披露不影响辩护权。

（7）如果涉及的犯罪的监禁刑罚不超过 2 年，其审判不得超过 4 个月，如果刑罚超过该期限，则审判不得超过 1 年，除非被告请求多点时间进行辩护。

（8）有权通过律师进行充分辩护，自其被逮捕之时起可以自由选择律师。如果没有或无能力聘请律师，法官应为其指派公共辩护律师。其也有权在诉讼程序的所有阶段要求律师陪同，如果其要求，则律师有义务出现。

（9）任何情况下，拘留或逮捕不得因民事权利或任何其他类似动因而未支付律师费或任何其他款项而延长。

预防性拘留不可以超过法律规定的启动诉讼程序的犯罪的最长时间，且在任何情况下都不得超过 2 年，除非该延长是因被告的辩护权。如果该期限届满判决仍未公布，被告在诉讼程序中将被立即释放，但不影响施加其他的警告措施。

对于任何监禁刑罚，拘留的时间应计算在内。

3. 受害人或被冒犯者的权利：

（1）接受司法意见。被告知宪法规定的权利，以及基于其要求，被告知刑事程序的进展。

（2）协助公诉人。在调查和庭审程序中当他们陈述的所有信息或证据被采纳时，相应的提交信息和证据的勤勉义务，以及根据法律规定介入庭审和行使追索权。

当公诉人认为其提交证据的勤勉义务是不必要时，它必须规定并证明拒绝提交的正当性。

（3）对于犯罪造成的后果，接受紧急医疗和心理辅导。

（4）对其造成的损害得到恢复。如果适当，公诉人有义务寻求损害的恢复，但不影响受害人或被冒犯者直接要求恢复其损害，但如果一个有罪判决已经作出，则法官不得宣判被告不承担该恢复责任。

法律应规定促进损害赔偿的灵活程序。

（5）在下列情况下对其身份和其他个人信息保密：未成年人；有关强奸、绑架、贩卖人口的个人犯罪或有组织犯罪；以及根据法官的意见，对保护和保障个案中的辩护权是必要的情形。

公诉人应确保对受害人、被冒犯者、证人的保护，以及刑事诉讼程序涉及所有物品的保护。法官必须监督该义务的适当履行。

（6）为了保护和恢复其权利，可以请求必要的预防措施和命令。

（7）向司法机关申诉公诉人在犯罪调查和保全程序中的失职行为，以及在损害赔偿未履行的情况下撤销起诉或中止程序。

第 21 条（最新修订法令于 2008 年 6 月 18 日公布于官方公报上）

犯罪调查由公诉人和警察进行，必须接受行使该职权的人的领导和命令。

庭审中的刑事追诉由公诉人行使，法律应规定个人从事刑事追诉的情形。

只有司法机关可以决定刑罚、刑罚更改和刑期。

行政机关，如政府和警察的职责是对于违法行为适用刑罚。该刑罚只能是罚金、不超过 36 小时的逮捕或社区服务。但如果罪犯不能支付罚金，可以用逮捕来代替，在任何情形下不得超过 36 小时。

如果罪犯是按日工作的劳动者、工人或雇员，对他的罚金数额不得超过一天的工资或薪水。

如果罪犯是个体劳动者，政府和警察的罚金不得超过他一天的收入。

公诉人可以在法律规定的前提和条件下，考虑从事刑事追诉的标准。

合众国总统可以在参议院批准的情况下接受国际刑事法院的管辖。

公共安全是联邦、联邦特区、各州和地方当局的职责。公共安全包括防止犯罪、调查和起诉，以及根据法律和宪法的各自规定对行政违法的制裁。公共安全机关的行为应以合法、客观、效率、专业、诚实和尊重人权为原则。

公共安全机关应具有民事的、纪律的和专业的性质。公诉人和三级政府的警察力量应互相合作以保证公共安全。他们共同组成国家公共安全系统，应符合下列最低要求：

（a）对公共安全机关的成员进行挑选、录用、培训、续任、评估、表彰和认证。联邦、联邦特区、各州和地方当局应在其各自权力领域进行和完善上述行为；

（b）公共安全机关应建立犯罪和个人数据库。没有在系统中被适当地证明和登记的人不得进入公共安全机关；

（c）应形成旨在防止犯罪的公共政策；

（d）邀请社区参与评估公共安全机关的预防犯罪政策和公共安全制度；

（e）联邦对公共安全提供资金支持，该项资金被用于全国范围内的联邦单位和地方当局，并仅用于该目的。

第 22 条（最新修订法令于 2008 年 6 月 18 日公布于官方公报上）

禁止死刑、肉刑、公开羞辱、烙刑、鞭打、殴打、折磨、过高的罚金、没收财产和其他残酷和非常的刑罚。每项惩罚应与所犯罪行和司法效果成比例。

用于支付罚金或税金的资产不得被没收，也不得被司法机关命令用于犯罪的民事赔偿。下列情况的资产攫取不得视为征收：（a）第 109 条的非法集资；（b）根据相应条款放弃的资产；（c）判决中宣布无主的资产。如果所有权废弃，应根据以下规定的程序进行：

（1）它将属于犯罪的管辖权，但具有自主性。

（2）它将适用于有组织犯罪、毒品犯罪、绑架、盗窃汽车和贩卖人口。包括下列资产：

（a）犯罪的工具、对象或所得，即使刑事责任还未经判决确定，只要有足够的证据证明违法行为已经发生过即可；

（b）虽然不是犯罪的工具、对象和所得，但被用于或旨在隐藏或掺杂了犯罪所得的资产；

（c）第三方用于犯罪的资产，如果其所有人已经知道犯罪但未通知有权机关或没有试图阻止犯罪；

（d）以第三方名义持有的资产，但是有足够的要素证明其继承自犯罪所得或有组织犯罪，以及被起诉的罪犯作为其所有人。

（3）任何能够证明这些资产的合法使用和信任它们被合法使用且不知悉其被非法使用的人可以行使追索权。

第 23 条

任何刑事审判三审终审。任何人一事不再罚，无论其被宣告无罪或被证明有罪。禁止赦免。

第 24 条（最新修订法令于 1992 年 1 月 28 日公布于官方公报上）

人人都可以自由追求最适合他的宗教信仰，以及进行宗教仪式、祈祷或礼拜，但不得以此从事违法犯罪行为。

国会不得颁布法律建立国教或禁止任何宗教。

宗教活动通常在教堂里进行，要在教堂之外举行的活动必须符合法律规定。

第 25 条（最新修订法令于 1999 年 6 月 28 日公布于官方公报上）

国家的发展方针是整体的和可持续发展，加强国家主权和民主，提高经济增长和就业，建立更加公平的收入和财富分配机制，允许个人、团体和社会各阶级的自由和尊严的充分发展，宪法保护他们的安全。

国家应规划、管理、协调和指导国家经济活动，并应在本宪法规定的框架内规定和推动执行公共利益所要求的行为。

公共、社会和私人部门应参与国家经济发展，承担社会责任，不得损害为国家发展做出贡献的其他形式的经济活动。

宪法第 28 条第 4 段规定的战略领域应为公共部门的专有权力，在任何情况下，联邦政府都应享有为此目的而设立的实体的所有权和控制权。

联邦政府可以独自或联合社会和私人部门，根据法律的规定推动和组织优先发展的领域。

国家应根据社会平等和生产力的标准支持和鼓励社会和私人开办企业，促使它们符合公共利益的要求，以及为了普遍利益使用生产资料，保护自然资源和环境。

法律应建立促进社会部门组织和扩展经济活动的机制：农业合作社、工人组织、合作社、社区、多数由工人所有或由工人绝对所有的企业，以及其他为社会所需的商品和服务的生产、分配和消费组织。

法律应鼓励和保护私人开展的经济活动，使私人部门在宪法规定的范围内为国家经济发展提供条件。

第 26 条（最新修订法令于 2006 年 4 月 7 日公布于官方公报上）

1. 国家应建立国家发展的民主规划制度，为了国家的独立和政治、社会和文化的民主化，优先保证经济发展的稳固、动力、持续和平等。

本宪法中规定的国家项目的目标决定了规划的目标。规划应具有民主性。通过不同社会部门的参与，规划将包含社会对融入规划和发展项目的期望和要求。联邦政府的项目有义务遵守国家的发展规划。

法律将推动行政机关规定民主规划的参与和公众咨询的程序、规划的形成、规划的手段、规划的控制和评估以及发展项目。同时，行政机关将决定负责规划程序的机关，通过与联邦单位政府的协议建立联邦行政机关合作的基础，从而使它们能够从事、执行、诱导和参与规划的实现。

联邦国会有权干预民主规划。

2. 国家应具有国家统计和地理信息系统，以提供官方数据。该系统中所有包含的数据有义务被联邦、各州、联邦特区和地方当局使用。

国家统计和地理信息系统由一个机构管理和协调，该机构具有技术和管理的自治性，享有法人资格以及自己的财产。该机构享有必要的权力管制它所产生的信息的收集、处理和公开，并有义务提供该信息。

该机构应设立一个由 5 名成员组成的董事会，其中一位成员作为董事会和机构的主席。该 5 名成员由墨西哥合众国总统任命并由参议院，或参议院闭会期间由常务委员会批准。

法律应基于信息自由、透明、客观和独立的原则，建立国家统计和地理信息系统的组织和职能。法律应规定董事会成员必须遵守的要求以及他们的任期和职位。

董事会成员只能因重大理由被免职。其不可以有任何其他的工作、职位或任务，但教育、科学、文化或慈善机构等不支付报酬的服务除外。董事会成员应遵守本宪法第四编的规定。

第 27 条（最新修订法令于 2011 年 10 月 13 日公布于官方公报上）

领土范围内所有土地和水域的所有权应属国家所有，国家有权转让该所有权给私人。由此形成私有财产。

征用仅因公共使用并给付补偿时方可为之。

国家在任何时候均有权根据公共利益的要求对私有财产加以限制，以及为社会福利规定易被占用的自然资源的使用，以达到公共财富的平等分配、公共财富的保值、国家的平衡发展，以及改善城市和乡村人口的生活条件。因此，应采取必要的措施以使人居环境井然有序，规定土地、水和森林的使用、保护和目标。该措施应影响公共工程和规划的执行，规制人口中心的基础、保护、改善和增长，维护和恢复生态平衡，划分大型不动产，根据规制法为公有土地提供集体组织和开发，及为了农村土地所有权的发展，为了提升农业、畜牧业、林业和其他农村经济活动，避免自然资源的破坏，损害财产就是在损害社会。

以下为国家财产：大陆架和岛屿海床上的所有自然资源；一切矿物，无论其为矿脉、矿层、矿块或矿床，矿床的组成与土壤的组成自然属性不同，例如从工业金属和类金属中提取出来的矿物；宝石层或矿盐；海水直接形成的盐；当开采需要利用基岩时，岩石分解的产物；可用作肥料使用的矿物或有机物；固体矿物燃料；石油和所有固体、液体或气体碳氢化合物；及根据国际法规定的领土上方所有空间及其延伸。

根据国际法的规定，下列属于国家财产：领海中的水；内海水域；与海永久或暂时连接的泻湖和入海口；自然形成的内陆湖泊，它们通过不断流动的溪流被连接起来；河流及其支流，从它们的发源地第一股永久、间歇或雨水进入，一直到入海口、湖泊、泻湖或河口都是国有财产；持续或间接的水流，及其直接或间接的支流，无论其河床是否在国土的全部或部分上，它都作为国土或两个联邦单位的边界，或其由一个州流向另一个州，或穿过国家边界；湖、泻湖或河口的水域，其盆地、区域或沿岸被两个以上的联邦单位或国土的分界线穿过，或者海岸线作为两个联邦单位或联邦与邻国的分界线；源于海滩、海域、海床、盆地或岸边的泉水；矿藏中提炼的物质；内湖和内水的河床、水道和堤岸。地下水可以通过人工作业自由抽取，并被土地所有者使用。但是，当公共利益要求或影响其他使用时，合众国总统可以管理地下水的抽取和使用，甚至规定禁止区域。同样的标准应适用于其他属于国家的水域。前列名单中未包括的任何其他水域均被视为其流经土地不可分割的一部分。然而，如果该等水域位于两个或多个财产范围内，对其的使用应被视为公共使用，并应符合州发布的规定。

前两段规定的国家财产是不可分割且不可剥夺的。合众国总统可以根据法律规定的规则和条件授予墨西哥法律允许的私人或公司开采或使用该等资源的许可。第4段规定的开采矿物质的法律条款应规定该等开采活动的执行和效力，而不论该许可授予的日期。未能遵守该法律条款将导致许可的撤销。联邦政府可以建立和废止国家保护区，相关声明由总统根据法律规定的情形和条件作出。有关石油和固体、液体或气体碳氢化合物，或放射性矿物，不得授予许可或合同，之前授予的许可或合同也不得继续履行。国家应根据各自法律的规定开展该等资源的开采。只有为了公共服务的目的，国家才能生产、管理、改变、分配和提供电力能源。不符合该目的的资产和自然资源的使用不应被许可。

只有国家可以使用核矿物生产核能源。其他目的的使用也属于国家。核能源仅用于和平目的。

国家享有位于领海和毗邻区之外的专属经济区的主权和管辖权。专属经济区由国家领海海床边缘延伸至其海岸的200海里处。如果前述区域与其他国家的专属经济区域重叠，应与该等国家协商以确定界限。

国家土地和水的法律资格的规定如下：

（1）仅因出生或加入而成为墨西哥公民的人和墨西哥公司有权拥有土地和水，并获得矿藏和水资源的开采许可。国家可以将该权利授予外国人，前提是外交机构根据相关财产同意将其视为墨西哥人，在缺乏协议、该国利益没有损失和资产没有获得的情况下，并不得援引其所属国的保护条款。外国人不得获取国境边界100公里内和海岸线50公里内的财产。

国家可以在符合内部公共利益和互惠原则的情况下，基于外交机构的判断，授权外国获得联邦管辖权范围内的不动产的私人所有权，该不动产是直接用作该国驻墨西哥大使馆或公使馆的服务设施。

（2）根据第130条的规定和其自身的管理法设立的宗教组织可以获得、占有或管理对其宗教活动所必要的财产。

（3）基于帮助需要帮助的人、科学调查、教育传播、互助互惠或者其他任何合法目的成立的公立或私立的慈善机构，不得获得超出其目的所需之外的不动产，并应遵守法律的规定。

（4）商业公司可以通过股份对农村土地享有所有权，但只能基于实现其目标的必要。

无论如何，该公司将其所有的土地用于农业、畜牧业或林业活动的收入不得分别超过本条第（15）项规定的限制的25倍。法律应规定资本结构和股东的最低数量，以保证公司所有的土地不超过每个股东所有小幅土地的限制总和。所有与农村土地有关的个人股权为了计算的目的可以累加。同时，法律应规定外国人参与上述公司的条件。

同一法律应建立登记措施和为符合本部分要求所必要的控制手段。

（5）根据信用机构法律，可以授权银行根据法律规定的信用制度在符合法律规定的情况下对城市和农村财产进行抵押，但是其不得所有或管理超过完成其直接目的的必要的不动产。

（6）联邦特区、各州和地方当局应具有完全的法定资格，获得并占有所有为公共服务所需的不动产。

联邦和州法律应在各自的权限范围内规定为了公共使用而征收私人财产的情形，行政机关将依此来发布相关公告。征收补偿的价格应以税务评估中的价格为准，而无论该价值是否被所有人宣布或以默认的形式被其接受。由于税务评估日期之后发生的特定财产的提升或者毁坏而导致的增值或者贬值必须服从专家判断和司法判决。即使该财产没有列入税务办公室的规定中，也必须遵守同一程序。

本条中的国家行为必须被司法程序确认有效，但是在相关法庭的审理和作出命令的期限最大不得超过1个月，否则行政机关将毫不延迟地占用、管理、拍卖或出售争议的土地或水，连同其附属物。在任何情况下，该行动在执行判决公布前不得由同一机关废止。

（7）承认农业合作社和社区的法人资格，土地上的所有权受保护，无论是用于人类居住或生产活动。

法律应保护土著居民土地的完整性。

基于对农村合作社和社区公共生活的尊重和维护，法律应保护人类居住的土地，并应管理公共土地、森林和水资源的开采。国家应支持必要的评估居民生活水平的活动。

法律应尊重土著居民和社区居民的意愿，设定使他们利益最大化的开采生产资料的条件，规定社区居民土地权利和每一个土著居民土地权利的行使。同时，法律通过土著居民和社区居民的自我联合，承认国家或第三方对他们土地的利用。允许土著居民的土地权利在住民中流转，同时建立农业合作社授予土著居民土地权利的要求和程序。如果发生所有权转让，法律规定的优先权应受尊重。

在同一个农村合作社，每一个成员不得拥有超过农业合作社所有的土地总量5%的土地。在任何情况下，每一个合作社成员的土地所有权必须根据第（15）项规定的限制调整。

会员大会是农业合作社或本地社区的最高机构，遵守法律规定的组织和功能。农业合作社的委员会或公共财产委员会是依照法律民主选举的，代表居民利益并负责执行会员大会决议的机关。

土地、森林和水资源恢复给农村社区应根据法律的规定进行。

（8）下列行为无效：

（a）政党领袖、政府官员或者地方当局违反1856年6月25日法律和其他相关法律，规定州长将居民、村庄、会众或社区所有的土地、水资源和林地转让；

（b）任何发展部、财政部或其他的联邦机关自1876年12月1日起至今对非法侵入或占有农业合作社的土地、水资源和林地的管理或出售的许可，这些土地属于居民、村庄、会众或社区和住民所有，无论是共同所有还是其他形式；

（c）前段规定的由公司、法官、联邦或州机构进行对非法侵入或占有农业合作社土地、水资源和林地的调查程序或界限划分、交易、转让或拍卖。

根据1856年6月25日法律取得所有权的土地和以所有人名义持有超过10年的土地，如果不超过50公顷，则免于无效。

（9）居民之间具有正当性的土地分配，如果有错误或缺陷，经占有1/4土地的居民的3/4通过或者经占有3/4土地的居民的1/4投票令其无效。

（10）（已废止）

（11）（已废止）

（12）（已废止）

（13）（已废止）

（14）（已废止）

（15）墨西哥合众国禁止大块农村不动产的存在。小块农业财产被定义为每人的灌溉用地或湿地不超过100公顷，或同等的其他形式的土地。

为了等值，1公顷灌溉用地＝2公顷季节性土地＝4公顷高质量牧场＝8公顷林地、山地或干旱的牧场。

以下财产也被认为是小块农业财产：

（a）如果是灌溉用地，用于种植棉花的土地；

（b）其他土地达到300公顷，用于种植香蕉、甘蔗、咖啡、龙舌兰纤维、橡胶、棕榈树、葡萄树、橄榄、奎宁、香子兰、可可、龙舌兰、仙人掌或水果树。

下列区域被认为是小块畜牧财产，根据法律规定和土地饲料喂养能力，每人不超过蓄养500头大型牲畜所必要的区域，或蓄养小型牲畜的同等区域。

土地所有者或使用者由于灌溉、排水或任何其他工作的需要而改善土地质量，土地将依然被认为是小块农业财产，即使其超过了为高质量土地而设置的最大限制，前提是符合了法律规定的要求。

如果小块畜牧财产的所有人或使用人为农业目的改善和使用该财产，在改善之前，所用的土地不得超过本部分第 2 段和第 3 段对于所述土地的质量规定的限制。

（16）（已废止）

（17）联邦和州立法机构应颁布法律规定超过本条第（4）和（15）项规定的限制的大块土地的转让和分解成小块土地的程序。

额外的土地应分割并由所有者在公告之日起的 1 年的期间内出售。在该期限结束时，额外的土地不得转让，应通过公开拍卖出售。在同等条件下，法律规定的优先权应受尊重。

地方性立法应组织家庭财产，规定组成家庭财产的资产。家庭财产不得转让，也不服从任何查封或债权。

（18）自 1876 年至今，前任政府的所有导致国家土地、水和自然资源由一个单独的人或公司垄断的合同和许可应被宣布修改，合众国总统有权在该合同和许可严重损害公共利益时宣布其无效。

（19）以本宪法为基础，国家应规定以快速诚实的方式提供土地公平所需要的措施，以保障农业合作社土地所有权的司法稳定性。国家应为农民提供法律顾问。

所有产生于两个或两个以上社区有关土地限制或土地所有的争议或未决争议应为联邦管辖范围。法律应建立土地法庭，授予自治权和所有管辖权，由合众国总统建议的并由参议院，或其休会期间的常设委员会批准的法官构成。法律应建立向农民提供土地法律制裁的机构。

（20）国家应为达到城市社区的整体发展提供良好条件，以达到创造就业、保障农村人口福利和其参与国家发展的目的。国家应加速农业、畜牧业和林业的发展，以期通过建设基础设施的方式达到土地优化使用、原材料的供应、信用、培训和技术支持的目的。国家也应发布管理法对农业和畜牧业产品进行规划和组织，使其工业化和市场化，将其作为公共利益的活动。

第 28 条（最新修订法令于 1995 年 3 月 2 日公布于官方公报上）

在墨西哥合众国，禁止所有垄断、垄断行为、垄断商业和免税。亦禁止贸易保护主义。

法令应严格惩处下列情形，且相关机构应有效贯彻：（a）基本产品由一人或一些人为涨价目的而进行的任何集中或囤积；（b）生产商、制造商、商人或服务提供者之间为防止自由市场而强迫消费者支付高额价钱所作的任何协议、程序或联合；（c）一般来讲，任何以损害一般公共利益或社会阶层为代价的一个或多个特别人的绝对和不适当的优势地位。

法律应设置国家经济所必需的，或大众消费的物品、商品或产品最高价格的基础。该法律也应明确所述物品、商品和产品的分配，以防止不必要或过度的中间人造成短缺或价钱上涨。法律应保护消费者的利益。

政府直接控制的经济区域，如邮局、电报、石油及其衍生品、基本石油化工产业、放射性矿物、核能产品、电力产品和其他联邦国会规定的经济区域，不被认为是垄断。国家将根据本宪法第25条的规定保护经济上的领先领域，如卫生通讯和铁路。通过该方式，国家保护国家安全和主权。国家可以让与或许可通讯方式，但必须保有通讯方式的所有权。

国家应有效管理战略和领先领域的机构和公司，可以独自或连同私人和社会部门进行管理。

国家将设有自治的中央银行，其首要目的是努力确保国家货币的稳定，以此加强国家关于国家发展的指引。任何机构都不得要求中央银行提供融资。

中央银行及其活动，如硬币面值和议案颁布，不被认为是垄断。中央银行应管理汇率以及银行和财务服务。中央银行的管理应委托给合众国总统任命且经参议院或常设委员会批准的人。其任期的期限和顺序应以最适合自治履行其职责为准；其仅可以因严重原因而被免职，其不可以担任任何其他职务、职位或任务，其以银行的名义行事，仅在教育、科学、文化或慈善组织中不支付报酬的活动除外。负责中央银行的人可以根据本宪法第110条的规定受处罚。

工会不得为保护其自身利益而进行袭断，合作社和合作组织亦不得以捍卫自己的利益或者社会公共利益而进行袭断。上述合作组织直接在国际市场销售国内产品，只要该产品是该地区的主要经济来源且未被归为必需品，则被视为产业保护或公共利益。该合作组织应在联邦政府或政府的监督范围之内，且其该商业行为应事先经立法许可。允许合作组织从事商业行为的立法在遇公共需求时，可由国会或议会自行撤销，或依行政机关的建议撤销。作家和艺术家基于其创作和改善的创作作品，在指定时期内享有专有使用权也不被认定为袭断。

国家可以授权规定公共服务或开采和使用国家所拥有的财产，法律规定的例外情况除外。法律应规定前提和条件以保障许可的服务有效，商品可以为社会利益而使用。

法律应防止国家财产集中在私人手中。公共服务的许可应根据本宪法的规定执行。

可以授予主要经济活动以利益，前提是该利益具有一般性和暂时性，并不会实质上影响国家的财务。国家应监督该利益的应用并评估其结果。

第 29 条（最新修订法令于 2011 年 6 月 10 日公布于官方公报上）

如果发生侵略、公共和平的巨大动荡，或任何其他整个社会置于巨大危险或冲突中，只有墨西哥合众国总统，经国家秘书和合众国总检察长办公室同意，联邦国会或其休会期间由常设委员会批准，可以在全国范围内或特定区域限制或暂停权利和保障的行使，该权利或保障的行使可能成为上述情况快速有效反应的一个障碍；但是总统只能限制一段时间，并通过普遍预防的方式，但该限制或暂停不得限于特定的人。如果该限制或暂停发生在国会会议期间，国会将授权行政机关必要的措施以回应该种情形；但是如果在休会期间，国会应立即取消上述授权。

发布的法令可以被下列情况限制或暂停：非歧视的权利；承认法人人格、生命、个人身份、保护家庭、姓名、国籍的权利；儿童的权利；政治权利；思想自由和宗教信仰自由；合法和溯及既往的原则；禁止死刑；禁止奴隶和奴役；禁止强迫失踪和酷刑；或保护上述权利不可或缺的司法保障。

权利和保障行使的限制或暂停必须是根据本宪法规定的条款被证实的和有动机的，并与所遇到的危险成比例，每一步都应遵守合法、合理、公告、公开和非歧视原则。

权利和保障行使的限制或暂停结束时，根据国会的法令规定的期间届满或引起的原因消失时，被限制和暂停的权利和保障得以恢复。执行机构不得以国会取消限制或暂停的方式审查法令。

执行机构在限制或暂停期间颁布的法令应立即由联邦最高法院审查，其必须立即对法令的合宪性和有效性作出判决。

第二章　墨西哥公民

第 30 条（最新修订法令于 1997 年 3 月 20 日公布于官方公报上）

墨西哥国籍因出生或加入而获得。

1. 因出生而获得墨西哥国籍：

（1）出生在墨西哥领土范围内，无论其父母的国籍。

（2）出生在国外，但其父母或其中一方出生在墨西哥国土范围内。

（3）出生在国外，但其父母或其中一方通过加入而取得墨西哥国籍。

（4）出生在墨西哥军舰、商船或航空器上。

2. 因加入而获得墨西哥国籍：

（1）获得外交部的加入证明信。

（2）任何与墨西哥男人或女人结婚的女人或男人，并居住在墨西哥领土范围内，前提是该外国人符合法律为该目的而规定的其他要求。

第 31 条（最新修订法令于 2012 年 4 月 9 日公布于官方公报上）

墨西哥公民的义务：

（1）让其孩子进入公立或私立学校获得学前、小学和中学教育，根据法律规定让其孩子接受军事教育。

（2）在市议会规定的日期和时间内，根据其地点参加国民和军事训练，以主张公民权利，熟练使用武器并获悉部队纪律。

（3）根据相关的组织法参加国民护卫队，以维护和确保国家独立、领土完整、荣誉、权利和利益，以及国内和平秩序。

（4）根据法律规定的比例缴纳联邦、州和地方财政税款。

第 32 条（最新修订法令于 1997 年 3 月 20 日公布于官方公报上）

法律应规定墨西哥公民获得其他国籍和履行权利的方式，并颁布避免双重国籍矛盾的规范。

根据宪法，官员及其职能由出生而成为墨西哥公民的人担任，但他们不能获得其他国籍。该保留也适用于国会立法列举的其他情形。

和平时期，外国人不得在部队或警察机构任职。和平时期，因出生而成为墨西哥公民的人可以在陆军、海军或空军服役，也可以履行该组织的任何职务或任务。

船长、飞行员、机长、船只工程师、飞行工程师，以及一般来讲挂有墨西哥国旗的船只或飞行器的乘务员都适用同样的条件。同时，只有因出生而成为墨西哥公民的人可以担任港务局长、机场的管理人员和领航员。

同等条件下，墨西哥公民对于所有优惠和职位比外国人享有优先权，但公民身份对于政府职位、职务并非不可或缺。

第三章　外　国　人

第 33 条（最新修订法令于 2011 年 6 月 10 日公布于官方公报上）

不具有第 30 条规定的宪法性地位的人为外国人，其享有本宪法承认的人权和保障。

联邦行政机关经事先听证可以根据法令的规定将外国人驱逐出领土，该法令规定了行政程序以及拘留地和时间。

外国人不得以任何方式参与本国政治活动。

第四章　墨西哥公民

第 34 条（最新修订法令于 1969 年 12 月 22 日公布于官方公报上）

墨西哥公民被视为墨西哥人，并满足下列条件：

（1）至少 18 岁。

（2）有正常的生活方式。

第 35 条（最新修订法令于 1996 年 8 月 22 日公布于官方公报上）

公民应享有下列权利：

（1）选举权。

（2）被选举担任任何公职或被指派任何职业或任务，但必须符合法律要求。

（3）和平集会参与国家政治事件的权利。

（4）参加部队或国防军以保卫国家和法律规定的机构的权利。

（5）对于任何事项的请愿权。

第 36 条（最新修订法令于 1996 年 8 月 22 日公布于官方公报上）

公民应具有下列义务：

（1）在居住地的税务机构注册，申报个人赖以生存的财产、工厂、职业或工作。根据法律规定在全国公民名册登记。

管理和运营全国公民名册、颁发墨西哥公民身份证的是公共利益机构，它根据法律规定对国家和公民负责。

（2）参加国防军。

（3）根据法律规定参加普选。

（4）担任联邦或州选举的职位，并享有报酬。

（5）在居住地地方理事会中担任理事，行使选举职能和司法职能。

第 37 条（最新修订法令于 1997 年 3 月 20 日公布于官方公报上）

1. 因出生取得的墨西哥国籍不得剥夺。

2. 因加入而取得的墨西哥国籍在下列情况下丧失：

（1）如果自愿取得外国国籍，以外国人的身份签署正式文件，使用外国护照或接受或使用隐含着效忠外国的贵族头衔。

（2）连续 5 年居住国外。

3. 下列情况墨西哥公民身份将丧失：

（1）接受或使用外国政府颁发的贵族头衔。

（2）未经联邦国会或常设委员会批准向国外政府自愿提供正式服务。

（3）未经联邦国会或常设委员会批准接受或使用外国勋章。

（4）未经联邦国会或常设委员会批准接受另一国家政府的头衔或职责，但文学、科学或人道头衔可以自由接受。

（5）在任何外交争议或国际法庭上帮助外国人或外国政府反对本国。

（6）法律规定的其他情形。

在第（2）至（3）项，联邦国会将规定各自的法律，以及允许和许可的例外情形，这些例外情形适用于相关法律列举的时间经过和根据利害关系人的请求。

第 38 条

在下列情况下，公民权利和特权可以被暂停：

（1）无正当理由不履行第 36 条规定的义务。该情况下，暂停期间为 1 年，并可以附加任何适用于该不履行的其他处罚。

（2）可能被判处有期徒刑。在该情况下，暂停期间自监禁命令发布之日起。

（3）有期徒刑执行期间。

（4）流浪或习惯性酗酒。

（5）逃犯，该情况下，暂停期间自逮捕令发布之日至诉讼时效终止。

（6）通过执行判决将暂停作为一种惩罚。

法律应规定公民权丧失或暂停的情形，以及恢复的方式。

第二编

第一章　国家主权和国家政府形式

第 39 条

国家主权本质上和本源上属于人民。公共权力来自于人民，并服务于人民的利益。人民有权在任何时候改变或变更政府的形式。

第 40 条

墨西哥人民自愿组成代议、民主、联邦的合众国，根据上述基本原则，各个自由且享有主权的州组成整个联邦。

第 41 条（最新修订法令于 2007 年 11 月 13 日公布于官方公报上）

人民通过联邦权力机构和州权力机构，根据联邦宪法和州宪法的规定行使主权。各州宪法在任何情况下不得违反联邦宪法的规定。

联邦政府的立法机关和行政机关应通过自由、真实且定期的选举进行更换。该选举应符合下列原则：

（1）政党作为代表公共利益的组织。法律应明确其政党注册登记的规范和要求，并且规定政党参与选举的特殊形式。全国性的政党有权参与州和地区选举。

政党的主要目标为：（a）促进人民民主参与；（b）致力于国家代表的整合和国家作为公民的组织体；（c）根据其规划、原则和理念，通过普遍、自由、秘密和直接的选举，使公民行使公共权力成为可能。只有公民可以组建和加入政党。因此，工会和其他任何企业参与、组建政党均应被禁止。

选举机构仅在法律和本宪法规定的范围内干涉政党的内部事务。

（2）联邦法律应公平地向全国性政党提供所有开展政治活动的必要资源。法律也应规定政党的财务制度，以确保公共资金高于私人资金。

政党的公共资金应包括：（a）满足日常和持续活动花费的公共资金；（b）选举过程中选举活动的公共资金。

公共资金应符合下列原则：

（a）日常和持续活动的公共资金应根据下列方法每年确定：登记在选区登记册上的公民的总数乘以联邦特区日最低工资的65%。通过该方法计算出来的数额的30%应在政党中平等分配，70%应根据其在上一届众议院选举中获得票数的百分比分配；

（b）选举合众国总统、参议员和众议员选举年度的选举活动的公共资金应等同于前段规定的公共资金的50%。只选举众议员的选举年度的选举活动的公共资金应等同于前段所述公共资金的30%；

（c）有关教育、培训、社会经济学和政治研究和出版行为的特殊活动的公共资金应等同于所有政党根据（a）规定每年公共资金总数的3%。该方法计算出来的总数的30%应在政党之间平等分配，70%应根据其在上一众议院选举中获得票数的百分比分配。

法律应规定候选人选举的内部程序以及竞选活动花费的限制。法律也应规定支持者财政捐助的限制。

每年该等捐助不得超过上一总统竞选花费限制的10%。法律也应规定控制和监督政党财务资源的来源和使用的程序，以及惩处任何非法活动的措施。

法律应规定帮助政党支付债务的程序，即使该政党已宣布登记撤销，以及规定其财产转移到国家的方式。

（3）全国性政党有权永久使用社会媒体。

A.联邦选举机构应明确国家和政党使用广播和电视的媒体时间，并符合下列规定：

（a）从竞选助选到选举日，联邦选举机构每天有 48 分钟的时间，根据本部分（d）规定的安排，每个无线电台和频道每小时 2—3 分钟；

（b）竞选助选期间，政党在每个无线电台和频道每小时应共有 1 分钟时间。其他时间应根据法律的规定使用；

（c）选举期间，媒体应分配本部分（a）规定的时间的 85% 时间；

（d）政党的广告应在 18 时和 24 时播出；

（e）播出时间应按以下方式分配给政党：播出时间的 30% 应平等分配给政党，70% 应根据上一众议院选举中获得票数的比例分配；

（f）未出席墨西哥国会的政党仅可按比例获得前段所述的 30% 无线和电视时间；

（g）联邦选举机构应将分配的广播和电视时间的总时间的最多 12% 用于宣传国家。在该 12% 的时间内，联邦选举机构应平等分配给政党 50%。其余 50% 应由联邦选举机构或其他联邦或州的选举机构使用。每个政党应以下列方式分配其播出时间：5 分钟每月节目，其他时间应分配为 20 秒的片断。广告应符合联邦选举机构根据本部分（d）规定的节目单。联邦选举机构在特殊情况下，可以将一个或多个政党的时间转移给另一个政党。

政党不可以自己或通过第三人购买电视或广播的播出时间。

任何私人或法律实体不得购买电视或广播的播出时间以影响政治选举，或支持或攻击一定的候选人或政党。在国外签约播出该等信息内容不得传播到墨西哥领土范围内。

各州和联邦特区应颁布法律促使遵守前两段的规定。

B. 选举期间，联邦选举机构应根据法律和下列规定管理分配每个州在广播和电视上的播出时间：

（a）州选举和联邦选举同时发生时，州的播出时间应包含根据 A 部分（a）、（b）和（c）分配的总时间里；

（b）其他选举过程，应根据法律和本宪法规定的标准进行分配；

（c）政党之间，包括地方政党，其播出时间的分配应根据 A 部分规定的标准和适用的立法进行。

如果联邦选举机构认为前段规定的无线和电视上总的播出时间不足以达成其自己或另一个选举机构的目的，其可以在其职权范围内发布赤字。

C. 在政治和竞选的广告中，政党不得诋毁选举制度或其他政党，及诽谤个人。

选举日之前联邦和地区选举竞选期间，所有的政府广告应暂停，无论是联邦、各州或地区政府，或联邦特区政府或任何其他政府机构的广告。下列信息除外：（a）选举机构提供的竞选信息；（b）教育和卫生机构的信息；及（c）紧急状态下对公民保护必要的信息。

D. 联邦选举机构可以通过快速程序处罚违反前述规定的行为，包括紧急取消广播和电视上的播放和取消使用广播和电视的特许和许可。

（4）法律应规定选举的时间和提名候选人的程序。法律也应规定初选和竞选的规则。

合众国总统、参议员和众议员的选举期间应为 90 日。只有众议员选举时，选举时间为 60 日。初选的时间不得超过选举期间的 2/3。

政党、私人或法律实体违反前述规定应根据法律进行处罚。

（5）联邦选举机构负责组织联邦选举，是一个自治性的公共机构，被授予法人资格和自己的财产，决定联邦立法机关的组成，全国性政党和公民的参与。联邦选举机构行使职能的指导原则为：确定、合法、独立、公正和客观。

联邦选举机构对上述事项享有权力，独立作决议和履行职能，并具有专业性。联邦选举机构的组织结构中应包括管理、执行、技术和监督部门。联邦选举机构的最高管理机关为总理事会，由总理事长和 8 位选举理事，以及有权参与但无投票权的行政理事、政党代表和执行秘书组成。法律应规定联邦选举机构的组织和职能以及与成员之间的命令关系。行政和技术部门应雇用有资质的人士以提供专业的选举服务。总审计办公室有责任监督联邦选举机构的收入和花费。选举法和总理事会的章程将规定联邦选举机构与其雇员之间的劳动关系。监督部门应主要由全国性政党的代表组成。内部指导委员会应由公民组成。

总理事长的任期为 6 年，并可以连任一次。选举理事的任期为 9 年，分阶段更换，并不得连任。总理事长和 8 位选举理事应在公开征求意见后，由众议院出席代表的 2/3 多数从议会小组推荐的人员中选举出来。候补者将在总理事长或任何选举理事缺失时任职。法律应规定适当的规则和程序。

总理事长和选举理事不得从事任何其他雇佣工作、职位或任务，但是其代表总理事长行事，以及在教育、科学、文化、研究或慈善协会工作的除外。

总审计办公室应由众议院出席代表的 2/3 根据最高公共教育机构的提议任命。总审计署的任期为 6 年，并可连任一次。总审计办公室由总理事长领导，并应与联邦政府最高审计机构保持技术上的合作。

行政秘书由总理事长提名，由理事会的 2/3 投票任命。

联邦法律应规定被任命为联邦选举机构总理事长、选举理事、总审计长或行政秘书应符合的条件。总理事长、选举理事和行政秘书在其在联邦选举机构职责完毕后的两年内不得任公职。

立法顾问应由两院任一院中政党议会党团提议，他只能成为一个议会党团的顾问，且必须得到联邦国会两院的同意。

联邦选举机构根据法律的规定任务如下：（a）提供公民教育和培训；（b）定期确定和修改选区；（c）登记政治团体和政党，以及保障其权利和特权；（d）制定和更新联邦选民目录并颁发选举卡；（e）设计、印刷和分发所有选举材料；（f）筹备选举；（g）计算选举结果；（h）宣布众议员和参议员选举的有效性，并颁发证书；（i）计算合众国总统选举的选举结果；及（j）管理选举报告、意见调查和民意调查。所有管理部门的会议应根据联邦法律公开。

监督和审计政党财政由联邦选举机构总理事会的一个技术部门负责。该部门实行自治管理，它的成员由总理事会的 2/3 多数根据总理事长的提名任命。法律应规定该机构的组成和职能，以及总理事会的处罚程序。为履行该职能，该技术部门不受银行秘密、信托秘密或财政秘密的限制。

技术部门在各联邦单位的管辖领域内应受政党监督，如此来代替上述秘密对其的限制。

联邦选举机构通过与各联邦单位的有权部门签订协议来行使职权，根据法律规定组织地方选举。

（6）一个异议制度应根据本宪法和法律规定建立，以保证选举行为和结果的合宪性和合法性。该制度在选举的每一阶段都应作出确定的决议，并保护公民根据本宪法第 99 条规定享有的选举权、被选举权和集会自由。

被质疑的选举结果或行为不会因对选举事务的合宪性与合法性的异议而无效或中止。

第二章　联邦和墨西哥领土组成

第 42 条（最新修订法令于 1960 年 1 月 20 日公布于官方公报上）

国家领土包括：

（1）属于各州的领土。

（2）岛屿，包括近海的群礁和岩礁。

（3）位于太平洋的瓜达卢佩岛和雷维亚希赫多群岛。

（4）大陆架和岛的海床、岩礁和群礁。

（5）国际法和国内海洋法规定的领海及延伸的水域。

（6）领土上方空间和国际法规定的特定延伸。

第 43 条（最新修订法令于 2011 年 4 月 13 日公布于官方公报上）

以下为联邦不可分割的部分：阿瓜斯卡连特斯、北下加利福尼亚、南下加利福尼亚、坎佩切、科阿韦拉、科利马、恰帕斯、奇瓦瓦、杜兰戈、瓜纳华托、格雷罗、伊达尔戈、哈利斯科、墨西哥、米却肯、莫雷洛斯、纳亚里特、新莱昂、瓦哈卡、普埃布拉、克雷塔罗、金塔纳罗奥、圣路易斯波托西、锡那罗亚、索诺拉、塔巴斯科、塔毛利帕斯、特拉斯卡拉、韦拉克鲁斯、尤卡坦、萨卡特卡斯和联邦区。

第 44 条（最新修订法令于 1993 年 10 月 25 日公布于官方公报上）

墨西哥城是墨西哥合众国的首都。墨西哥城也是联邦特区、联邦政府所在地。其现在的区域构成其辖区。如联邦政府迁居别处，则墨西哥城则为墨西哥河谷州的一部分。国会应规定新州的界限和区域延伸。

第 45 条（最新修订法令于 1974 年 10 月 8 日公布于官方公报上）

各州在不发生争议时，其保持现有边界和区域延伸。

第 46 条（最新修订法令于 2005 年 12 月 8 日公布于官方公报上）

各州可以通过友好协商解决边界争议，但是该协议未经参议院批准不具有效力。

如未能达成协议，争议的任何一方可以提交该争议于参议院，参议院根据本宪法第 76 条第（11）项的规定进行解决。

参议院的决议应为确定的并不可辩驳的。利益相关方可以向国家最高法院提起有关参议院法令争议的宪法争议。

第 47 条

纳亚里特的现有区域和边界包括特匹克区域。

第 48 条（最新修订法令于 1960 年 1 月 20 日公布于官方公报上）

联邦政府应负责管辖：（a）属于领土范围的近海的所有岛屿、岩礁和群礁；（b）大陆架；（c）岛屿、岩礁和群礁的海床；（d）领海；（e）内海水域；（f）领土范围上的领空。属于各州的岛屿除外。

第三编

第一章　分　　权

第 49 条（最新修订法令于 1951 年 3 月 28 日公布于官方公报上）

联邦的最高权力分为行政、立法和司法。

两个以上该等权力不得同属于一个人或一个机构，立法权也不得授予单独一个人，但第 29 条的规定授予合众国总统的特别权力除外。除第 131 条第 2 段的规定外，不得授予立法机关特别权力。

第二章　立　　法

第 50 条

立法权应授予墨西哥合众国国会，国会由众议院和参议院构成。

第一节　国会的选举和就职

第 51 条（最新修订法令于 1977 年 12 月 6 日公布于官方公报上）

众议院应由国家的代表组成，每 3 年选举一次。每个众议员职位应选举一个候补者。

第 52 条（最新修订法令于 2007 年 11 月 13 日公布于官方公报上）

众议院应由在所有选区通过单一选举制度的多数投票原则选举出的 300 位议员，和根据比例代表原则通过与人民投票成比例的选举少数党席位的多数原则，从区域名单中选举出的 200 位议员组成。

第 53 条（最新修订法令于 1986 年 11 月 15 日公布于官方公报上）

根据最近人口普查将国家人口划分为 300 个选区。每个州至少应有两位通过多数原则投票选举出的代表。

为通过地区名单制度根据比例代表原则选举 200 位代表，应在全国范围内设立 5 个选区。法律应规定选区划分的方式。

第 54 条（最新修订法令于 1996 年 8 月 22 日公布于官方公报上）

通过区域候选名单根据比例代表原则选举 200 位代表应符合下列原则：

（1）登记在区域名单上，政党必须证明其在至少 200 个单一选区通过多数投票原则选举出了众议院的候选人。

（2）每个至少获得区域名单上总投票的 20% 的政党应有权根据比例代表原则有其代表。

（3）符合前述两原则的政党应根据其在每个复合选区所得投票任命代表的数量。地区名单上的顺序决定该任命。

（4）任何政党不得拥有多于 300 位代表，无论其是根据哪个原则选举出来的。

（5）政党在众议院中的席位比例不得超过其获得投票的 8 个百分点。但在单一选举中获得的席位多于其在全国获得选票 8% 的政党除外。

（6）席位根据第（3）、（4）、（5）项的规定分配之后，其他比例代表的席位应根据其他政党获得的投票数分配给其复选选区的席位。法律应规定适用本条原则的程序和手续。

第 55 条（最新修订法令于 2007 年 6 月 19 日公布于官方公报上）

代表要求：

（1）出生即为墨西哥公民，并具有完全的权利能力。

（2）选举之日已满 20 岁。

（3）选举之日前在其被选举的州已经居住至少 6 个月。为在复合选区的地区名单上有资格登记，候选人必须为该复合选区所包含的州其中之一的本地居民，或在选举之日前已经在该州居住至少 6 个月。

由于作为民选公职而离开不影响居住。

（4）选举之日前至少 90 日未在军队、法律执行机构和选举所发生的选区管辖范围内的乡村警察机构担任任何职务。

（5）未负责本宪法赋予自治性的机构。不是州的州长或副州长。不是联邦政府地方机构的领导，在选举之日前至少 90 日内，候选人已经明确不再担任该职务的除外。

作为代表，候选人不得是：（a）最高法院院长；（b）法官；（c）墨西哥联邦司法机构选举法院院长；（d）联邦选举机构总顾问或选举顾问；（e）联邦选举机构执行秘书或管理人员，但选举日之前至少 3 年内已经明确不再担任职务的除外。

州长和联邦特区市长不得被选举代表其管辖的州，即使其明确不再担任职务。

州长、联邦特区部长、联邦或州法官、联邦特区法官、市长和在联邦特区负责任何政治管理实体的人员不得在其各自执行职务的州被选举，即使选举之前的至少 90 日其已经明确不再担任职务。

（6）不是任何宗教的神父或牧师。

（7）不具备第 59 条规定的不合格条件。

第 56 条（最新修订法令于 1996 年 8 月 22 日公布于官方公报上）

参议院由 128 位参议员构成。两名参议员分别来自根据多数选举原则选出的一个州和联邦特区，一位参议员应分配给最大反对党。为此目的，政党必须登记两位候选人。在相应的州获得选票数量居于第二位的政党在登记名单中排列第一的候选人当选为参议员。

其他 32 位参议员应从惟一的全国复数选区中根据比例代表的原则选举。法律应规定其规则和手续。

参议员全体议员应每 6 年更换一次。

第 57 条

每个参议员职位应选举一位候补者。

第 58 条（最新修订法令于 1999 年 7 月 22 日公布于官方公报上）

参议员应满足众议员的同样的条件，年龄条件除外。所有参议员在选举日至少满 25 岁。

第 59 条（最新修订法令于 1933 年 4 月 29 日公布于官方公报上）

国会的参议员和众议员在接下来的一届任期不得再次当选。

候补参议员和候补众议员可以在接下来的一届任期被选举为正式的议员，前提是其在本届未担任正式议员。但是，现任参议员和众议员在接下来的一届任期内不得被选举为候补议员。

第 60 条（最新修订法令于 1996 年 8 月 22 日公布于官方公报上）

联邦选举机构应宣布两院选举的有效性，在每一个单一选区和每一州的选举的参议员和众议员当选有效。联邦选举机构也应向获得多数选票的注册候选人颁发证书。联邦选举机构应根据本宪法第 56 条和法律的规定任命最大反对党的参议员。同样地，联邦选举机构应宣布选举的有效性，并根据本宪法第 54 条和法律的规定以比例代表原则任命代表。

选举有效性、授予证书和任命众议员或参议员的决议可以根据法律规定的程序向联邦选举法院的地区法院进行申诉。

地区法院的裁决仅可以经政党的申诉由联邦选举法院的高级法院审查，前提是该过错可能改变选举结果。联邦选举法院的高级法院的判决应为确定的并不容置疑的。法律应规定该申诉的条件、要求和程序。

第 61 条（最新修订法令于 2007 年 11 月 13 日公布于官方公报上）

众议员和参议员在履行其职责过程中的言论应免责，并不能因此被责难。

每个议院的议长应负责对议员的宪法特权的尊重，以及召集会议。

第 62 条

参议员或众议员在被选举期间未经所在议院的许可，不得担任任何联邦或州政府获得报酬的职务。在该等情况下，新职位持续期间其代表职务将暂停。该规则应同样适用已经开始担任代表职权的候补参议员和众议员。任何议员违反本条规定，被解除其职务。

第 63 条（最新修订法令于 2003 年 10 月 29 日公布于官方公报上）

参议院和众议院应有其成员总数的 50% 以上出席才能召开会议和履行职权。出席代表应促使缺席代表在 30 日内参加会议，如果未出席，将取消其职位，其候补者被召集，并在 30 日内出席会议。如果候补代表也未出席，则该席位被宣布空缺。所有空缺应被补充，无论该空缺是在立法开始时或进行时产生。有关多数投票原则选举出来的众议员或参议员，各自的议会应根据本宪法第 77 条第（4）项的规定召集特别选举。有关比例代表原则任命的参议员或众议员，空缺应由该党提出的候选人名单中递补。有关最大反对党原则任命的参议员，空缺应由各自州的该政党提出的候选人名单的第二名递补。

众议员和参议员应将其缺席通知其议长。任何未经议长同意连续缺席 10 日的众议员或参议员在下届会议召开之前不得返回该席位。在该等情况下，应通知候补人员出席。

如果任何一个议院缺乏法定人数，应立即通知候补人员尽快出席会议，前述 30 日期限无效。

未获得事先许可的缺席众议员或参议员应受法律制裁并承担法律责任。全国性政党的候选人如果未出席各自议院履行其职务，应负法律责任并受法律制裁。

第 64 条

众议员和参议员无正当理由未获得许可不得离开会议，在缺席日不得要求该天的任何工资。

第 65 条（最新修订法令于 2004 年 8 月 2 日公布于官方公报上）

国会每年 9 月 1 日召开第一次常规会议，2 月 1 日召开第二次常规会议。

在两个会议期间，国会应研究、讨论和就提交的议案投票，并应解决本宪法规定属于其的任何其他事项。

国会应优先解决其组织法规定的事项。

第 66 条（最新修订法令于 1993 年 9 月 3 日公布于官方公报上）

每一个常规会议应至前条所述事项解决之后结束。第一次会议期间不得延长超过该年的 12 月 15 日，除非根据第 83 条的规定新任合众国总统上任除外。在该情况下，会议可以延至该年的 12 月 31 日。第二次常规会议期间不得超过该年的 4 月 30 日。如果两个议院就会议结束日期未达成一致，合众国总统应解决该争议。

第 67 条（最新修订法令于 1923 年 11 月 24 日公布于官方公报上）

国会或任一议院处理其专属职权范围内的事项时，可以应常设委员会的请求召开特别会议。在该情况下，国会只能讨论常设委员会提交的事项，并在各自的召集中予以说明。

第 68 条

两个议院应位于同一地方，在未获得事先关于迁移及其期限、方式和地点的协议之前，不得迁移到不同的地方，两个议院的会期相同。如果两院就迁移达成一致，但对迁移的期限、方式和地点未达成一致，合众国总统应解决该事项，从两种意见中选择一个方案。任何一个议院未获得另一个议院的明确同意不得将会议推迟 3 日以上。

第 69 条（最新修订法令于 2008 年 8 月 15 日公布于官方公报上）

每年第一个常规会议开始时，合众国总统应提交书面报告，说明国家公共行政的状态。在国会特别会议开幕时，或任何一个议院举办特别会议时，常设委员会的主席应说明召开该特别会议的理由。

每个议院应分析报告，并通过书面形式要求合众国总统提供更详细的信息。众议员可以召集部长、总检察长和地方实体的主席出席国会宣誓并进行报告。法律和国会法规应规定该事项。

第 70 条（最新修订法令于 1977 年 12 月 6 日公布于官方公报上）

国会的每一个决议具有法律或法令的性质。法律或法令由两院议长签署之后由合众国总统公布。法律和法令应以下列方式颁布："墨西哥合众国国会宣告：（法律或法令的正文）"。

国会应制定管理其自己的结构和内部职能的法律。

该法律应明确允许代表根据其所属政党而成立议会党团的方式和程序，以保护所有意识形态能在众议院中自由表达。

该法律不得被否决，合众国总统的公布对其生效也不是必要的。

第二节 法律提议和制定

第 71 条（最新修订法令于 2011 年 8 月 17 日公布于官方公报上）

法律或法令的提案权属于：

（1）合众国总统。

（2）联邦国会的众议员和参议员。

（3）各州的立法机关。

合众国总统、各州立法机关或其代表提交的提案应立即提交至委员会。众议员或参议员的提案应遵守国会法律和两院各自规则规定的程序。

第 72 条（最新修订法令于 2011 年 8 月 17 日公布于官方公报上）

每个法律或法令议案的审议不专属于任何一个议院，应在两院都审议通过，并遵守国会法律和两院各自的规则有关讨论和投票的形式、时间和方式的规定。

1. 议案经提出的议院批准后应移交另一议院讨论。如果该议院批准，将移交至执行机构，无异议的话，应立即公布。

2. 每一议案如果自其收到之日起 30 个自然日内未连同报告退回提出该议

案的议院，则视为执行权力机构批准了该议案；该期间经过后，执行机构有 10 个自然日的期间颁布并公布法律或法令。该第二次期间经过后，法律或法令被视为公布，提交该议案的议院的主席在接下来的 10 个自然日内命令将其公布在联邦政府公报上，而无须事前同意。本部分所述时间期限不得因国会中止或暂停其会议而中断，在此期间任务将移交给常设委员会。

3. 执行机构全部或部分否决的法律或法令的议案将连同其报告退回提交议案的议院。该议院必须再次进行讨论，如果经全体议员 2/3 确认，则其应移交另一议院讨论。如果该议院以同样多数通过，则议案成为法律或法令，并退还执行机构公布实施。

法律或法令的投票为记名投票。

4. 如果任何法律或法令的议案被另一议院完全否决，则应连同该议院作出的报告一同退回提交该议案的议院。如果再次讨论后，仍获得出席成员的绝对多数批准，则该议案退回否决议案的议院再次讨论。如果该议院同样多数批准，则议案移交执行机构产生第 1 部分的效力；如果该议院不批准，则在同一会议期间不得再返回提交该议院。

5. 如果法律或法令议案被另一议院部分否决，或修订，或补充，则提交该议案的议院应仅针对否决或修订或补充的部分进行讨论，不得以任何形式改变已批准的条款。如果另一议院所作的修订或补充经提交该议案的议院出席成员的绝对多数批准，则整个议案提交至执行机构产生第 1 部分的效力。如果另一议院所作的修订或补充未被提交该议案的议院出席成员的绝对多数批准，该部分应退回另一议院进行讨论，如果该修订或补充部分第二次被出席成员的绝对多数否决，则两议院批准部分的议案提交至执行机构产生第 1 部分的效力。如果另一议院坚持，则整个议案在接下来的会议期间不得再次退回提交，除非两议院出席成员绝对多数批准，则仅批准的条款生效，修订或补充的条款保留至下次会议审查投票。

6. 法律或法令的解释、修订或废止的程序与法律制定的程序相同。

7. 每一法律或法令的议案被提交其的议院否决，则在该年度的会议中不得再次提交。

8. 两个议院无差别地具有法律或法令的制定权，有关贷款、税收或征税的议案，或有关征兵议案除外，必须由众议院先行讨论。

9. 法律或法令的提议将优先在提交议案的议院讨论，但提议提交至报告委员会 1 个月之内未提交报告，则法律或法令的议案可以由另一个议院讨论。

10. 联邦行政机关不得反对国会或任一议院行使选举机构或陪审团职能时所作的决议，同样地，当众议院宣布联邦高级官员被控告职务犯罪时，联邦行政机关也不得反对。

执行机构对常设委员会发布的特别会议召集的法令也不得反对。

第三节　国会权力

第 73 条（最新修订法令于 2012 年 6 月 25 日公布于官方公报上）

国会的权力如下：

（1）允许新的州加入联邦。

（2）（已废止）

（3）在现有的领土范围内成立新的州，需要：

（a）成立的州至少拥有 12 万居民；

（b）向国会证明拥有其存在的必要元素；

（c）咨询相关州的立法机关是否愿意成立新州，并在各自反馈提交之日起 6 个月内提交其报告；

（d）同样地，听取联邦行政机关的意见，并在请求之日起 7 日内提交其报告；

（e）新州的设立由各自议院中出席的代表和议员的 2/3 投票通过；

（f）各州事先审查报告，国会的决议由半数以上的州立法机关批准通过，并且相关的州立法机关已经同意；

（g）相关州的立法机关不同意时，前部分的批准必须由其他州立法机关的总数的 2/3 通过。

（4）（已废止）

（5）改变联邦最高权力机构的所在地。

（6）（已废止）

（7）征收必要的税收以供预算需要。

（8）允许总统以国家信誉为担保签署贷款合同，批准该贷款、承认该贷款，以及命令偿付国债。除非直接增加公共收入外，不得进行贷款，但合众国总统根据本宪法第 29 条宣布任何紧急状态期间而进行的金融管理、兑换和贷款除外。同样，批准年度债务的数量，该债务余额必须包括在收入法中，并且该债务是联邦特区政府和联邦单位根据相关法律所要求的。合众国总统应每年向国会报告上述债务的履行，同时，联邦特区的负责人向总统报告相关债务的履行。联邦特区负责人应同时向联邦特区的代表大会提供公共账目立法会议。

（9）防止设立州与州之间的贸易壁垒。

（10）在全国范围内对碳氢化合物、矿业、化工业、爆破业、电影业、商业、博彩业、金融中介及服务、电力及核能立法，并制定本宪法第123条所规定的劳动法。

（11）设立和废止联邦公共职位，并列举、增加或减少薪水。

（12）根据合众国总统的请求宣布战争。

（13）制定评估占领海洋和土地行为善恶的法律，以及和平与战争时期的海事法律。

（14）增加和维持联邦武装力量，即国家陆军、海军和空军，并规定其组织和服务。

（15）制定旨在组织、武装和训练国防军的规定，各自司令官和军官的任命权属于组成国防军的公民，根据前述规定的纪律训练国防军应属于各州的职责。

（16）制定有关国籍、外国人法律地位、公民、入籍、殖民、移民和合众国公共卫生的法律。

（a）公共卫生委员会应直接隶属于合众国总统，任何部长不得干涉，其一般规定在全国范围内被遵守；

（b）如果全国发生严重传染病或外来疾病入侵，卫生部有义务立即命令采取防御性措施，之后由合众国总统批准；

（c）卫生机关为执行机关，其规定应在全国范围内被行政机关遵守；

（d）公共卫生理事会在其权限范围内采取有效措施对抗酗酒和出售有毒以及使人堕落的物品，采取措施防止和对抗环境污染，该等措施由联邦国会审查。

（17）制定有关交通运输方式以及快递和邮局的法律，有关联邦管辖的水资源的使用和利用的法律。

（18）设立造币厂，制定决定外国货币相对价值的规则，以及采取一般度量衡制度。

（19）设立空地占有和转让需遵守的规则，以及空地的价格。

（20）制定墨西哥外交使团和领事组织的法律。

（21）规定联邦的违法犯罪，并规定施加的刑罚；规定绑架、买卖人口最低罪行级别和惩罚、审判权限分配和联邦、联邦特区、各州和市之间合作形式的一般法律；以及有组织犯罪事项的立法。

联邦政府相关机构亦可以认定违反普通法的犯罪，包括违反联邦刑事法律的犯罪，以及限制、损害记者、新闻机构和人员知情权以及侵犯言论自由、出版自由的犯罪。

联邦机构也可以承认普通法的罪行，只要该罪行与联邦犯罪有关。

本宪法规定的一致事项，联邦法律应规定承认普通法和解决有关联邦犯罪的案例制度。

（22）授予联邦法院决定对其管辖的犯罪予以赦免。

（23）制定法律规定联邦、联邦特区、各州和市之间的合作基础，以及根据本宪法第 21 条的规定，规定和组织联邦事项的公共安全机构。

（24）制定法律管理上级监督实体组织和其他管理、控制和评价联邦权力机构和联邦公共实体的规范。

（25）在全国建立、组织和维护乡村、初级、高级、中学和职业学校；科学研究、艺术和技术培训学校；农业、矿业、手工艺实践学校、博物馆、图书馆、气象台和其他有关国家居民普遍文化的机构，并基于所述机关立法；对考古或保护和维护考古、艺术和史迹及涉及国家利益的保护立法；制定法律设计在联邦、各州和市之间适当分配教育功能和有关该公共服务的经济拨款，以寻求全国范围内教育的统一和协调。该等所述机构颁发的学位在全国范围内均应有效。针对著作权和其他有关的知识产权事项的立法。

（26）批准合众国总统离开，组成选举团根据本宪法第 84 条和第 85 条的规定临时或暂时指派替代总统的公民。

（27）接受合众国总统的辞职。

（28）制定有关政府责任事项的法律。管理公共责任、财政信息、收入和花费，以联邦、州、市、联邦特区和领土界限上政治管理机构的财务信息的对称公开，以保障国家层级的财政协调。

（29）制定税收：

（a）对外贸易；

（b）使用和开发第 27 条第 4 段和第 5 段规定涉及的自然资源；

（c）信用和保险公司体系；

（d）联邦特许或直接开发的公共服务；和

（e）尤其涉及：

i. 电力；

ii. 烟草的生产及消费；

iii. 汽油及其他石油制品；

iv. 火柴；

v. 蜂蜜及其精制品；

vi. 森林开发；

vii. 啤酒制造及消费。

联邦单位应根据联邦法律规定的比例缴纳特殊税收。地方立法机关应规定在电力能源税收中地方税的百分比。

（30）有关国旗、国徽和国歌特点和用途的法律。

（31）制定法律规定联邦政府、各州和市在其各自的管辖领域中有关人类居住的合作，以达到本宪法第 27 条第 3 段规定的目标。

（32）制定有关国家经济和社会发展规划，以及国家统计和地理信息事项的法律。

（33）制定规划、推动、协调和执行经济秩序活动的法律，尤其是有关供应和其他目标旨在满足社会和国家必要的物品和服务的足够生产。

（34）制定旨在推动墨西哥投资、外商投资管理、技术转移和国家发展需要的科学和技术知识生产、传播和应用的法律。

（35）制定法律规定联邦政府、各州政府和市政府在其各自管辖区域内保护环境及维持和恢复生态平衡事项的合作。

（36）制定法律设立完全自主作出判决的行政诉讼法院，负责解决联邦公共部门和个人之间的争议，以及规定公务员行政责任，及涉及其组织、职能、程序以及资源的规范。

（37）制定法律规定联邦、州、联邦特区和市协调民防事项的行动的基础。

（38）对运动事项立法，规定联邦、州、联邦特区和市之间协调的一般基础；以及社会和私人部门的参与。

（39）制定旅游事项的立法，规定联邦、州、市和联邦特区之间协调的一般基础，以及社会和私人部门的参与。

（40）制定法律规定联邦政府、联邦实体政府和市政府在其各自管辖区域内有关渔业和水产业事项的合作，以及社会和私人部门的参与。

（41）制定国家安全事项的法律，规定相应调查的要求和限制。

（42）制定合作社建立、组织、职能和终止事项的法律。该法律应规定联邦、州和市，以及联邦特区在其各自管辖的区域内合作的建立和可持续发展事项的基础。

（43）制定法律规定联邦、各州、市和联邦特区文化事项协调的基础，本条第（25）项的规定除外。应建立社会和私人部门参与的机制，以达到本宪法第 4 条第 9 段规定的目标。

（44）针对个人所持有的个人信息保护事项立法。

（45）制定所有为达到前述规定之目的和本宪法赋予联邦权力机构的所有其他权力所必要的法律。

第 74 条（最新修订法令于 2008 年 5 月 7 日公布于官方公报上）

本宪法授予众议院下列绝对权力：

（1）有权发布庄严的声明，以告知整个国家由联邦选举法院确认的当选总统的誓词。

（2）根据法律的规定有权调整和评估联邦审计机关的表现，但不得损害其技术和管理上的自治。

（3）（已废止）

（4）在事先审查、讨论和修改合众国总统的提案后，批准联邦的年度预算。一旦预算被批准，必须制定相应的税收。相应地，授权为基础设施建设投资的跨年度预算，相关的分配也必须包含在后续的预算中。

合众国总统应不晚于 9 月 8 日向众议院提交其税收议案和预算的建议，且相关的部长应出席众议院以说明账目。众议院应不晚于 11 月 15 日批准预算。

在总统任期的第一年，其应不晚于 12 月 15 日向众议院提交税收议案和预算的建议。

预算中不得包含秘密事项。经总统书面同意后，部长方可使用预算。

（已废止）

（已废止）

（已废止）

总统有正当理由可以请求延长其提交税收议案和预算建议的时间。相关的部长应出席众议院告知延长的原因。

（5）有权批准或反对根据本宪法第 111 条的规定犯罪的公务员的刑事诉讼程序。

根据本宪法第 110 条的规定针对公务员的指控应告知众议院。众议院有权成为控告公务员的起诉机构。

（6）有权审查前一年的公共账目，以评估结果、检查已批预算标准的遵守情况，以及核实一些规划设定目标的达成情况。

众议院应通过联邦审计机构审查公共账目。如果该机构查处税收或花费有不符之处，或其发现税收或花费不准确或不正当，法律应处罚不当行为。有关一些规划中设定目标的达成情况，众议院仅可以根据法律的规定出具建议。

公共账目应不晚于下一年的 4 月 30 日提交至众议院。该期间仅可以在本条第（4）项最后一行规定的情况下延长。延长不得超过 30 日。在该情况下，联邦审计机构应同样延长其出具各自报告的时间。

众议院应不晚于预算建议提交后次年的 9 月 30 日出具公共账目审查意见，并考虑联邦审计机构（参见本宪法第 79 条）提交的分析和结论。联邦审计机构出具的评论、建议和措施的手续应继续，不受前述期限限制。

众议院应评估联邦审计机构的行为，众议院可以要求其报告审计进展。

（7）（已废止）

（8）本宪法赋予的其他权力。

第 75 条（最新修订法令于 2009 年 8 月 24 日公布于官方公报上）

众议院应在花费预算中说明法律规定的所有公务职位的工资。如果众议院未能说明该工资，则应以前一年度预算规定的工资或创设工作的法律规定的工资为准。

但是，报酬的确定应符合本宪法第 127 条的规定和适用的其他法律的规定。

联邦行政、立法和司法机构，以及本宪法承认的自治机构和执行花费预算资源的机构，应在其项目预算中包括其公务员建议报酬的细则。该项目预算应符合本宪法第 74 条第（4）项和其他适用的法律规定的花费预算批准程序。

第 76 条（最新修订法令于 2007 年 4 月 12 日公布于官方公报上）

本宪法授予参议院下列绝对权力：

（1）以总统和外交事务部长提交的年度报告为基础，分析合众国总统提出的对外政策的权力。

参议院应有权批准合众国总统签署的国际条约和约定，以及有关该等条约和约定的停止、谴责、暂停、修改、修订、保留条款和解释声明。

（2）批准合众国总统建议的总检察长、部长、外交代表、总领事、财务部高级官员、陆军上校和陆军、海军和空军其他高级官员的权力。

（3）授权合众国总统允许墨西哥部队开出国境、外国部队通过本国和外国部队在墨西哥领海超过 1 个月的停留的权力。

（4）授权合众国总统在各州范围之外设置国防护卫队，并决定必要武装力量的权力。

（5）如果一州的所有宪法性权力都消失，则参议院应有权指派暂时州长，根据宪法的规定召集该州的选举。合众国总统应提议 3 个临时州长的候选人。参议院或常设委员会的 2/3 多数应批准一位候选人。临时州长在其召集的选举中不得被任命为州长。州的宪法没有相关规定时，应适用本规定。

（6）有权解决一州的权力机构之间产生的政治争议，前提是其中一方将案件提交至参议院，或该争议是由于武装争议产生的。在该等情况下，参议院将根据联邦宪法和处于争议的州的宪法发布决议。

法律应规定前两项权力的执行。

（7）根据本宪法第 110 条规定成为控告公务员的陪审团的权力。

（8）有权在合众国总统建议的候选人中任命国家最高法院法官的权力。

参议院有权批准或否决法官的离开或辞职。

（9）有权根据本宪法的规定任命和解雇联邦特区政府的主管。

（10）有权授权州之间订立有关边界的友好协定。该协定应由参议院出席议员 2/3 授权。

（11）有权以法令的形式宣布州之间边界的确定性裁定，由参议院出席议员的 2/3 批准。

（12）本宪法赋予的其他权力。

第 77 条（最新修订法令于 2003 年 10 月 29 日公布于官方公报上）

每个议院在不干涉另一个议院的前提下可以：

（1）宣布其内部经济事务的决定。

（2）通过内部委员会与另一议院和合众国总统交流。

（3）任命其秘书处职员并颁布规定。

（4）根据多数表决原则，在议院空缺时，该议院应在该空缺出现之日起 30 日内召集特别选举。选举应在召集（参见本宪法第 63 条）之日起 90 日内进行。空缺出现在任期的最后一年的情况除外。

第四节　常设委员会

第 78 条（最新修订法令于 2011 年 8 月 17 日公布于官方公报上）

在联邦国会休会期间，由常设委员会主持工作。常设委员会由 37 名成员组成，其中 19 名众议员和 18 名参议员，分别由各自所在议院在常规会期结束的当天晚上任命。常设委员会的每位成员，议院都将为其任命一名替换者。

常设委员会行使宪法授予的权力，包括：

（1）根据第 76 条第（4）项规定的情形，同意使用国防军。

（2）接受合众国总统的誓词。

（3）在联邦国会闭会期间，解决职责范围的事项，接受法律的提案，审查合众国总统提交的法律或法令的草案，对两院提出建议，向两院的委员会提出意见。

（4）决定或者向总统提出建议，召集国会或任何一院的特别会议，上述两种情形需要得到常设委员会 2/3 的票数。召集将规定特别会议的目的或目标。

（5）根据合众国总统的提议，授予或否决合众国总检察长的任命。

（6）授予合众国总统 30 日的假期，任命总统缺位期间的人员。

（7）批准合众国总统对部长、外交机构、总领事、公共财政的高级雇员、殖民地和其他国家陆军、海军和空军的高级官员的任命。

（8）承认和解决议员的请假。

第五节　联邦审计机构

第 79 条（最新修订法令于 2008 年 5 月 7 日公布于官方公报上）

联邦审计机构隶属于众议院，根据法律规定，对技术和管理事项以及其内部组织、职能和决议具有自治权。

审计职能应依据前瞻性、年度、合法、确定、公正和可靠性原则执行。

联邦审计机构应负责：

（1）监督：（a）收支；（b）属于联合权力和联邦机构的资金和资源的管理、保护和使用。联邦审计机构应使用根据法律规定提交的报告形式对某些联邦计划设计的目的完成情况进行审计。

联邦审计机构也应监督：（a）国家、地方议会、联邦特区和其政府机构所作的联邦资源的管理或使用，联邦捐赠除外；（b）使用授予任何公共或私人实体或个人，转移给信托、托管、基金或任何其他法律认可的形式的，其使用联邦资源，根据法律规定的程序，并不得损坏其他机构的管辖权和使用者权利。

根据前段规定承担财政监督的实体应根据法律规定的标准进行归账，登记联邦遗产和转移给其的预算。

不论年金原则，联邦审计机构可以要求和审查公共账目修改之前一年的具体信息，仅当项目或计划超过一年或目标实行正在修订。但是，联邦审计机构发布的评论和建议仅应涉及修订年份的公共账目。

仅管依据前瞻性原则，但联邦审计机构可以要求承担审查任务的实体提交当前年份有关被责难的特别事项的公共账目。如果实体未能满足法律规定的时限和形式，其应根据法律规定受罚。联邦审计机构应向众议院提交一份有关该情况的报告，且如适用，其应确定责任并在适当机构开始该责任。

（2）提交给众议院的公共账目审查的报告应不得超过公共账目提交之后一年的 2 月 20 日。众议院应公开研究该报告。报告必须包括特别事项的审计、意见、检查和联邦计划规定的目标的完成情况。保护也应包括修订实体的评论、解释和理由。

为实现上述目的，在向众议院提交报告之前，联邦审计机构应通知修订实体有关由公共账目得到的结论，以便其提交相关的理由和解释。

联邦审计机构的主管应不晚于报告提交给众议院之后的 10 个工作日，将报告中的建议和措施交付给修订实体。修订实体应在 30 个工作日期间内，提交适当的信息和实施适当的措施。法律应规定未能履行而应受到的惩罚。本条不适用于评论和谴责的内容，应遵守法律规定的程序和期间。

联邦审计机构应在 120 个工作日期间内回答提交给修订实体的解释和理由。未能进行上述回答，则意味着解释和理由已经被接受。

有关目标的完成情况，修订实体应描述实施的改进或证明联邦审计机构提议的措施的适当性。

每年 5 月 1 日和 11 月 1 日，联邦审计机构应向众议院提交有关向公共实体提议的建议和措施的进展情况的报告。

联邦审计机构应在报告提交给众议院之前对其活动和评论进行保密。法律应规定违反时应受的适当惩罚。

（3）有关收入、花费、管理、保护、资金和联邦资源的使用的不正常或违法的行为或疏忽的调查。联邦审计机构可以进行家访，仅根据法律和形式规定，审查对于调查所必要的账簿、文件和文档。

（4）决定影响公共财务或遗产损坏和损失，确定责任和金钱惩罚；推动本宪法第四编所述的义务；以及在法律允许的范围内报告违法和犯罪。

联邦审计机构发布的处罚和决议，受影响的实体或公务员可以根据法律规定上诉到同一联邦审计机构或本宪法第 73 条第（36）项所述的法院。

联邦审计法院的主管应根据为此目的所规定的法律，由众议院出席成员的 2/3 予以任命。联邦审计法院的主管任期为 8 年，并仅可再任命一次。其可仅因法律规定的严重犯罪，由众议院出席成员的 2/3 予以罢免。其也可以因本宪法第四编规定的原因予以罢免。

为确保符合联邦审计机构主管职位，应满足本宪法第 95 条第（1）、（2）、（4）、（5）和（6）项的要求，以及法律规定的其他要求。在任职期间，联邦审计机构的主管不得加入任何政党，也不得履行任何其他工作、职务或任务，科学、教育、文化或公益机构无报酬的服务除外。

不同的联邦权力机构、各州、承担修订职责的政府机构应协助联邦审计机构开展其工作。

拒绝履行上述义务的应根据法律进行惩罚。本条也适用于联邦和地方雇员，以及任何私人或公共实体、信贷、托管或使用公共联邦资源的资金。本条不得损害其他机构的管辖权或使用者的权利。

联邦行政机关应适用行政程序执行本条第（4）项规定的赔偿支付和金钱惩罚。

第三章　联邦行政机关

第 80 条

联邦的最高行政权属于墨西哥合众国总统。

第 81 条

墨西哥合众国总统由人民根据选举法直接选举产生。

第 82 条（最新修订法令于 2007 年 6 月 19 日公布于官方公报上）

总统职位的任职要求：

（1）总统职位的候选人必须为自然出身公民，具有履行其权利的能力，父亲或母亲一方为墨西哥人，且必须在国家居住至少 20 年。

（2）总统职位的候选人在选举之日必须满 35 岁。

（3）总统职位的候选人在选举之日前必须居住在国内一整年。离开未达到 30 日不影响该时间的计算。

（4）总统职位的候选人不得为任何宗教的神父或牧师。

（5）总统职位的候选人在选举日之前至少 6 个月不得在军队服役。

（6）总统职位的候选人不得为州长或副州长、总检察长、联邦特区政府州长或主管，除非其在选举日之前 6 个月辞去职务。

（7）未受本宪法第 83 条规定的不合格影响。

第 83 条（最新修订法令于 1933 年 4 月 29 日公布于官方公报上）

合众国总统应在 12 月 1 日就职，任期为 6 年。作为合众国总统的公民，无论是通过选举产生的、临时的、暂时的或替代的，不得再次担任总统。

第 84 条（最新修订法令于 1933 年 4 月 29 日公布于官方公报上）

如果在合众国总统任期的前两年内，合众国总统缺位，如果国会开会，它将立即成立一个选举团，由至少 2/3 成员出席并选举过渡总统。总统的选举应是秘密选举，以绝对多数通过。在过渡总统选举之后的 10 日内，国会应召集选举新任总统，并完成各自的任期。召集和选举日期之间的期间最少为 14 个月，最多为 18 个月。

国会休会期间，常设委员会应任命临时总统，并应向国会要求会议的特别期间。国会届时应选举暂时总统，并召集总统职位的选举。

如果在合众国总统任期的最后 4 年内，合众国总统缺位，如果国会开会，它将在会期结束前任命一个替补总统；如果国会没有开会，常设委员会将任命一个临时总统，并召集联邦国会的特别会议，成立选举团选举替补总统。

第 85 条（最新修订法令于 2007 年 9 月 13 日公布于官方公报上）

在总统任期开始时，如果当选总统未在宪法规定的期限内出现，或选举未举行，或在 12 月 1 日选举被宣告无效，则总统任期结束，应停止执政。届时，国会应任命一位过渡总统负责行政权，如果国会休会，常设委员会应任命一位过渡总统。

在合众国总统缺位期间，国会或常设委员会应任命一位过渡总统行使缺位期间的总统职责。

如果合众国总统的缺位超过 30 日，且国会处于休会期间，常设委员会应召集国会特别会议来解决缺位和任命过渡总统。

如果总统临时缺位变成绝对缺位，国会应行使前述条款规定的行为。

第 86 条

合众国总统基于重大原因可以辞去职务，辞呈应提交给国会，并由国会评估。

第 87 条

总统就职必须在国会面前，或国会休会时在常设委员会面前进行，并作以下宣誓："我宣誓，遵守和已经遵守墨西哥合众国的宪法及其派生的法律，忠实、爱国地履行人民授予我的总统职责，追求国家的幸福繁荣；如果我未能履行该等义务，国家可以要求我如此。"

第 88 条（最新修订法令于 2008 年 8 月 29 日公布于官方公报上）

合众国总统可以离开国土最多 7 日，事先应向参议院或常设委员会报告其原因，以及其行为的结果。总统离开超过 7 日应获得参议院或常设委员会的许可。

第 89 条（最新修订法令于 2011 年 6 月 10 日公布于官方公报上）

总统的权力和义务如下：

（1）颁布并签署合众国国会通过的法律，确保其在行政范围内得到严格遵守。

（2）自由任命和免除内阁部长，免除外交代表和财政部高级官员，以及自由任命和免除合众国的其他官员，该等人员的任命或免除未由宪法或法律以其他形式规定。

（3）经参议院批准，任命部长、外交代表和总领事。

（4）经参议院批准，任命陆军上校和国家陆军、海军和空军的其他高级官员和合众国财务部高级官员。

（5）根据法律规定，任命国家陆军、海军和空军的其他官员。

（6）在法律规定的期限内维护国家安全，并为合众国的内部安全和外部防御部署整个常设武装力量，包括陆军、海军和空军。

（7）在第 76 条第（4）项规定的期间内为同样的目的部署国家警戒。

（8）根据合众国国会的现有法律以墨西哥合众国的名义宣布战争。

（9）经参议院批准，任命合众国总检察长。

（10）指导对外政策和签署国际条约，以及终止、谴责、暂停、修改、修订、撤回及制定有关该政策和条约的解释性公告，并提交参议院批准。在执行该政策时，行政权力机构的成员应遵守下述规范性原则：人民自我决定；不干涉；和平解决争议；禁止在国际关系中采取威胁或使用暴力；国家司法公平；发展国际合作；尊重、保护和推动人权；以及为国际和平和安全奋斗。

（11）常设委员会同意时，向国会要求召开特别会议。

（12）为司法权力提供快速履行其职能所必要的协助。

（13）运营所有类型的港口，建立海事和国防海关，并制定其位置。

（14）根据法律规定，授予合众国法庭管辖范围内判处犯罪的和合众国特区判处一般秩序的犯罪的罪犯赦免。

（15）根据各自法律授予任何产业的发现者、发明者或发展者以有限时间内的绝对特权。

（16）参议院休会期间，合众国总统可以经常设委员会的批准，任命第（3）、（4）和（9）项所规定的人员。

（17）（已废止）

（18）向参议院递交最高法院院长选派的文书供考虑，以及向参议院提交离开和退休申请供批准。

（19）（已废止）

（20）宪法明确授予其的其他权力。

第 90 条（最新修订法令于 2007 年 8 月 2 日公布于官方公报上）

根据国会制定的组织法规定，联邦公共管理机构应为集中和半国营的，它将在联邦行政命令中分配事务给部长负责，并确定建立半国营组织和合众国总统参与其运行的一般基础。

法律应规定半国营组织和合众国总统或者与部长之间的关系。

第 91 条

内阁成员需要出生即为墨西哥公民，有行为能力，年满 30 岁。

第 92 条（最新修订法令于 2007 年 8 月 2 日公布于官方公报上）

合众国总统颁布的所有法规、法令、契约和命令应由相关部长签署，否则不具有强制力。

第 93 条（最新修订法令于 2008 年 8 月 15 日公布于官方公报上）

国会常规会期一开始，内阁成员将向国会说明各自负责的事项的情况。

在任何一个议院召集部长、合众国总检察长、半国营部门的负责人和自治机关的成员去讨论法律或各自领域的事务或进行研究或回答质询或询问时，上述成员必须在宣誓后报告州长。

众议院基于其 1/4 成员要求，参议院基于其一半成员的要求，有权建立委员会去调查地方组织和国有企业的运行。调查结果应提交至合众国总统。

任何一个议院均可书面要求联邦政府的部门或组织的成员提交信息或文件，其应在收到要求后的 15 日内给予答复。

上述行为应根据法律和国会的规则行使。

第四章　司法机构

第 94 条（最新修订法令于 2011 年 6 月 6 日公布于官方公报上）

联邦司法机构由最高法院、选举法院、联合巡回法院和单一巡回法院和地区法院组成。

根据宪法规定的基础，联邦司法委员会负责联邦司法权力的管理、监督和惩戒，但最高法院除外。

最高法院由 11 位法官构成，并应在全体会议或法庭中履行职责。

根据法律规定的条件，全体会议的会议和法庭会议应为公开，但基于道德或公共利益要求保密的除外。

最高法院的权限及其在全体会议和法庭中的职能，巡回法院、地区法院和选举法院的权限，以及联邦司法权力机构的公务员的义务应由法律根据宪法设定的基础而规定。

联邦司法委员会应决定联合巡回法院和单一巡回法院及地区法院的数目、分支、权限区域和特殊事项。

另外，通过一般指令的方式建立巡回法院全体会议，决定联合巡回法院的数量和权限。法律应规定巡回法院全体会议的组成和职能。

最高法院全体会议有权发布一般指令，在法庭、法院、联合巡回法院之间分配权限，以达到事务处理上的最大快捷和最大正义。上述指令一经颁布即开始生效。

当国会任一院、总统、联邦行政机关、政府的司法顾问证明其紧急性，在考虑社会利益或公共秩序的情况下，宪法争议和违宪行为应优先被证实和解决。

法律应规定联邦司法权力法庭和巡回法院全体会议规定有关宪法和一般规范解释的审判权限，以及上述解释中断和修订的条款。

最高法院法官、巡回裁判官、地区法官和联邦司法顾问，以及选举裁判官对其服务所收取的报酬在其任期内不能减少。

最高法院的法官任职 15 年，仅可因本宪法第四编规定的条件予以免职，并在其任期结束时有权获得退休金。

曾任法官的人不得再次被任命，但其履行临时或暂时性质的职务除外。

第 95 条 （最新修订法令于 2007 年 8 月 2 日公布于官方公报上）

担任国家最高法院法官的条件要求如下：

（1）出生即为墨西哥公民，有能力履行其政治和民事权利。

（2）至少为 35 岁。

（3）至少 10 年前取得法律为该目的所合法授予的机构颁布的法律学位。

（4）信誉良好，并不得犯可惩罚性监禁 1 年以上的犯罪。但是如果犯罪为抢劫、诈骗、伪造、失信或任何严重损害良好信誉的其他犯罪，无论该惩罚何时进行，其应不适合任职。

（5）任职前在墨西哥居住至少两年。

（6）任职前的一整年未担任过部长、总检察长、联邦特区司法法官、参议员、众议员、政府官员或联邦特区政府领导人。

法官最好应为从事司法职业有效率、有能力和诚信的人，或者在法律领域信誉、能力和职业特别突出的人。

第 96 条 （最新修订法令于 1994 年 12 月 31 日公布于官方公报上）

任命最高法院院长，合众国总统应向参议院提名 3 位候选人，参议院应考虑该 3 人，并在 30 日期间内由 2/3 多数成员投票选举出一位。该期间不可延长。如果参议院未能在该期间内决定，则合众国总统应从其建议的名单中选择一人。

如果参议院否决名单上的所有 3 位候选人，合众国总统应提交一份新的名单，则应遵守前段的规定。如果参议院完全否决第二份名单，合众国总统应从该名单中指定一位任命为最高法院院长。

第 97 条 （最新修订法令于 2011 年 6 月 10 日公布于官方公报上）

巡回法官和地区法官由联邦司法委员会以客观标准和法令规定的要求和程序为基础任命和雇用。他们的任期为 6 年，在该任期结束前，如果其再被任命或升职，其才可以根据法律规定的情况和程序解聘。

最高法院可以请求联邦司法委员会调查任何联邦法官或裁判官的行为。

最高法院应任命和解聘其秘书和其他官员和雇员。裁判官和法官应根据有关司法职业的法律的规定任命和解雇各自巡回法院和地区法院的官员和雇员。

全体会议每 4 年应从其成员中选择国家最高法院院长，任期结束后可以再行选举。

最高法院每位法官履行职务时将向参议院宣誓，宣誓形式如下：

总统："你宣誓真诚且爱国地履行授予你的国家最高法院法官的职务，将最终且已经尊重墨西哥合众国的政治宪法和其法律，寻求合众国的富足和繁荣？"

法官："我宣誓能做到。"

总统："如果你做不到，人民也会要求你做到。"

巡回裁判官和地区法官应向最高法院和联邦司法委员会宣誓。

第 98 条 （最新修订法令于 1996 年 8 月 22 日公布于官方公报上）

如果最高法院法官缺位超过 1 个月，合众国总统应向参议院递交一份含 3 位候选人的名单，以便其可以根据本宪法第 96 条的规定选举一位过渡法官。

如果法官因死亡或任何其他明确的原因缺位，合众国总统应向参议院提交一份含 3 位候选人的名单，以便其可以根据本宪法第 96 条的规定选择一位。

法官仅可以因大过而辞职。辞呈应递交至合众国总统，如果接受该辞职，总统应将该辞呈递交至参议院。

法官离开不超过 1 个月可以由最高法院同意。超过该期限的离开应根据参议院的批准由合众国总统同意。任何离开不得超过两年期间。

第 99 条 （最新修订法令于 2007 年 11 月 13 日公布于官方公报上）

选举法院为管辖选举事项的最高司法机构，以及联邦司法机构中的专门法院，但本宪法第 105 条第 （2） 项规定的情况除外。

选举法院应永久工作，并有高级选举法院和地区选举法院。选举法院的决议会议应根据法律规定公开。选举法院应具备适当履行职务的足够法律和行政管理人员。

高级选举法院应由 7 名选举裁判官组成，并应在其中任命一名为选举法院的院长，任职期间为 4 年。

选举法院应遵守本宪法和适用的法律的规定，以明确不可驳回的方式解决如下问题：

（1） 有关众议员和参议员选举的上诉。

（2） 合众国总统选举争议。只有上级选举法院可以解决该等主张。

上级选举法院和地区选举法院仅能因法律明确规定的原因取消选举。

高级选举法院应最终计算合众国总统选举的票数，前提是争议已经解决。然后选举法院应宣布选举有效，例如候选人已经获得最高票数，并应任命选举出的总统。

（3） 联邦选举机构发布的行为和决议的争议，不同于前两段所述的行为和决议。

（4）相关联邦机构发布的有关选举组织和评估的最终行为和决议，以及选举过程产生的可能影响该选举程序或结果的争议。该职权的行使仅在当要求的补偿在选举任期内物质上和法律上可以行使时才被允许，且在选举机构建立或选举官员就职合法建立日期之前可以执行的。

（5）有关侵犯公民政治选举权利的行为和决议：系指侵犯本宪法和法律规定的选举权、被选举权、自由加入政党、和平结社的权利。

公民起诉其所属政党的争议，仅在原告穷尽政党提供的所有解决内部争议的方式时才可适用。法律应规定该等争议的范围和条款。

（6）选举法院和其员工之间的劳动争议。

（7）联邦选举机构和其雇员之间的劳动争议。

（8）联邦选举机构对国内外政党、政治协会，或私人或法律实体侵犯本宪法和法律规定的惩罚。

（9）法律规定的其他事项。

选举法院的法庭应利用必要的强制手段以根据法律规定的条款执行惩罚和决议。

不违反本宪法第 105 条规定的情况下，选举法院的法庭可以决定不适用违背宪法的选举法。该等决议应限于有疑问的具体案件。在此情况下，上级选举法院应通知国家最高法院。

选举法院法庭辩护行为、决议违宪争议，或宪法条款解释争议，该争议可能与最高法院维持的判决相反，则任何法官、法庭或政党可以根据法律规定的条款驳斥该矛盾。国家最高法院在全体会议上应明确决定应如何适用。该等决议不得影响已作出判决的案件。

本宪法和法律规定宪法法院的组织，其法院管辖权、决定事物的程序，以及在此事项下设立法律先例机制。

上级选举法院可以基于地方选举法院的请求借鉴地区选举法院的案子。同样，上级选举法院可以将案件移交至地区选举法院决议。法律应规定行使该等权力的规定和程序。

根据法律规定的条款，选举法院的管理、监督和记录应归联邦司法委员会所属，选举法院应由下列人员组成：（a）选举法院的院长，主持选举法院；（b）由秘密投票选举的来自于上级选举法院的裁判官；（c）联邦司法委员会的 3 位成员。选举法院应将其预算建议提交至最高法院院长，以便可以将其预算包含在联邦司法分支机构预算里。选举法院应发布其要求充分执行的内部规定和法令。

　　构成高级法院和选举法院地方法院的裁判官应由最高法院建议，并由出席议员的 2/3 多数投票选举。地方法官的选举应错开，遵守法令规定的规则和程序。

　　构成选举法院高级法院的裁判官应符合法律规定的条件，不得少于国家最高法院法官要求的条件。裁判官的任期应为 9 年，该任期不得延长。选举法院高级法院的裁判官应向选举法院的高级法院提交辞职、离开和许可申请，选举法院最高法院应根据本宪法第 98 条的规定进行处理和授权。

　　构成选举法院地方法院的裁判官应符合法律规定的条件，不得少于巡回裁判官要求的条件。地区裁判官的任期为 9 年。该任期不得延长，除非其升迁。

　　如果确定缺失，则应任命新的裁判官完成剩余任期。

　　选举法院和其员工之间的劳动关系由适用联邦司法机构的规则和适用其的特别法律和例外情况予以调整。

　　第 100 条（最新修订法令于 1999 年 6 月 11 日公布于官方公报上）

　　联邦司法委员会属于联邦司法机构中的一个，并在技术和管理上独立，其也应独立发布其决议。

　　联邦司法委员会应由 7 位成员构成：最高法院的院长，也应同时担任委员会主席；最高法院在全体会议通过至少 8 位投票通过任命 3 位顾问；最高法院建议的候选人应为巡回裁判官或地区法官；参议院任命的 2 位顾问和合众国总统任命的 1 位顾问。

　　所有顾问应符合本宪法第 95 条规定的条件，并应为履行其职责时专业、行政管理能力、诚信和信誉突出的个人。如果是最高法院任命的顾问，也必须在司法领域具有良好的专业名望。

　　联邦司法委员会应以全体会议或分委员会会议的形式行使职权。委员会全体会议决定任命、分配、批准和解雇裁判官和法官，以及法律规定的其他事务。

　　除委员会主席外，顾问的任期为 5 年，应以错开的方式替代。顾问不得第二次任命。

　　顾问不代表任命其的机构，因此，他们应以独立和公正的方式履行其职务。他们仅可以根据本宪法第四编的规定被解雇。

　　法律应创立提供培训和提升公务员能力，以及发展司法职业的基础，并以卓越、客观、公正、职业和独立的原则调整。

　　联邦司法委员会应有权力起草和签署一般公约以完全履行其职责。最高法院可以请求委员会起草和签署以达到其完全履行联邦职责的一般公约。最高法院也可以审查该等公约，如必要的话，并以最少 8 票的多数票数废除该等条约。法律应规定该等权力的行使。

联邦司法委员会的决议为最终并不可辩驳的，因此，任何违背该等决议的审判或法律文件不得被接受，有关裁判官和法官的任命、分配、批准和解聘的决议除外。该等决议可以由最高法院对其是否符合适用的组织法律规定的规则的目的进行审查。

最高法院应建议其自身的预算，联邦司法委员会应建议联邦司法分支机构其余部分的预算，但应符合本宪法第 99 条第 7 段的规定。该等预算应由最高法院院长提交，以将其包含在联邦预算中。最高法院的院长应管理最高法院的内部事务。

第 101 条（最新修订法令于 1996 年 8 月 22 日公布于官方公报上）

最高法院法官、巡回裁判官、地区法官，其各自的书记员、联邦司法委员会的顾问和选举法院最高法院的裁判官不得接受或履行私人公司、联邦、国家政府，或联邦特区政府中任何其他工作或任务，担任科学、教育、文学或慈善协会的免费工作或任务的除外。

最高法院法官、巡回裁判官、地区法官、联邦司法委员会的顾问和选举法院高级法院的裁判官在其各自任期完成后两年内，在任何情况下都不得在从属于联邦司法权力的机构从事律师、事务律师或法律代表工作。

在该等任期内，前者法官不得被任命为本宪法第 95 条第（6）项规定的职位，临时或暂时法官除外。

本条规定的限制也适用于离职的司法官员。

如果侵犯前段的规定，侵犯者应受到解雇和利益损失的惩罚，即使该等利益与将来该等职位相对应，以及法律规定的其他惩罚。

第 102 条（最新修订法令于 2011 年 6 月 10 日公布于官方公报上）

1. 法律应组织联邦检察部门，其功能由合众国总统根据各自的法律授予和解除。联邦检察部门由总检察长主持，由合众国总统在参议院批准或参议院休会期间由常设委员会批准的情况下任命。总检察长必须是：出生即为墨西哥公民；任命之日时已经 35 岁；具有至少法律许可的职业职位 10 年的经验；具有良好信誉；且不得被指控严重犯罪。

有关扰乱联邦秩序的罪行应由联邦检察部门在法庭上提起指控；且针对该起诉发出逮捕命令；搜寻和出示确定其义务的证据；提供案件侦办的细节，以便司法部门可以快速和迅速地进行审讯；要求适用惩罚；以及其他所有法律规定的职权。

合众国的总检察长应个人干预本宪法第 105 条规定的争议和行动。

联邦参与的所有事项，及外交和总领事和所有联邦检察部门必须干预的其他事项，总检察长应亲自处理或通过代理进行处理。

合众国总检察长和其代理将对基于其职务而参与的法律错误、疏忽或违规负责。

政府司法顾问为从属于合众国总统的职位。

2. 联邦国会和联邦单位的立法机关在其各自职能范围内应设立保护人权机构，审理针对任何公共机构或公务员行政管理性质的行为或任务违反上述权利的投诉，但联邦司法权力范围内的除外。

前段所述的机构应制定各自机构的非约束的公共建议、谴责和投诉。任何公务员有义务回应该等机构提出的建议。公共机构或公务员未接受或未遵守颁布的建议，应证实、促进和公开拒绝；另外，参议院或其休会期间常设委员会，或其对应的联邦实体的立法机构，可以应该等机构的请求召集公共机构或公务员出现在该等立法机构，以解释其拒绝的动机。

该等机构无权管理选举和司法事项。

联邦国会建立的机构被命名为全国人权委员会；其具有管理和预算自主权、法人资格和自己的财产。

国家宪法和联邦特区政府条例应规定并保障人权保护机构的自主性。

全国人权委员会应设立一个咨询委员会，由 12 位由参议院出席成员 2/3 多数投票，或其休会期间，由国会常设委员会同样投票选出的评议员组成。法律应决定向适当的议会提交建议的程序。委员会最老资格的两位评议员每年进行替换，除非他们被建议并确认第二任期。

全国人权委员会的主席，也是咨询委员会的主席，将在前段所述任期内进行选举。其任期为 5 年，可以再选举连任一次，并且仅可以因本宪法第四编的规定被解除职务。

全国人权委员会的成员的选举、咨询委员会成员的选举和联邦实体任期保护机构成员的选举，应在法律规定的条款和条件范围内与公共咨询的程序一致，必须透明。

全国人权委员会主席将每年向联合权力机构提交一份行为报告。为此目的，其将根据法律的规定出席国会会议。

全国人权委员会应审理提交至该委员会的有关联邦实体同等机构的建议、协议或任务的不符事项。

全国人权委员会对应由合众国总统、联合国会的任一议院、州长、联邦特区政府的领导者或联邦实体立法机构判决的严重违反人权的行为进行调查，或应上述机构或个人的要求进行该项调查。

第 103 条（最新修订法令于 2011 年 6 月 6 日公布于官方公报上）

联邦法院可以解决基于以下原因产生的任何争议：

（1）违反本宪法授予保护人权的权利和保障的机构的一般规范、行为或不作为，以及墨西哥合众国作为一方的国际条约。

（2）有损或限制国家主权或联邦特区权限范围的联邦机构的一般规范或行为。

（3）侵犯联邦机构权限范围的国家或联邦特区机构的一般规范或行为。

第 104 条（最新修订法令于 2011 年 6 月 6 日公布于官方公报上）

联邦法院审判：

（1）所有有关联邦法令犯罪的程序。

（2）所有有关符合联邦法律适用或墨西哥合众国通过的国际条约产生的民事或刑事法令的争议。当该等争议仅影响个人利益时，一般法令的法官和法院也可以根据原告选择进行审判。

第一审决议可以向处理该事项的一审法官的直接上级上诉。

（3）仅在法律明确规定的情况下，对涉及本宪法第 73 条第（36）项和第 122 条相关争议决议而进行修订的追索。集体巡回法院应审判的修订，符合本宪法第 103 条和第 107 条规定间接效果的修订和集体巡回法院指示不可能进行的判决或追索的管理法律规定的程序。

（4）有关海商法的所有争议。

（5）联邦作为一方的审判。

（6）本宪法第 105 条规定的争议和行动，由国家最高法院独家审判。

（7）国家和一个或一个以上他国居民之间产生的审判。

（8）有关外交和领事团成员的审判。

第 105 条（最新修订法令于 2011 年 6 月 10 日公布于官方公报上）

国家最高法院应根据管理法律明确规定的条件审判下列事项：

（1）以下各方之间产生的宪法性争议，有关选举事项和本宪法第 46 条规定的事项除外：

（a）联邦和区或联邦特区之间；

（b）联邦与市之间；

（c）国家行政机构与国会；国家行政机构与任一议院，或其常设委员会、联邦机构或联邦特区的机构之间；

（d）州与州之间；

（e）州与联邦特区之间；

（f）联邦特区与市之间；

（g）不同州的两个区之间；

（h）同一州的两个权力机构之间，有关其行为或一般规定的合宪性；

（i）州与其所属的一个市之间，有关其行为或一般规定的合宪性；

（j）州与另一个州的区市之间，有关其行为或一般规定的合宪性；

（k）联邦特区政府的两个机构之间，有关其行为或一般规定的合宪性。

无论何时有关州的一般规定或市的一般规定被联邦怀疑，市的一般规定被国家怀疑，或前段（c）、（h）和（k）规定的情况，以及最高法院宣布其决议无效，该决议由至少 8 票的多数批准通过后具有一般效力。

在其他情况下，最高法院的决议仅对争议方具有效力。

（2）违宪性行动，反对在一般性质的规范和本宪法之间设立可能的矛盾。

违宪性行动可以在规范公布之日起的 30 个自然日内，由下列人员行使：

（a）联邦国会众议院 33% 议员，针对联邦国会通过的联邦法律或联邦特区法律；

（b）参议院 33% 议员，针对联邦国会通过的联邦法律或联邦特区法律，或墨西哥合众国批准的国际条约；

（c）合众国总检察长，针对联邦、州和联邦特区性质的法律，以及墨西哥合众国批准的国际条约；

（d）任何州立法机构 33% 成员，针对该机构通过的法律；

（e）联邦特区立法会议 33% 成员，针对该议会发布的法律；

（f）在联邦选举机构注册的政党通过其州长进行，针对联邦或地方选举法；以及州注册的政党通过其州长进行，仅针对授权其等级的国家立法机构通过的选举法；

（g）国家人权委员会，针对联邦、州和联邦特区性质的法律，以及合众国总统通过合众国参议院批准的，在本宪法中铭记有关人权的国际条约，以及墨西哥作为一方的国际条约。州同等人权保护机构，针对地方立法机构通过的法律，以及联邦特区人权委员会，针对联邦特区立法议会通过的法律。

建立选举法与宪法不一致性的惟一方式由本条规定。

联邦选举法和地区选举法必须将其适用的选举程序提前至少 90 日颁布并公布，且不得有根本性的修改。

最高法院的决议，由至少 8 票的多数批准，仅能宣布受质疑的规范无效。

（3）对于地区法官作出的联邦政府作为一方当事人的，或与其利益相关或具有重要性的案件，单一巡回法院相关上诉机构、合众国总检察长或类似官员可以予以上诉追索权的认定。

本条第（1）和（2）项的决议宣布无效不具有溯及既往的效力，适用于本事项的一般原则和法律规定管辖的刑事事项除外。

如不遵守本条第（1）和（2）项决议，则适用本宪法第 107 条第（16）项前两段规定的程序。

第 106 条（最新修订法令于 1994 年 12 月 31 日公布于官方公报上）

与联邦司法权有关的，两个法院有关管辖权引起的争议，或联邦法院与州法院之间，或联邦法院与联邦特区法院，或两个分属不同州的法院之间，或州法院和联邦特区法院之间的争议应根据各自的法律得到解决。

第 107 条（最新修订法令于 2011 年 6 月 6 日公布于官方公报上）

本宪法第 103 条有关的争议，选举事项的争议除外，遵守法律规定的司法法令的程序和手续，并符合下列基础：

（1）请求保护宪法权利诉讼的法院为受害人的一审法院，如果其主张受质疑的行为侵犯了宪法承认的权利，及以直接方式或由于司法命令特殊情况而影响了司法氛围，任何人都可以主张具有权利或主张个人或集体利益。

有关司法、行政或劳动法院的行为或决议，原告必须主张具有直接影响其个人的主体权利。

（2）宪法权利保护判决发布的决议仅涉及请求该决议的原告，并限制在请求涉及的特殊案件中的保护。

当间接的请求宪法保护权利的诉讼判决在第二次连续情况下确定为一般规范违宪，并对其进行了修改，国家最高法院告知相应的授权机构发布该一般规范。

联邦司法权力机构通过反复确定一般规范违宪而取得的管辖权，国家最高法院通知有权机构发布。在违宪问题解决的 90 个自然日内，国家最高法院将发布违宪的一般声明，宣告以至少 8 票的多数批准，在该声明中规定管理法的范围和条件。

前两段的规定不适用于税务事项的一般规范。

请求宪法保护权利的诉讼中，有关违反或申诉的概念的缺失必须依据管理法提供的规定解决。

如果对剥夺财产的所有权和对土地、水、牧场和事实上或法律上保护着公共状态的合作农场或个人农场的森林的享有，产生了或应该产生宪法权利保护诉讼，则必须获得所有对所述实体和个人有利的证据，并对土地权利细节、行为的性质和效果进行必要的尽职调查。

前段所述的诉讼，程序上不可能或诉讼时效已经过，则不得进行诉讼，但不影响合作农场、个人农场或公共状态，但是可以作出对彼此有利的判决。

（3）涉及司法、行政或劳动诉讼时，请求宪法保护权利的诉讼仅在下列情况可以进行：

（a）司法、行政或劳动诉讼的最终确定性判决或判定和决议，无论是前述判决或判定和决议违反的宪法所保护的权利，或在诉讼过程中违反了影响原告胜诉的宪法所保护的权利；有关本段和本条第（4）项的请求宪法保护权利诉讼，集体巡回法院必须按照规定对诉讼中导致替代诉求的程序性违反进行裁决，并以发布新决议的形式确立新条款；如果程序性违反并未导致第一次请求宪法保护权利程序，或在替代诉求的程序中，相应的集体巡回法院承认了该等程序，则其不作为违反事项，或在接下来的请求宪法保护权利诉讼中不作为正式尽职调查的事项；

获得有利判决的，及获得涉及行为的司法利益的一方，必须以符合任意一方发展的并在争议诉讼中的形式提交请求宪法保护权利请求，法律应规定程序进展的形式和条款；

为该诉讼的目的，必须先穷尽由于确定性判决、判定和决议可能的修改或取消而引发的，法律对于该事项规定的所有常规追索权，法律许可追索权放弃的情况除外；

必须有对程序法的违反才能对最终的确定性判决、判定和决议提出质疑，当原告在诉讼行为过程中，通过追索权或抗辩质疑最终的判决、判定和决议时，应明确各自的普通法；在影响未成年人或欠缺行为能力人对民用房地产或家庭秩序或稳定性的权利，或被判决人的刑事性质的权利的行为请求宪法保护权利诉讼中，不需要前述要求；

（b）在追索权利程序已经穷尽的情况下，针对执行不可能恢复、私了，或已经结案的行为；

（c）针对影响诉讼中无关联的人的行为。

（4）在行政事项中，请求宪法保护权利诉讼也可以针对源于司法、行政或劳动法院机构的特别授权的，并通过任何合法抗辩的措施造成严重但不可修复的行为或疏忽。当法律中止所述行为或诉讼完全介入时，有必要穷尽该法律规定的所有抗辩措施，受害人具有的法律抗辩的追索权方式，其范围与管理法规定的一致，无须比准许确定性中止措施要求更多，或比停止临时中止规定的更多时间，但根据法律规定行为本身被认为是受影响或未被中止的除外。

如果争议的行为缺乏证据或其仅主张直接违反本宪法时，不存在穷尽该等追溯或措施或抗辩的义务。

（5）最终确定性判决、判定或决议的宪法保护权利诉讼请求，在下列情况下由有权的集体巡回法院审判：

（a）刑事事项中，针对司法法院作出的普通或军队命令的确定性决议；

（b）行政事项中，个人对行政或司法法庭作出的最终的特别确定性判决和决议，不可通过追溯、诉讼或合法抗辩的常规措施恢复的；

（c）民事事项中，当联邦或商事法庭判令的确定性判决受到争议，联邦或地区机构发布决议，或普通命令法庭上发布的决议；

联邦命令的民事诉讼中，任何一方，包括联邦，都可以为保护固有利益，以宪法保护权利诉讼对决议提出争议；

（d）劳动事项中，当地区或联邦调解和仲裁委员会，或联邦工人调解和仲裁法庭对国家服务所作的判定；

最高法院可以依据职责，或相应的集体巡回法院，或合众国总检察长的实体请求，承认其利益和其优势所作的直接宪法权利保护请求。

（6）对于前部分涉及的情况，管理法应明确集体巡回法院的程序和条款，并在该等情况下，最高法院必须提交其各自决议。

（7）针对法庭、法庭外或判决之后，或影响诉讼不相关人的行为或疏忽的宪法权利保护请求，针对行政机构的不满或行为或疏忽，由已经执行或将执行的受争议的行为所在地管辖权范围的地区法官干预，其行为限于在要求出具报告和接受利益双方提交的证据并听取主张的审判中进行报告，并在同个审判中发布决议。

（8）针对地区法官或单一巡回法院以宪法保护权利形式修订的决议。最高法院应承认下列事项：

（a）当一般规范以请求宪法保护权利要求，请求考虑其是否直接违反了本宪法，发布追索权中存在的合宪性问题；

（b）当其涉及本宪法第103条第（2）和（3）项规定的情况。

最高法院基于职权，或应相应的集体巡回法院或合众国总检察长的实体请求，可以承认修订中涉及其利益和优势的宪法保护权利请求的修订。

前段未规定的情况，集体巡回法院承认该修订，但其决议不承认任何追索权。

（9）直接宪法保护权利事项，修订追溯权的程序针对解决有关一般规范合宪性的决议，规定本宪法认知的直接解释，或删除有关该问题的决议，其根据国家最高法院的规定，符合全体会议一般指令，规定重要性和优势性的标准。追索权事项应限于适当的宪法问题的决议，无权力决定其他事项。

（10）争议的行为可以为案件中止的对象，并以管理法规定的条件作出，宪法保护权利司法管辖机构在行为性质允许时，必须出具对有利的法律社会利益可能性的分析。

该中止必须是刑事事项的确定性决议，以宪法保护权利诉讼起诉，且在民事、商事和行政事项中，通过原告对该中止可能对利益第三方造成损害和侵害而所作的保证方式作出。如果宪法保护权利诉讼被确议并赔偿其带来的损失和侵害，中止应不得影响第三方为使事项恢复原状而给予反保证。

（11）直接宪法保护权利请求的原告由负责任的机构决定有关中止的事项。在其他情况下，原告由地区法官或单一巡回法院决定有关中止的事项，或法律授权的情况下，由国家的法院决定。

（12）在刑事事项中，违反第16、19和20条的保证，根据第（8）项规定的条款，向法院的上级主张，或向发布决议相应的请求追索权的地区法官或集体巡回法院主张。

如果地区法官或集体巡回法院与负责的机构不在同一个地方，则法律应规定宪法保护权利法令所提交的法官或法院，应根据法律规定的情况和条款暂时中止争议的行为。

（13）当同一巡回区的集体法院对请求宪法保护权利诉讼在其权限内给出互相矛盾的意见，合众国总检察长、所述法院和其成员、地区法官或该事项的双方可以向相应的巡回全体会议宣布废除该矛盾，直到其决定必须替代的意见。

在宪法保护权利诉讼事项审判中，当最高法院的议会在其权限范围给出互相矛盾的意见，则任一该议会、合众国总检察长，或所有相关案件的当事人，可以提交最高法院解决该争议，由最高法院全体会议决定哪种意见正确。

当特别巡回区的巡回全体会议，同一巡回区特别事项的巡回全体会议，或同一巡回区不同专业的集体法庭对于解决矛盾或其权限事项给出互相矛盾的意见，则国家最高法院的法官、巡回全体会议的法官以及前段所述机构，可以向最高法院宣布废除矛盾，反对各自的议会的全体会议，决定应替代的意见。

当国家最高法院的议会对其有权承认的宪法保护权利诉讼给出互相矛盾的意见，法官、集体巡回法院和其成员、地区法官、合众国总检察长或事项中的双方可以根据管理法的规定向最高法院全体会议宣布废除矛盾，以解决该矛盾。

最高法院全体会议以及巡回全体会议根据前段的规定发布的决议，仅具有建立法学理论的作用，不影响矛盾出现的审判中发布的判决的特别司法情况。

（14）（已废止）

（15）合众国总检察长、指定的联邦公共机构将为所有请求宪法保护权利诉讼的一方，但是，在其认为涉及的案件缺乏公共利益时，可以不干涉该等案件。

（16）如果机构不遵守承认宪法保护权利请求的决议，但是该不遵守被证明是正当的，国家最高法院符合管理法规定的程序，应授予其遵守程序的合理时间，该时间可以基于机构的请求延长。但是如果是不正当的，或时间经过后仍未遵守，则应解除其所属机构的资格，并将其交付给地区法院。如果负责机构之前雇用的有资格的人员不遵守执行，机构产生了责任，负责机构的上级也适用同样的命令。

如果承认宪法保护权利请求，受质疑的行为重复发生，国家最高法院应根据管理法规定程序免除负责机构成员的资格，并请示联邦公共机构，国家最高法院发布决议之前未生效的非欺诈行为和重复的行为除外。

当判决的执行对社会的影响大于原告可能获得的利益，或根据具体情况，由于违法造成损害，不可能恢复原状，或与恢复原状严重的不成比例时，符合宪法保护权利请求决议的替代可以由原告向司法机构请求，或由国家最高法院发布命令。可以发布附带的决议，以通过赔偿原告损失和侵害的方式进行执行。

无论起诉任何请求宪法保护权利的诉讼，决议都应该符合承认宪法保护的要求。

（17）任何违反停止命令，或在该措施前不诚信或过失接受虚假或不足的担保或反担保将受刑法制裁。

（18）（已废止）

第四编　公务员职责

第 108 条（最新修订法令于 2007 年 12 月 13 日公布于官方公报上）

为本编的目的，公务员或公职人员是人民投票选出的代表，是联邦司法机构的成员，是联邦特区司法机构的成员，是行政人员，是公务人员，并且一般来说，是联邦国会、联邦特区众议院、联邦政府或联邦特区政府中担任任何职务或承担任何任务的人员。公务员也是本宪法设立的自治机构的工作人员。公务员对其在履行职务过程中的行为或疏忽负责。

合众国总统在其任期内仅可以因叛国罪或严重的一般罪行被弹劾。

州长、州众议院代表、州高级法院裁判官和地区司法委员会成员应对违反本宪法和联邦法律，以及处理联邦资金和资源不当的行为负责。

州宪法应要求每一个公务员在州政府或地区委员会从事一份工作、职务或任务，并应确定其职责。

第 109 条（最新修订法令于 1982 年 12 月 28 日公布于官方公报上）

联邦国会和州立法机构应在其管辖权范围内发布适用于公务员的法律和惩罚，并应根据下列规定确定其义务。

（1）本宪法第110条所述公务员在其行为或疏忽或其防御影响了基本的公共利益时可以被弹劾和处罚。

不可以因表达观念而弹劾。

（2）任何公务员的犯罪应根据刑法进行起诉和惩罚。

（3）公务员在履行其职责时，其行为或疏忽影响合法性、诚实、忠诚、公正和效率应受行政处罚。

行政处罚的程序应独立进行。针对同一行为，不得进行两次同样性质的惩罚。

法律应规定公务员由于违法行为被处以监禁的情况和情形。公务员在任期内财产在很大程度上增长而其并不能给予合理解释，及公务员自身或通过中间媒介犯罪，都被认为是公务员的刑事犯罪。刑法规定的适用刑事犯罪的处罚有没收财产或其他财产性惩罚，以及其他适当的惩罚。

任何公民都可以向众议院控告公务员的有关违法行为。该等公民必须提供必要的证据。

第110条（最新修订法令于2007年8月2日公布于官方公报上）

下列公务员可以被弹劾：参议院议员、众议院议员、国家最高法院法官、联邦司法委员会顾问、州长、联邦特区立法会议成员、联邦特区政府负责人、国家总检察长、联邦特区总检察长、巡回裁判官、地区法官、普通法院裁判官和法官、联邦特区司法委员会顾问、总统顾问、选举顾问、联邦选举机构执行秘书、选举法院裁判官和分散代理、半国营公司、被半国营公司同化的协会和公共信托。

州长、州众议院代表、州上级法院裁判官和州司法委员会成员仅因以下原因被弹劾：（a）严重违反本宪法和源于该宪法的联邦法律；（b）处理联邦资金和资源不当。但是，该规则仅能是声明式的，并应通知州立法机构以履行相关的程序。

惩罚应使其免职并不再适宜履行任何公共职能、工作、职务或任务。

程序如下：众议院应证实案件，听取被告陈述，以众议院成员的绝对通过宣布弹劾，然后众议院将弹劾上交至参议院。

然后，参议院应执行必要的程序并应听取被告陈述。参议院应成为陪审团并应通过出席代表2/3多数投票表决施加适当的惩罚。

众议院和参议院宣布的规则为不可辩驳的规则。

第111条（最新修订法令于2007年8月2日公布于官方公报上）

为了起诉参议院议员、众议院议员、国家最高法院法官、选举法院最高法院裁判官、联邦司法委员会顾问、州长、联邦特区立法会议成员、联邦特区政府负责人、国家总检察长、联邦特区总检察长、总统顾问和选举顾问在其任期内所犯的犯罪，众议院应经绝对多数通过并宣布是否有基础起诉被告。

众议院的否定声明应推迟任何下一步程序。但是该等推迟不得以明确的方式解决控告。一旦被告完成其任期，如果控告继续，则其可以被提起刑事控告。

如果众议院宣布控告，该人应被移交给各自的机构根据法律程序进行。

合众国总统仅可以被参议院控告，以及根据本宪法第110条的规定控告。参议院应解决符合适用刑法的案件。

为控告州长、州众议院代表、州高级法院的裁判官和州司法委员会成员犯联邦罪行，应遵循本条规定的程序。但是该规则仅能为公开声明，并应通知州立法机构以执行相应的程序。

众议院和参议院公布的裁决为不可辩驳的裁决。

被告在受审时，其处罚应为免除其职务。如果无罪释放，被告可以继续其职务。如果获有罪判决，就其任期内所犯的罪不可以授予被告赦免。

有关针对任何公务员刑事案件的诉讼，国会没有必要宣布该程序的适当性。

监禁判决应根据刑法的规定适用。在犯罪者获得经济利益或导致财产损害或损失的犯罪案件中，监禁判决应与被告获得的利益以及其违法行为造成的损害和损失成比例。

经济惩罚不能超过获得的利益或造成的损害或损失总数的3倍。

第112条（最新修订法令于1982年12月28日公布于官方公报上）

本宪法第111条第1段规定的任何公务员在非任职期间犯罪，众议院没有必要宣布该程序的适当性。

但是，如果公务员继续其职务或被任命为或选举为本宪法第111条规定的一个新的职位，则应根据该条进行起诉。

第113条（最新修订法令于2002年6月14日公布于官方公报上）

行政义务法律应明确公务员责任以说明其合法、诚实、忠实、公正和有效履行职责、工作、职务或任务的合法义务。该等法律也应说明适用违反者的惩罚，以及遵循的程序和适用该等惩罚的机构。惩罚除法律规定外，可以包括：暂停、免除职务、取消资格和经济处罚。经济处罚应与根据本宪法第109条第（3）项规定的违反者获得的利益和其行为或疏忽造成的损害和损失成比例。经济处罚不得超过违反者获得利益或造成的损害和损失的3倍。

国家对其不规范的行政行为造成的财产或私人权利的损失具有直接和客观责任，私人应有权根据法律规定的基础、限制和程序获得补偿。

第 114 条（最新修订法令于 1982 年 12 月 28 日公布于官方公报上）

对公务员弹劾仅可以在其任职期间和该任期结束后第一年内进行。该程序开始之后的第一年内应适用惩罚。

对公务员在其任职期间所犯罪行应根据刑法规定的诉讼时效进行惩罚。该等期限不得短于 3 年。公务员履行本宪法第 111 条规定的任何职务期间，该诉讼时效不得中断。

法律应规定诉讼时效适用于行政义务的情况，并考虑本宪法第 109 条第（3）项规定的行为或疏忽的性质和后果。严重犯罪的诉讼时效不得短于 3 年。

第五编　墨西哥州和联邦特区

第 115 条（最新修订法令于 2009 年 8 月 24 日公布于官方公报上）

构成墨西哥合众国的各州应采取共和政体、代议制的和普遍形式的政府。各州应根据下列标准划分为市，作为政治和行政组织的基础：

（1）每一个市应由市议会管理，市议会根据法律规定由直接选举的一位市长和议员和社区代表构成。市议会应履行宪法赋予地区政府的权力。市议会和州政府之间无中间机构。

市长、议员和社区代表不可以在接下来的下一任期被选举。通过间接选举或任命的人履行所述职务相对应的职责，无论该职务名称是什么，不可以在接下来的下一任期被选举。现任市长、议员和社区代表不可以在接下来的下一任期被选举为替代者。但是替代者可以被立即选举为下一任期的现任者，除非其已经履行了相关职务的职责。

州立法机构可以通过其成员 2/3 多数决议暂停州议会、解除市议会或因法律规定的严重原因暂停或撤回任何其成员的权力，前提是州议会的成员有足够的机会提交证据和论据。

对空缺职位应任命替代者，法律另有规定的除外。

如果州立法机构解除市议会，或市议会成员多数辞职或绝对缺失，法律未允许替代者完成任期或组织选举，州立法机构应任命一些居民组成市议会完成任期。法律应规定该等市议会成员的数量。市议会的成员应符合议员相同的要求。

（2）市被授予合法地位，并应根据法律的规定管理其自己的财产。

州立法机构应制定法律授权市议会在其各自管辖范围内批准司法法令、政府条例、通知和行政命令。州立法机构也应授权市议会组织地方政府、规定公共程序、职能、事务和服务，及鼓励公民参与。

该等法律的目的应为明确：

（a）地方公共行政和行政程序，包括法律补偿，及解决地方政府和私人之间可能出现的争议的机构的一般基础规定，应遵守法律、公开审判、听证和合法性的平等原则；

（b）需要市议会成员至少 2/3 同意宣布影响市议会财产的规则，起草和签署期限长于市议会期限的协议或法案；

（c）适用于本条第（3）和（4）项规定的协议和本宪法第 116 条第 2 段规定的协议的规范；

（d）州政府由于缺乏服务规定协议而执行地方职能或服务需要遵循的程序。在该等情况下，需要讨论市议会的实现请求，并由其成员至少 2/3 批准；

（e）适用于无条例的市的规定。

州立法机构应规定解决市议会和州政府之间，两个或两个以上市议会之间，由于（c）和（d）规定的法案引起的争议应遵循程序。

（3）市议会应负责下列职能和公共服务：

（a）饮用水、排水、排水系统、污水处理和清理；

（b）街道照明；

（c）垃圾清理、收集、运输、处理和最终清理；

（d）市政市场和批发市场；

（e）墓地；

（f）屠宰场；

（g）街道、公园和花园，以及其配套设施；

（h）根据本宪法第 21 条的规定，公共安全，以及地方警察；

（i）州立法机构根据市的区域、社会和经济条件以及市议会行政和财务资源规定的其他事项。

市议会应遵守联邦和州法律，前提是不会影响其职能或公共服务条款。

两个或两个以上市议会可以协调其行为和合作以促进公共服务和职能。为此目的，需要州立法机构批准。属于不同州的两个或两个以上市议会要合作，需要其各自立法机构的批准。同样，市议会和各自的州可以制作和签署协议以授权州直接或通过适当的机构暂时负责一个或多个公共服务。市议会和各自的州也可以同意以协调的方式提供公共服务。

属于同一市的本地社区也可以根据法律的规定和为此目的协调其行为并进行合作。

（4）市议会应自由管理其财产和资产，该财产和资产包括其财产产生的收益，以及税收和州立法机构授权的其他收益。市议会的资产应包括：

（a）财产税和财产分散、分割、合并、改进和转让的税，以及任何其他不动产价值改变产生的税；市议会可以与州制作和签署协议授权州政府负责有关地方税收管理的一些职能；

（b）州立法机构每年授权的联邦献金，并详细规定其条件、数额和期限；

（c）公共服务产生的收益。

联邦法律不得限制州立法机构确定（a）和（c）规定的公共服务的税收和价格的权力。联邦法律不得授权税务豁免。州法律不得授权税务豁免或任何人或机构利益的津贴。

仅属于联邦、州和地方政府的财产可以免除税收，前提是该等财产不是被半公开或私人实体为不同于公共用途的目的使用。

市议会应向州立法机构提交其征收、费用、费率、税收和财产价值明细的建议，作为确定财产税收的基础。

州立法机构应批准市议会税法和审查其政府账目。费用预算应由市议会以适用的税收为基础批准。费用预算应根据本宪法第127条的规定，包括地方公务员薪水的详细信息。

构成市财库的资源应由市议会或其根据法律规定授权的机构直接申请。

（5）根据适用的联邦和州法律规定的条款，市议会应有权：

（a）计划、批准和管理城市化和城市发展；

（b）参与建立和管理其自己的区域储备；

（c）参与地区发展规划。联邦和州政府应要求市议会参与地区发展规划；

（d）授权、控制和监督其区域范围内和管辖范围内的土地使用；

（e）介入城市土地所有制的合法化；

（f）授予建设许可；

（g）参与建立和管理自然储备和有关该主题的发展和适用；

（h）介入公共运输规划的发展和执行，前提是该规划作用于市议会区域；

（i）制作和签署协议管理和保护联邦区域。

市议会应有权根据本宪法第27条第3段规定的目的，发布适用的行政法规和履行其职责所必要的规定。

（6）位于两个或两个以上不同市或州的两个或两个以上棚户区倾向于成立一个独立的城市聚落，涉及的联邦、州和地方政府应合作管理该城市聚落的发展，遵守适用的联邦法律。

（7）地方警察应根据州公共安全法案规定的条款听从州长命令。地方警察应遵守州长在发生不可抗力或公共秩序严重骚乱时发布的命令。

合众国总统应指挥其定期或暂时所属地的公共力量。

（8）州法律应在选举市议会成员中适用代表比例制原则。市议会和其雇员之间的劳动关系应由适用的州法律指导，符合本宪法第 123 条和州法律的规定。

（9）（已废止）

（10）（已废止）

第 116 条（最新修订法令于 2009 年 8 月 24 日公布于官方公报上）

州的公共权力应分为三个分支：行政、立法和司法。该等权力中的两个或两个以上权力不得统一于一个单独的个人或机构，立法机构也不得授权给一个单独的个人。

州的公共机构应符合州宪法，并符合下列条款：

（1）州长任期应为 6 年。

州长和州代表应根据适用的选举法的规定由直接投票选举。

现任州长不得再次被选举，即使其是州机构的暂时、临时或替代者或秘书。

下列公务员在后续任期不可以再被选举：

（a）州长的替代者或由于现任州长的绝对缺失而被任命的完成剩余任期的人，即使该职位具有不同的名称；

（b）在暂时缺失期间，暂时州长、临时州长或被任命替代州长的人，该缺失在州长任期的最后两年内发生。

成为州长，应满足下列条件：（a）出生即为墨西哥公民；（b）各州的本地人或选举之日前在该州居住不少于 5 年；（c）选举之日至少 30 岁。州宪法可以规定较年轻的州长。

（2）州议会的代表的数量应与居民数量成比例。代表的最少数量应为 7 人，即使州的人口少于 40 万。人口为 40 万和 80 万人的州应具有 9 位代表。具有超过 80 万人口的州应具有最少 11 位代表。

州代表不可以在后续任期被再次选举。替代代表可以在后续任期被选举为现任代表，前提是其没有职务。但是，现任代表不得在后续任期被选举为替代者。

州代表应根据多数投票原则和比例代表制原则选举，遵守州法律规定的条件。

州立法机构应批准年度花费预算。公务员的薪水应符合本宪法第 127 条的规定。

州立法、行政和司法机构，以及州宪法认可的自治实体，应在其花费预算建议中包括其雇员薪水的详细信息。该等建议应符合州宪法规定的程序，以及适用的州法律。

州立法机构应具有审计机构，该机构根据法律规定具有有关技术和管理事项的自治性，以及内部组织、职能和决定的自治性。审计职能应以后验性、年金、合法性、公正性和可靠性原则行使。

州审计机构的负责人应由州众议院出席代表的 2/3 代表任命。州审计机构的负责人应被任命服务期限不少于 7 年时间。其应具有控制、财务审计和债务事项方面的 5 年经验。

（3）州司法权力应由法院根据州立法的规定履行。

裁判官和法官履行职务的独立性必须由州立法和州组织法保障，应规定州司法机构的雇员遵守许可、培训和任职的要求。

地方裁判官应符合本宪法第 95 条第（1）到（5）项规定的要求。州长或类似职位者、州总检察长或州众议院代表的人员在任命日之前的年度里不可以为裁判官。

裁判官和法官应优先为司法职业高效、诚实的人，或由于其名誉、能力和司法职业应获得该职位的人。

裁判官的任期应由州法律明确。其可以被再次选举产生，仅因根据州宪法和州公共服务责任法案的规定解除其职务。

裁判官和法官应获得足够报酬，该报酬不可协商亦不得减少。

（4）州宪法和州选举法应保证：

（a）州长、地方选举机构成员和市议会成员选举应通过普遍、自由、秘密和直接选举产生，选举应在各自年份 7 月第一个星期日进行；该规定不适用于其选举与联邦选举同一年但不同日发生的州；

（b）选举机构的工作应符合确定、公正、独立、合法和客观原则；

（c）负责组织选举和解决选举争议的机构履行职能时是自治的，并独立作出决定；

（d）州选举机构有权力与联邦选举机构制作和签署协议，以便该实体组织地方选举；

（e）政党仅由公民构成，不受工会或其他组织干涉，且政党不附属于任何机构；州宪法和州选举法也应保障政党有权注册候选人，本宪法第 2 条第 1 部分第（3）和（7）项的规定除外；

（f）选举机构仅应根据选举法的规定干涉政党内部事务；

（g）政党为其长久日常行为和选举行为以公平的方式接受公共资金。州宪法和州选举法也应规定安置丧失注册的政党的程序，并应决定其财产和余额；

（h）州宪法和州选举法应明确政党在预备阶段和活动期间花费的限制，以及支持者所作的捐款。该捐款的总额不得超过法律许可的州长活动费用的10%。州捐款和州选举法也应规定控制和监督政党资源来源和使用的程序，并应明确适用违反者的惩罚；

（i）政党可以根据本宪法第41条第（3）项中的B部分规定的规则利用无线和电视上的广播或电视时间；

（j）州宪法和州选举法应规定筹备和选举活动，并应规定对违反者的适当惩罚；州长的竞选持续不得超过90日，州代表和市议会代表的竞选持续不得超过60日；筹备持续不得超过竞选期间的2/3；

（k）建立强制基础以便根据本宪法第41条第（5）项的最后两段的规定协调联邦选举机构和选举机构政党的财务审查；

（l）建立法律补偿制度以保障选举行为和裁决的合法性；州立法和州选举法律应规定公正并完全重新计算选票的条件和规则；

（m）应对州长、州代表和市议会成员的当选无效进行规定，如提出无效的救济需要的适当时间等，应当考虑选举程序中各阶段准确定义的原则；

（n）对选举过程中犯罪予以界定，对其中的疏忽予以明确，并施以制裁。

（5）州宪法和法律可以指定行政问题法院，授予其进行裁决的完全自治权，其有义务处理州政府和私人当事人之间可能产生的争议。州宪法和法律应规定该等法院组织和职能的标准，以及其裁决的法律补偿和程序。

（6）州政府和其雇员之间的劳动关系应由州立法机构通过的法律规定，以本宪法第123条和州法规为基础。

（7）联邦政府和州政府可以协商在其之间转移一些职能、公共服务或工作执行，当其对国家的经济和社会发展是必要的。

州政府和市议会可以制作和签署协议以提供前段规定的公共服务或履行职能。

第 117 条（最新修订法令于1981年4月21日公布于官方公报上）

在任何情况下，州不得：

（1）结束联盟或结盟，或与任何其他州或外国政府签署条约。

（2）（已废止）

（3）铸造货币或发行货币、邮票或邮戳纸。

（4）征收路过其区域的人或货物的公路税。

（5）直接或间接阻碍外国商品的进口或出口，或对其征税。

（6）征收国内外产品流通和消费税，根据当地习俗征收税或费，或检查或登记包装，或要求其附有文件。

（7）制定或维持现行财政法规中对于国内外产品的税收和标准不一样的

规定，无论该等不同存在于相似的当地产品或不同来源的相似产品。

（8）直接或间接与国外政府、国外协会或国外私人订立和签署盟约或贷款协议，或该等盟约或贷款协议使用外国货币支付或在国外支付。州、市议会、分散的机构和公共公司可以仅当该等资源要分配给生产性公共项目时，订立和签署盟约或贷款协议。州立法机构应包括拟支持的项目和该盟约和贷款协议的金额包含在了年度预算里的项目。负责执行的机构在提交其公共账户时应告知该等资源的使用。

（9）在烟叶生产、储存或销售上征收联邦国会授权税收不同的税。

联邦国会和州立法机构应制定法律反对酗酒。

第 118 条

无联邦国会的同意，各州不得：

（1）建立吨位税或任何其他港口税，或征收进口或出口税。

（2）具有常设部队或军舰。

（3）宣布对外国的战争，侵略或紧急危险除外。在该等情况下，州应立即通知合众国总统。

第 119 条（最新修订法令于 1993 年 10 月 25 日公布于国家公报上）

联邦有义务保护州不受外国侵略或暴力。如果暴动或国内社会动荡，应立法机构的请求，或立法机构休会期间，应州长的请求，联邦必须平等保护各州。

每个州和联邦特区有义务不延迟地交付另一州要求的有嫌疑的、起诉的或定罪的人，以及征收和交付犯罪中使用的物品和工具以及利益。该等义务通过各自的司法部遵守，遵守州订立的合作协议规定的条件。为此目的，各州和联邦特区可以与联邦政府通过总检察长订立和签署合作协议。

其他国家要求引渡的，由合众国总统进行，司法机构根据本宪法、适用的国际条约和成文法的规定介入。在该等情况下，法官要求遵守引渡要求的命令应使得被请求人被拘留不超过 60 日。

第 120 条

各州州长有义务出版和遵守联邦法律。

第 121 条

联邦每个州应赋予另一个州的法案、注册和司法程序以完全的信任和信赖。联邦国会通过普通法建立提供该等法案、注册和司法程序和其效果的方式，并符合以下基础：

（1）州的法律仅在其区域内具有效力，因此在区域外不具有效力。

（2）个人财产和不动产应符合适用于其所在地的当地法律。

（3）州法院通过的位于另一个州的财产的财产权的判决仅可以在另一个州也如此规定时才能在另一个州执行。

个人权利的判决仅当被判决人已经明确或基于住所所在地服从公布该判决的法院的管辖权时，可以在另一个州执行，前提是该人已经被传唤出席在法庭上。

（4）有关婚姻状况的法案，根据一个州的法律执行的法案，在其他州也有效。

（5）一个州政府发布的大学学位，根据法律的规定在其他州应有效。

第 122 条（最新修订法令于 2010 年 4 月 27 日公布于官方公报上）

联邦特区的法律性质由本宪法第 44 条规定。联邦特区政府由联邦权力机构授权，连同行政、立法和司法机构，遵守本条的规定。

联邦特区的地方机构为：立法会议、联邦特区政府主管和最高法院。

联邦特区的立法会议应由根据相对多数原则和比例代表制原则，并遵循本宪法和政府法规定的程序选出的一些代表构成。

联邦特区政府的主管应履行行政权，并应对实体的公共行政负责。联邦特区政府的主管应授予一个独立的个人，该个人通过普遍、自由、直接和秘密选出。

最高法院和联邦特区司法委员会，以及政府法规定的其他机构应履行有关联邦特区普通法规定的司法职能。

联邦权力机构和联邦特区地方机构之间管辖地区的分配应符合下列规定：

1. 属于联邦国会的：

（1）有关联邦特区的立法，明确授予立法会议的事务除外。

（2）为联邦特区发布政府法。

（3）制定调整联邦特区公共债务的法律。

（4）发布保障联邦权力机构适当、及时和高效职能的一般规定。

（5）本宪法授予的其他权力。

2. 属于合众国总统的：

（1）向联邦国会建议有关联邦特区的法律。

（2）向参议院建议在联邦特区政府主管离职时应替代他的人员。

（3）每年向联邦国会提交其债务建议，以资助联邦特区费用预算，该债务建议以联邦特区政府主管提交给其的建议为基础，并应符合法律规定的要求。

（4）支持联邦国会颁布的有关联邦特区的行政法。

（5）本宪法、政府法和法律授予的其他权力。

3. 联邦特区政府法应符合下列基础：

第一基础：有关立法会议。

（1）立法会议的成员应根据法律规定通过普遍、自由、直接和秘密选举产生，每3年选一次。立法会议应考虑本宪法第41条、第60条和第99条的规定组织选举，发布多数证书并接受对选举事项的法律补偿。

（2）议会代表的资格不得少于联邦代表所要求的资格。本宪法第51、59、61、62、64条和第77条第（4）项涉及兼容性的规定应适用于立法会议和其成员。

（3）获得最大量多数证书和联邦特区票数至少30%的政党应按比例代表制获得足够数量的代表以获得议会中的绝对多数。

（4）立法会议应确定每年两个常规期间会议的开始时间，并应规定在其休会期间组成履行职责的政府内部机构的程序，以及该内部机构的归属。政府内部机构可以基于其成员多数或联邦特区政府主管的请求召集特别期间会议。

（5）立法会议根据政府法规应具有下列权力：

（a）发布其自己的组织法并把该法送至联邦特区政府主管予以公布；

（b）审查、讨论、批准年度花费预算和联邦特区财政法，首先批准符合预算的必要的出资；该预算应包括公务员根据本宪法第127条规定的薪水；

联邦特区所有立法、行政和司法机构，以及联邦特区政府法规定的自治机构应在其花费预算建议中包括雇员薪水；联邦特区政府法和适用的法律应规定批准联邦特区花费预算的程序；

联邦收入法不能包括高于联邦国会之前为该实体花费预算融资而批准的债务；

只有联邦特区政府主管可以提交收入法和花费预算；提交前述资料的期限结束于11月30日，联邦特区政府主管选举年除外，该年的期限为12月20日；

立法会议应每年向联邦特区政府主管提交其预算建议，以便将其包括在总建议中；

本宪法第115条第（4）项（c）第2段的规定应适用于联邦特区财政与其性质一致的所有事项和政府组织体系；

（c）根据本宪法第74条第（6）项规定适用的标准，通过其审计机构，审查前一年度的政府公共账户；

前一年政府账户应在6月的第一个10日提交至立法会议；该期限仅当联邦特区政府主管足以证明其正当时可以延长；该理由同样适用收入法和花费预算提交的延长；

联邦特区审计机构的主管应由立法会议出席成员的 2/3 多数选举产生；其任期应为 7 年，并应具有 5 年控制、财务审计和负债事项的经验；

（d）因绝对缺失任命联邦特区政府主管的替代者；

（e）发布组织联邦特区公库、预算、记账和政府开支所需的法律规定，以及组织审计机构，授权其履行职能的技术和运营商自治性的法律，和决定其内部组织、职能和决议的规定。审计机构应根据后验性、年金、合法性、公正性和可靠性原则履行审计职能；

（f）发布保障联邦特区通过普遍、自由、秘密和直接选举，并根据政府法规定的基础，遵守本宪法第 116 条第（4）项（b）到（n）规定的原则和规则，进行自由而真正的选举所需要的规定；（j）和（m）对州长、地方代表和市议会的规定应分别适用于联邦特区政府主管、立法会议成员和地区主管；

（g）对地方行政及其内部组织和内部管理程序立法；

（h）规范人权委员会和民事和刑事事项，以及如公民参与、防御服务、公证和土地和商业注册的其他事项立法；

（i）为群众防护、适用于警察机构和政府雇员的惩罚、私人公司提供的安全服务、预防和重新调整、公共健康和社会工作，以及社会安全而设立标准；

（j）为发展规划事项；城市发展，特别是土地利用；环境保护；房屋；建设；公共道路；交通和停车；并购和市政工程；以及联邦资源开发和使用而进行立法；

（k）市政工程制定规定和合同；公共服务立法；公共运输事项立法；公共运输、清洁服务、旅游和住宿、市场、屠宰场、批发市场和墓地立法；

（l）发布根据本宪法第 3 条第（8）项的规定，为经济发展、劳动保护、农业和畜业发展、商业机构、动物保护、公映、文化、市民和体育发展，以及社会教育的立法；

（m）制定联邦特区管辖范围内负责一般事务的法院组织法，应明确其公务员的责任；

（n）制定联邦特区行政诉讼法院的组织法；

（o）向国会提交有关联邦特区事务的议案；

（p）本宪法明确赋予的其他权力。

第二基础：有关联邦特区政府主管。

（1）联邦特区政府主管任期应为 6 年，从选举根据选举法的规定进行的次年的 12 月 5 日开始。

为确保联邦特区政府主管合格，应满足政府法规定的要求，包括：（a）出生即为墨西哥公民，并具有行使权利的权利能力；（b）如果其在联邦特区出生，在选举之日前已经在联邦特区居住 3 年；（c）如果在另一实体出生，则在选举之日前已经连续在联邦特区居住 5 年；（d）选举之日至少 30 岁；（e）之前未被联邦特区政府主管进行任何性质的解聘。居住不因在另一州联邦公共职责的卸任而受中断。

如果联邦特区政府主管被免职，参议院应任命替代者完成其使命。该替代者必须由合众国总统建议。如果联邦特区政府主管暂时缺失，职务应授予政府法规定的公务员。如果因辞职或任何其他原因绝对缺失，立法会议应任命替代者完成其任期。联邦特区政府主管的辞职仅因严重原因才能被接受。政府法应规定该职务的离开。

（2）联邦特区政府主管应具有下列权力和义务：

（a）遵守并执行适用联邦特区的行政法，其由联邦国会制定；

（b）通过、公布并执行立法会议通过发布法规、法令和盟约的形式发布的行政法；联邦特区政府主管在 10 日内对立法会议提交的待颁布的法律进行评论；如果附有评论的项目由出席代表的 2/3 多数确认，则联邦特区政府主管必须颁布；

（c）向立法会议提交议案；

（d）自由任命和免职属于地方执行机构的公务员，该任命或免职不能由本宪法或适用的法律通过不同的方式预测；

（e）根据政府法规定管理公共安全服务；

（f）本宪法、政府法和法律赋予的其他权力和责任。

第三基础：有关联邦特区地方公共管理组织。

（1）政府法应在中央机构和地方机构分配属性。

（2）政府法应规定联邦特区的每一临区的政治管理机构。也应明确：执行联邦特区区域划分的标准；每一政治管理机构的设立方式及其职能；该等政治管理机构和联邦特区政府主管之间的关系。政治管理机构的负责人应根据法律由普遍、自由、秘密和直接的方式选举产生。

第四基础：有关联邦特区最高法院和其他司法机构负责公共事务。

（1）构成联邦特区最高法院的裁判官应符合国家最高法院法官的同样条件。除此之外，其在司法事务中具有专业经验，最好是在联邦特区。联邦特区最高法院应具有适用的组织法规定的裁判官数量。

如果缺失，联邦特区政府主管应向立法会议提交建议以供批准。裁判官的任期应为 6 年。其可以由立法会议批准，如果这样，其仅在本宪法第四编规定的情况下予以免除职务。

（2）联邦特区司法委员会负责最高法院、初审法院和其他司法机构的行政、监督和纪律，联邦特区司法委员会应由 7 位成员构成：联邦特区最高法院的院长，并由其主持；由最高法院在全体会议的会议上 2/3 成员选举的 1 位裁判官和 2 位法官；联邦特区政府主管任命的 1 位顾问；和立法会议任命的 2 位顾问。顾问必须满足与裁判官同样的要求。他们应具有专业和行政管理经验，并应诚实和受人尊重。最高法院任命的顾问应在司法领域具有经验。顾问的任期为 5 年，其应以错开的方式替代。顾问可以被再次任命。

联邦特区司法委员会应根据调整司法职业的规定任命联邦特区的法官。司法委员会也应明确构成联邦特区司法机构的法院和最高法院法庭的数量及规范。

（3）联邦特区司法委员会的责任和运营标准应根据本宪法第 100 条的规定确定。

（4）组织法应规定向公务员提供培训和提升能力，以及司法职业发展的规则。

（5）本宪法第 101 条规定的妨碍和惩罚应适用于顾问、裁判官和法官。

（6）联邦特区司法委员会应编制联邦特区法院预算，并应向联邦特区政府的主管提交该预算，以便将其包含在递交给立法会议的总预算中。

第五基础：应具有行政诉讼法院，具有解决私人机构和联邦特区政府之间的争议的完全自治权。

行政诉讼法院应具有组织法，规定其设立和属性。

4. 联邦特区公诉服务的主管应为联邦特区总检察长，根据政府法规定的条件选举。政府法和适用的组织法应规定联邦特区公诉服务的组织、权力和操作。

5. 本宪法第 115 条第（7）项的规定应适用于合众国总统。直接负责公共安全的公务员的任命和免职应根据政府法规定的条款作出。

6. 参议院、常设委员会可以因严重影响其与联邦权力机构之间的关系，或严重影响联邦特区公共命令的原因提起免除联邦特区政府主管职务的请求。免职请求必须由参议院或常设委员会一半的成员提起。

7. 联邦特区郊区市议会可以与联邦特区政府和联邦政府订立和签署协议，以设立大城市委员会，根据本宪法第 115 条第（6）项的规定，协调有关人类居住、环境保护、生态平衡保护和恢复、运输、饮用水、排水、垃圾收集、固体废物的处置和清理，及公共安全的规划和执行。

委员会将根据参与者的双方协议设立。设立文件应规定其整合程序、结构和职能。

通过委员会，应规定：

（a）在委员会内部订立和签署协议的基础；该协议应明确每一项市政工程的市议会的管辖范围和职能、公共服务的提供或本部分第 1 段规定的行为；

（b）确定委员会成员特殊职能，以及物质、人员和财务资源的捐献基础；

（c）其他郊区发展的相互和协调规定、公共服务规定和执行机构批准的其他行为。

8. 本宪法规定的对州的禁止和限制应适用于联邦特区机构。

第六编　劳动和社会福利

第 123 条（最新修订法令于 2009 年 8 月 24 日公布于官方公报上）

每个人都有权从事体面的和对社会有用的工作。因此，应根据法律的规定鼓励创造就业机会和设置社会组织。

国会在不违反以下基本原则的前提下，应制定适用于下列情况的劳动法：

1. 工人、临时工、佣工、工匠，并且以一般形式适用于所有劳动合同：

（1）工作日最长时间为 8 小时。

（2）夜班工作最长时间为 7 小时。以下工作禁止雇用 16 岁以下人员：不健康或危险工作、工厂夜班工作和任何夜间 22 时之后的工作。

（3）禁止使用 14 岁以下未成年人劳动力。14 岁以上 16 岁以下的未成年人工作日最长时间为 6 小时。

（4）工人每 6 天的工作应至少有 1 天休息日。

（5）怀孕期间，妇女不得从事要求过度体力劳动且危害其怀孕的工作。妇女有权享受因分娩的暂时休假，开始于生产前 6 个星期和之后的 6 个星期。在此暂时休假期间，妇女应享受全职工资，并保留其职位，以及基于劳动合同获得的权利。在哺乳期间，其应享有每天两个特殊休息期间哺育孩子，每个期间半个小时。

（6）普遍工资应以一般形式规定或根据职位确定。一般最低工资应适用于不同的经济地区。专业工资应适用于特殊产业、专业、贸易或特殊工作。

一般最低工资必须足以满足家庭正常的物质、社会和文化需要，并提供给儿童义务教育。专业最低工资还应考虑到不同产业和商业行为的条件而确定。

最低工资应由工人、雇主和政府代表组成的全国委员会确定。如该全国委员会认为能更好地履行其职责，可以由特别顾问委员会协助。

（7）同工同酬，不分性别或国籍。

（8）最低工资不得扣押、抵消或扣减。

（9）工人有权参与利润分配，应符合下列规则：

（a）国家委员会，由工人、雇主和政府构成，应确定利润在工人之间的分配比例；

（b）国家委员会应研究国家经济的一般条件；其也应考虑推动国家工业发展的需要、资本获得的合理利益，以及资本的必要再投资；

（c）国家委员会可以修改本部分（a）确定的比例，如果新的研究已经给予证明；

（d）法律可以免除新设企业在一定年限内分配利润的义务，开发工作和根据其性质或特有条件视为正当行为；

（e）根据所得税法的规定，以每一企业的应税所得为基础，确定其利润额；工人根据法律规定的程序向财政部适当机构提交其异议；

（f）工人参与利润分配的权利不代表其干预公司管理或行政的权力。

（10）工资必须以法定货币支付，并不得以货物、优惠券、代币或任何替代货币的其他工具支付。

（11）当因特殊环境工作时间必须延长时，延长时间应付的薪水应按照正常工作的数额加倍。延长工作时间1日不得超过3小时，并不得连续超过3日。16岁以下的儿童不得延长工作时间。

（12）所有农业、工业或矿业或其他行业的雇主有义务为工人提供舒适卫生的住所。该义务不因公司缴付国家住房基金而解除，该住房基金为工人提供便宜的贷款足以获得一间住宅。

法律应设立一个由联邦政府代表、工人和雇主构成的机构。该机构应管理全国住房基金。

法律应规定工人获得贷款买房的程序。

位于非都市区的企业有义务建立学校、医疗服务和其他必要的服务设施。另外，在该工作区域，如果居民人口超过200人，则至少应有5000平方米的地段用以设立公共市场、市政服务和娱乐中心。

在所有工作区域不得出售酒和设立赌场。

（13）公司有义务为其工人提供工作培训。管理法应规定雇主满足该义务的制度、方式和程序。

（14）雇主应对劳工事故和工人的职业病负责。因此，雇主应依法律规定根据事故或疾病的后果支付适当的赔偿，如死亡或暂时或永久性无工作能力。雇主通过第三方签署劳动合同也应有该义务。

（15）雇主的设备应遵守卫生和健康规定，并采取足够的措施防止在使用机器、设备和材料时发生事故。雇主组织工作必须保护工人，如果有孕妇，未出生儿童的健康和安全也要保护。法律应规定适用违反者的惩罚。

（16）雇主和工人都应有权联合起来建立联盟、专业协会等，以保护其各自的利益。

（17）法律应规定工人和雇主罢工和停工的权利。

（18）罢工是为获取各生产要素、劳资双方的权利之间的平衡，则该罢工是合法的。如果是公共事业，则工人应至少提前 10 日通知劳资调解仲裁局同意的停工之日。如果罢工中多数工人对人或财产采取暴力行动，或战争时，由于工人属于市政建设或公共事业，则该罢工将是违法的。

（19）如果生产过剩，为维持合理的价格，并获得劳资调解仲裁局的事前批准，则该停工是合法的。

（20）雇主和工人之间的分歧或矛盾应由劳资调解仲裁局解决，劳资仲裁局由同等数量的工人和雇主，和一位政府代表组成。

（21）如果雇主拒绝将争议提交至劳资调解仲裁局，或拒绝接受其判决，劳动合同即终止，雇主应给付工人 3 个月薪水作为补偿，以及承担因争议产生的义务。该规定不适用于下述行为，如果工人拒绝将争议提交至劳资调解仲裁局，则劳动合同终止。

（22）如果雇主无正当理由或其加入协会或联盟，或因其参加合法罢工而解雇工人，则雇主有义务完成劳动合同，或补偿工人 3 个月的薪水，由工人选择适用哪一种方式。法律应明确雇主免于支付补偿的情况。如雇主缺乏诚信或雇主虐待工人或工人妻子、父母、孩子、兄弟姐妹，则雇主也有义务支付工人 3 个月薪水的补偿。雇主下属或其家庭成员经其同意或容忍进行虐待，雇主不得免除该义务。

（23）工人在上一年度应得薪金以及赔偿，在破产管理或破产的情况下，应优先于所有其他义务。

（24）工人本身对其自己对雇主或雇主合伙人、家属或有关联关系的人的债务负责。在任何情况下，都不得向工人家庭成员索债，且该等债务不得超过 1 个月薪金的数额。

（25）市政机构、职业介绍所或任何其他公共或私人机构对工人介绍工作都应免费。介绍工作时必须考虑工人的要求。在同等情况下，应优先考虑那些其工作是家庭惟一收入来源的工人。

（26）墨西哥人和外国雇佣者之间的劳动合同必须由有权的市政机构认证并由工人拟去的国家的领事会签。该劳动合同应包括明确规定雇主承担遣返回国费用的条款。

（27）下述条件或条款应被认为无效，不约束合同双方，即使明确规定在合同中：

（a）规定不人道工作时间的；

（b）规定的工资根据劳资调解仲裁局的标准不够报酬的；

（c）规定日付工资超过一个星期以上的；

（d）指定娱乐场所、便宜饭店、咖啡馆、酒店、酒吧或商场为给付工资场所的，该等场所的雇员除外；

（e）指定在特定商场或地点购买基本产品的直接或间接的义务的；

（f）允许工资扣除作为罚款的；

（g）构成工人对由于劳工事故、职业病、违约或解雇造成的损失而应得的报酬的放弃的；

（h）任何其他暗示放弃法律赋予工人的任何权利的规定。

（28）法律应规定何等财产构成家庭遗产。该等财产应是不可让与的，不收取税或进行抵押、扣押，不得作为遗产以简易手续转让。

（29）为建设廉价而卫生的房屋供工人购买而设立的合作社应认为其在承担社会服务的工作。

（30）州机构在其各自的管辖权范围内负责劳动法的执行。但是有关下列事项属于联邦机构的绝对管辖范围：

（a）工业及服务业部分：

纺织业；电力；电影业；橡胶业；制糖业；矿业；冶金及钢铁业，包括基本矿业的探勘、处理及冶炼，各种形式、合金、卷形铁钢产品；碳氢化合物；石化工业；水泥业；石灰业；汽车业，包括汽车配件；医药产业，包括制药化学及医药；纸浆及制纸；油及植物油；食物生产，仅用于纸盒包装、罐装、瓶装食品生产业；瓶装、罐装饮料，及相关产业；铁路；基本木材工业，包括锯木、合板制造、木板胶合；玻璃业，包括平板玻璃、光面玻璃、雕花玻璃器皿等；烟草业，包括烟草产品制造；银行及信用服务机构；

（b）企业：

联邦政府直接或分散经营的企业；联邦政府签约或特许经营的企业及相关产业；在联邦特区、领海或是在专属经济区的企业。

下列事项为联邦机构独家管辖：（a）两个或两个以上州之间的劳动争议；（b）在一个以上州需要遵守的集体劳动合同；（c）根据各自的法律规定，有关教育事项的雇主的义务；（d）根据适用的管理法规定的雇主培训工人，及提供安全健康工作环境的义务。

2. 联邦、联邦特区政府和其雇员的权力：

（1）工作日最长时间为 8 小时。夜间工作最长时间为 7 小时。超过该规定被认为是超时工作，超时工作的薪水应为正常工作时间薪水的 1 倍。超时工作每日不可以超过 3 小时，并连续不得超过 3 次。

（2）每 6 天的工作，雇员应享有至少 1 天全职工资的休息日。

（3）工人每年应享有不少于 20 日的假期。

（4）在各自的预算中应确定工资，且该工资的数额在该预算有效时不得减少，并需符合本宪法第 127 条的规定。

在任何情况下，公务员的工资不得少于联邦特区和州规定的最低工资。

（5）男女同工同酬。

（6）仅在法律规定的情况下可以扣缴、抵扣、扣减或扣押工资。

（7）应根据知识和技能建立人事制度。州应组织公共行政学校。

（8）应根据个人知识、技能和工龄设置工资涨幅的尺度。在该情况下，代表着整个家庭惟一收入来源的人应优先考虑。

（9）工人仅能因正当理由和根据法律的规定停工或被解雇。

不正当的解雇，雇员有权选择复职或以适当的法律程序获得适当的赔偿。如果职位减裁，受影响的工人应有权获得与减裁职位相当的另一职位或获得相应的补偿。

（10）公职人员应有权联合起来以保护其共同利益。其亦可在本条规定的权利被完全系统地侵犯时根据法律的规定行使罢工权。

（11）社会保障的建立应符合下列最低标准：

（a）社会保障应覆盖劳工事故、职业病和其他疾病、生育、退休、残疾、年老和死亡；

（b）发生事故或疾病，工作权应依法律的规定时间予以保留；

（c）怀孕期间，妇女不得进行过度体力劳动和危害怀孕的工作；妇女享有分娩期间享有暂时休假权利，该休假开始于生产前一个月和之后的两个月；在暂时休假期间，妇女应享有全职工资、保留其职位以及劳动合同规定的其他权利；在哺乳期间，其每天应享有两个特别的休息时间，每个休息期间为半个小时以哺乳儿童；另外，其应享受医疗和助产服务、医药、护理协助和幼儿园服务；

（d）工人的家庭有权根据法律规定的情况和比例获得医疗护理和医药服务；

（e）社会保障制度应设立休假和复健中心，以及为工人和其家庭提供便宜食品的杂货商场；

（f）社会保障制度应根据事前批准的规划提供给工人租赁或出售的便宜房屋；另外，州应设立国家房屋基金并应向其提供资金；该基金应给工人提供廉价担保，足以使其获得舒适卫生的房屋，或建造、翻新、改善其房屋，或支付贷款购买住宅；

国家房屋基金的出资应告知社会保障机构。该机构的法律和适用的其他法律应管理全国住房基金并应规定给予工人贷款的程序。

（12）个别、集体和各联盟争议应提交给联邦法院调解和仲裁，并应根据管理法的规定组织。

联邦司法机构和其雇员之间的争议应由联邦司法委员会解决。最高法院和其雇员之间的争议应由前者解决。

（13）军队和海军人员、驻外办事处人员、公诉人员、法律专家和公共安全组织应由其各自的法律管辖。

属于联邦、联邦特区、州和地方委员会的公诉人员、法律专家和警察力量的成员，如果未满足法律规定的条件或由于贪污可以予以开除。如果司法机构决定开除、裁员或以任何其他形式终止上述人员的职务不正当的，国家有义务支付雇员赔偿和法律规定的其他利益，但是并不意味着该雇员可以继续服务，无论该判决是否在法庭上宣布。

联邦、州和地方机构，以及联邦特区政府应执行补充的社会保障制度，以加强雇员及其家庭在检查制度、警察机关和法律服务中的社会保障。

国家根据本部分第（11）项（f）的规定，设立一定数量的陆、海、空军，以负责社会安全。

（14）中央银行和隶属于银行系统的所有机构应符合本部分有关其与其雇员之间劳动关系的规定。

（15）公职的设立应依据法律规定获得信任。获得该职位的人员应享有酬劳并获得社会福利。

第七编　一般规定

第 124 条

本宪法未明确授予联邦的权力应由州保留。

第 125 条

任何人在同一时间不得担任两个选举职务，或一个联邦和一个州的选举职务，但是被选举的候选人可以选择两个中其希望担任的一个职务。

第 126 条

未包含在预算中或之后关于预算的法令未规定的不得支出。

第 127 条（最新修订法令于 2009 年 8 月 24 日公布于官方公报上）

联邦政府、州政府、联邦特区政府和市议会的雇员，以及任何政府机构、半国营公司、公共基金、自治机构和任何其他公共实体的雇员应根据其职责比例获得其工作的足够报酬。

该报酬不可协商，应在每个机构每年的花费预算中确定，并符合以下规定：

（1）报酬以现金或实物支付，包括花费、圣诞节奖金、奖金、奖励、佣金、补偿和任何其他支付，但须以收据和发票体现的花费及属于公务旅行的人工成本除外。

（2）任何公务员的工资不得高于合众国总统的工资。

（3）任何公务员的工资不能等同或高于其上级的工资，除非超出的部分是由于其履行了一些公共职责或由于其工作的特点，例如专业的技术工作或非常专业的职能。该超出的报酬不得超过总统报酬的一半。

（4）仅能授予法律、法令、劳动合同或劳动契约规定的退休金、付款、贷款和信用。该等利益不属于报酬的一部分。社会保障服务除外。

（5）公务员报酬和详细清单应为公开信息，该信息应明确每一确定的和变化的因素，包括现金和实物支付的金额。

（6）国会、州立法机构和联邦特区立法会议在其职权范围内，应制定执行本条的规定和所有相关的宪法性规定所必要的法律。也应规定适用于本条规定的公务员的刑事和行政惩罚。

第 128 条

每一位公务员都应在任职前宣誓效忠宪法和由它派生的法律。

第 129 条

在和平期间，任何军队机构除与军队事务直接相关的职能之外的任何职能，仅在联邦政府直属的城堡、要塞、兵器库，或因驻扎军队而在市外设置的营区、兵营或军火库设置永久性军事据点。

第 130 条（最新修订法令于 1992 年 1 月 28 日公布于官方公报上）

政教分离的历史原则指导本条的规定。教会和任何其他宗教组织应服从法律。

只有国会可以对公开敬拜、教会和宗教组织事项立法。各自公共管理法应完善和细化下列规定：

（a）教会和宗教组织注册登记后具有法律地位；法律应管理宗教协会并应规定注册登记的要求；

（b）政府不得干涉宗教协会的内部事务；

（c）墨西哥公民可以成为任何宗教教派的牧师；为此目的，墨西哥公民和外国人必须符合法律规定的要求；

（d）根据管理法的规定，宗教牧师不得担任公职。作为公民，宗教牧师有选举权，但不得有被选举权；以法律规定的形式停止担任牧师的可以被选举；

（e）教会牧师不得为政治目的或劝使特定候选人、政党或政治协会改变宗教信仰或反对而结社；其不得反对国家或其机构的法律，也不得在公开会议、礼拜或宗教刊物中侮辱国家标志。

任何形式的政治团体，其名称不得包含有关宗教的文字或符号。政治性质的会议不可以在教会或寺庙中举办。

缔约中有关真实性和履行义务的承诺，一旦无法履行，应依法对其进行制裁。

教会牧师及其长辈、子女、兄弟姐妹和配偶，不得依遗嘱继承其四代亲属之外的人的遗产。

婚姻状态的法案仅属于本法律规定的行政机构。法律应明确婚姻状态法案的效力和有效性。

法律应将民事事项的权力和职责授予联邦、州和地方机构。

第 131 条

仅联邦政府可以对进口和出口，以及通过国界的商品征税，并一直进行管理，以及因安全原因禁止国家之间商品的流转，而无论其产地。但是，联邦政府不得规定或制定适用于本宪法第 117 条第（6）、（7）项规定的税收和法律。

总统经国会授权可以：增加、减少或取消国会施加的进口和出口关税税率；规定新的关税税率；限制和禁止产品、物品和货物的进口、出口或运输以管理对外交易、国家经济、国内生产的稳定性，或完成任何其他有利于国家的目的。总统应向国会交付其履行该权力的报告和年度预算。

第 132 条（最新修订法令于 1974 年 10 月 8 日公布于官方公报上）

联邦政府使用的要塞、营房、仓库和其他建筑提供公共服务或供公共使用应属于根据国会颁布的法律规定的政府权力管辖范围。但是，如果联邦政府在将来获得任何其他州区域的财产，并将该财产归属于联邦管辖范围内，需要获得各自立法机构的同意。

第 133 条（最新修订法令于 1934 年 1 月 18 日公布于官方公报上）

本宪法、国会颁布的法律，以及总统订立和签署并由参议院批准的所有条约应为国家的最高法。每个州的法官应遵守宪法、法律和条约，而无论它们是否与州的宪法或法律相抵触。

第 134 条（最新修订法令于 2008 年 5 月 7 日公布于官方公报上）

属于联邦、各州和地方政府、联邦特区和隶属的政治管理机构的经济资源应高效、有效、储蓄、开发和诚实的管理，以达到该经济资源使用的目的。

使用该资源的结果应由联邦、各州和地方政府设立的机构评估，以保障该资源分配到使用的预算中，遵守了前段规定的原则，符合本宪法第 74 条第（6）项和第 79 条的规定。

前段所述机构和实体订立服务和工作的收购、租赁、转让、规定应以公开竞标，合格竞标者提交密封投标的方式进行。该密封竞标应向公众公开审查以评估出价者的价格、条件、财务、机会和其他适当条件。

当投标不适宜保证前段所述条件，法律应规定基础、程序、规定、要求和其他条件，以保证其经济可行、高效、公正和诚实。

州政府、地区政府、联邦特区政府和其政治管理机构对联邦经济资源的管理应遵守本条和适用的管理法规定的基础。改变该资源的使用应由本条第 2 段规定的特别州机构进行。

公务员应根据本宪法第四编的规定对其任何违反本条规定的行为负责。

在联邦、州和地区政府工作的公务员，以及联邦特区公务员应一直有义务不偏不倚地投资其管理的公共资源，并不影响政党之间的公平竞争。

政府、自治机构、政府机构或任何其他隶属于任何三级政府的实体通过任何媒体的宣传应为制度性的，并应带来信息、教育或指引。该等宣传不得包括暗示推广公务员的名字、图像、声音或符号。

法律应在其领域保障前两段的执行，并应明确适用于违反者的处罚。

第八编　宪法修改

第 135 条 （最新修订法令于 1966 年 10 月 21 日公布于官方公报上）

本宪法的补充和修改应成为宪法的一部分，该等补充和修改必须由国会出席代表的 2/3 多数投票表决同意，并由州立法机关的多数批准。

国会或常设委员会应计算立法机关的票数，并公布经批准的补充或修改内容。

第九编　宪法神圣不可侵犯

第 136 条

宪法在任何情况下，即使发生叛乱时亦不得丧失效力。如果通过任何叛乱建立的政府其原则与本宪法的规定相反，在人民恢复自由后，应重新恢复本宪法的效力。任何参与叛乱政府，以及与该等人合作的人，应根据本宪法和源于本宪法的法律予以审判。

临时条款

第 1 条

本宪法应立即公布，并以最庄严的形式举行效忠本宪法的宣誓，以便在合众国范围内支持本宪法。除有关最高联邦和州权力的选举条款应立即生效外，本宪法将于 1917 年 5 月 1 日起生效。届时，国会应正式成立，在下一次选举中民选总统应宣誓就职。

选举必须根据下条规定召集，不适用本宪法第 82 条第（5）项，军队现役人员可以成为代表或议员，前提是该服务不是命令选举地区的部队。同样地，州长和副州长可以在下一届国会参加选举，前提是其在各自的召集日已经明确辞去其职务。

第 2 条

宪法一经公布，合众国总统应召集联邦权力机构的选举，以竭尽所能使得国会尽快成立，以便在选票计算完毕后宣布总统职务选举的胜出者，以遵守前段的规定。

第 3 条

众议院和参议院的下一个任期应开始于上一年的 9 月 1 日，合众国总统的任期应开始于 1916 年 12 月 1 日。

第 4 条

下次选举偶数号的参议员任期为两年，以便每两年参议员的 1/2 进行改选。

第 5 条

国会应在下一年 5 月选举最高法院的法官，促使法院在下一年的 6 月 1 日成立。

在该选举中，不适用本宪法第 96 条有关地方立法机构候选人提议的规定。但是选举的候选人的任期根据第 94 条的规定第一次仅为两年。

第 6 条

国会应在 1917 年 4 月 15 日召开特别会议。在该会议期间，国会应成立选举团计算选票，批准合众国总统选举并宣布获胜者。同样在该特别会议期间，国会应制定、颁布巡回和地区法院组织法及联邦特区法院组织法，以便国家最高法院可以立即任命巡回法官和地区法官。另外，国会应任命联邦特区一审法官，并应颁布合众国总统请求的所有法律。巡回法官、地区法官和联邦特区法官应在 1917 年 7 月 1 日之前就职，现任总统任命的人届时应辞职。

第 7 条

仅限于本次，每个选举地区应设立计票委员会。每一州和联邦特区的第一个选举区的计票委员会应计算参议院的选票，该等委员会向被选举的参议员发布证明其获得过半数选票的证书。

第 8 条

最高法院应根据现行法律解决待审的请求保护案。

第 9 条

合众国总统应授权颁布选举法，该选举法本次应设立联邦权力机构。

第 10 条

参与反对合众国合法政府的叛乱成立的政府，或与其合作的人，之后与军队战斗，或在攻击宪法政府派系中任职或受其雇用，应根据有效的法律审判，宪法政府赦免的除外。

第 11 条

国会和州立法机构颁布管理土地和劳动事项的法律之前，本宪法对该事项的规定在全国范围内有效。

第 12 条

在军队中战斗的墨西哥人及其孩子和寡妇，以及其他为革命或公共教育服务的人应根据本宪法第 27 条的规定优先获得土地，并有权享受宪法规定的折扣。

第 13 条

本宪法生效之日前，工人因劳动与雇主及其家庭，或中介机构签订的所有债务合同在此完全失效。

第 14 条（最新修订法令于 1921 年 7 月 8 日公布于官方公报上）

废除司法部长。

第 15 条

在此，合众国总统被授权发布适用于 1913 年 2 月期间违反宪法法令和宪法政府的罪犯、共犯和其他犯罪者的侵权法。

第 16 条

国会在下一个开始于本年 9 月 1 日的常规会议期间，应颁布第 6 条临时条款规定的特别会议未颁布的本宪法的所有组织法。国会应授予有关基本权利的法律和本宪法第 30、32、33、35、36、38、107 条和第 111 条最后部分以优先权。

第 17 条（最新修订法令于 1992 年 1 月 28 日公布于官方公报上）

教会、寺庙和其他隶属于联邦政府的财产，根据本宪法第 27 条第（2）

项的规定，以本法令修订，应保持其现行法律地位。

第 18 条（已废止）

第 19 条（已废止）

本宪法于 1917 年 1 月 31 日由制宪会议在克雷塔罗制定。

（韩雪、文芳译，王锴、温大琳校）

智　利

智利共和国宪法[*]

第一章　基本制度

第1条　人生而自由平等，有尊严和权利。

家庭是社会的基本核心。

国家承认且保护组织构建社会的中间群体，保证其有必要的自治权以完成特定的目标。

国家为每个公民服务，目标是提升公共福利。为达到这一目标，并实现宪法确立的完全尊重和保障公民的权利，必须致力于创造允许全体社会公民实现最大程度上的精神和物质满足的社会条件。

保卫国家安全，为公民和家庭提供保护，促进家庭团结，增进国家各个部门的和谐，保障每位公民平等参与国民生活的权利是国家的责任。

第2条　共和国国旗、国徽、国歌是国家的象征。

第3条　（本条根据1991年11月12日第19097号法令、2005年8月26日第20050号法令修正）[①]

智利是单一制国家。

国家行政机关应执行其职能，并视情况授权地方执行或分散执行。

国家机关应促进国家区划的稳固，及领土内各区域、省、社区间的公平发展和团结。

第4条　智利实行民主共和制。

---

[*]　1980年9月11日通过，1981年3月11日生效。

[①]　译者注：关于文本修正的说明性文字为译者所加，下同。

第 5 条　（本条根据 1989 年 8 月 17 日第 18825 号法令修正）

国家之本质即主权。国家主权的行使由人民通过全民公决和定期选举，以及本宪法创设的权力机关实现。任何团体和个人均不能干涉国家主权的行使。

行使主权被视作对人性中最基本权利的尊重。对宪法所保障或经智利批准且有效的国际条约中的该等权利，国家机关负有尊重并促进的职责。

第 6 条　（本条根据 2005 年 8 月 26 日第 20050 号法令修正）

国家机关应遵守宪法以及根据宪法制定的规范，并保障共和国之体制。

国家机关官员及其工作人员，个人、单位和团体受到宪法的约束。

违背上述原则会带来由法律规定的相应责任和处罚。

第 7 条　国家机关根据法律规定的形式，在其职权范围内通过其工作人员有效行使职权。

无论情况如何特殊，任何国家机关、个人或团体也不得侵害他人宪法或法律所赋予的权利或权力。

任何违反本条的法案均是无效与可废除的，并应追究相应法律责任和处罚。

第 8 条　（本条根据 1989 年 8 月 17 日第 18825 号法令、2005 年 8 月 26 日第 20050 号法令、2010 年 1 月 4 日第 20414 号法令修正）

国家机关行使其公共职能时，其工作人员有义务严格遵守廉洁原则。

国家机关的行为或决定，其遵循的原则和程序均应公开。但公开会影响国家机关正常履行职责、个人权利、国家安全或国家利益时，经法定人数通过的法律可规定保密或秘密进行。

共和国总统、国家总理、副总理、参议员和其他宪法组织法规定的官员和公务员必须以公开的形式申报其财产与继承财产。

政府履行公共职能涉及利益冲突时，委托第三方管理其财产与履行职务应满足的情形与条件，由本法规定。在有条件的情形下，也不排除其他适当的解决方法。

第 9 条　（本条根据 1989 年 8 月 17 日第 18825 号法令、1991 年 4 月 1 日第 19055 号法令修正）

任何形式的恐怖主义本质上都与人权相悖。

由法定人数通过的法律规定恐怖行为的形式与处罚。此类犯罪者，15 年之内不得担任任何公共职务，不论该职务是否由普选产生；不能担任教育机构的校长或院长，并不得任教；不能运营任何形式的社会传媒并担任其董事、主管或与信息或观点传播和宣传有关的任何职务；不能在此期间担任政治团体、教育相关机构的领导人，或者在地方团体、职业协会、企业家组织、工会、学生组织或商会中承担领导人。本规定并不损害其他被取消的资格或规定更长期限取消资格的法律的适用。

从法律效力上看，以上所涉及的犯罪通常被视作普通犯罪而不是政治犯罪。除将死刑减为终身监禁外，个人不会得到特赦。

第二章　国籍与公民

第 10 条　智利公民是指：

1. 出生在智利的人，但不包括派驻智利为其政府服务的外国人在智利所生的小孩，以及外国短期居留者所生的小孩。但所有出生在智利的人均可选择拥有智利国籍。

2. 父母一方是智利公民而出生在国外的儿童，要求其一位直系两代内的长辈已按照第 1、3、4 项取得智利国籍。

3. 依据法律已取得加入智利国籍证书者。

4. 依据法律取得特许入籍许可者。

在选择获得智利国籍时，法律应当对批准、拒绝或取消入籍证书和官方对这些活动作登记的过程规定相应程序。

第 11 条　（本条根据 2005 年 8 月 26 日第 20050 号法令修正）

在以下情况下智利国籍将被取消：

1. 向主管智利国籍部门声明主动放弃者。但此声明只有在此人之前已加入外国国籍时方为有效。

2. 依据最高法令，在对外战争中，为智利敌人及其同盟提供服务的。

3. 被取消入籍证书的。

4. 依据法律撤销特许入籍的。

个人因前述条款已失去智利国籍的，只能通过法律途径重新恢复。

第 12 条　受行政机关行政行为或行政决议被剥夺或否认智利国籍者，30 日内可亲自或通过第三方向最高法院提起上诉，最高法院应以陪审团及全体法官出席的法庭进行审理。提出上诉后，该行为或决议的效力将中止。

第 13 条　（本条根据 2005 年 8 月 26 日第 20050 号法令修正）

年满 18 周岁，并从未被判处徒刑者，为智利公民。

拥有公民身份者，可行使投票权、经选民选举担任公职的权利，以及宪法或法律所规定的其他权利。

根据本法第 10 条第 2 项和第 4 项的规定取得国籍的智利公民行使公民权，应在智利境内居住 1 年以上。

第 14 条 （本条根据 2005 年 8 月 26 日第 20050 号法令修正）

在智利居住满 5 年，并符合第 13 条第 1 款规定的外国人，可依法律规定的情形和方式行使选举权。

根据第 10 条第 3 项取得国籍者，取得国籍满 5 年方有资格通过公民选举担任公职。

第 15 条 （本条根据 2009 年 4 月 4 日第 20337 号法令修正）

选民进行投票时，采取直接、平等、无记名的方式。

只有在本宪法明文规定的选举及公民投票情形下，才能召集选民投票。

第 16 条 （本条根据 1989 年 8 月 17 日第 18825 号法令、2005 年 8 月 26 日第 20050 号法令修正）

公民在以下情况将不得行使选举权：

1. 精神失常。

2. 被控犯有处以徒刑的犯罪或者法律规定的恐怖主义行为。

3. 根据本宪法第 19 条第 15 项第 7 段受到宪法法庭制裁。此种情况下，被剥夺行使的选举权，于宪法法庭作出该决定之日起满 5 年可恢复行使。选举权行使的中止在不损害第 19 条第 15 项第 7 段的规定时，不会产生其他法律效果。

第 17 条 （本条根据 2005 年 8 月 26 日第 20050 号法令修正）

下列情形会导致丧失公民身份：

1. 丧失智利国籍。

2. 被处以徒刑。

3. 被判处法律规定的恐怖主义犯罪、贩毒罪，并处以相应的刑罚。

因前述第 2 项规定而丧失公民身份者，在刑事责任解除后恢复公民身份。因前述第 3 项规定而丧失公民身份者，服刑完毕后，可向参议院请求恢复公民身份。

第 18 条 （本条根据 2009 年 4 月 4 日第 20337 号法令修正）

选举制度应是公开的。就本宪法未规定的事项，宪法组织法应规定其组织与职能，规范选举与公民投票的形式，并应保障无党派者和各政党成员，在候选人的推荐和参与选举时的完全平等。该法也应制定关于选举费用的筹措、透明化、范围与支配的制度。

宪法组织法也应根据选举法完善选举登记制度，应将符合宪法规定的选举法纳入，制定统一的单行法。

进行选举和举行公民投票期间，武装军队和武装警察应依法律规定的方式，承担维持公共秩序的责任。

第三章　宪法权利和义务

第 19 条　（本条根据 1989 年 8 月 17 日第 18825 号法令、1991 年 11 月 12 日第 19097 号法令、1997 年 9 月 16 日第 19519 号法令、1999 年 6 月 16 日第 19611 号法令、2001 年 8 月 25 日第 19742 号法令、2003 年 5 月 22 日第 19876 号法令、2005 年 8 月 26 日第 20050 号法令、2007 年 2 月 16 日第 20162 号法令、2010 年 1 月 4 日第 20414 号法令、2011 年 6 月 24 日第 20516 号法令修正）

宪法保障所有人民：

1. 拥有生存权与身心完整权。

法律保护即将出生的生命。

只有经法定人数通过的法律所认定的罪，才能适用死刑。

禁止施加任何非法的压力。

2. 法律面前人人平等。任何个人或团体均无特权。智利境内没有奴隶，任何人一踏入其国土，就已获得自由。男女在法律面前平等。

法律或任何机关，均不得设置特权与差别。

3. 行使权利时，依法受到平等的保护。

任何人均有权按照法律规定的方式进行司法自助，如果需要律师，任何机关或个人均不得阻碍、限制或干扰律师的正当介入。武装部队和公共秩序与安全部队成员的此项权利，涉及其管理和训练的事项，由各自法规的相关规定进行规范。

对没有能力进行自我保护的，法律应提供途径为其提供法律咨询与辩护。对宪法和法律规定的犯罪行为所带来的后果，法律应规定具体的情形与规则，为刑事被害人提供免费的法律咨询和保护。

如果根据现行法律的规定无法指定相应的律师为被控犯罪的人辩护，任何被控犯罪的人均享有在国家协助下得到适当的辩护律师帮助的权利。

任何人不受任何特别委员会审判，仅受法律规定的法院审判，并且此法院在犯罪行为实施前已按法律成立。

行使审判权的法院所宣判的刑罚，必须建立在之前已合法进行的程序上。立法者应经常为有效、公正的程序和调查建立保障。

法律禁止当然的有罪推定。

除非犯罪行为发生前已有法律明文规定，任何犯罪不受刑罚处罚，但新法有利于犯罪人的除外。

任何法律均不得就其未明文规定的犯罪施以刑罚。

4. 尊重和保护个人及其家庭的隐私及其荣誉。

5. 住宅和任何形式的私人通讯神圣不受侵犯。除法律规定的情形和方式外，不得搜查住宅，拦截、开启或检查私人通讯和文件。

6. 信仰和表达信仰自由，及自由进行一切不违背道德、良好风俗和公共秩序的礼拜仪式。

宗教团体可建筑、保存教堂及其设备，但应遵守法律及规章所规定的安全和卫生条件。

代表任何教派的教堂、宗教团体及组织，其资产可享受现行法律所赋予和认可的权利。仅供宗教活动所用的教堂及其设备免税。

7. 人身自由和个人安全的权利包括如下：

（1）任何人在尊重法律规定和不侵害他人利益的前提之下，均有权在共和国境内的任何地点居住、停留、自由地迁至他地，出入国境。

（2）除按照本宪法和法律规定的情形及方式外，任何人的人身自由不得受到剥夺或限制。

（3）除经法律授予公务人员该职权，并按照法律规定的方式出示相关令状外，任何人均不得被逮捕或拘禁。但正在实施犯罪行为而被逮捕者，需在移送承审法院审判前 24 小时内进行监禁的除外。

当局下令逮捕或拘禁个人时，应于逮捕或拘禁后 48 小时内，向法官报告并交其审判。理由充足时，法官可延长该期间至 5 日，被调查的事实若是法律规定的恐怖主义行为，可延长该期间至 10 日。

（4）任何人被执行防范性逮捕或监禁，除于其住宅或为此目的而建筑的公共建筑物外，不得对其逮捕或拘禁。

除对司法审判机关发布的相关命令已公开登记，监狱管理员不得接受任何被逮捕、拘禁、正被审判或判处徒刑者。

任何单独监禁均不能阻止拘禁地的公务人员探视在该拘禁地被逮捕、拘留、审判或宣告徒刑的人。若被逮捕或拘禁者提出请求时，该公务人员有义务将拘留证复印件送交承审法官，或要求取回复印件，拘禁时尚未填发许可证的，该公务员应自行填发此人正被拘禁的证明书。

（5）除法官为确保调查顺利进行、保障被害人或社会安全，认为有必要对被告人进行拘留或者预防性监禁外，被告人的自由受法律保护，法律应规定相应的条件和形式加以实现。

因犯第 9 条规定的罪行而正接受审判的人，对于其自由的决议的上诉，将由相关高级法院全部成员组成的法庭受理。法庭同意或授予其自由的决议需经全体一致通过。被告人在自由期间，同样需遵守权力机关依据法律规定实施的警戒措施。

（6）刑事案件的被告人不应被强迫就自己的行为宣誓作证；也不能强迫其长辈、子孙、配偶或法律规定的情形和环境下的其他任何人作不利于被告人的证词。

（7）除法律规定可扣押外，不能处以没收财产的处罚；但可对不法组织适用。

（8）可预见权利的丧失不能被用作处罚。

（9）任何情况下，已经审判或判刑的人，最高法院宣布审判或判刑的决定为不公正的误判或武断决定，一旦宣告释放或免刑后，有权要求国家对其遭受的财产与精神损失进行赔偿。赔偿金通过简易程序并在严格审查证据后决定。

8. 生活于无污染环境的权利。国家有义务监督此项权利受到保护，并保护自然环境。

在行使一定权利或自由时，为保护环境，法律应规定具体的规则。

9. 保护健康的权利。

国家保障公民自由平等地开展增强、保护、恢复健康与康复活动。国家的协调与管理活动应与此相适应。

国家在履行职责时，应通过公共或私人机构，遵照法律规定的形式与条件，优先保障公民健康权的实现。法律还可就此规定强制性征税。

任何人均有权按照自身意愿，选择加入公立或私营的健康体系。

10. 受教育权。

教育旨在使人在人生各个阶段得到全面发展。

家长对子女的教育有优先的权利和义务。国家应对此权利提供特别的保护。

国家有义务提升学前教育，并保障中学的免费入学与财政支持，不得为基础教育设立门槛。

基础教育和中等教育具有强制性；国家应为此目标建立财政体系保障全民均可就学。按照法律规定，中等教育可扩展适用至 21 周岁。

国家有义务提升各级教育水平，鼓励科学和技术研究、艺术创新，保护和增加国家的文化遗产。

社区有义务为教育的发展和改进做出贡献。

11. 教学自由包括开办、组织、维持教育机构的权利。

教育自由应不违背道德、善良风俗、公共秩序与国家安全，除此之外不受任何限制。

官方认可的教育不得用来宣传各政党的立场。

宪法组织法应建立满足初中级各层次教育必需的最低要求，明确规定客观与普遍适用的规范以便政府监督，并应确立各级教育机构获官方认可的要求。

12. 不受任何形式和途径的事先审查而发表意见、传播信息的自由，但行使该自由而构成犯罪或滥用时，需按照法定人数通过的法律承担相应责任。

任何情况下，法律都不得规定国家垄断大众传媒。

任何受到大众媒介冒犯或不当提及的自然人或法人，均有权按照法律规定，在发布该信息的大众媒介免费广播其澄清或更正的声明。

任何自然人或法人，均有权按照法律规定创办、编辑或保持占有报纸、杂志和期刊。

国家及法律所规定的大学、个人或其他实体，可设立、经营和保持占有电视台。

应成立具有自治权和法人资格的国家电视委员会，负责监督大众媒介的合理运作。该委员会的组织、功能和职权，需经法定人数通过的法律进行规定。

法律应规定针对电影产品展览和公映的分级制度。

13. 无须事先许可的不携带武器的和平集会权。

在广场、街道及其他公共场所举行的集会，应遵守一般警察法规。

14. 不受其他限制，以尊重且恰当的方式就有关个人或公共利益的事项，向国家机关请愿的权利。

15. 不必事前许可而结社的权利。

为获得法人资格，社团必须依法设立。

任何人均不得被强制加入社团。

禁止设立任何违背社会道德、公共秩序和国家安全的社团。

政党除自身活动外，不可参与其他活动，不得享受特权或垄断公共参与；其记录和账务应公开；财务来源不得为外国货币、资产、捐赠、捐款和债权；应制定章程，确保有效的内部民主。宪法组织法应建立初选制度，以规范各政党提名候选人参加全民选举，除法定的特殊情况外，全民选举的集体性决意具有法律约束力。在初选中未当选者可以不是各政党提名候选人。宪法组织法应规定其他与政党有关的事项，并制定在其违反法律规定时适用的处罚规定，甚至包括命令其解散。从事或参与政党活动的社团、团体、组织或群体，违反前述规定者皆为犯法，应按照宪法组织法的规定接受制裁。

政治宪法保障政治的多元化。政党、运动或其他形式的组织，其宗旨、活动和行为未尊重民主及宪政的基本原则，鼓吹建立一党专政制度，及使用、鼓吹、煽动以暴力为政治手段者均属违宪。宪法法院有责任宣告其违宪。

除宪法及法律另规定有处罚外，参与前项宣告为违宪事件的人，自法院判决之日起 5 年内，不得再参与其他政党、政治运动或其他形式政治组织的成立、作为公众选举的候选人，或担任第 54 条所规定的公职。上述人员在判决时所担任的公职或职务，随即丧失原有的一切特权。

受此段规定处罚人员，于上述规定期间内不得恢复原职。再犯者，本条所规定的禁止期间应加倍计算。

16. 工作自由与受保护权。

任何人均有权获得合理的报酬，自由就业和择业的权利。

严禁任何不以个人行为和能力为基础的差别待遇，但法律可规定，在某些特定情形下应具有智利国籍或一定年龄的限制。

任何类的工作，除违反道德、危害公共安全及健康，或法律规定为国家利益所必需外，均不得被禁止。国家机关的任何法律或规定，均不得要求以加入或退出任何组织、实体为从事某项活动或工作的条件。法律应规定何种职业，须拥有一定资格或大学学历，以及从事该职业应符合的要件。根据法律成立、宣称与此专业有关的专业协会，被赋予权利审理关于其成员的道德行为争议。针对其决定可向相关上诉法院提起上诉。未参加专业协会的专业人士将由法律规定的特殊法庭审理。

除法律明文禁止协商外，工人有权与其工作的企业进行集体协商。法律应为集体协商，以及公正、和平解决问题制定相应程序。法律应规定集体协商应提交强制仲裁的具体情形，此项仲裁应由法律规定的专家、组织和主管机关组成的特别法庭进行审理。

国家与地方工作人员不得进行罢工。提供公用事业服务或停工即可能严重损害健康、国家经济、粮食安全或国家安全的公司或企业，无论性质、目标与职能如何，其工作人员也不能罢工。法律应制定相应程序，以决定依本项规定，其工人不能罢工的公司和企业。

17. 除宪法和法律外，不得对公职录用设置要求。

18. 社会保障权。

由经法定人数通过的法律规定本权利的行使。

国家应保障所有居民获得相同的基本救济金，而不论该救济金是公立或私营机构所提供的。法律应为此设定强制性税收。

国家应监督社会保障权得到充分行使。

19. 按照法律规定的条件和方式，加入工会的权利。加入工会应出于自愿。

工会根据法律规定的形式与条件注册章程并成立，即可获得法人资格。

法律应为这类组织的自治提供相应机制。工会及其领导人不得参与政党活动。

20. 根据收入比例、发展水平或法律规定的其他形式平等分配税收与公共收费。

严禁法律规定征收明显不合理或不公平的税收。

无论性质如何，所征之税均应存于国库，并不得挪作他用。

但法律可授权将特定的税收作为国防经费，并可授权区域或地方政府在该法律架构内，就具有区域或地方背景的活动或资产进行征税，并拨付给社区发展的项目。

21. 根据法律规定，不违背道德、公共秩序或国家安全，发展经济活动的权利。

国家或国家机关，需经法定人数通过的法律授权，才能开办企业或参与其中。此种情况下，其活动与私人适用共同的法律规范，但有经法定人数通过的法律所规定的正当理由的除外。

22. 国家及其机关在经济活动中未被赋予任何区别待遇。

只要法律没有明确规定区别待遇，那么根据法律，可以批准赋予任何部门、活动或地区特定的直接或间接利益，或者征收影响他人的特别费用。在特许经营或间接利益的情形下，对其成本应以预算法每年进行评估。

23. 对各种财产拥有所有权的自由，但财产的性质若经法律宣布为人类所共有，或应属于国家整体时，不适用此款。本宪法的其他规定，不受此规定的影响。

当国家利益需要时，经法定人数通过的法律可对特定财产的所有权设定限制和条件。

24. 对各种有形与无形财产以各种形式进行支配的所有权。

只有法律才能规定财产的取得、使用、收益、处置的方式，及源于其社会功能的限制或义务。该社会功能包括国家的基本利益、国家安全、公共使用及健康、环境资产的维护的所有要求。

除非因公共福利或国家利益，经立法者合法通过的一般法或特别法规定而实施征收外，任何人的财产、资产、任何基本设备或所有权，均不得被剥夺。根据法律规定，依据双方协议或者法院判决，被征收的当事人有权在普通法院质疑征收行为的合法性，随时请求补偿其实际所受的损害。

未达成协议的，补偿应以现金支付。

未达成协议时，由专家按照法律规定的方式临时决定补偿费，一旦补偿费发放完毕，被征收的物质财富开始转移。征收的妥当性受到质疑时，法官应就所提供信息内容的实质，命令中止物质占有。

国家对包括粪质沉淀、金属矿砂、盐矿、煤矿、烃矿及其他化石物质在内的所有矿藏，除在地表外，即使其所属土地的所有权属于个人或机关团体，也有绝对、排他、不可分割和不可侵犯的支配权。为促进上述矿藏的勘探、开采和发展，土地地表的财产应承担法律规定的义务和限制。

除液态和气态烃外，法律需对前项所涉及的物质，明确其中哪些能被特许勘探或开采。该特许权利通常以法院判决的形式构成，有一定的有效期限，并承担具有宪法组织法性质的法律所规定的相应权利和义务。具有特许采矿权的矿主，有义务采取必要的行动满足公共利益，因为使此特许权合理化的正是公共利益。直接或间接促成该义务履行的采矿权应得到法律保护。未履行义务或敷衍塞责时，法律应规定撤销特许权的情形。该情形及其后果在授予特许权时即已规定。

宣告该特许权到期的职权，只能由一般法院行使。其应解决就特许权的撤销或到期所产生的一切争议；涉及特许权的撤销时，利害关系人可向法院提出申请，宣告其权利的存在。

权利人对其矿产特许权的支配，根据本款规定受宪法保障。

对非特许经营的矿藏，其勘探、开采和开发，可由国家或国有企业直接进行，或以行政特许或特别经营合同的方式进行。上述各种方式，均需共和国总统以最高法令的形式规定上述活动所需要求和条件。对国家管辖权所及的海域内所蕴涵的矿藏，或全部或部分位于被依法宣告为具有国家安全重要性的区域内，此项规范也同样适用。对事关国家安全的重要区域的开采，在给予适当补偿的情况下，共和国总统有权不说明理由而随时终止行政特许权或经营合同。

法律所承认或规定的私人水域的权利，也应包括权利人对水上的财产享有的权利。

25. 自由创作和传播文学的权利，作者对其创作的任何形式的文学、艺术作品均有所有权，期限依法律规定，并不得短于作者的有生之年。

作者的权利，包括对作品的所有权以及其他如版权、编辑权及著作完整权，但均应符合法律的规定。

对专利发明、商标、模型、技术过程或其他类似发明等工业所有权，也应在法律规定的期限内提供相应保障。

第24项第2、3、4段及第5段规定的条件，也适用于知识产权和艺术创造的所有权及工业所有权。

26. 确保按照宪法命令所制定的法令，不论是管理或履行宪法所规定的保障，或将其限定于宪法授权的范围内，均不得在本质上影响其权利，或因附带条件、税收或要求而妨碍其自由行使。

第 20 条　（本条根据 2005 年 8 月 26 日第 20050 号法令、2011 年 6 月 24 日第 20516 号法令修正）

因专横、违法行为或不作为，导致第 19 条第 1 项、第 2 项、第 3 项第 4 段、第 4 项、第 5 项、第 6 项、第 9 项最后 1 段、第 11 项、第 12 项、第 13 项、第 15 项、第 16 项关于工作的自由、选择的权利和合同自由及第 4 段、第 19 项、第 21 项、第 22 项、第 23 项、第 24 项及第 25 项所规定的权利和保障的合法行使被剥夺、妨害或处理当中者，均可亲自或透过第三人，向上诉法院申诉，法院应立即采取为重建法制、确保被害人的合法保护所必需的行动，但对其在主管机关或相关法院要求的其他权利并不产生影响。

第 19 条第 8 项所规定的保护生活于无污染环境中的权利，因政府当局或特定人的渎职或不法行为而受到影响时，当追索补偿时，上述规定同样适用。

第 21 条　任何因违反宪法或法律规定而被逮捕、羁押或监禁的人，均可亲自或通过第三人，向法律规定的司法机关申诉，司法机关需要求其以法定方式进行申诉，并立即采取必要的措施以重塑法治并确保当事人得到适当保护。

司法机关可命令提审当事人，监狱或羁押地的任何管理者，均得完全服从其命令。经法院认定事实后，应命令立即释放或纠正法律错误，或通过简易程序将其呈交给适格法官，或提交给应当修正此错误的任何人。

任何人的权利、人身自由和个人安全，遭受其他不法的剥夺、妨害或对待的，都可行使同样的追索权，以同样的形式保障其利益。在此情形下，相关司法机关为重塑法治并确保当事人得到适当保护，可命令采取上述所规定的措施。

第 22 条　共和国的所有居民，均应尊重智利及其国徽。

以祖国为荣，保护其主权，并致力于国家安全和传统基本价值的维护是智利人的基本义务。

法律所规定的服兵役和其他个人义务，均应按照规定的时期和方式强制履行。

除依法可免除登记外，配备武器的智利人均应登记于军事登记簿。

第 23 条　（本条根据 1989 年 8 月 17 日第 18825 号法令修正）

社区的中间团体及其领导人滥用宪法所赋予的自治权，不当妨碍与其特定目标不一致的活动，应依法进行处罚。工会的高级行政职位与全国性或地区性政党的高级行政职位无法并存兼容。

对介入政党活动的工会领导人，或妨害工会及法律所规定的其他中间团体运作的政党领导人，法律应规定相关的处罚。

第四章　政　府

第一节　共和国总统

第 24 条　（本条根据 2005 年 8 月 26 日第 20050 号法令修正）

共和国总统作为国家元首，政府与行政管理对其负责。

按照宪法和法律的规定，总统的职权涵盖所有与维持内部公共秩序及共和国对外安全的事项。

每年 5 月 21 日，共和国总统应在国会全体会议上就国家的行政和政治情况，向全国作一次报告。

第 25 条　（本条根据 1994 年 3 月 4 日第 19295 号法令、2011 年 6 月 28 日第 20515 号法令修正）

共和国总统的候选资格，包括在智利境内出生，年龄达到 40 周岁以上，并具备成为有选举权的国民所需的其他必要条件。

共和国总统任期 4 年，不得连选连任。

未经参议院同意，共和国总统不得离开国境超过 30 日，或未经国会同意，从第 26 条第 1 款所规定之日起离开国境。

任何情况下，共和国总统均应将出国的决定和理由告知参议院。

第 26 条　（本条根据 1999 年 11 月 5 日第 19643 号法令、2005 年 8 月 26 日第 20050 号法令、2009 年 6 月 12 日第 20354 号法令、2011 年 6 月 28 日第 20515 号法令修正）

总统的选举采取直接投票方式，以有效投票总数的绝对多数当选。总统的选举应根据相应的宪法组织法的规定，与国会议员的选举同时进行，并应于当年 11 月的第三个星期日之前进行，此后相关人员终止其职责。

总统选举若有两位以上候选人，但无人超过有效投票总数的半数时，应举行仅限于以得票最高的两位为候选人的第二轮选举，得票高者当选。第二轮选举应依照法律规定的形式，于第一轮选举生效后的第四个星期日举行。

在使用前两项规定时，投空白票、弃权票和无效票者，一律视作未投票。

第 2 款提到的候选人中的一位或两位死亡时，自死亡之日起 30 日内，共和国总统应召集进行一次新的选举。选举应在距发布召集后第 90 日最近的星期日举行。

依照前述程序规定，若现任共和国总统的任期在新任总统应被选出的日期前到期，则适用第 28 条第 1 段的规定。

第 27 条　（本条根据 2009 年 6 月 12 日第 20354 号法令、2011 年 6 月 28 日第 20515 号法令修正）

总统选举的资格审查程序，在第一轮选举中应于 15 日内完成，在第二轮选举中应于 30 日内完成。

选举审核法院应立即将总统当选公告，并送交参议院议长。

国会应于现任总统卸任之日召开全员大会，并于当日选举审核法院宣布的总统选举决定对新总统任职进行认定。

总统当选人在同一活动中，应向参议院议长宣誓，矢志履行共和国总统义务，维持国家完整与独立，遵守并执行宪法和法律规定，并立即履职。

第 28 条　（本条根据 2011 年 6 月 28 日第 20515 号法令、2005 年 8 月 26 日第 20050 号法令、1989 年 8 月 17 日第 18825 号法令修正）

总统当选人不能就职时，参议院议长应暂时担任共和国副总统；无参议院议长时，由众议院议长担任，无众议院议长时，由最高法院院长担任。

然而，如果总统选举的阻碍因素是绝对的或将无限持续，副总统应于参议院按照第 53 条第 7 项规定作出同意后的 10 日内，召集一轮新的总统选举，并于召集之日起 90 日后最近的星期天举行。重新选出的总统，应在本法规定的时间履职，并于因不能就职而导致重新选举的前当选人任期届满时离职。

第 29 条　（本条根据 1989 年 8 月 17 日第 18825 号法令、2005 年 8 月 26 日第 20050 号法令、2009 年 6 月 12 日第 20354 号法令、2011 年 6 月 28 日第 20515 号法令修正）

共和国总统如因疾病、出国或其他重大事由，暂时不能主持工作时，应按合法的优先次序，由国务总理以副总统的身份代替履职。无国务总理时，由其他国务部长按合法的优先次序进行递补；无其他国务部长时，依次由参议院议长、众议院议长和最高法院院长递补。

共和国总统出现空缺时，替代者应按照前述规定产生，并按照下述规定选出新的继任者。

若是在距离下次总统选举不满两年时出现总统空职，总统将通过国会由在职参议员和众议员的绝对多数选出。国会进行的选举，应从总统空职之日起 10 日内进行。当选的总统应在 30 日内就职。

如果总统空职距离下次总统选举超过两年，副总统应于其获得授权之日起 10 日内召集全民选举，并于召集之日起第 120 日起最近的一个星期日举行。当选总统应在宣布其当选后的第 10 日就职。

按照前述规定选出的总统任期至被接替者期满，并不能在下次总统选举时成为候选人。

第 30 条 （本条根据 2000 年 4 月 28 日第 19672 号法令、2005 年 8 月 26 日第 20050 号法令修正）

总统应于任期届满之日离职，并由新当选的总统接替。

总统任期届满后将有权并立即享有共和国前任总统的待遇。

前任总统的待遇，将根据第 61 条第 2、3、4 款和第 62 条适用。

接替共和国总统空缺的公民或在政治审判中被判有罪的总统，不享有前任总统的待遇。

共和国前任总统担任可从公共基金中获得报酬的职位时，应停止其国家津贴并收回其特权。但教育岗位或与此有关的高等、中等或特殊教育机构或委员会除外。

第 31 条 （本条根据 1989 年 8 月 17 日第 18825 号法令修正）

经国会全体会议任命或共和国副总统接替成为总统的，均可行使本宪法赋予共和国总统的所有职权。

第 32 条 （本条根据 1989 年 8 月 17 日第 18825 号法令、1991 年 11 月 12 日第 19097 号法令、1997 年 9 月 16 日第 19519 号法令、1997 年 12 月 22 日第 19541 号法令、2005 年 8 月 26 日第 20050 号法令修正）

共和国总统的特殊职权如下：

1. 按照宪法的规定，提议制定、批准和公布法律。

2. 在表明动机的情况下，可要求国会的任一委员会召开会议。此时，会议应尽早召开。

3. 依国会的授权，就宪法规定的事项，发布与法律有相同效力的命令。

4. 就第 128 条规定的情形，号召全民投票。

5. 按照本宪法规定的情形和方式，宣布宪法的例外状态。

6. 对非法律事项行使法定权力，但此权力的行使不应影响其他主体为执行法律而发布规定、法令或命令。

7. 依其意愿任命或解任其任命的国务总理、副部长、区域行政首长、省长。

8. 任命派驻国际组织的大使、外交大臣及代表。本款及前款提到的官员，应得到共和国总统的完全信任，只要一直得到总统信任，就可一直保有其职位。

9. 经参议院的同意，任命共和国的总审计长。

10. 任命和解任依法应获其完全信任的官员，并依法律规定填补其他公务员职位的空缺。其他公务员的解职，应按照法律规定进行。

11. 依法律规定核发养老金、退休金、寡妇和孤儿的补助金及抚恤金。

12. 依照最高法院和上诉法院的提议，任命上诉法院的法官和检察官及终身法官。对宪法法院成员的任命也由总统进行。任命最高法院的大法官和国家检察院的司法检察官时，须先经上述法院提议和参议院同意。以上所有任命都应遵守本宪法规定。

13. 监督法官及其他司法人员的职务行为，并为此要求最高法院在可能的情况下，公布此类人员的不当行为；或要求司法部长依据充分的证据，以适当的罪名，向主管法院起诉，请求惩罚此类人员。

14. 按照法律规定的情形和方式，对个人进行赦免。在相应程序中，若没有最终判决，不得进行赦免。公务员受众议院弹劾或参议院责难者，仅能由国会赦免。

15. 处理与外国及国际组织之间的政治关系，并进行协商；为了国家的利益而缔结、签署及批准条约，但应按照本宪法的相关规定先提交国会核可。此类事项的讨论及审议，如共和国总统认为有必要时，须以秘密方式进行。

16. 根据第 104 条的规定，任命或解任陆、海、空三军总司令及武装警察总指挥官，并按照第 105 条的规定，对供职于武装部队和武装警察的公务员进行分配、升迁及安排退休。

17. 指挥陆、海、空军，并按照国家安全的需要进行组织和编配。

18. 战争时担任武装部队的最高指挥官。

19. 根据法律授权对外国宣战，但应指明国家安全委员会已被告知此事。

监督政府根据法律规定取得财政收入并合法开支。共和国总统经所有国务部长许可，为满足一些不能被延迟的需求，如避免公共灾祸、外国入侵、内部动乱、对国家安全之重大危害或危险，或为避免人民生活所必需的资源耗竭而造成国家的重大危害，可命令支付法律未授权的款项。为此目的而投入的资金总额，不得超过预算法授权每年支出总额的 2%。依该法雇用人员，为法律所许可，但此项目不得以转移的方式而进行增减。国务部长或公务员未依本款规定批准或核定支出时，对于因而发生的损失，应共同或分别负赔偿责任，并应负盗用公款的罪责。

第二节　国务部长

第 33 条　在管理和治理国家中，国务部长是共和国总统直接和及时的协助者。

法律应规定国务部长的组成人数、结构及其先后排序。

共和国总统可授权一位或多位国务部长，协调各国务卿所承担的工作及政府与国会之间的关系。

第 34 条 有资格成为国务部长者应为智利人，年满 21 周岁，并具备担任公职人员的一般条件。

国务部长无法任职、残障、辞职或因其他原因而空职时，应按照法律规定的方式进行接替。

第 35 条 共和国总统签发的规章和命令，应先经相关国务部长签署，不满足此基本要求不得生效。

相关国务部长按照总统的要求发布指示或命令时，必须亲自签署，还应符合法律就此所规定的方式。

第 36 条 国务部长对个人签署所引起的后果，应承担个人责任，对经其他国务部长同意或联合签署所引起的后果，应共同或分别承担责任。

第 37 条 （本条根据 2005 年 8 月 26 日第 20050 号法令修正）

国务部长认为恰当时，可出席众议院或参议院的集会并参与辩论，辩论时有优先发言权，但无表决权。在表决时，可就众议员或参议员解释其投票理由时所提出的观点进行修正。

在不违反上述规定的情形下，国务部长应亲自参加参议院或众议院专门为处理有关国务卿职权范围事务而召集的特殊会议。

第 37bis 条 （本条根据 2010 年 1 月 4 日第 20414 号法令修正）

第 58 条第 1 款的不兼容规定同样适用于国务部长。一旦接受任命，国务部长应停止任何与其职责、工作、职务或委任相冲突的活动。

在行使职责期间，国防部长不得与国家缔结合同，不得在任何形式的审理中担任律师或诉讼代理人，在行政诉讼中担任公诉人或代理人，在银行或证券公司担任董事，或者在上述活动中担任与其职责具有同样重要性的职务。

第三节　国家行政的一般原则

第 38 条 （本条根据 1989 年 8 月 17 日第 18825 号法令修正）

宪法组织法应规定公共管理的基本组织。该法应保障公务员的职位，明确职位应具有的技术性和专业性原则；确保能有均等的机会获得公职、训练和升迁等。

因国家、行政机关或地方自治机关行政行为导致个人权利受到侵害者，有权向依法设立的行政诉讼法庭起诉，要求在行政法律框架下对争议进行审理，但不应影响造成损害的公务员履行其职责。

第四节　宪法的例外状态

第 39 条　（本条根据 2005 年 8 月 26 日第 20050 号法令修正）

本宪法赋予所有人的权利和保障，只有在如下例外情况下才会受到影响：发生对外或国内战争、内部动乱、公共危机和突发灾难，国家机构的正常秩序受到严重影响时。

第 40 条　（本条根据 2005 年 8 月 26 日第 20050 号法令修正）

自共和国总统向国会提交宣布国家进入戒严状态的建议后，国会应在 5 日内决定接受或拒绝这一建议，并不得对其提出修正。若国会在该期限内未作出声明，则视为接受此建议。

当国会表示考虑此建议时，共和国总统即可适用总动员或戒严状态。但在戒严状态时会限制适用动员的权利。总统采取的国会不通过的措施，根据本法第 45 条的规定，可能被法庭审查而修订，对此，总统的决定将不得适用。

戒严状态不能超过 15 日，但共和国总统可申请延长此期间。动员状态可随着对外战争的延续而延长，除非共和国总统提前终止。

第 41 条　（本条根据 1989 年 8 月 17 日第 18825 号法令、2005 年 8 月 26 日第 20050 号法令修正）

发生公共灾难时，由共和国总统宣布进入灾难状态，并确定受此状态影响的地区。

共和国总统有义务告知国会在灾难状态时采用的措施。若导致此状态的因素已完全终止，国会应在宣布进入灾难状态的 180 日后宣告解除此状态。否则，在经国会同意后，共和国总统需宣布一个超过一年的灾难状态。国会同意应按照第 40 条第 2 款规定的方式进行。

宣布进入灾难状态后，相关地区应立即由政府任命的国防长官接管，其应按照法律规定的职权和义务来对相关地区进行指挥及监管。

第 42 条　（本条根据 2005 年 8 月 26 日第 20050 号法令修正）

发生严重的公共秩序改变或国家安全受到破坏时，由共和国总统宣布进入紧急状态，并确定受此状态影响的地区。紧急状态不能超过 15 日，但共和国总统可再延长 15 日。但此延长期须经国会同意。国会同意应按照第 40 条第 2 款规定的方式进行。

宣布进入紧急状态后，相关地区应立即由政府任命的国防长官接管，其应按照法律规定的职权和义务来对相关地区进行指挥和监管。

共和国总统有义务向国会报告在紧急状态时采取的相应措施。

第 43 条　（本条根据 2005 年 8 月 26 日第 20050 号法令修正）

在宣布总动员的状态下，共和国总统有权中止或限制个人自由、集会权、自由工作的权利。同样也可限制结社权利，拦截、公开或记录文件及所有类型的交流方式，命令征用资产和对所有权设定限制。

在宣布戒严的状态下，共和国总统有权限制人们的自由流动，并将人员拘禁在其家中或法律规定的监狱或用来拘留、关押一般犯人的场所以外的地方。同样有权中止或限制集会的权利。

在宣布灾难状态情况下，共和国总统可限制人员的自由流动和集会的自由。并且可命令征用财产，限制所有权的行使，采取具行政性质的特殊措施以使受灾地区迅速恢复正常。

在宣布紧急状态情况下，共和国总统可限制人员的自由流动和集会的自由。

第 44 条　（本条根据 2005 年 8 月 26 日第 20050 号法令修正）

宪法组织法应对特殊状态及其宣告、在相关状态下所适用的法律及行政法规进行规制。法律应规定必须迅速恢复宪法正常化，并不能影响宪法机关的功能和职权，也不能影响相关成员的权利和豁免。

任何情况下，紧急状态下采取的措施均不得超出其应发挥的效果。

第 45 条　（本条根据 2005 年 8 月 26 日第 20050 号法令修正）

除第 39 条规定外，法院不得以其他例外状态的理由及事实而剥夺基本的宪法权利。鉴于影响到宪法权利的具体形式，应保障能通过相关途径向司法机关求偿。

应按照法律规定对征用予以相应补偿。因限制所有权而造成其基本属性、功能的丧失并带来损害者，同样享有求偿权。

第五章　国　会

第 46 条　国会由下列两院组成：众议院和参议院。两院均按照本宪法规定同时参与立法，并行使规定的其他职权。

第一节　众议院和参议院的组成及产生

第 47 条　（本条根据 1989 年 8 月 17 日第 18825 号法令修正）

众议院由 120 名众议员组成，众议员由相关宪法组织法规定的选区直接选举产生。

众议院每 4 年全部改选一次。

第 48 条　（本条根据 1989 年 8 月 17 日第 18825 号法令修正）

可被选为众议员者，需为年满 21 周岁的智利国民，有选举权，并完成中等教育或具有同等资格，在选举日之前已在相关选区居住不少于 2 年。

第 49 条　（本条根据 1989 年 8 月 17 日第 18825 号法令、2005 年 8 月 26 日第 20050 号法令、2009 年 10 月 28 日第 20390 号法令修正）

参议院由在国家区域内的参议员选区直接选举出的成员组成。相关宪法组织法应规定参议员的数量、选区和选举的形式。

参议员任期为 8 年，每 4 年轮流改选。奇数地区的代表在某一时期改选后，偶数地区或大都市地区的代表则在下一时期改选。

第 50 条　（本条根据 1989 年 8 月 17 日第 18825 号法令、2005 年 8 月 26 日第 20050 号法令、2009 年 10 月 28 日第 20390 号法令修正）

可被选为参议员者，需为有选举权的国民，并完成中等教育或具有同等资格，在选举日之前已年满 35 周岁。

第 51 条　（本条根据 1989 年 8 月 17 日第 18825 号法令、2005 年 8 月 26 日第 20050 号法令修正）

按照法律规定，众议员在履行其职责时应在相关地区内有法定居所。

众议员和参议员的选举应同时举行。国会议员可连选连任。

众议员和参议员空职时，由致使该空缺的国会议员被选时所属政党指定的公民递补。

独立国会议员不能被替代。以一个或多个政党关系出现在候选人资格名单上的当选独立国会议员，将会由其实际代表的政党在公布候选资格报告时指定的公民替代。

视具体情况，此替代者应满足参议员或众议员的当选要求。众议员还可被提名为参议员，此种情形下，此众议员已获得新职位并被终止在参议院的职权，前述章节所提到的填补众议员空缺的规定将适用。

新选出的众议员或参议员，其任职期间为导致空缺者任满前所剩余的期间。

任何情况都不会进行补充选举。

第二节　众议院的专属职权

第 52 条　（本条根据 2005 年 8 月 26 日第 20050 号法令、2009 年 10 月 28 日第 20390 号法令修正）

众议院的专属职权包括：

1. 管制政府的行为。众议院为行使此项职权，可：

（1）凭大多数出席众议员的决议，采取协议或建议观察，并以书面形式向共和国总统提出，总统应于 30 日内通过主管的国务部长予以答复。

在不违反上述规定的情形下，任何众议员在其提议获得 1/3 以上出席众议员支持时，可向政府要求提供政府特殊记录；共和国总统应以相关国务部长作为中间人，在前述章节规定的相同时间内作出实质性的反馈。

任何情况下，协议、观察或信息要求都不得影响国务部长的政治责任。

（2）应 2/3 在职众议员请求，传唤一名国务部长，就其职责范围内的事项接受质询。但事先没征得众议院在职绝对多数议员的同意时，同一名国务部长在一个年度内不能被传唤 3 次以上。

国务部长有义务提供帮助，对导致传唤的问题和调查作出回应。

（3）应众议院至少 2/5 在职众议员的请求，成立特别调查委员会以收集政府特别行为的信息。

应 1/3 议员的请求，调查委员会可发布传唤或要求质询。国务部长、机关其他公务人员、国有企业或国家占大多数比例企业的员工，在被委员会传唤时有义务出现并就被问及事项提供记录或信息。

但事先没征得调查委员会绝对多数成员的同意时，同一名内政部长不能被同一委员会传唤 3 次以上。国会的宪法组织法应规定调查委员会的功能和职权，及被传唤或提及者权利的保护方式。

2. 就 10 人以上、20 人以下的众议员对下列人员提出的弹劾，决定是否接受：

（1）共和国总统。如果其行政行为可能已严重损害国家荣誉和安全，或已公然违反宪法或法律。弹劾得于总统在职期间，或其任期结束 6 个月之内提出。在后一期间内，总统未经众议院同意不得离开国境。

（2）国务部长。如果其行为可能已严重损害国家荣誉和安全，已违反或未执行宪法或法律，及犯叛国罪、勒索罪、侵占公款罪和贿赂罪。

（3）高等法院法官和共和国审计长。其明显渎职的行为。

（4）隶属国防军队机关的将军或司令。其严重损害国家的荣誉和安全的行为。

（5）地区行政首长和州长。其违反宪法的行为、犯叛乱罪、煽动叛乱罪、侵占公款罪和勒索罪。

弹劾应按照与国会有关的宪法组织法的规定进行。

第 2 项第（2）、（3）、（4）和（5）目规定的弹劾，应于所涉及人员在职时，或其离职后的 3 个月内提出。在弹劾提出后，涉案人员未经众议院同意不得离开国境，若对其提出的弹劾案已经核可，无论如何其均不得离开国境。

众议院宣布是否接受对共和国总统的弹劾案时，应以在职众议员的多数投票决定。

在其他情形下，当众议院宣布接受弹劾案时，应以出席众议员的多数投票决定，被弹劾者自宣告日起予以停职处分。如果参议院反对弹劾，或在其后 30 日内未发表声明，应对停职处分予以中止。

第三节　参议院的专属职权

第 53 条　（本条根据 1989 年 8 月 17 日第 18825 号法令、1997 年 9 月 16 日第 19519 号法令、1997 年 12 月 22 日第 19541 号法令、2005 年 8 月 26 日第 20050 号法令、2011 年 6 月 28 日第 20515 号法令修正）

参议院有下列专属职权：

1. 根据前一条规定认定众议院启动的弹劾。

参议院应以陪审团的方式对被弹劾人是否构成犯罪、违法或滥用职权作出认定，而其自身仅宣布陪审团作出的决定。

对于共和国总统的弹劾案，参议院须经在职 2/3 以上的参议员同意，才能宣告其有罪；对于其他弹劾案，须经在职的多数参议员同意，才能宣告其有罪。

被弹劾者经宣布有罪后，即被解除现职，5 年内无论是否经公开选举，均不得再担任其他公职。

被宣告为有罪的公务员，应由适格法庭按照法律规定判决确定其罪行与刑罚，并应对其造成的国家或私人的损害承担民事赔偿责任。

2. 因国务部长履行职责的行为而受到不公正损害的任何人，欲对国务部长提起司法诉讼时，决定是否受理。

3. 受理政治或行政机关与高等法院间发生的管辖权冲突问题。

4. 根据本宪法第 17 条第 3 项规定的情形，准予恢复国籍。

5. 根据本宪法或法律的规定，就共和国总统的行为，作出同意或不同意的决定。

若参议院在共和国总统紧急申请后的 30 日内未作出宣布，视作已同意。

6. 批准同意共和国总统离开国境超过 30 日，或自第 26 条第 1 款规定的日期起离开国境。

7. 在共和国总统或总统当选人因身体或心理障碍，无法履行义务时，宣告其无行为能力；在共和国总统辞职时，审查并宣告其理由是否充分，并作出接受或拒绝其辞职的决定。发生这两种情况时，均应先经宪法法院听审。

8. 根据多数在职参议员的决议，批准宪法法院按照第 93 条第 10 项第二部分规定进行宣告。

9. 通过专门召集的会议，并根据 2/3 在职参议员的确认投票，批准对最高法院大法官和最高检察院检察官的任命。

10. 在共和国总统要求时向其提供意见。

参议院及其立法委员会和其他机构（包括国会委员会），均不得对政府或其附属机构的行为进行支配，也不得通过含有支配意义的协议。

第四节　国会的专属职权

第 54 条　（本条根据 2005 年 8 月 26 日第 20050 号法令修正）

国会有下列专属职权：

1. 就共和国总统提请批准的国际条约，作出同意或者否决的决定。对条约的同意，要求符合第 66 条规定的各院法定人数，并在适当时提交法律的程序。

共和国总统应就条约的内容、范围及其认可或作出的保留向国会作出报告。

国会在核准国际条约的过程中，若条约本身或国际法的一般规范有规定，可对国际条约所进行的保留进行解释性声明。

共和国总统为履行已生效的条约所采取的措施或达成的协议，除构成法律事项外，不必经国会重新批准。共和国总统为行使其制定规章权力而缔结的国际条约，不必经国会的批准。

条约中的条文只能按其自身规定的方式或国际法的一般规范而予以取消、修改或中止。

共和国总统利用专属权利废除或撤销条约时，若该条约已被两院核准，须征询国会两院的意见。一旦按照国际条约的规定，废除或撤销已生效，应立即终止其在智利司法体系中的运用。

废除或撤销经国会同意的条约时，共和国总统应在废除或撤销生效起 15 日内告知国会。

对总统制定、国会在批准条约时已考虑到的保留进行撤销时，应按照宪法组织法的相关规定，事先征得国会同意。国会应在收到就相关协议提出正式要求的 30 日内作出决定。若在此期间国会没有作出决定则视作已同意撤销该保留。

根据法律规定，应对国际条约进行宣传，包括其生效、解释性声明、解除、撤回、终止、无效、保留的目标、制定或撤回保留等。

国会批准条约时，应在同一协议中授权共和国总统在该条约的有效期间内发布具有法律效力的适当规定，以便于履行条约，该情形应适用于第 64 条第 2 款及其以下的规定。

2. 按照本宪法第 40 条第 2 款的规定，宣布宪法的例外状态。

第五节　国会的运作

第 55 条　（本条根据 2005 年 8 月 26 日第 20050 号法令修正）

国会应按照宪法组织法规定的方式设置和启动其会议。

对宪法例外状态的认定，必须由国会召集全体议员进行。

本条第 1 款规定的宪法组织法应规定宪法指控的程序、第 74 条列明的紧急限制与任何关于法律内部程序的事项。

第 56 条　众议院和参议院需有其在职 1/3 以上议员出席时，才能开会并形成决议。

参众两院均应制定规章，按照简单多数的决定来终结辩论。

第六节　众议员和参议员的共同规范

第 57 条　（本条根据 1989 年 8 月 17 日第 18825 号法令、1991 年 11 月 12 日第 19097 号法令、1997 年 9 月 16 日第 19519 号法令、2005 年 8 月 26 日第 20050 号法令、2009 年 10 月 28 日第 20390 号法令修正）

下列人员不能成为众议员或参议员候选人：

1. 国务部长。

2. 区域行政首长、省长、市长、地方委员会成员、地方议会议员、副部长。

3. 中央银行委员会成员。

4. 高等法庭法官和终身法官。

5. 宪法法庭、选举审核法院和地区选举法庭的成员。

6. 共和国总审计长。

7. 担任当地工会领导职务的人。

8. 与国家缔结合同或者签订担保合同的自然人或法人的经理或行政管

理者。

9. 国家总检察官、地方检察官以及各公共事务部所属律师。

10. 陆、海、空三军总司令、武警司令、警察局局长，武装部队和秩序与公共安全部队的有关官员。

本条所规定的不得任职的条件，适用于在选举前1年内符合前述条件和担任前述职位的人。但第7项和第8项规定的人员，在登记竞选时并不符合前述条件和担任前述职位时可不受此条影响，第9项涉及的人员在选举前两年内符合前述条件和担任前述职位时也无被选资格。未当选者不得恢复原职，也不得在选举后的1年内被指定担任类似的职位。

第58条 （本条根据2005年8月26日第20050号法令修正）

众议员和参议员的责任彼此独立，互不干涉。由国家、自治区、自治政府机关、半公有或国家企业提供经费的岗位或委员会，或国库参与其资本金，或具有相同性质的其他职务或委任，同样彼此独立，互不干涉。但高等、中等或特别教育中，教学职位或具有同样性质的职务和委任不受此限。

同样，众议员和参议员不兼任局长或顾问职务，即使是在自治政府机关、半公有或国家企业、或国库参与其资本金的机关也应如此。

自选举审核法院宣布之日起，众议员或参议员应停止在其他任何不相容的职务、职位或担任的委员会职务。

第59条 （本条根据2005年8月26日第20050号法令修正）

任何众议员或参议员，从选举审核法院宣布其当选开始，不可被任命担任前条规定的相关职位、职务或委任。

前项规定既不适用于对外战争时，也不适用于共和国总统、国务部长或外交代表的职务。但前述与众议员或参议员职务冲突的职位，若是在战时被任命，则不与其职能相冲突。

第60条 （本条根据1989年8月17日第18825号法令、2005年8月26日第20050号法令、2010年1月4日第20414号法令修正）

众议员或参议员未经所属议院许可，或休会时未经该院议长许可，出国超过30日时，应被终止其职位。

众议员或参议员在其任期中，如果与国家签订协议或与国家签订担保协议，或在行政诉讼中担任国家或私人的代理人，或为公职人员、议员或具有类似性质的职位或委任的人员担任律师或代理人，应被终止其席位。众议员或参议员担任银行或公司董事，或担任与此同样重要的职位，也应受到相同的制裁。

上述有关制裁的规定，无论众议员还是参议员都要亲自为之，或透过中间人、自然人、法人、公司团体或其创建的政党，同样适用。

在公共部门或私人部门的合同或劳动纠纷中，若众议员或参议员代表企业主或工人的利益，对行政或司法机关施加影响，或介入任何组织当中，则应予以停职。国会议员若为反对正常教学而参与或介入学生活动，无论涉及任何阶段的教学，适用同样制裁。

在不违反第 19 条第 15 项第 7 段的规定时，众议员或参议员以口头或书面方式煽动变更公共秩序，或鼓吹变更制度性的司法秩序，但其方法是宪法不允许的，或将严重影响国家的安全和荣誉，也应予以停职。

按照前述规定予以停职的众议员或参议员，除第 19 条第 15 项第 7 段另有规定外，在受到制裁后 2 年内，无论是否经公开选举，均不得担任任何职位或公共职务。

众议员或参议员在任期内，若丧失一般任职资格，或产生第 57 条所规定的任职冲突，均应予以停职。但本宪法关于国务部长的规定除外。

众议员或参议员遭受严重疾病困扰而不能履行职能时，经宪法法院核准可辞去职务。

第 61 条　（本条根据 2005 年 8 月 26 日第 20050 号法令修正）

众议员和参议员仅在两院会议期间或委任中，为履行职责必须表达意见和投票时，享有不可侵犯的特权。

众议员或参议员自其当选、就职之时起，除犯重罪，且由有管辖权的上诉法院全体成员虽未事先准予指控，但宣布有必要采用法律程序外，不得被审问或剥夺自由。对其判决可向最高法院提起上诉。

众议员或参议员若因犯重罪而被逮捕时，应立即送交主管高等法庭，并附简要起诉书。法院再按照前项规定继续进行审理。

经最终决定宣告有进行法律程序理由的众议员或参议员，应被暂停职务并送交主管法官。

第 62 条　众议员和参议员可获得与国务总理相同的报酬，这一报酬包括所有的津贴。

第七节　法律事项

第 63 条　（本条根据 1991 年 4 月 1 日第 19055 号法令修正）

法律事项仅指下列各项：

1. 按照宪法规定，应由宪法组织法规定的事项。
2. 按照宪法规定，应由法律规定的事项。

3. 应通过制定法典规定的民事、商事、程序、刑事或其他事项。

4. 与劳动、工会、养老金、社会保障体系、司法制度有关的基本事项。

5. 对国家具有杰出贡献者表彰的事项。

6. 修改国徽样式和特征的事项。

7. 授权国家、国家机关及自治市，为特定项目提供经费而签订借款合同的事项。法律应说明用于偿还债务的资金来源。但借款偿还日期超过该任总统的任期时，应经法定人数通过的法律授权借款合同。

以上规定不适用于中央银行。

8. 授权任何类型的行动而直接或间接影响到国家、国家机关及自治市债权或债务的事项。

以上规定不适用于中央银行。

9. 就国有企业或国家有股份的企业制定规范，使其不得与国家、国家机关或企业协商而签订借款合同的事项。

10. 就国家或自治市财产转让、租赁或特许等制定规范的事项。

11. 建立或改变国家的政治或行政划分的事项。

12. 明确规定货币的价值、类型、面额和度量衡系统的事项。

13. 在和平或战争时期必须常设陆、海、空三军，允许外国军队进入共和国领土和国家军队境外部署的规范事项。

14. 其他由宪法规定由总统专有启动法律的事项。

15. 根据总统建议，授权宣布战争状态的事项。

16. 有关给予大赦或特赦的事项，以及共和国总统行使职权对个人进行赦免或颁发抚恤金而制定的一般规范。

承认大赦或赦免的法律需经法定人数核准。若涉及第 9 条规定的犯罪时，需经参议院及众议院 2/3 在职议员的同意。

17. 指定共和国总统应居住的城市，国会举行会议的地点，以及最高法院与宪法法院办公地点的事项。

18. 规定公共行政机关的管理行为程序基础的事项。

19. 规范彩票发行、赛车、一般性赌博等事项。

20. 其他建立司法秩序基础的一般及强制性规范。

第 64 条　（本条根据 2005 年 8 月 26 日第 20050 号法令修正）

共和国总统可请求国会授权，就法律适用范围问题发布具有不超过一年法律效力的规定。

此授权的范围既不能扩大至国籍、公民资格、选举或全民投票，也不能扩大至宪法保障的事项，或应由宪法组织法或经法定人数通过的法律所规定的事项。

此授权也不得影响司法官员、国会、宪法法庭或共和国总审计长办公室的组织、属性与制度。

批准前述授权的法律应明确授权落实的具体事项并建立或规定适当的时效、限制和形式。

除前述规定外，为更好地执行法律，共和国总统还有权对法律文本进行统一、整合并使其系统化。为行使此权力，应有不可避免的形式改变，但任何情况下均不能改变其本意和范围。

共和国总审计长办公室应登记此类具有法律效力的规定，若有逾越或抵触前述授权的情形，应拒绝这些规定。

对具有法律效力的法令的公布、效力与生效，应遵守执行法律的同样规则。

第八节　法律的产生

第65条　（本条根据 1991 年 11 月 12 日第 19097 号法令、1997 年 11 月 17 日第 19526 号法令修正）

经共和国总统的提议，或由各议院议员的动议，由众议员或参议员制定法律。提案至少应经 10 位以上众议员或 5 位以上参议员签署。

关于各种性质的税收法律、公共行政机关预算的法律及兵役法，只能由众议院制定。大赦和一般性赦免的法律，只能由参议院制定。

就变更国家的政治和行政划分，或包括修正预算法在内的国家财政和预算管理，以及本宪法相关规定，共和国总统有专属的法律提案权。

共和国总统就下列事项，同样有专属的法律提案权：

1. 征收、禁止、减免任何性质或种类的税收，设立税收的例外情形或修改现行规定及其方式、比例和级数。

2. 在财政机关、半财政机关、自治区或国有企业部门创造新的公共业务和有偿岗位；撤销或决定其功能或归属。

3. 签订借款合同，或进行其他可能影响到国家、财政机关、半财政机关、区域政府的自治机构或市政府机构的债权、债务的操作；为利于国库或前述机构或机关而免除、减少或修改其债务、利率或其他任何性质的财务负担的操作。

4. 为公共机关或其他前述机关或机构建立、修改、给予或增加报酬、退休金、养老金、孤寡津贴及其他任何形式的收入或津贴，对退休人员或孤寡津贴的受益人给予贷款或福利,为私人部门确定最低工资额;强制增加工资和其他经济福利,或变更其决定基础;前述规定对以下各款规定无影响。

5. 为集体谈判规定形式与程序,并对不可能谈判的案件进行决定。

6. 设立或修正有关公共和私人部门社会保障的规范。

7. 国会就共和国总统提出的关于服务、就业、工资、贷款、福利、开支及其他议案,只能接受、削减或拒绝。

第 66 条 (本条根据 1989 年 8 月 17 日第 18825 号法令修正)

解释宪法概念的法律规范,需经 3/5 在职两院议员的同意,才能批准、修正或废除。

宪法授权宪法组织法的法律规范,需经 4/7 在职两院议员的同意,才能批准、修正或废除。

经法定人数通过的法律规范,应经两院在职议员的绝对多数同意,才能设立、修正或废除。

其他法律措施,需经各议院出席议员的多数同意,或第 68 条与以下规定的多数同意。

第 67 条 预算法案应由共和国总统,最迟在生效之日前 3 个月向国会提出;若国会自其提出之日起 60 日仍未予以通过,共和国总统提出的议案应即生效。

国会不得增减国家财政预算;除永久性法律另有规定外,只能减少预算法案中的支出。

根据各主管部门提供的报告,总统有专属权就预算法所规定的财产收益和其他法案所规定的其他财产收益进行评估。

如未同时指明支付新增支出所需资金的来源,国会不可批准由国库支付该支出。

若国会批准的资金来源不足以支付任何经许可的额外开支时,由可获得新收入的单位或组织提出认可报告,并经共和国总审计长会签后,共和国总统应发布法律,要求无论何种性质的开支都应按比例减少。

第 68 条 (本条根据 1989 年 8 月 17 日第 18825 号法令修正)

被原受理议院所驳回的议案;一年内不得再提出。但若为共和国总统所提出的议案,可请求将其文件送交其他院。若经后者 2/3 出席议员的普遍同意,可再退回受理议院。若再经该院 2/3 出席议员投票驳回,则议案视作被拒绝。

第 69 条 (本条根据 1989 年 8 月 17 日第 18825 号法令修正)

众议院和参议院可对审理的任何议案进行附加或修正;但不得批准与法案初衷或基本理念无直接关系的附加或修正。

法案经原受理议院核准后，应立即送交其他院讨论。

第 70 条　法案若被审查的议院完全驳回，应送交由相同众议员和参议员人数联合组成的委员会讨论，并就解决问题的方式、方法提出建议。联合委员会草拟的法案，应再送回原受理议院，使其经该院和审查议院以各自出席议员的多数决议批准。联合委员会不能达成协议，或原受理议院拒绝该委员会的提案，共和国总统可请求原受理议院以 2/3 出席议员的决议，决定是否坚持在第一阶段的程序中所批准的法案。如经协议决定坚持时，该法案需再度送交驳回该案的议院，且不经 2/3 出席议员的决议不得拒绝。

第 71 条　（本条根据 1989 年 8 月 17 日第 18825 号法令修正）

法案经审查议院进行补充或修正后，应退回原受理议院，并经受理议院出席议员的多数决议核可该补充或修正。

补充或修正若被拒绝，联合委员会应按照前条规定的程序成立并运作。若联合委员会不能达成协议解决两院之间的争议，或其中一院拒绝联合委员会提出的建议，共和国总统可要求原受理议院就审查议院在第二阶段已予以核可的法案进行重新审查。若原受理议院以 2/3 出席议员的决议反对补充或修正，则无论该法案补充或修正部分或全部均不能成为法律，但反对者若未达到 2/3 以上的多数，则应送交审查院，并由该院以 2/3 出席议员的决议进行批准。

第 72 条　法案经两院批准同意后，应送交共和国总统，再经共和国总统批准并命令颁布为法律。

第 73 条　共和国总统不批准法案时，应在 30 日内附上适当的理由一并退回原受理议院。

除非总统的理由被视作单独信息，否则若理由与法案的原意或基本理念并无直接关系，则不能被接受。

理由经两院批准同意后，该法案即具有法律效力，并返回共和国总统予以颁布。

如果两院拒绝总统部分或全部的理由，并且其出席议员的 2/3 坚持其所通过的法案，那么该法案返至总统并由其颁布施行。

第 74 条　共和国总统可在法案审议的某一阶段或所有阶段宣布通过法案的急迫性，相关议院应在 30 日内表明其态度。

共和国总统应按照有关国会的宪法组织法以及该法规定的内部法律程序，对法案是否具有紧急性进行审查。

第 75 条　（本条根据 2005 年 8 月 26 日第 20050 号法令修正）

自法案送交共和国总统之日起 30 日，共和国总统未将法案退回，则视为其批准同意并应颁布法案为法律。

法案应在上款期限截止之日起的 10 日内进行颁布。

自颁行法案的命令颁布之日起 5 个工作日内对法案进行公布。

第六章　司　　法

第 76 条　（本条根据 1997 年 9 月 16 日第 19519 号法令修正）

民事、刑事案件的审判权、裁决权、强制执行权，均专属于根据法律所设立的法庭。无论何种情形下，共和国总统和国会均不能行使司法权，接管未决案件，改变判决理由或内容，或重启已决案件的程序。

以法律形式就法院管辖事项提起诉讼，法院不能拒绝行使其职权，也不能以诉讼争议或事项缺乏可适用法律为由而放弃行使其职权。

为强化法院命令和法律规定命令的执行，享有司法权的普通法庭和专门法庭，可直接发布命令给公共权力机关，或利用其他途径进行强化。其他法院应按照法律规定进行。

执行单位应完成司法命令，不得拖延或质疑命令的理由、时机、正当性或合法性。

第 77 条　（本条根据 1999 年 1 月 14 日第 19597 号法令、2008 年 1 月 10 日第 20245 号法令修正）

宪法组织法应确定法院的组织构架和为便于法院在全共和国境内迅速完整执行法律所需的职权。并明确法官所需的资格，及担任大法官、终身法官所需从事律师职业的年资。

根据相应的宪法组织法所建立的法庭，宪法组织法对其组织与隶属的规定，只有经最高法院事先听审方能修订。

最高法院自收到相关意见的正式文书的 30 日内需作出决定。

若共和国总统对此法案提出急迫性，则应与最高法院进行协商。

此种情形下，最高法院需在相关急迫性指明的日期前结束协商。

若最高法院在上述日期内没有表明态度，则视作听审程序已经结束。

对法庭的组织和隶属，以及规范起诉的程序法，宪法组织法可规定它们在国家不同地区适用不同的生效日期。在不违反前述规定的情形下，法律在全国范围内生效的时间距国内首次公布的时间不能超过 4 年。

第 78 条　（本条根据 1997 年 9 月 16 日第 19519 号法令、1997 年 12 月 22 日第 19541 号法令修正）

法律中关于法官的任命，应遵守下列一般原则：

最高法院由 21 名大法官组成。

最高法院的每名大法官和检察官，由共和国总统从最高法院所提出的 5 人候选名单中选出，并需经参议院同意。经参议院专门召集的会议进行表决，若 2/3 在职参议员同意，参议院采纳相关协议。若参议院没有通过共和国总统的提名，最高法院需用一个新的名字替代被拒绝的名字以制定新的名单，重复以上步骤直到新的提名产生。

5 位最高法院的大法官必须是来自司法机关体系外的律师，并至少有 15 年从业经验，学术优异或大学教学成果丰富，并满足宪法组织法规定的具体相关要求。

如果是充实一个与司法部门成员有关的职位，最高法院形成的名单中必须有来自司法部门的成员，申诉法院最资深且具有名单所要求特点的法官应占有一席之地，其他 4 席则按照候选人的成绩选任。如果是充实一个与司法机关体系外的律师有关的空缺，须经事前的公开考试，且候选人应是满足前款规定的律师。

上诉法院的法官和检察官，由共和国总统从最高法院所提出的 3 名候选人中选出。

普通法官由共和国总统从上诉法院所提出的 3 人候选名单中选出。

在 3 人候选名单中，应有审理民事、刑事案件的普通法院资深法官，或是已表明担任意愿，即将执掌民事、刑事案件的资深法官 1 人，其他 2 人，则按照候选人的成绩选出。

最高法院和上诉法院在正常情况下可形成 5 人候选名单或 3 人候选名单，并通过召集相同且惟一的投票使其发挥效果。每位成员都有权选出各自认可的 3 人或 2 人。5 人名单或 3 人名单中得票最多的一位即当选，即简单多数决定。

代理大法官和代理法官的任命，可分别由最高法院和各上诉法院进行。代理期间不得超过 60 日且代理期满后不能延长。如上述上级法院无法行使职权，或代理任期届满，可按照上述通常的程序填补空缺。

第 79 条　若法官接受贿赂、未对程序法的重大事项进行监督、错误或拒绝司法行政，以及推诿责任时，应承担相应责任。

为强化最高法院成员承担上述责任，法律应确定其承担责任的情形和方式。

第 80 条　（本条根据 1997 年 12 月 22 日第 19541 号法令修正）

正当行使职权的法官可续任，但下级法院法官应在法律确定的任期内行使各自的司法权。

法官年满 75 周岁，或因辞职、法律规定的意外残疾、因判刑遭免职时应停止其职务。最高法院院长可继续任职至其期满，不受上述年龄的限制。

最高法院可应共和国总统的要求，或利害关系党派、正式文书的请求，宣告法官未正当履行职权，并根据被告的陈述、相关申诉法院的报告，经多数成员决议同意法官离职。这些决议应呈请共和国总统并使其有效。

经大多数在职成员的决议，最高法院基于良好理由，可以授权或命令，将司法机关的法官、其他官员或职员调任至其他同级的职位。

第 81 条　（本条根据 1997 年 9 月 16 日第 19519 号法令修正）

行使司法权的高等法院大法官、检察官和普通法院法官，除有主管法院的命令外不能被逮捕。但进行重大犯罪或故意侵权不受此限，并应立即送交有管辖权的法院，按照法定程序处理。

第 82 条　（本条根据 1989 年 8 月 17 日第 18825 号法令、1997 年 12 月 22 日第 19541 号法令、2005 年 8 月 26 日第 20050 号法令修正）

最高法院对于全国各级法院有指导、纠正及经济监督权。但宪法法院、选举审核法院、地区选举法院不在此限。

高级法院在行使其指导权时，只能由宪法组织法规定的相关情形和方式，宣告司法判决无效。

第七章　公　共　部

第 83 条　（本条根据 1997 年 9 月 16 日第 19519 号法令修正）

公共部系国家的有机组成，是层级明确的享有自治权的国家机关，其对下列行为享有专属权：犯罪行为的调查、决定应受惩罚的参与行为、证明被告人无罪的行为，以及根据法律规定适当时执行刑罚的行为。此外，公共部同样有职责采取措施保护被害人和证人。但其不得行使司法权。

因罪行而受到侵害的人员和法律规定的其他人员可平等地行使刑事诉讼权。

公共部可在调查期间向秩序和安全部队发布直接命令，但剥夺、限制或阻碍被告人或第三人行使宪法权利的，应事先获得司法许可。接到命令的机构应无条件遵守公共部的命令，并不得质疑该命令的理由、及时性、公正或合法性，但在恰当时需出示前述司法授权的除外。

公共部门行使刑罚执行权，行使犯罪行为调查、决定惩罚和证明被告人无罪的指导权，以及采取措施保护被害人和证人的活动中，若涉及军事司法管辖事项，则上述活动应根据军事法典的规定，由该法典和前述法律规定的机关和工作人员进行。

第 84 条　（本条根据 1997 年 9 月 16 日第 19519 号法令修正）

在宪法未作出明文规定时，宪法组织法应规定公共部的机构和隶属，详细说明检察官胜任职责应必备的资格和要求，对兼职检察官免职的原因。被任命为检察官者，不能受到任何使其不能行使审判职责的障碍。地方或兼职的检察官应于 75 周岁时终止其职务。

检察官根据授权，在指导调查和行使刑事诉讼权时的独立、自主和负责的原则，应在宪法组织法中予以确立。

第 85 条　（本条根据 1997 年 9 月 16 日第 19519 号法令、2005 年 8 月 26 日第 20050 号法令修正）

国家总检察长由共和国总统从最高法院建议的 5 人候选名单中任命，再由参议院专门召集会议并经在职 2/3 以上参议员的同意后方可有效。若参议院不同意共和国总统的提议，最高法院需加入一个新的名字以替代被拒绝的名字，从而更新 5 人候选名单，并重复上述步骤直到提名最终被同意。

国家总检察长需至少有 10 年以上的法律专业背景，已年满 40 周岁，并具备有选举权的市民所需的其他必要资格。国家总检察长可履职 8 年，但不得连任。

第 80 条第 2 款有关年龄限制的规定同样适用于国家总检察长。

第 86 条　（本条根据 1997 年 9 月 16 日第 19519 号法令、2005 年 8 月 26 日第 20050 号法令修正）

根据国家行政区划，每个地区应有一位地方检察长，除非该地区因人口数量或地域广度因素有必要任命超过一位的检察长。

各地检察长应由国家检察长从各地上诉法院提供的 3 人候选名单中任命。若某地有多于一个的上诉法院存在时，由资格最老的法院院长召集各院联合召开全体会议，形成 3 人候选名单。

地方检察长需至少有 5 年以上的律师从业背景，已年满 30 周岁，并具备有选举权的市民所需的其他必要资格，可履职 8 年，但不能连任。不过可被任命为公共部门的另一职位。

第 87 条　（本条根据 1997 年 9 月 16 日第 19519 号法令修正）

最高法院和上诉法院在适当的时候应召集选择 5 人候选名单和 3 人候选名单组成的公开预先竞选，并在专门召集的会议上经在职成员的绝对多数同意而生效。司法机关现任或离任的成员不能出现在 5 人候选名单或 3 人候选名单中。

有选举权的成员全体可分别为 2 或 3 个候选人投票，通过相同且惟一的投票，形成 5 人候选名单或 3 人候选名单。获票数最多的前 5 名或前 3 名当选。若出现票数相同的情况，则通过抽签的方式决定。

第 88 条　（本条根据 1997 年 9 月 16 日第 19519 号法令修正）

兼职检察官应由国家总检察长从各地地方检察官建议的 3 人候选名单中任命。此 3 人候选名单应按照宪法组织法，通过预先的竞选而形成。候选人必须有律师背景，并具备有选举权的市民所需的其他必要资格。

第 89 条　（本条根据 1997 年 9 月 16 日第 19519 号法令、2005 年 8 月 26 日第 20050 号法令修正）

国家总检察长和地方检察官在行使职权时，因丧失履职能力、不良行为、明显疏忽而受到的免职，只能由最高法院应共和国总统、众议院或最高法院 10 位以上成员要求进行。法院通过召集特别全体会议审理此事，经大多数在职成员的支持投票后才能同意免职。

地方检察官的免职也可根据国家总检察长的要求。

第 90 条　（本条根据 1997 年 9 月 16 日第 19519 号法令修正）

第 81 条规定同样适用于国家总检察长、地方检察官和助理检察官。

第 91 条　（本条根据 1997 年 9 月 16 日第 19519 号法令修正）

依据宪法组织法的相关规定，国家总检察长对公共部具有指导、纠正和监督的权利。

第八章　宪法法院

第 92 条　（本条根据 1997 年 12 月 22 日第 19541 号法令、2005 年 8 月 26 日第 20050 号法令修正）

组成宪法法院的 10 名成员，按照下列方式任命：

（1）3 名由共和国总统任命。

（2）4 名由国会选举选出。其中 2 名由参议院直接任命，另 2 名先由众议院提议再经参议院同意或反对。任命或提议需通过不记名投票，由参议院或众议院在职 2/3 以上议员经投票同意后生效。

（3）3 名由最高法院召集专门会议以秘密投票选出。

宪法法院成员任期 9 年，每 3 人一组进行部分改选。宪法法院成员需至少有 15 年的律师从业背景，并在专业、学术或公众活动中有杰出成绩，且不得有任何使其无法胜任审判职位的障碍。他们应遵守第 58 条、第 59 条和第 81 条的规范，不得担任检察官、审判官，或从事第 60 条第 2、3 款规定的行为。

宪法法院成员不能被免职，并不得连任，除非是被替换并履职不满 5 年。宪法法院法官将于 75 周岁时终止其职务。

若宪法法院某位成员被终止职务，将根据本条第 1 款规定安排替换者以完成被替换者剩下的任期。

宪法法院可通过全体成员参加或者分作两个法庭的方式来开展工作。第一种情形时，召开会议的法定人数应不少于 8 人；第二种情形时，每个法庭法定人数应不少于 4 人。宪法法院应以简单多数的方式来审批决定，除非审理的案件要求不同的法定人数，并且要依据法律作出裁决。宪法法院全体会议对第 93 条第 1、3、4、5、6、7、8、9、11 项的管辖事项有终局裁决权。除前述管辖事项外，根据相应宪法组织法的规定，宪法法院可通过全体会议或其内设法庭行使其职能。

宪法组织法应对宪法法院的组织、职能、程序、报酬制度和员工地位作出明确规定。

第 93 条　（本条根据 1989 年 8 月 17 日第 18825 号法令、2005 年 8 月 26 日第 20050 号法令修正）

宪法法院有如下职权：

1. 规范解释宪法的法律、宪法组织法及关于宪法性法律的条约，在其公布前对其进行合宪性审查。

2. 决定高等法院、上诉法院和选举资格法院所作出的初始判决的合宪性问题。

3. 决定在法案制定、宪法修订和提请国会批准条约的过程中所产生的合宪性问题。

4. 决定具法律效力的法令的合宪性问题。

5. 在不侵害选举审核法院权限的情况下，决定全民选举召集的合宪性问题。

6. 普通或特殊法院以任何方式对适用的法律规范之不适用时，由宪法法院大多数在职成员决定是否与宪法相违背。

7. 根据前述条文中所被宣告不适用的法律规定，由宪法法院 4/5 以上在职成员决定其合宪性。

8. 如果共和国总统应公布而未公布法律，或公布与宪政不符的法律，或发布不符合宪法的命令，解决对此类情形的控诉。

9. 对总审计长办公室以违宪为由驳回的共和国总统的法令或命令，经总统根据第 99 条提出要求，决定该法律或法令的合宪性问题。

10. 根据本宪法第 19 条第 15 项相关规定，宣布组织、运动或政党违宪，并对致使活动违宪的参与人追究法律责任。但如果牵涉总统或总统候选人时，此项宣布还需大多数参议院在职议员的同意方可进行。

11. 按照本法第 53 条第 7 项的规定向参议院提出报告。

12. 解决不由参议院解决的政治或行政机关与司法机关之间的职权冲突。

13. 决定某人宪法或法律上无候选资格，而不能被任命为国务总理或连任或同时兼任其他职务的问题。

14. 决定国会议员丧失任职资格、任职冲突或终止职务的理由。

15. 批准国会议员按照第 60 条最后一段提出的无法胜任和放弃职权的请求。

16. 包括总统行使独立的规章发布权所发布的最高法令，在涉及第 63 条规定由法律规范的事项时，决定其合宪性。

在第 1 项情形下，原立法机关可在国会处理完毕后 5 日内，将相关法案提交宪法法院。

在第 2 项情形下，宪法法院可应共和国总统、参众两院或其 10 位成员要求对争议进行审理。此外，普通法院或特别法院未判决的审判或审理当事人，当其基本权利在响应原始决定中受到侵害时，也可提出相应要求。

在第 3 项情形下，宪法法院仅可应共和国总统、参众两院或参众两院各 1/4 在职成员的请求，对相关争议进行审理。但此请求需在法律公布或国会移交批准条约的文件之前提出，并在移交法案或批准文件的第 5 日进行。

宪法法院应自接到请求起的 10 日内解决争议，但因重大或正当的理由可再延长 10 日。

上述请求不会停止对法案的制定程序，但被质疑的部分只能于上述期限届满后进行公布，但涉及预算法或共和国总统所提出的战争宣告法案不受此影响。

在第 4 项情形下，当总审计长办公室认为具法律效力的命令系违宪而反对时，总统可于 10 日内提出质疑。此外，当总审计长办公室以违宪为由本应已登记但并未登记法令时，经参众两院或参众两院各 1/4 在职成员的要求，也可提出质疑。在具有法律效力的命令发布后 30 日内，此项请求有效。

在第 5 项情形下，从确定全民投票日期的法令颁布起 10 日内，参议院或众议院可提出质疑。

在适当情形，宪法法院应在裁决中规定全民投票的最终内容。

若法院作出裁决时距全民选举不足 30 日，宪法法院应确定在 30 日至 60 日内确定新的全民投票日期。

在第 6 项情形下，质疑可由任一方当事人或听审法官提出。对此质疑的许可可由宪法法院任一法庭决定，而无须进一步上诉。对质疑的审理包括以下事项：受质疑法律规范的适用定会导致对某事项的决定，质疑是有合理依据的，以及质疑满足法律规定的其他要求。

因合宪性审查而导致的诉讼程序中止，应由解决此事项的同一法庭审理。

在第 7 项情形下，若根据本条第 6 款的规定，法律规定不适用的宣告导致先行判决，则将由公共诉讼要求宪法法院宣告其违宪，并不得对其宣告有偏见。宪法法院应根据宪法组织法的相关规定，明确法庭认可的条件、适用公共诉讼的情形，同时规定职务行为应遵守的程序。

在第 8 项情形下，在受质疑内容公布之日起 30 日内，或共和国总统应公布生效法律之日起 60 日内，质疑可由参众两院或参众两院各 1/4 在职成员提出。如宪法法院接受请求，其应对尚未公布的法律作出的决定进行公布，或者对已公布的法律进行修正。

在第 11 项情形下，宪法法院只能应参议院的请求受理。对宪法法院本条第 10 款和第 13 款的职能，可由公共诉讼的方式要求其履行。

但是，若在第 10 项的情形下，受影响的是总统或总统候选人时，则必须由众议院或宪法法院 1/4 全体在职成员提出要求。

在第 12 项情形下，必须由冲突当事的机关或法院提出请求。

在第 14 项情形下，宪法法院仅可应总统或 10 人以上在职国会议员的请求受理。

在第 16 项情形下，在受质疑的内容公布或通知后的 30 日内，宪法法院仅可应参众两院的要求进行审理。若是与超出共和国总统自主制定规章的权力外的法令的缺陷，同样需要由众议院或参议院 1/4 全体在职成员提出请求。

宪法法院行使第 10 项、第 11 项、第 13 项规定的职能，认定终止国会议员职责的理由时，可考虑良心行为。

在第 2 项、第 10 项和第 13 项情形下，当党派提出要求时，将由宪法法院的所属法庭对可采性作出终局决定。

第 94 条　（本条根据 2005 年 8 月 26 日第 20050 号法令修正）

对于宪法法院的判决不得上诉，宪法法院可按照法律纠正已造成的事实错误。

被宪法法院宣告为违宪的条文，不得转换成法律或具有法律效力的法令。

在第 93 条第 16 项的情形下，根据接受请求的宪法法院的决定所具有的惟一性，受质疑的最高法令将不再对权利产生效力。但根据第 93 条第 2、4 和 7 项规定被宣布为违宪的条款，将不会公布于官方日报，且没有追溯权。

部分或全部法律、具有法律效力的命令、最高法令或初始决定被宣布违宪之日起 3 日内，应在官方日报上公布。

第九章　选举的公正

第 95 条　（本条根据 1999 年 11 月 5 日第 19643 号法令修正）

作为特殊法院的选举审核法院，应受理一般性审查和对共和国总统、众议员、参议员的选举结果进行资格审查，并审理由审查引发的争议和宣布当选名单。选举审核法院也行使监管全民投票的职能和法律规定的其他职责。

组成选举审核法院的 5 名成员，按照下列方式任命：

（1）4 名最高法院的大法官。由最高法院指派，根据宪法组织法规定的相关方式和时间，通过抽签选出。

（2）1 名曾担任参议院或众议院议长或副议长不少于 365 日的公民，由最高法院从满足此条件的人选中，按照前述相关规定的具体方式任命。

第二种方式下，成员不能从国会议员、公选职位候选人、国务部长或政党领袖中任命。

选举审核法院成员的任期为 4 年，并适用第 58 条和第 59 条的规定。

选举审核法院应组成陪审团认定事实，并依据法律作出判决。

选举审核法院的组织和职能，由宪法组织法规定。

第 96 条　（本条根据 1991 年 11 月 12 日第 19097 号法令修正）

经授权的地方选举法院，负责选举的一般审查和资格审查，解决相关选举纠纷和宣布当选名单。但可按照法律规定的方式对其决议向选举审核法院提出上诉。同时，工会选举和法律规定的中间团体所进行选举的资格审查也由地方选举法院负责。

地方选举法院由相关上诉法院选出的 1 名上诉法院法官，和另外 2 名由选举审核法院在担任过律师、法官或在上诉法院担任法官不少于 3 年以上的人员中任命组成。

地方选举法院的成员任期为 4 年，并适用法律关于资格丧失和任职冲突的规定。

地方选举法院应组成陪审团认定事实，并依据法律作出判决。

法律应规定地方选举法院的其他职权，并规范其组织和任务。

第 97 条　上述法院的组织和行使职能必需的经费，根据国家预算法规定划拨，其人员、报酬和员工地位由法律规定。

第十章　共和国总审计长办公室

第 98 条　（本条根据 2005 年 8 月 26 日第 20050 号法令修正）

共和国审计长办公室为自治机构，依法负责监督行政的合法性，国库、地方自治区以及法律规定的其他单位和团体的收益和投资。对被授权管理这些财产者的账户进行检查与控制，担任国家的总会计，并行使宪法组织法所赋予的其他职能。

共和国总审计长应具有至少 10 年的法律专业背景，已满 40 周岁，并具备有选举权的公民所需的其他必要资格。经参议院 3/5 在职议员同意后，可由共和国总统任命。其任职期间为 8 年，并不得连任，终止职务的年限为 75 周岁。

第 99 条　在履行合法的监管职能时，共和国总审计长应按照法律规定，登记须由共和国总审计长办公室审议的命令或决议，或陈述其对违法疑义的意见。当共和国总统不顾其反对，执意经所有部长签名发布时，总审计长必须将相关条例副本送交众议院。无论何种情形下，共和国总审计长都不得同意超出宪法所定预算限度的支出条例。在此情形时，共和国总审计长应将完整的背景资料复印后送交众议院处理。

共和国总审计长应登记具有法律效力的法令，并在其超出或抵触母法或违宪时予以反对。

因具有法律效力的命令、宣布为法律的命令或与获批文本不一致的宪法修正案、违宪的法令或决议，共和国总统不得再坚持。共和国总统不同意共和国总审计长的意见时，应在 10 日之内将背景资料送至宪法法院，由宪法法院解决此争议。

共和国总审计长办公室的组织、功能与职权，由宪法组织法规定。

第 100 条　国债不得影响任何支出，除非适格机关发布的命令或决定说明法律或部分预算授权了该项支出。此外，支出应在命令支出的文件经预算会签后，依时间顺序进行。

第十一章　武装军队、治安和公共安全部队

第 101 条　（本条根据 2005 年 8 月 26 日第 20050 号法令修正）

负责国家防卫的国防部所属武装军队，仅由陆、海、空三军组成。武装军队负责捍卫国土，是确保国家安全和共和国秩序之基。

治安和公共安全部队由警察和调查局组成，并由相关组织法所确定的方式成为公共权力机构，以维护法律的效力、确保治安与内部安全。它们隶属于公共安全部。

武装军队和警察部队都是武装机构，具有绝对服从性和非协商性。负责国家防卫的国防部所属的武装部队，是一个专业性、层级性和纪律性的团体。

第 102 条 除法律规定的专业人士和公务人员外，军队和警察部队从自由学校中吸收人员。

第 103 条 （本条根据 2011 年 4 月 27 日第 20503 号法令修正）

不经法定人数通过的法律授权许可，任何个人、团体或组织不得持有或所有法律规定的武器或类似装备。

法律规定国防部下属机构的监督权和控制权的行使。法律也将建立公共机关对其权力进行监督。

第 104 条 （本条根据 2005 年 8 月 26 日第 20050 号法令修正）

陆、海、空三军总司令及警察局长，由共和国总统从 5 位资深军官中任命，根据相应机构法律的规定，被任命者应满足各职位的资格要求。其任期 4 年，不得连任，任职期间不得撤职。

视不同情况，通过书面命令并提前告知众议院和参议院的方式，共和国总统可命令陆、海、空三军总司令及警察局长在其任期结束前退休。

第 105 条 （本条根据 1989 年 8 月 17 日第 18825 号法令修正）

武装军队及警察局的公务人员，其任命、升迁或退休应通过最高命令而生效。此最高命令应与适用的相关宪法组织法一致。宪法组织法应对武装军队及警察的职业生涯、提级、保险、资历、命令、命令连续性和预算作出基本的规定。

有关调查局人员的入职、任命、升迁及退休事项，由其组织法规定。

第十二章 国家安全委员会

第 106 条 （本条根据 1989 年 8 月 17 日第 18825 号法令、2005 年 8 月 26 日第 20050 号法令修正）

国家安全委员会负责就有关国家安全的事项向共和国总统提出建议，并履行宪法规定的其他职能。其由共和国总统领导，参议院议长、众议院议长、最高法院院长、三军总司令、警察局长和共和国总审计长组成。

经共和国总统同意时，内政部长、国防部长、公共安全部长、外交部长、经济部长和财政部长可出席会议。

第 107 条　（本条根据 1989 年 8 月 17 日第 18825 号法令、2005 年 8 月 26 日第 20050 号法令修正）

共和国总统召集并经法定人数的绝对多数同意，国家安全委员会应召开会议。

国家安全委员会并不批准协定，但可发布本条最后一段所指的条例。会议期间，其任何成员均可发表对任何与国家安全或体制之基有关的行为、事实和情况的意见。

国家安全委员会的活动需公开，除非其大多数成员决定不能公开。由国家安全委员会公布的条例，应规定与其组织、功能和公开辩论相关的条款。

第十三章　中央银行

第 108 条　中央银行是具有技术性、拥有自己的财产的自治机构，其组成、组织、功能和权限由宪法组织法规定。

第 109 条　中央银行可与公共或私有金融机构交易。任何情况下，中央银行均不得为国家及其机关或企业提供保证或担保。

公共支出或贷款不得直接或间接以中央银行的贷款提供。

但在发生对外战争或战争危险时，经国家安全委员会决定，中央银行可为国家、公共或私有机构提供信用借款或资金。

某些协议对从事不同交易或交易性质活动的人、机构或实体设立了差别或歧视性的规则或条件，中央银行不得以直接或间接的方式加以采纳。

第十四章　政府与国家内部行政

第 110 条　（本条根据 1989 年 8 月 17 日第 18825 号法令、2005 年 8 月 26 日第 20050 号法令修正）

为实现国家治理和内部管理，共和国领土被划分成各个地区，地区下分为数省。为实现地方管理，省再分为数区。

地区、省或区的设立、整合与命名，边界的修改，地区或省首府的确立，均属宪法组织法规定的事项。

第一节　政府与区域行政

第 111 条　（本条根据 1991 年 11 月 12 日第 19097 号法令修正）

各个区域的治理由区域行政首长负责，区域行政首长获有共和国总统的极大信任。作为总统在该区域的当然直接代表，区域行政首长应按照法律规定和总统的命令或指示行使自身职权。

区域政府将在每个地区设立高级管理机构，并致力于区域经济、社会和文化的进步。

区域政府由区域最高行政首长和区域议会组成。为便于其行使职权，区域政府享有公法的法人资格并拥有财产。

第 112 条 （本条根据 1991 年 11 月 12 日第 19097 号法令、2009 年 10 月 28 日第 20390 号法令修正）

区域行政首长应担任区域议会主席，并负责协调、监管和控制按照法律设立、为履行在该区域职能而成立的公共部门。

法律应确定区域行政首长行使职权的方式、与其相关的其他职权、协助其履行职权的机构。

第 113 条 （本条根据 2009 年 10 月 28 日第 20390 号法令修正）

区域议会是具有规范性、决策性和监督性的机构，在区域政府职权范围内有其自身的职权，对规定其组成、组织和职能的相关宪法组织法授权其积极推动区域公民的参与和其他授权行使职权。

区域议会应按照国家发展政策和国家预算，批准区域发展规划和区域政府预算法案。在基于区域行政首长提议的基础上，决定国家区域发展基金中可支配资金在地区的投资。

第 114 条 （本条根据 2009 年 10 月 28 日第 20390 号法令修正）

法律应明确规定分散国家管理权利和向区域政府转移权利的方式。

在不对上述规定产生影响的情况下，法律应规定地方对各部委和公共机关的分权及适当的例外情形。法律应规范保证国家行政机关间正常协调的程序，以便于促进区域当局行使权力。

第 115 条 （本条根据 1991 年 11 月 12 日第 19097 号法令、2009 年 10 月 28 日第 20390 号法令修正）

本章所指的国家内部政府和行政机构，以追求和谐平等的地方发展作为其基本原则。规定此目标的法律应监督该原则的实现与适用，并包含促进区域间团结和公共资源再分配的准则。

除根据国家预算法划拨给区域政府为便于其履行职能的资源和根据第 19 条第 20 项得到的资源外，法律应确定开支总额在其规定的以地方发展国家基金为名的公共投资中的比例。

国家预算法应规定区域分配的部门投资中的开支。考虑到相关的国家投资项目，在各区域间的分配应按照公正且有效的标准。区域政府负责将这些开支分配给各区域内部机构。

由区域政府、一个或多个部委发起，可举行年度或多年度协议，商讨可在单个或多个联合起来的区域进行公共投资的项目。

法律可授权区域政府或国有企业，与自然人或法人积极合作开展非营利活动，并努力推动区域的发展。以此为目的而组成的实体，应适用与个人相同的一般规范。

上述规定对第 19 条第 21 项规定无影响。

第二节　省政府及其行政

第 116 条　（本条根据 1991 年 11 月 12 日第 19097 号法令、2009 年 10 月 28 日第 20390 号法令修正）

各省应设政府，作为区域行政首长的地方治理机构。省政府授权省长管理，省长由共和国总统自由任免。

省长在区域行政首长的指示和该省公共机构的监督下行使职权。法律应规定区域行政首长可委托省长的职权和其他与其相关的职权。

各省应设立具有协商性质的省经济和社会委员会，宪法组织法应对其构成、成员任命方式、职权和功能作出相应规定。

第 117 条　省长可按照法律规定的情形和方式，在一个或多个地方任命代表执行其职权。

第三节　地区行政

第 118 条　（本条根据 1989 年 8 月 17 日第 18825 号法令、1991 年 11 月 12 日第 19097 号法令、1997 年 11 月 17 日第 19526 号法令、2009 年 5 月 14 日第 20346 号法令修正）

每个社区或多个社区的地方行政机关，根据法律规定设在自治市。市政管理机构由市长及其委员会组成，市长是最高首长。

宪法组织法应规定社区参与市政活动的形式和方式。

按照响应宪法组织法规定的情形和方式，市长可在一个或多个地方任命代表执行其职权。

自治市是公法自治机构，具有法人资格和自有财产，其目标是满足地方社区需要及确保其参与地区经济、社会和文化进步。

宪法组织法应规定自治市的职能和权利，并规定经地方议会同意，或应

2/3 在职地方议会议员请求，或法律规定的一定比例市民要求时，市长可提请不具法律约束力的咨询会，或全民公投，并对公投的次数、召集形式和法律效果进行规定。

根据宪法组织法的规定，自治市之间可相互协助以达成共同目标，可结合形成具有私法法人资格的非营利性社团或组织，并以提升和传播艺术、文化及体育为其责。宪法组织法应对此类市政参与作出相应规定。

按照相关宪法组织法的规定，在社区之间或社区群之间，为促进平衡发展和公民参与，自治市可建立邻里单位控制的领域。

公共部门在相关社区内执行任务时，应按照法律规定的方式配合自治市政府。

法律应规定部委、公共部门和地方政府向自治市转移管辖权的形式、方法及转移的临时或永久性质。

第 119 条　（本条根据 1991 年 11 月 12 日第 19097 号法令修正）

根据自治市的宪法组织法，自治市的议会由具有普选权的公民选出的议员组成。自治市地方议会议员任期 4 年。此法对委员数量和市长选举方式也应作出相应规定。

地方议会是受托使地区有效参与的机构，行使规范、决策和监管的职能，并根据相关宪法组织法规定的形式行使其他职权。

自治市组织法应规定议会的组织和功能、市长必须与委员会协商的事项、必须达成协议的事项。无论何种情形下，在批准社区发展规划、市预算和相关投资计划时，必须具备此协议。

第 120 条　（本条根据 1991 年 11 月 12 日第 19097 号法令、1997 年 11 月 17 日第 19526 号法令修正）

相关宪法组织法应规范新设社区的临时政府、成立新自治市的程序、自治市人员和公共机构的移交，处于新设社区的财产使用、分配、保护的必要保障。

自治市宪法组织法应规定一个或多个社区撤销或合并的程序。

第 121 条　（本条根据 1991 年 11 月 12 日第 19097 号法令、1997 年 11 月 17 日第 19526 号法令修正）

为履行职责，自治市可设立或取消职位和固定报酬，并可成立宪法组织法允许的机构或单位。

使用这些权力时，应遵守只能由共和国总统发起、市政宪法组织法规定的限制或要求。

第 122 条　（本条根据 1991 年 11 月 12 日第 19097 号法令修正）

自治市享有财政自治权。国家预算法可划拨资金到其支出账户，对法律直接授与的收益或相关区域政府给予的收益无影响。宪法组织法应制定机制，以共同市政基金的名义对国家各市的单独财政收入进行共同重新分配。此基金的分配条例属于法律事项。

第四节　一般条款

第 123 条　（本条根据 1991 年 11 月 12 日第 19097 号法令、2009 年 10 月 28 日第 20390 号法令修正）

对于所有或某些自治市政府间共有的问题，或市政府与其他公共机关间的问题，应由法律制定协调管理规则。

第 124 条　（本条根据 2009 年 10 月 28 日第 20390 号法令修正）

被任命为区域行政首长、省长、地方议会成员或议员者，须为具有选举权、满足法律规定的其他要求、在任命或选举前已在本地区居住满两年的居民。

区域行政首长、省长、地方议会成员或议员的职位之间存在任职冲突。

除非相关上诉法院宣布有启动法律程序的根据，任何法院不能启动针对区域行政首长或省长的刑事程序。

第 125 条　（本条根据 1991 年 11 月 12 日第 19097 号法令修正）

市长、地区议会成员和议员职务的中止，由相关宪法组织法律确定。

第 126 条　（本条根据 1991 年 11 月 12 日第 19097 号法令、2009 年 10 月 28 日第 20390 号法令修正）

对可能发生在国家、区域、省及社区间的权限争议，由法律规定其解决方式。

对发生在区域行政首长和地方议会之间，市长与市议会之间分歧的调和方式，法律也应作出规定。

第五节　特别条款

（本节根据 2007 年 7 月 30 日第 20193 号法令、2012 年 3 月 6 日第 20573 号法令修正）

第 126bis 条　帕斯夸岛和胡安·费尔南德斯群岛是特殊领土。该领土的政府和管理机构由特定的宪法组织法的规定的特别法约束。

本法第 19 条第 7 项规定的在共和国境内享有的定居权、居留权和迁徙权同样适用于上述特殊领土，但行使权利的形式须由符合法定人数通过的适用于该特殊地区的特别法规定。

第十五章　宪法的修正

第 127 条 （本条根据 1989 年 8 月 17 日第 18825 号法令、2005 年 8 月 26 日第 20050 号法令修正）

在第 65 条第 1 款规定的限制条款下，宪法修正法案可由共和国总统的咨文，或国会任一议院的提议提出。

经众议院或参议院 3/5 在职议员的分别确认投票，宪法修正法案可被核准。修正案如涉及第一章、第三章、第八章、第十一章、第十二章或第十五章的规定，应经参众两院 2/3 在职议员的批准。

鉴于此章尚有未列出的法律事项，关于法律形成的规范同样适用于宪法修正案程序，前段规定的法定人数也应适用。

第 128 条 （本条根据 1989 年 8 月 17 日第 18825 号法令、2000 年 4 月 29 日第 19671 号法令、2005 年 8 月 26 日第 20050 号法令修正）

经两院核准后，宪法修正案送交共和国总统。

当共和国总统完全反对两院所通过的修正案，但参众各院 2/3 在职议员坚持时，总统应将修正案进行公布，除非他以全民投票方式向选民征求意见。

当共和国总统部分反对两院所通过的修正案，但反对部分获得参众两院依前条规定的 3/5 或 2/3 在职议员的支持时，反对部分将被视为批准，并退回总统进行公布。

当两院不同意总统所提出的全部或部分反对意见时，在分歧情况下不得对宪法作出修正，除非参众两院 2/3 议员一直坚持其修正提案。在后一种情形时，应将所坚持的议案被反对部分退给总统予以公布，除非总统通过全民投票方式将争论事项交由选民决定。

关于国会的宪法组织法，应规范关于宪法修正案被否决的其他问题和国会否决程序的问题。

第 129 条 （本条根据 1989 年 8 月 17 日第 18825 号法令、2005 年 8 月 26 日第 20050 号法令、2011 年 6 月 28 日第 20515 号法令修正）

召集全民投票时，应于参众两院坚持所通过议案的 30 日内，以最高法令规定全民投票的日期，并于最高法令公布之日起 120 日起最近的星期日举行。如果总统在上述期间并未召集全民投票，则国会通过的法案获公布。

召集命令应包括国会全体大会批准和完全为共和国总统否决的法案，或者国会所坚持法案的问题。在后一种情况下，对每一存在争议的问题应分别投票表决。

选举审核法院应将全民投票结果告知共和国总统，阐述经居民投票通过的议案内容，并在告知总统后的 5 日内将此内容以宪法修正案的方式予以公布。

宪法修正法案自公布之日起生效，其中条例将成为宪法的一部分，并与宪法融为一体。

临时性条款

1. 根据本宪法第 19 条第 1 项第 3 段所制定的相关条款在获批准前，现行法律规定依然生效。

2. 根据本宪法第 19 条第 24 项第 7 至 10 段规定所制定的规范矿产特许的行使、条件与效果的新《矿产法》，在其获批之前，矿产权所有人的特许权由本宪法生效之时的生效法律规范。

前段所述矿产权将根据新《矿产法》的规定继续有效，但是对权利的行使、消灭与责任，将适用新《矿产法》的规定。为保护合法的土地权利，应新《矿产法》的新规定，对批准的特许经营权规定时限。

在本宪法与新《矿产法》各自生效相隔的期间，本宪法第 19 条第 24 项第 7 至 10 段规定的具有特许性质的宪法性矿产权，以及对上述特许权的批准，将仍由现行法律规范。

3. 根据 1925 年宪法临时条款第 17 条的规定，国有化的大型铜矿工业与企业，受原生效宪法规则的规范至本宪法颁布生效之日。

4.（本条根据 2005 年 8 月 26 日第 20050 号法令修正）

当相应的法律机构尚未被批准时，由宪法组织法或合格法定人数批准的法律所调整的对象，本应与本宪法保持一致，但仍由现行生效的法律调整。

5. 尽管第 32 条第 6 项有所规定，但是只要法律没有明确规定加以限制，本宪法公布之日第 63 条未规范的法律事项仍将有效。

6. 在不违反第 19 条第 20 项第 3 段规定的情形下，只要法律未明确加以限制，为确定的目的拨付税款的法律规定仍将有效。

7.（本条根据 1989 年 8 月 27 日第 18825 号法令、1997 年 12 月 22 日第 19541 号法令、2005 年 8 月 26 日第 20050 号法令修正）

对 1990 年 3 月 11 日之前犯有第 9 条所述之罪者，仍可进行个人特赦。但相应法令的副本应依保密的方式提交参议院。

8.（本条根据 1991 年 4 月 1 日第 19055 号法令、1996 年 2 月 20 日第 19448 号法令、1997 年 9 月 16 日第 19519 号法令、2005 年 8 月 26 日第 20050

号法令修正）

第七章"公共部"的规定，将于公共部的宪法组织法生效之日起适用。该宪法组织法可对其不同的条文规定不同的生效日期，也可根据不同事项在国家不同地区决定逐步适用。

第七章"公共部"的规定、公共部的宪法组织法和补充上述规则的法律、修订《法院组织法》的法律以及《刑事诉讼法》，仅仅适用于其生效之后发生的行为。

9. （本条根据 1997 年 9 月 16 日第 19519 号法令修正）

尽管第 87 条有相应规定，但是对国家总检察长和地方检察官、最高法院和上诉法院的职位提供的第一次 5 人名单和每个 3 人名单，可分别包括 1 名司法机构的现职人员。

10. （本条根据 1997 年 11 月 17 日第 19526 号法令修正）

第 121 条授予自治地方当局以组织机构变更权、人事和薪酬调整权，上述权利在相关法律规定了其行使的形式、条件与限制后适用。

11. （本条根据 1997 年 12 月 22 日第 19541 号法令修正）

在现行宪法修订案公布之日起一年后，共和国总统、副总统、众议院长、参议院长、国务部长、地方行政长官、州长或市长不得出现在最高法院任职。

12. （本条根据 2001 年 8 月 25 日第 19742 号法令、2005 年 8 月 26 日第 20050 号法令修正）

共和国现任总统的任期为 6 年，并不得连选连任。

13. （本条根据 2005 年 8 月 26 日第 20050 号法令修正）

根据《智利共和国宪法》第 49 条和正在生效的《公民选举与投票的宪法组织法》选举的参议员组成参议院。

上述《公民选举与投票的宪法组织法》与参议员的人数、现行的限制与生效的选举体系均有联系，其修订需要在职众议员和参议员 3/5 的肯定性投票。

根据已被废止的第 49 条第（1）、（2）、（3）、（4）、（5）与（6）项，被吸收或被任命的履行现职的参议员，将继续完成其职能直至 2006 年 3 月 10 日。

14. （本条根据 2005 年 8 月 26 日第 20050 号法令修正）

现任部长的更换以及宪法法院新成员任命的生效，应遵守下列规则：

共和国总统、参议院、最高法院和国家安全委员会任命的现任部长，将履行其职务直到任期届满或被停止职责。

国家安全委员会任命的部长的更换，应告知共和国总统。

参议院应任命宪法法院的 3 名大法官，其中两名可直接任命，第 3 名根据众议院的提议任命。根据本条第 7 段的规定，后者的任期与参议院当前任命的大法官任期相同，可终止任期，也可连选连任。

本次修订公布后 6 个月后，最高法院现任大法官轮流担任宪法法院法官，任职宪法法院期间应暂停行使其最高法院的职权，此改革不应影响公务员的权利。宪法法院法官任期届满或因任何原因职责终止后，将继续履行其最高法院法官的职责。

根据 92 条第（3）项的规定，最高法院将根据相应空职的数量任命律师。然而，第一次被任命任期 3 年，第二次被任命任期 6 年，第三次被任命任期 9 年。任何被任命 3 年的人可被再次任命。

如果现任部长未能依前段规定获任并终止了其职责，其将由第 92 条第（1）、（2）项指明的机关所取代，其任期与其前任相同并可连选连任。

根据本条任命的部长应于 2005 年 12 月 11 日前被任命，并于 2006 年 1 月 1 日履职。

15.（本条根据 2005 年 8 月 26 日第 20050 号法令修正）

根据宪法规定，本次宪法修订所涉事项必须经众议院和参议院在职议员的绝对多数或者 4/7 批准。本次宪法修订生效之前国会批准的国际条约应被视作符合上述规定。

第八章的修订生效时，最高法院正在审理和本应由最高法院审理的能力冲突案件，将仍由最高法院审理直至程序完成。

第八章的修订适用之前，由国家部门、单方申请或最高法院启动的因违反宪法而对法律规范作出的无法适用的宣告，其程序将仍根据本法院的权限与命令在其任期内进行。

16.（本条根据 2005 年 8 月 26 日第 20050 号法令修正）

本次宪法修订公布 6 个月后，第八章的修订生效，但临时性条款第 14 条除外。

17.（本条根据 2005 年 8 月 26 日第 20050 号法令修正）

秩序与公共安全部队附属于对国家安全负责的政府部门，直至建立负责公共安全的部委的新法获批为止。

18.（本条根据 2005 年 8 月 26 日第 20050 号法令修正）

第 57 条第 2 项的修正，将于下一届国会议员总选举时生效。

19.（本条根据 2005 年 8 月 26 日第 20050 号法令修正）

尽管对本宪法第 16 条第 2 项进行了修正，但是对 2005 年 6 月 16 日之前被提起公诉的人、因犯有可处以徒刑之罪而被提起公诉的人，或者因犯有法律认定为恐怖行为犯罪而被提起公诉的人，其选举权仍应中止。

20. （本条根据 2005 年 8 月 26 日第 20050 号法令修正）

第 19 条第 16 项第 4 段所指的特殊法庭尚未建立之前，对非职业协会成员的专业人士之道德行为提起的请求权，将由普通法庭听审。

21. （本条根据 2007 年 2 月 16 日第 20162 号法令修正）

关于学前教育过渡的第二层次问题，对第 19 条第 10 项所作出的修正，将根据法律规定的形式逐步生效。

22. （本条根据 2007 年 7 月 30 日第 20193 号法令修正）

第 126bis 条所指的特别法尚未生效之前，帕斯夸岛和胡安·费尔南德斯群岛的特殊领土仍由规范政治区划和国家内部治理与管理的普通法规进行调整。

23. （本条根据 2009 年 4 月 4 日第 20337 号法令修正）

关于自愿投票和根据单部法律纳入选民登记册问题，对第 15 条和 18 条所作出的修正，其生效日期为修正后的第 18 条第 2 款所指的相关宪法组织法生效之日。

24. （本条根据 2009 年 5 月 30 日第 20352 号法令修正）

根据 1998 年 7 月于罗马召开的外交全权代表会议通过的确定设立国际刑事法院的公约条文，智利可承认国际刑事法庭的管辖权。

为实现上述管辖权的承认，智利重申其对国际刑事法庭管辖事项有优先管辖权。根据创设国际刑事法庭的《罗马规约》的规定，国际刑事法庭只是本国司法系统的补充。

智利适格国家机关与国际刑事法庭之间的合作与协助，以及可能使用的司法与行政程序，应适用治理法律的规定。

根据《罗马规约》的规定，国际刑事法庭行使对有关刑事犯罪的管辖权，其执行的原则应于《罗马规约》在智利生效后方得适用。

25. （本条根据 2010 年 1 月 4 日第 20414 号法令修正）

对第 60 条第 4 款进行的修订，在本法于官方公告发布之日起 180 日后生效。

（许婕、曾莉译，毕洪海、温大琳校）

澳大利亚

澳大利亚联邦宪法法案[*]

序 言

鉴于新南威尔士、维多利亚、南澳大利亚、昆士兰和塔斯马尼亚的人民恭顺地依靠万能的上帝的祝福，并同意在大不列颠及北爱尔兰联合王国的国王的领导下，按照宪法，联合组成一个不可分割的联邦，特此制定该法案：

同时，为其他的澳大利亚殖民地联邦和女王所有的领土加入联邦提供便利：

因此，经神职和世俗贵族（the Lords Spiritual and Temporal）和平民议员的同意，在现有召集的议会中，以议会的权威，以最杰出的女王陛下之名制定如下条款：

一、本法案可以被称为《澳大利亚联邦宪法法案》。

二、本法案所指的女王，也包括联合王国主权之下的女王陛下的继承人和继任者。

三、女王应根据枢密院（Privy Council）的建议，通过宣布声称，自宣布所指定的日期或之后，但不迟于本法案通过后 1 年，新南威尔士、维多利亚、南澳大利亚、昆士兰、塔斯马尼亚的人民，如果女王陛下确信西澳大利亚及其人民同意，就以澳大利亚联邦的名义联合组成联邦共和国。女王可以在此宣布作出后的任何时间任命联邦的总督（Governor - General）。

四、在女王宣布中指定的日期或者之后，联邦即告成立，联邦的宪法即应

---

* 在 1898 年至 1900 年之间由澳大利亚各殖民地人民公决通过，1900 年 7 月 9 日经维多利亚女王以联合王国议会议案加以批准，自 1901 年 1 月 1 日起生效。

生效。几个殖民地的议会可以在本法案通过后的任何时间制定任何这样的法律，它们如果是在本法案通过时宪法已生效的情况下制定，那么该法律在指定的日期生效。

五、即使州的法律有任何其他规定，本法案和所有由联邦议会根据宪法制定的法律，对法院、法官和所有州的人民，以及联邦的每一部分均具有约束力；联邦法律在许可通航的结关港口（Port of Clearance）和目的地港在联邦之内所有英国轮船有约束力，女王的军舰除外。

六、"联邦"是指根据本法案建立的澳大利亚联邦。

"州"是指如下几个殖民地：新南威尔士、新西兰、昆士兰、塔斯马尼亚、维多利亚、西澳大利亚、南澳大利亚，包括南澳大利亚的北部领土，作为目前联邦的组成部分，此外，上述殖民地或者领土经同意加入或者由联邦建立而成为州，联邦之内的上述每一个组成部分称之为"一个州"。

"创始州"（Original States）是指自联邦建立时起就是联邦的组成部分的州。

七、《1885年澳大利亚联邦理事会法案》据此废除，但不影响由澳大利亚联邦理事会通过的以及在联邦建立时已生效的任何其他法律。

联邦议会可以废除任何州的法律，州议会可以废除任何不属于州的殖民地的法律。

八、本法案通过后，《1895年殖民地边界法案》不再适用于任何成为联邦的州的殖民地。就该法案的目的而言，联邦应被作为一个自治的殖民地。

九、联邦宪法的内容规定如下：

第一章　议　　会

第一节　一般规定

第1条　立法权

联邦的立法权应赋予联邦议会，联邦议会应由女王、参议院和众议院组成，以下称为"议会"或"联邦议会"。

第2条　总督

女王任命的总督应为女王陛下在联邦的代表。根据女王的意愿以及本宪法的规定，总督在联邦内应该享有并可以实施女王陛下愿意委派给他的女王的权力和职能。

第 3 条　总督的薪金

应从联邦统一收入基金（Consolidated Revenue Fund）中就总督的薪金向女王支付。在议会另有规定前，总督每年的薪金为 10000 英镑。

总督的薪金在其任职期间不得改变。

第 4 条　有关总督的规定

本宪法中有关总督的规定延伸并适用于现任总督或女王任命的管理联邦政府之人。但在管理联邦政府期间，他无权就其他兼职职位从联邦获得薪金。

第 5 条　议会的会期、休会和解散

总督可以指定他认为合适的时间举行议会会议，也可以随时通过公告或其他方式休会，也可以通过类似的方式解散众议院。

召集议会

大选后，议会应在书面令状返回的指定日后 30 日内召开。

第一个会期

议会应在联邦建立后的 6 个月内召开。

第 6 条　议会每年的会期

议会每年至少应有一个会期，因此，从一个会期的最后一次会议到下个会期的第一次会议不得间隔 12 个月以上。

第二节　参　议　院

第 7 条　参议院

参议院由各州参议员组成。在议会另有规定前，参议员由各州的选民通过投票直接选出。

但在联邦议会另有规定前，昆士兰州的议会——如果该州属于创始州——可以制定法律，将该州划分为数个区域，并规定每个区域应选出的参议员的人数。在没有这种规定时，该州应作为一个选区。

在议会另有规定前，每个创始州应有 6 名参议员。议会可以制定法律，增加或减少各州参议员的人数，但应保持创始州的代表人数相等，同时，任何创始州的参议员不能少于 6 名。

参议员的任期为 6 年，各州当选参议员的名单由州长向总督证明。

第 8 条　选举人资格

参议员的选举人资格在各州都应由本宪法或议会规定，与众议院议员的选举人资格相同；但在选举参议员时，每个选举人只能投票一次。

第 9 条　参议员的选举方法

联邦议会可以制定法律，规定选举参议员的方法，该方法适用于所有州。在遵守该法律的前提下，各州议会可以制定法律，规定本州参议员的选举方法。

时间和地点

州议会可以制定法律，决定本州参议员选举的时间和地点。

第 10 条　州法的适用

在议会另有规定前，在遵守本宪法的前提下，应将目前在各州有效实行并涉及本州众议院议员选举的法律尽可能地适用于本州参议员的选举。

第 11 条　参议员未能选出

任何州未能选出参议院的代表，均不影响参议院处理事务。

第 12 条　书面令状的签发

任何州的州长都可以促请为本州参议员的选举签发书面令状。在参议院解散的情况下，书面令状应在公告解散之日起 10 日内签发。

第 13 条　参议员的轮换

在参议院的第一次会议后，以及每次解散后的第一次会议，参议院应立即将各州当选的参议员划分为两类，人数应尽可能相等；第一类参议员的席位应在 3 年期满时空出，第二类参议员的席位应在 6 年期满时空出，均从其任期开始时起算；此后，参议员的席位应在 6 年期满时空出，从其任期开始时起算。

填补空缺席位的选举应在席位空出之前的 1 年内进行。

为本条之目的，参议员的任期应从其当选日之后的 7 月 1 日起算，第一次选举和参议院解散后的选举除外，此时的任期应从其当选日之前的 7 月 1 日起算。

第 14 条　轮换的进一步规定

当州的参议员的人数增加或减少时，联邦议会可以对州的参议员的职位空缺作出规定，该规定应为联邦议会认为保持轮换之规律性所必需。

第 15 条　临时空缺

如果参议员的席位在其任期届满前空出，他所在州的议会应选举一人保持该席位直到任期届满：如果州议会有多院，则应一起开会选举；如果州议会只有一院，则由该院选举。但如果空缺被通知时州议会未在会期中，州长可以在执行委员会（Executive Council）的建议下，指定一人担任此职，直到州议会下届会期开始后的第 14 日或其任期届满，以先到者为准。

如果一州人民选出的参议员的职位出现空缺，在他当选时，他被某一特定的政党公开地确定为该党支持的候选人，并公开表明自己的这种身份，由于该职位空缺或随后的职位空缺，根据本条被选举或任命的人应为该党的成员，除非该党无人被选举或任命。

当：

（a）根据前款规定，特定政党的成员被选举或任命，担任已空出的参议员的席位；且

（b）在就职前，他停止作为该党的党员（并非因为政党不再存在）；

他应被视为未被选出或任命，且该职位空缺的情况应根据本宪法第 21 条的规定再次被通知。

根据本条被选出或任命的参议员的姓名应由州长提交总督核证。

如果一州的人民在《1977 年宪法修改（参议院临时空缺）》实施前的上一届参议员选举中所选出的参议员出现席位空缺，以及在实施时，无人因为该席位空缺或随后的席位空缺而被该州的参议院或众议院选出，或被该州的州长任命而任职，依据本条规定，视同该州人民选出的参议员的席位在该宪法修改实施后出现空缺。

在《1977 年宪法修改（参议院临时空缺）》实施时任职，且因为一州人民所选出的参议员的席位出现空缺而被该州州长任命的参议员，应视为被任命任职，直到他被任命后该州议会的下一个会期开始后的第 14 日结束，并应根据本条采取进一步行动，视同该州人民所选出的参议员的席位空缺发生在该宪法修改实施后。

在遵守下款的前提下，在《1977 年宪法修改（参议院临时空缺）》实施时任职，且因为一州人民所选出的参议员的席位出现空缺而由该州众议院选出的参议员，应视为被选举任职，直到该州人民所选出的参议员的任期届满。

在《1977 年宪法修改（参议院临时空缺）》实施时或实施前，如果一部称为《1977 年宪法修改（同时选举）》的修改宪法的法律已经实施，因一州人民所选出的参议员的席位空缺而由该州众议院在上述法律实施时选出的参议员应视为被选举任职，且其任期：

（a）在该州人民选出的参议员的任期届满之日为 1978 年 6 月 30 日的情况下，视为直到在上述法律实施后将到期或解散的第一届众议院到期或解散时；

（b）在该州人民选出的参议员的任期届满之日为 1981 年 6 月 30 日的情况

下，视为直到在上述法律实施后将到期或解散的第二届众议院到期或解散时；如果参议院提前被解散，则视为直到该解散时。

第 16 条　参议员的资格

参议员的资格应与众议院议员的资格相同。

第 17 条　议长的选举

参议院在处理任何其他事务之前，应选举一名参议员作为参议院的议长；一旦议长的职位出现空缺，参议院应再选举一名参议员作为议长。

如果议长不再是参议员，则其议长职位也应停止。议长可以由参议院通过投票罢免，或通过书面形式向总督提出辞去其职位或议席。

第 18 条　议长的缺席

在议长缺席期间或缺席之前，参议院可以选举一名参议员，在议长缺席期间履行议长的职责。

第 19 条　议员的辞职

参议员可以通过书面形式向议长提出辞去其席位，如果没有议长或议长不在联邦境内，应向总督提出。由此，他的席位应变为空缺。

第 20 条　缺席导致的空缺

如果参议员未经参议院的允许，在任何一个会期，连续缺席参议院满 2 个月，他的职位应变为空缺。

第 21 条　空缺通知

当参议院的席位发生空缺时，议长应通知州长该州代表发生空缺的情况。如果没有议长或议长不在联邦境内，则由总督通知。

第 22 条　法定人数

在议会另有规定前，参议院为行使其权力而举行会议，必须有全体参议员的 1/3 以上出席方可。

第 23 条　参议院的表决

在参议院中提出的问题应由多数票决定，每名参议员只有 1 票。议长在任何情况下都有权投票；当票数相等时，该问题被否决。

第三节　众 议 院

第 24 条　众议院的组成

众议院由联邦人民直接选出的代表组成，代表的人数应尽可能两倍于参议员的人数。

一些州的当选代表的人数应与各州的人口数成比例。在议会另有规定前，代表的人数应以下列方式确定：

（i）应以参议员人数的两倍除以联邦最新统计所显示的联邦人口总数来确定一个定额；

（ii）各州选出的众议院议员人数应以这一定额除以联邦最新统计所显示的本州人口数来确定；如果这样做除法得到的余数大于 1/2，则该州增加 1 人。

尽管有上述规定，每个创始州至少应选出 5 名议员。

第 25 条　关于不适格投票的民族的规定

为前一条之目的，如果根据州法，在该州众议院的选举中，任何一个民族的所有人都没有资格投票，则在计算该州或联邦的人口数时，该民族居民的人口不作计算。

第 26 条　第一届议会的代表

尽管有第 24 条的规定，在第一次选举中，各州应当选的众议院议员的人数如下：

新南威尔士···23；

维多利亚···20；

昆士兰···8；

南澳大利亚···6；

塔斯马尼亚···5；

如果西澳大利亚是一个创始州，则议员人数如下：

新南威尔士···26；

维多利亚···23；

昆士兰···9；

南澳大利亚···7；

西澳大利亚···5；

塔斯马尼亚···5。

第 27 条　议员人数的修改

在遵守本宪法的前提下，议会可以制定法律，增加或减少众议院议员的人数。

第 28 条　众议院的任期

从第一次会议开始，每届众议院应持续 3 年，并不再延长。但是，它可以被总督提前解散。

第 29 条　选区的划分

在联邦议会另有规定前，各州议会可以制定法律，决定本州的选举众议院议员的选区划分，以及每个选区应选出的议员人数。一个选区不得跨不同的州。

如果没有其他规定，各州应为一个选区。

第 30 条　选举人资格

在议会另有规定前，众议院议员的选举人资格在各州由州法规定，与本州众议院的选举人资格相同。但在选举议员时，每个选举人只能投票一次。

第 31 条　州法的适用

在议会另有规定前，在遵守本宪法的前提下，应将目前在各州有效实行并涉及本州众议院选举的法律尽可能地适用于本州在联邦众议院的议员的选举。

第 32 条　大选的书面令状

委员会中的总督可以促请为众议院议员的大选签发书面令状。

在第一次大选后，书面令状应在众议院任期届满之日起或在公告解散之日起 10 日内签发。

第 33 条　空缺时签发书面令状

当众议院发生席位空缺时，议长应签发选举新议员的书面令状。如果没有议长或议长不在联邦境内，委员会中的总督可以签发书面令状。

第 34 条　议员的资格

在议会另有规定前，众议院议员的资格应该如下：

（i）他必须年满 21 岁，且必须是在众议院议员的选举中有权投票的选举人，或有资格成为该选举人，当他当选时，他必须在联邦境内已经居住满 3 年；

（ii）他必须是女王的臣民，或自然出生，或根据法律已经归化满 5 年，该法律可以是英国的法律，已经成为或正在成为州的殖民地的法律，联邦的法律或州的法律。

第 35 条　议长的选举

众议院在处理任何其他事务之前，应选举 1 名议员作为众议院的议长；一旦议长的职位出现空缺，众议院应再选举 1 名议员作为议长。

如果议长不再是议员，则其议长职位也应停止。议长可以由众议院通过投票罢免，或通过书面形式向总督提出辞去其职位或议席。

第 36 条　议长的缺席

在议长缺席期间或缺席之前，众议院可以选举 1 名议员，在议长缺席期间履行议长的职责。

第 37 条　议员的辞职

议员可以通过书面形式向议长提出辞去其席位，如果没有议长或议长不在联邦境内，应向总督提出。由此，他的席位应变为空缺。

第 38 条　缺席导致的空缺

如果议员未经众议院的允许，在任何一个会期，连续缺席众议院满 2 个月，他的职位应变为空缺。

第 39 条　法定人数

在议会另有规定前，众议院为行使其权力而举行会议，必须有全体议员的1/3 以上出席方可。

第 40 条　众议院的表决

在众议院中提出的问题应由除议长以外的多数票决定。议长不得投票，除非票数相等，此时他应有一个决定票。

第四节　议会的两院

第 41 条　州的选举人的权利

在州的众议院选举中享有或获得投票权的成年人，在其权利存续期间，不得被任何联邦法律阻止在联邦议会两院的选举中投票。

第 42 条　效忠的宣誓或确认

每位参议员和众议院议员在就职前，应在总督或总督授权的人面前，以本宪法附件中规定的形式，作出效忠的宣誓或确认。

第 43 条　一院的议员无资格成为另一院的议员

议会任何一院的议员不能被选举为另一院的议员或作为另一院的议员出席会议。

第 44 条　不适格

任何人如果：

（ⅰ）承认效忠、服从或依附于外国，或是外国的臣民或公民，或有权享有外国臣民或公民的权利或特权；或

（ⅱ）犯有叛国罪，或犯有任何根据联邦或州的法律可判处 1 年以上监禁的罪行，已被定罪并正在服刑或将要服刑；或

（ⅲ）是未清偿债务的破产者或没有能力清偿债务的人；或

（ⅳ）持有任何从王国获利的职位，或其养老金是根据王国的意愿从联邦收入中支付的；或

（ⅴ）因与联邦的机构存在协议，从而有直接或间接的金钱利益，但在 25

人以上的股份公司中担任成员并与其他成员享有同样的权利、义务的除外；

不能当选为参议员或众议院议员，或作为参议员或众议院议员列席会议。

但是，第（iv）项的规定不适用于女王为联邦委派的州大臣或女王为州委派的大臣，作为女王的海军或陆军的官员或成员获得薪金、一半薪金或养老金的人，或并非完全受雇于联邦，但作为联邦的海军或军队的官员或成员并获得薪金的人。

第 45 条　不适格导致的空缺

如果参议员或众议院议员：

（i）符合前一条中所提及的不适格的情况；或

（ii）利用与破产的或无力清偿的债务人有关的法律，通过转让、和解或其他方式从中获利；或

（iii）由于为联邦服务或在议会中为他人或州服务而直接或间接地收取或同意收取酬金或酬劳；

其席位应因此变为空缺。

第 46 条　对不适格出席的处罚

在议会另有规定前，任何根据本宪法被宣布不能作为参议员或众议院议员出席会议但仍每天出席会议的人，应向在任何有管辖权的法院就此提起诉讼的人支付 100 英镑。

第 47 条　选举争议

在议会另有规定前，任何关于参议员或众议院议员的资格，议会两院的席位空缺以及两院选举的任何有争议的问题，应由产生问题的一院来决定。

第 48 条　议员的津贴

在议会另有规定前，参议员或众议院议员的津贴应为每年 400 英镑，从其任职之日起算。

第 49 条　议院的特权等

参议院、众议院、两院议员和委员会的权力、特权和豁免应由议会公布，在议会公布前，其应为在联邦建立时英国议会下院及其议员和委员会享有的权力、特权和豁免。

第 50 条　规定和命令

任何一院都可以制定有关下列事项的规定和命令：

（i）实施和维持其权力、特权和豁免的方式；

（ii）单独或与另一院一起对事务和程序进行指挥和管理。

第五节　议会的权力

第 51 条　议会的立法权

为了联邦的和平、秩序与善治，在遵守本宪法的前提下，议会有权制定有关下列事项的法律：

(i) 与其他国家以及州际的贸易和商业活动；

(ii) 税收，但不能因此在各州之间或州的各部分之间造成歧视；

(iii) 鼓励货物的生产或出口，但这些鼓励措施在联邦范围内应统一；

(iv) 以联邦的公共信用举债；

(v) 邮政、电报、电话及其他类似服务；

(vi) 联邦和一些州的海军和军事防御，以及对执行和维护联邦法律的武力的控制；

(vii) 灯塔、灯船、信号站和浮标；

(viii) 天文和气象观测；

(ix) 检疫；

(x) 领土范围外的澳大利亚海域的渔业；

(xi) 人口普查和统计；

(xii) 通货、铸币和法定货币；

(xiii) 州银行业以外的银行业，延伸至州的界限之外的州银行业，银行的合并，纸币的问题；

(xiv) 州保险业之外的保险业，延伸至州的界限之外的州保险业；

(xv) 度量衡；

(xvi) 汇票和本票；

(xvii) 破产和无力偿债；

(xviii) 版权、发明和设计专利、商标；

(xix) 归化和外国人；

(xx) 在联邦范围内组建的外国公司、贸易或金融公司；

(xxi) 婚姻；

(xxii) 离婚和婚姻诉讼以及与此有关的亲权、未成年人的照顾与监护；

(xxiii) 残疾人和老年人的养老金；

(xxiiiA) 产妇的津贴，丧偶妇女的养老金，对儿童的捐赠，失业，药物，疾病和住院补助，医疗和牙科服务（但不因此授权任何形式的民间征集），学生的补助和家庭的津贴；

（xxiv）民事和刑事程序以及州法院的判决在联邦范围内的送达和执行；

（xxv）在联邦范围内对法律、公共法令和档案以及州的司法程序的承认；

（xxvi）被认为有必要制定特别法律的任何民族的人民；

（xxvii）入境移民和出境移民；

（xxviii）罪犯的入境；

（xxix）外交事务；

（xxx）联邦与太平洋岛屿的关系；

（xxxi）为了议会立法中的目的，在公正的条件下，取得任何州或个人的财产；

（xxxii）涉及联邦的海军或军事运输的铁路管理；

（xxxiii）根据联邦和州之间安排的条款，经州同意，取得该州的铁路；

（xxxiv）经州同意，在该州范围内的铁路建设和延伸；

（xxxv）为防止和解决超越一州范围的工业争议的调解和仲裁；

（xxxvi）在议会另有规定前，由宪法规定的事项；

（xxxvii）由州议会交给联邦议会的事务，但由此法律只延伸适用于通过其议会转交事务的州或后来批准该法律的州；

（xxxviii）在所有直接相关的州的议会的请求或同意下，在联邦范围内实施在本宪法制定时只能由联合王国议会或澳大拉西亚（Australasia）联邦委员会行使的任何权力；

（xxxix）行使由宪法授予联邦议会或其两院、或联邦政府、或联邦司法机关、或联邦任何部门或官员的权力所附带产生的事务。

第 52 条　议会的专属权力

为了联邦的和平、秩序与善治，在遵守本宪法的前提下，议会对下列事项有专属立法权：

（i）联邦政府的职位，以及所有为公共目的而设置的联邦职位；

（ii）其管理已被本宪法移转给联邦政府的公共事业的任何部门；

（iii）其他由本宪法公布的在议会的专属权力范围内的事项。

第 53 条　两院的立法权

财政拨款或资金拨付以及征税的法律提案不能由参议院提出。但是，不能仅仅因为法律提案涉及罚金或其他金钱惩罚的课予或拨付，或许可费或服务费的需要、支付或拨付，而将其作为财政拨款或资金拨付以及征税的法律提案。

参议院不能修改征税的法律提案以及为政府每年的日常工作拨付国家收入或资金的法律提案。

参议院不能修改任何法案，以增加人民的费用或负担。

　　参议院可以在任何阶段将其不能修改的法律提案返还给众议院，以通告的形式要求其删除或修改其中的任何条目或规定。如果众议院认为合适，它可以以修改或不修改的方式作出这种删除或修改。

　　除本条规定外，参议院对所有的法律提案享有与众议院平等的权力。

第 54 条　拨付议案

　　为政府每年的日常工作拨付国家收入或资金的法律提案只能涉及此类拨付。

第 55 条　有关推荐资金的投票

　　征税的法律只应涉及征税，其中涉及其他事项的规定应无效。

　　征收关税与消费税之外的征税法律仅能涉及一种征税对象；但征收关税的法律仅涉及关税，征收消费税的法律仅涉及消费税。

第 56 条　推荐有关资金的投票

　　除非总督的通告在同一会议上，就拨付国家收入或资金的目的，向提出投票、决议或法律提案的一院作了推荐，否则，拨付国家收入或资金的提案不能通过。

第 57 条　两院的意见不一致

　　如果众议院通过法律提案，参议院拒绝或未能通过该法律提案，或以众议院不会同意的修正案的方式通过该法律提案，如果在 3 个月的间隔后，众议院在同一次或下一次会议上，再次通过附带或未附带参议院制定、建议或同意的修正案的法律提案，且参议院拒绝或未能通过该法律提案，或以众议院不会同意的修正案的方式通过该法律提案，总督可以同时解散参议院和众议院。但在众议院任期届满日之前的 6 个月内，不得因此被解散。

　　如果解散后，众议院再次通过附带有或不附带由参议院制定、建议或同意的修正案的法律提案，且参议院拒绝或未能通过该提案，或附带众议院不会同意的修正案而通过该提案，则总督可以召集参议员和众议院议员举行联席会议。

　　出席联席会议的议员可以审议，并应一起对众议院最后提出的法律提案，以及由一个议院制定而另一议院否决的修正案（如果有的话）表决，由众议院和参议院全体议员以绝对多数确认的修正案应视为已通过，如果如此通过的法律提案和修正案（如果有的话）被参议院和众议院全体议员以绝对多数确认，则应视为已被议会两院正式通过，且应提交总督以获得女王的同意。

第 58 条　皇室的同意

　　当议会两院通过的法律提案为获得女王同意而提交总督时，总督应根据他的裁量，并在遵守本宪法的前提下宣布，他以女王的名义同意，或不同意，或根据女王的意愿保留该法律。

总督的建议

总督可以将任何这样提交给他的法律提案退回到提出该法案的议院，并可以提出他所建议的任何修改，该议院可以考虑其建议。

第 59 条　女王的否决

女王可以自总督同意时起 1 年内否决任何法律。当这种否决由总督以口头或书面形式告知议会两院而被知晓时，或以公告形式而被知晓时，法律即为无效。

第 60 条　女王的意愿对于被保留议案的重要性

为获得女王同意而被保留的法律提案不具有任何效力，除非和直到该法律提案被提交给总督以获得女王同意之日起 2 年内，总督以口头或书面形式告知议会两院，或以公告形式，使该法律提案已经得到女王的同意这一事实被知晓。

第二章　政　　府

第 61 条　行政权

联邦的行政权属于女王，由总督作为女王的代表来行使，包括执行和维持本宪法和联邦的法律。

第 62 条　联邦行政委员会（Federal Executive Council）

应设立联邦行政委员会，在联邦政府中为总督提供建议。委员会的成员应当由总督选择和召集，宣誓为行政委员会成员，并应根据总督的意愿任职。

第 63 条　涉及总督的规定

本宪法中涉及委员会中的总督的规定应被解释为总督在联邦行政委员会的建议下活动。

第 64 条　州大臣

总督可以任命官员管理委员会中的总督所设立的在联邦的州部门。

这些官员根据总督的意愿任职。他们应是联邦行政委员会的成员，也应是女王在联邦的州大臣。

大臣出席议会

在第一次大选后，州大臣担任其职位不应超过 3 个月，除非他是或成为参议员或众议院议员。

第 65 条　大臣的人数

在议会另有规定前，州大臣不应超过 7 人。州大臣根据议会的规定任职，在没有这种规定时，根据总督的指示任职。

第 66 条　大臣的薪金

应从联邦统一收入基金中就州大臣的薪金向女王支付。在议会另有规定前，州大臣每年的薪金不得超过 12000 英镑。

第 67 条　文官的任命

在议会另有规定前，联邦政府的所有其他官员的任免权应被授予委员会中的总督，但其任命被委员会中的总督或联邦法律授权给其他机构的除外。

第 68 条　海军和军队的指挥

联邦海军和军队的总指挥权被授予作为女王代表的总督。

第 69 条　部门的移转

在联邦建立后总督所公布的日期，各州的下列公共事业部门应移交联邦：

邮政、电信和电话；

海军和军事防御；

灯塔、灯船、信号站和浮标；

检疫。

但是，各州关于关税和消费税的部门应自联邦建立时移转。

第 70 条　州长的权力被授予总督

就根据本宪法移交给联邦政府的事务而言，在联邦成立时属于殖民地总督，在其行政委员会建议下工作的殖民地总督，或殖民地的其他机关的所有权力和职能，应根据情况需要，授予总督，或行政委员会中的总督，或其他在联邦行使相似权力的机关。

第三章　司法机关

第 71 条　司法权与法院

联邦的司法权力应授予联邦最高法院，称为澳大利亚高等法院，以及由议会建立的其他联邦法院和其他被授予联邦管辖权的法院。高等法院应由 1 名大法官和 2 名以上的其他法官组成，其他法官的人数由议会规定。

第 72 条　法官的任命、任期和薪金

高等法院和由议会建立的其他法院的法官：

（i）应由委员会中的总督任命；

（ii）不得被免职，除非委员会中的总督根据同一会期的议会两院的正式请求，基于法官被证明行为不当或能力欠缺的原因，请求免除其职务；

（iii）应获得议会规定的报酬，但该报酬在其连续任职期间不应被减少。

高等法院法官的任期直到法官年满 70 岁，如果一个人已满 70 岁，则不得被任命为高等法院的法官。

议会建立的法院的法官的任期直到其年龄达到任命时该法院的法官的年龄上限。如果一个人已达到当时的年龄上限，则不得被任命为该法院的法官。

在遵守本条规定的前提下，议会建立的法院的法官的年龄上限为 70 岁。

议会可以制定法律，将不满 70 岁的年龄作为议会所建立的法院的法官的年龄上限，且可以随时废止或修改这种法律，但是，任何废止或修改不影响在废止或修改前被任命的法官的任期。

高等法院或议会建立的其他法院的法官可以通过向总督递交书面辞呈辞职。

《1977 年宪法修改（法官的退休）》添加到本条中的任何规定不影响在该规定实施前被任命的法官的任职。

本条中涉及的高等法院或议会建立的其他法院的法官的任命，应被解释为包括在高等法院或议会建立的其他法院中任职的法官被任命为具有不同的地位或称呼的同一法院的法官。

第 73 条　高等法院的上诉管辖权

除例外情况，并在遵守议会规定的情况下，高等法院应有权审理和裁决对下列主体所作出的判决、命令和刑罚的上诉：

（i）行使高等法院的初审权的法官；

（ii）任何其他的联邦法院，或行使联邦管辖权的法院，或任何州的最高法院，或其判决在联邦建立前得上诉至女王的任何州的任何其他法院；

（iii）州际委员会的，但仅涉及法律问题。

在这些情况下，高等法院的判决应是终局性的。

对于州最高法院在联邦成立前可以上诉至女王的事项，议会所规定的例外情况或规则不得禁止其上诉至高等法院。

在议会另有规定前，州最高法院的判决和裁决上诉至女王的条件与限制应适用于其上诉至高等法院的情况。

第 74 条　上诉至女王

高等法院关于联邦与州之间或各州之间，或任何两州或两州以上之间的宪法权限范围的任何问题所作出的判决，不论如何提出，均不得上诉至女王，除非高等法院能证明该问题应由女王决定。

如果由于特殊原因应授予证明，也因此无须进一步准许，即可上诉至女王陛下，则高等法院可以为此证明。

除本条规定外，本宪法不应损害女王凭皇家特权对高等法院的上诉授予特别许可的权力。议会可以制定法律，限制请求这种许可的事项范围，但包含这种限制的法律提案应由总督保留，以获得女王陛下的认可。

第 75 条　高等法院的初审管辖权

对所有下列事务：

（i）在条约适用中产生的事项；

（ii）影响外国领事或其他代表的事项；

（iii）一方当事人是联邦或代表联邦起诉或被诉的人的事项；

（iv）各州之间，各州的居民之间，或一州的居民与他州之间的事项；

（v）请求执行职务令、禁止令或禁制令，以对抗联邦官员的事项；

高等法院享有初审管辖权。

第 76 条　附加的初审管辖权

议会可以制定法律，授予高等法院在下列事项上享有初审管辖权：

（i）在宪法适用中产生的，或涉及宪法解释的事项；

（ii）在议会法律的适用中产生的事项；

（iii）海军部和海事管辖权的事项；

（iv）根据不同州的法律主张同一诉讼标的的事项。

第 77 条　界定管辖权的权力

就前两条所提及的事项，议会可以制定法律：

（i）界定高等法院之外的任何联邦法院的管辖权；

（ii）界定不属于或不授予州法院的联邦法院管辖权的范围；

（iii）授予州法院联邦的管辖权。

第 78 条　起诉联邦或州的诉讼

议会可以就司法权范围内的事项制定法律，授予起诉联邦或州之权。

第 79 条　法官的人数

任何法院的联邦管辖权由法官行使，法官的人数由议会规定。

第 80 条　陪审团的审理

对任何违反联邦法律的指控应由陪审团审理，审理应在犯罪行为发生地的州进行，如果犯罪行为未发生在任何一州的范围内，则审理应在议会所规定的地方进行。

第四章 财政和贸易

第 81 条 统一收入基金

所有由联邦政府筹集或接受的收入或资金应组成统一收入基金，其拨付为联邦之目的，并遵守本宪法规定的收费与责任。

第 82 条 由此产生的费用

统一收入基金的筹集、管理、接收所产生的成本、费用和开销应构成统一收入基金的第一笔支出；联邦的收入应当首先用于支付联邦的支出。

第 83 条 由法律规定资金的拨付

除法律所规定的拨付外，不得从联邦国库提取任何资金。

但当议会第一次会议后的 1 个月之期届满，委员会中的总督可以从联邦国库中支取维持已移转给联邦的部门和举行第一次议会选举的必要费用。

第 84 条 官员的调任

当州的公共服务的部门移交联邦时，该部门的所有官员应服从联邦政府的管理。

除非未能留在联邦机构中的官员被任命到具有同等薪金的州公共服务机构的其他部门工作，否则，他有权根据废除其职位的州法，从国家获得退休金、遣散费或其他补偿。

留在联邦机构中的官员应享有既有的和增加的权利，且有权退休，如果他在联邦的任职是在州的任职的延续，那么，根据州法，他有权获得退休金或退休津贴。这种退休金或退休津贴应由联邦支付；但州应向联邦支付一部分，该部分应根据他在州的任职时间占全部任职时间的比例来计算，依此计算，他的薪金应为在他调动时州所支付的薪金。

在联邦建立时在州的公共机构中任职，但在州行政委员会的建议下，经州长同意，调任联邦公共服务机构的官员，应享有与曾在被移交联邦的部门任职，且留在联邦机构中任职的官员同样的权利。

第 85 条 州的财产的移交

当州的公共机构的部门移交给联邦时：

（i）与部门有关的专属使用的州的各种财产，应归联邦所有；但在该部门管理关税、消费税和奖励的情况下，仅能在委员会中的总督宣布为必要时才能移交；

（ii）联邦可以获得州所使用的任何财产，但与部门有关的专属使用的财产除外；如果没有达成协议，财产的价值应尽可能按照州为公共目的之用确定土地价值或土地收益价值的方式，并根据联邦建立时该州有效的法律来确定；

（iii）联邦应就根据本条移交给联邦的任何财产的价值给予州补偿；如果没有就补偿的方式达成协议，则应根据议会的立法来确定；

（iv）联邦应在移交之日承担州的被移交部门的义务。

第 86 条　关税、消费税和奖金

关税和消费税的征收与管理，以及奖金支付的管理，应在联邦建立之日移交联邦政府。

第 87 条　来自关税和消费税的收入

在联邦建立后的 10 年内，以及此后直到议会另有规定，在来自关税和消费税的联邦纯收入中，每年用于联邦开支的部分不应超过 1/4。

剩余部分应根据本宪法支付给一些州，或用于支付联邦代州所偿还债务的利息。

第 88 条　统一的关税

在联邦建立后的两年内应征收统一的关税。

第 89 条　在征收统一关税之前州的支出

在征收统一的关税之前：

（i）联邦应将它在各州征得的收入计入各州账户的借方；

（ii）联邦应将各州的下列开支计入自己账户的借方：

（a）仅为维护和延续由州移转给联邦的部门，在移转时所产生的联邦的支出；

（b）根据州的人口数，州在联邦的其他开支中所占的比例；

（iii）为支持各州，联邦应将结余（如果有的话）按月支付给各州。

第 90 条　关税、消费税和奖金的专属权力

征收统一的关税时，议会征收关税和消费税以及授予货物的生产或出口以奖励的权力应是专属性的。

征收统一的关税时，一些州征收关税或消费税，或授予货物生产或出口以奖励的所有法律应停止生效，但是，由或根据州政府的权力所合法作出的任何奖金授予或其协议如果在 1898 年 6 月 30 日之前完成的，则应有效，反之则无效。

第 91 条　有关奖金的例外

本宪法的规定不禁止州对采掘金、银或其他金属给予任何援助或奖金，也不阻止经联邦议会两院的决议通过，给予货物生产或出口以援助或奖金。

第92条　联邦范围内的贸易免费

征收统一的关税时，州之间的贸易、商业和交易，无论通过内陆运输还是海运，均完全免费。

但不论本宪法有何规定，在征收统一关税之前进口到任何州或（货物在此地时，已变为州的）殖民地的货物，在征收统一关税后的两年内运入他州的，应征收联邦进口税，但货物进口时已支付的税款应扣除。

第93条　在征收统一关税后的5年内对州的支付

在征收统一关税后的第一个5年内，以及此后直到议会另有规定前：

（i）对于进口到一州，后又运入他州消费的货物，应在消费的州征收关税；对于在一州生产或制造，后又运入他州消费的货物，应在消费的州征收消费税；

（ii）在遵守前款规定的前提下，联邦应按照对征收统一关税之前的时期的规定，记载收入与支出，并将结余支付给州。

第94条　盈余的分配

自征收统一关税起5年后，议会可以在其认为的公平的基础上，将联邦所有的盈余收入按月支付给州。

第95条　西澳大利亚的关税

尽管有本宪法的规定，如果西澳大利亚州是创始州，其议会在征收统一关税后的第一个5年内，不会对最初从国外进口但后来进入本州的货物征收关税。该关税应由联邦征收。

但在第一个5年的第一年，对任何货物的征税不应超过征收统一关税时有效的西澳大利亚法律对货物的征税，并且，在第二年、第三年、第四年和第五年，分别不应超过4/5、3/5、2/5和1/5。所有根据本条的征税应在征收统一关税后的第5年届满时停止。

如果在5年内的任何时间，根据本条对货物的征税高于联邦对进口类似货物征收的关税，则当货物从联邦以外进口到西澳大利亚时，应征关税以较高者为准。

第96条　对州的财政援助

在联邦建立后的10年内，以及此后直到议会另有规定前，议会可以按照他认为合适的条件，授予州以财政援助。

第97条　审计

在议会另有规定前，已成为或正成为州的殖民地关于殖民地政府账户上的收支以及审查和审计收支的有效法律，应同样适用于联邦在州的收支，当涉及殖民地、殖民地政府或其官员时，即等同于涉及联邦、联邦政府或其官员。

第 98 条　　贸易与商业包括航海与州的铁路

议会对于贸易与商业的立法权延伸至航海、海运、铁路和州的财产。

第 99 条　　联邦不得给予优待

联邦不应通过贸易、商业或收入的法律、法规，给予一州或其任何部分优于他州或其任何部分的待遇。

第 100 条　　用水权不得克减

联邦不应通过有关贸易或商业的法律、法规克减州或其居民为保护或灌溉而合理使用河水的权利。

第 101 条　　州际委员会

应设立州际委员会，它享有议会所认为的在联邦范围内执行和维持本宪法关于贸易和商业的规定以及据此而制定的所有法律所必需的裁判权和管理权。

第 102 条　　议会可以禁止州所给予的优待

议会可以通过有关贸易或商业的法律，禁止州和州立机关在铁路方面给予任何州以不适当与不合理或不公正的优待或歧视；一州在铁路建设和维护方面的财政责任应予以适当考虑。但在本条的含义内，除非经州际委员会裁决，否则不得将任何优待或歧视视为对一州的不适当和不合理或不公平的对待。

第 103 条　　委员的任命、任期与报酬

州际委员会的成员：

（ⅰ）应由委员会中的总督任命；

（ⅱ）应任职满 7 年，但在此期间，根据议会两院在提请免除其职务的同次会议上的正式请求，如果被证实有不当行为或能力欠缺，则可以被委员会中的总督免职；

（ⅲ）应获得议会所规定的报酬；但在其任职期间，不得减少报酬。

第 104 条　　某些费用的保留

如果州际委员会认为，对货物的铁路运输和州的财产所收取的费用为州的发展所必需，且该费用平等地适用于州内的货物以及从他州进入该州的货物，则该费用在本宪法上不视为非法。

第 105 条　　接管州的公债

议会可以接管州的公债，或根据联邦最近统计所显示的州人口数接管相应的比例，并可以转换、展期或合并这些债务或其任何部分。州应偿付联邦对债务的接管。此后，代偿的利息应从联邦支付给州的收入盈余中扣除和留存，如果盈余不足或没有盈余，应由州支付不足的数额或全部。

第 105A 条　　与州的债务有关的协议

（1）联邦可与州签订与州的公债有关的协议，包括：

（a）联邦对债务的接管；

（b）债务的管理；

（c）债务利息的支付和偿债基金的提供和管理；

（d）债务的合并、展期、转换和偿付；

（e）州对联邦接管的债务的补偿；和

（f）州或联邦举债，或联邦为州而举债。

（2）联邦议会可以制定法律，使在本条实施前签署的协议有效。

（3）联邦议会可以制定法律，使协议的当事人履行协议。

（4）任何协议可以由协议当事人更改或废除。

（5）尽管本宪法、一些州的宪法、联邦议会或州议会的法律有所规定，但每项协议及其变体都应对联邦和州当事人有约束力。

（6）本条所授予的权力不应以任何方式解释为受本宪法第105条规定的限制。

第五章　州

第 106 条　州宪法保持不变

联邦各州的宪法，在遵守本宪法的前提下，在没有根据该州宪法作修改之前，应按照联邦建立时或该州加入联邦时或该州建立时的情况继续有效。

第 107 条　州议会的权力保持不变

已成为或正成为州的殖民地议会的各项权力，除经本宪法完全授予联邦议会或从州议会收回的以外，应按照联邦建立时或该州加入联邦时或该州建立时的情况继续有效。

第 108 条　州法保持不变

已成为州或正成为州的殖民地的有效法律涉及联邦议会职权内的任何事项的，在遵守本宪法的前提下，继续在州内有效；在联邦议会就此另有规定前，州议会具有与在殖民地成为州之前的殖民地议会一样的修改和废除该法律的权力。

第 109 条　法律不一致

州法与联邦法律不一致时，以联邦法律为准，州法在不一致的范围内无效。

第 110 条　有关州长的规定

本宪法对州长的规定，延伸并适用于现任州长，或其他州政府的首要行政官员。

第 111 条　州可以让与领土

州议会可以将州的任何部分让与联邦；让与后，即联邦接受后，州的该部分领土应遵守联邦的专属管辖权。

第 112 条　州可以为执行检查法征收费用

在征收统一的关税后，州可以对进口或出口，或出入该州的货物征收执行该州的检查法所必需的费用；但所征收的所有费用的净收益应用于联邦；州的检查法可以被联邦议会废止。

第 113 条　致醉液体

所有进入州或留在州内供使用、消费、销售或储存的经发酵、蒸馏或其他致醉液体，与该州出产的致醉液体一样，应遵守该州的法律。

第 114 条　州不得组建军队　联邦或州的财产税

未经联邦议会的同意，州不得组建或保有海军或军队，或对属于联邦的任何种类的财产征税，联邦也不得对属于州的任何种类的财产征税。

第 115 条　州不得铸币

州不得铸币，也不得以金银硬币以外的硬币作为法定货币来偿还债务。

第 116 条　联邦不得就宗教立法

联邦不得制定法律，建立宗教，强加宗教仪式，或禁止自由从事任何宗教活动，不得将宗教宣誓作为联邦的任何职位或公共信托的任职要求。

第 117 条　在州内居住的权利

居住于一州的女王的臣民，不应因为他不是居住于其他州的女王的臣民而在该其他州受到不平等的限制或歧视。

第 118 条　对州法等的承认

在联邦范围内，应给予各州的法律、公共法令和档案以及司法程序以充分的信任。

第 119 条　保护州免受侵犯和暴力

联邦应当保护各州免受侵犯，并根据州政府的请求，保护其免受国内的暴力。

第 120 条　对违反联邦法律的人的拘留

各州应为因违反联邦法律而被起诉或定罪的人在监狱中的拘留，以及被如此定罪的人的惩罚制定规定，联邦议会可以制定法律以实施此规定。

第六章　新　　州

第 121 条　新州可以被承认或建立

议会可以允许新州加入联邦或建立新州，并可以制定或规定它认为合适的、新州加入或建立的条件，包括在议会两院中的代表的范围。

第 122 条　领土的管理

议会可以制定法律，以管理由州让与联邦并经联邦接受的任何地区或由女王置于联邦权力下并经联邦接受的任何地区或联邦以其他方法取得的任何地区；该地区的代表在议会认为合适的范围和条件下可以获得议会两院的席位。

第 123 条　州界的变更

联邦议会经州议会的同意，并经该州选民的过半数对该问题投票批准，才可以根据协议的条件，增减州的辖境或变更其州界；联邦议会经同样的同意，才可以制定有关各州增减或变更其辖境的有效实施办法。

经州议会同意，并经就此问题投票的州选民的多数同意，联邦议会可以根据协议的条件增加、减少或改变州的范围；经同样的同意，联邦议会可以对与受影响的州有关的领土的增加、减少或改变的效力和程序作出规定。

第 124 条　新州的形成

经州议会的同意，从一州脱离后可以组建一个新的州；但两个以上的州或州的部分可以组成一个新的州，仅需要经受影响的州的议会的同意。

第七章　杂项规定

第 125 条　政府所在地

联邦政府的所在地应当由联邦议会确定，应位于联邦所确认或获得的领土内，该地点应赋予并属于联邦，而且应位于新南威尔士州，距悉尼不少于 100 英里。

该区域的范围应不少于 100 平方英里，该区域内属于皇室土地的部分应无偿授予联邦。

在政府所在地召开会议前，议会应在墨尔本举行会议。

第 126 条　女王陛下授权总督任命代表

女王可以授权总督任命一人或数人共同或分别在联邦的任何地方担任总督的代表，根据总督的意志，在遵守女王所定的限制或指示的前提下，行使总督认为适于委派给代表的总督权力和职能；但总督任命代表不影响总督本人对任何权力和职能的行使。

第 127 条　（已由 1967 年第 55 号第 3 条废止）

第八章　宪法的修改

第 128 条　宪法修改的方式

除非以下列方式，否则，不得修改宪法：

修改宪法的法律提案应由议会两院以绝对多数通过，并在获得两院通过后的不少于 2 个月以上、6 个月以下的时间内，将该法律提案提交给各州和领土内有资格选举众议院议员的选民投票。

但如果一院以绝对多数通过修改宪法的法律提案，而另一院拒绝或未能通过，或以前一议院不同意的修正案的方式通过，并且，如果在间隔 3 个月后，前一议院在同一会期或下一会期中再次以绝对多数通过，无论其是否包括后一院同意作出修改的内容，而另一议院拒绝或未能通过，或以前一议院不同意的修正案的方式通过，总督可以将前一议院最后建议的修改宪法的法律提案，无论是以还是不以随后为两院所同意的修正案的方式，提交给各州和领土内有资格选举众议院议员的选民投票。

当修改宪法的法律提案提交给选民投票时，投票应以议会规定的方式进行。但是，在众议院议员的选民资格在联邦内统一之前，在成年选举权占优势的州中，表决该法律提案的选民只能计算 1/2。

如果在多数州内，多数选民投票支持该法律提案，并且，如果所有投票的选民的多数也支持该提案，应将其呈交总督，以获得女王的同意。

任何减少州在议会两院的代表比例或州在众议院的最低代表数量，或增加、减少或以其他方式改变州的范围的修改，或以任何方式影响宪法就以上问题的规定，均不得成为法律，除非在该州投票的选民的多数支持该法律提案。

在本条中，"领土"是指本宪法第 122 条中所涉及的、在法律上允许其在众议院有代表权的领土。

附　　件

誓　　言

我，＿＿＿＿＿，宣誓：

我将忠诚于维多利亚女王陛下及其法定的继承人和继任者。愿上帝佑我！

确　认

我，_____，庄严并忠诚地确认和宣布：

我将忠诚于维多利亚女王陛下及其法定的继承人和继任者。愿上帝佑我！

（注：大不列颠及北爱尔兰联合王国的国王或女王的名字将根据实际情况更换。）

（王祯军、赵真译，沈子华、王建学校）

新 西 兰

1986 年新西兰宪法法案[*]

目　录

---

[*] 1986 年 12 月 13 日由新西兰国民大会制定，1987 年 1 月 1 日生效。

本法案旨在修改新西兰宪法，将具有宪法意义的规定整合为一部法律，并规定，英国议会的《1852 年新西兰宪法法案》效力终止，不再作为新西兰法律的一部分。

本法案是在新西兰议会中召集的国民大会制定，并得到其许可，规定如下：

第 1 条　短标题和开始

（1）本法案可以引用为《1986 年宪法法案》。

（2）本法案应该于 1987 年 1 月 1 日生效。

第一章　君　　主

第 2 条　国家元首

（1）新西兰在位的君主是新西兰的国家元首，通过一贯表明的皇家风格和头衔而得以显示。

（2）由君主任命的总督是君主在新西兰的代表。

第 3 条　君主或总督行使王权

（1）由或根据任何法案授予总督的每项权力都是总督代表君主行使的皇家权力，因此，可以由君主行使，也可以由总督行使。

（2）在任何法案中所指的委员会中的总督或任何其他此类的描述，包括根据执行委员会的建议和同意行事的君主。

〔比较：1983 年第 20 号第 3 条。〕

第 3A 条　行政委员会的建议和同意

（1）在行政委员会（Executive Council）的会议上，如果因为必要或合理的理由君主或总督不能参加会议，致使君主和总督没有同时参加会议，君主和总督可以根据行政委员会在此次会议上作出的建议并经其同意，履行职责，或行使权力。

（2）职责的履行，或权力的行使自开会之日起发生效力，除非专门规定了履行职责或义务，或行使权力生效的时间。

（3）在任何法律程序中都不能因为君主或总督未因一些必要合理的理由而不能出席会议而质疑君主或总督履行职责或义务，或行使权力的有效性。

〔比较：1924 年第 11 号第 23 条；1983 年第 22 号第 3 条。

自 1999 年 11 月 1 日起，在第 3A 条和第 3B 条插入《1999 年宪法修正案》（1999 年第 86 号）第 2 条。〕

第 3B 条　行政官的权力和职责的履行

（1）如果：

（a）总督的职位是空缺的；或

（b）总督不能履行职责或不能行使权力。

政府行政官可以履行施加给总督的职责和义务，或者行使授予总督的权力。

（2）政府行政官履行施加给总督的职责，或者行使授予总督的权力是行政官履行职责或义务，或者行使权力这一权威的确定证据。

〔比较：1924 年第 11 号第 25E 条；1986 第 115 号 第 9 条。

自 1999 年 11 月 1 日起，在第 3A 条和第 3B 条插入《1999 年宪法修正案》（1999 年第 86 号）第 2 条。〕

第 4 条　摄政权

（1）凡是根据联合王国的法律，皇家职能由摄政王（Regent）以君主的名义或者代表君主行使的，新西兰在位的君主的皇家职权应由摄政王以君主的名义或代表君主行使。

（2）涉及新西兰在位君主的权力时，第（1）款中的任何规定不得限制总督行使权力。

〔比较：1983 年第 20 号第 4 条。〕

第 5 条　王位的继承

（1）根据英格兰议会制定的《王位继承法》（12 & 13 Will 3, c 2）和其他与王位继承有关的法律规定，君主死亡将产生将所有属于皇家的职能、义务、权力、权威、权利和尊严转移给君主继任者的效力，否则，无论为了何种目的，都不得产生法律效力。

（2）只要在本法开始生效或适用后任何文件或文书中提及君主，除另有规定外，都视为包括君主的继承人和继任者。

〔比较：1908 年第 42 号。〕

第二章　行　　政

第 6 条　成为议员的君主大臣

（1）只有当一个人是议员时，他才可以被任命并就任行政委员会的成员或君主大臣的职位。

（2）尽管有本条第（1）款的规定，但是：

（a）不是议员的人可以被任命，并作为行政委员会的成员或作为君主的大臣任职，如果那个人曾是众议院议员的候选人且大选后其立即被任命为行政委员会的成员或君主的大臣，但该职位应当在任命之日起空出 40 日除非该人在那段时期内成为了议员；并且

（b）如果一个人同时任议员、行政委员会成员或君主大臣的职位，当他不再是议员之日起 28 日内，继续任行政委员会成员或君主大臣的职位。

〔比较：1979 年第 33 号第 9 条。〕

第 7 条　行政委员会成员行使大臣权力的权力

任何由君主大臣（无论如何称呼大臣）行使或授予的职责、义务或权力，

除本法另有规定外，可以由行政委员会的任何成员行使或履行。

[比较：1924 年第 11 号第 25 条（e）款。]

第 8 条　议会副秘书长的任命

（1）总督可以随时通过亲自签发的委任状将议会的成员任命为委任书中在此方面明确规定的大臣职位有关的议会副秘书长（Under－Secretaries）。

（2）议会副秘书长应当在总督同意下任职，但是，一旦他不再是议员，他应当在 28 日内空出副秘书长职位。

第 9 条　议会副秘书长的职能

（1）以上担任与大臣职位有关的职务的议会副秘书长，在有关部长的指示下，应当拥有并可以行使当时在任的君主大臣随时委派给的职能、职责和权力。

（2）第（1）款中的任何规定都不能限制君主大臣亲自行使、履行职能、职责或权力的权威。

（3）担任与大臣职务有关的议会副秘书长之职的人，意图行使或履行有关大臣的职能、职责或权力，这一事实应当作为他有权这样做的确定证据。

[比较：1979 年第 33 号第 14 条。]

第 9A 条　副司法部长可以行使司法部长的职权

副司法部长（Solicitor－General）可以行使施加给司法部长（Attorney－General）的职能或责任，或行使授予司法部长的权力。

[比较：1924 年第 11 号第 4 条；1952 年第 81 号第 27 条。

自 1999 年 11 月 1 日起，第 9A 条和第 9C 条之间插入《1999 年宪法修正法案》（1999 年第 86 号）第 3 条。]

第 9B 条　代替副司法部长工作的人员任命

（1）总督可以任命一位出庭律师或至少具有 7 年执业经验的事务律师——

（a）在副司法部长缺席职务或副司法部长不能胜任工作以致影响了其履行责任时，代替或者为副司法部长工作；或者

（b）在副司法部长之职空缺时。

（2）除非有相反的证据，根据第（1）款被任命的人对职能或责任的履行或对权力的行使，是他有权这样做的充分证据。

[比较：1924 年第 11 号第 25B 条第（1）、（2）项；1979 年第 71 号第 2 条。

自 1999 年 11 月 1 日起，第 9A 条和第 9C 条之间插入《1999 年宪法修正法案》（1999 年第 86 号）第 3 条。]

第 9C 条　司法部长和副司法部长的授权

（1）副司法部长经司法部长书面同意，可以书面授权副司法部长的代理人

（Deputy Solicitor – General）履行授予司法部长的任何职能或职责，行使授予司法部长的任何权力。

（2）副司法部长可以书面授权副司法部长的代理人履行施加给副司法部长的任何职能或职责，行使授予副司法部长的任何权力，但本款规定的授权的权力除外。

（3）授权可以撤销。授权不阻止司法部长和副司法部长履行职能或职责，或行使权力。

（4）可以在授权证书中规定授权的条件。

（5）除非有相反的证据，副司法部长的代理人履行职能或职责，或行使权力的事实是其有权这样做的确定证据。

［自 1999 年 11 月 1 日起，第 9A 条和第 9C 条之间插入《1999 年宪法修正法案》（1999 年第 86 号）第 3 条。］

第三章　立法机关

众　议　院

第 10 条　众议院

（1）新西兰应继续存在众议院。

（2）众议院与联合王国议会的《1852 年新西兰宪法法案》第 32 条所指的众议院是同一机关。

（3）即使议会被解散或任期届满，众议院仍应当被视作一直存在。

（4）众议院的议员应当由每次根据《1993 年选举法案》选出的人和为公众所知的议员担当。

［比较：1956 年第 107 号第 11 条，第 13 条；1975 年第 28 号第 4 条。

第（4）款自 2005 年 5 月 17 日起被《2005 年宪法修正案》第 3 条所修改，修改的内容是用"1993"取代"1956"。］

第 11 条　议员的效忠宣誓

（1）只有议员以《1957 年宣誓和宣言法法案》第 17 条规定的方式进行了效忠宣誓，其才被允许在众议院中出席或投票。

（2）根据本条进行的宣誓应当由总督或总督授权的人来管理。

［比较：《1852 年新西兰宪法法案》，第 46 条（联合王国）；1950 年第 3 号第 2 条第（4）款，第（2）款自 1987 年 7 月 10 日起，插入《1987 年宪法修正案》（1987 年第 134 号）第 2 条。］

第 12 条　议长的选举

众议院应当在其议员大选后的第一次会议，并且在议长职位空缺后立即召开的第一次会议中选择一位议员作为议长，每次选择应当在经过总督确认后生效。

［比较：1956 年第 107 号第 14 条。］

第 13 条　尽管议会解散或到期，议长仍继续任职

尽管议会解散或到期，在临近议会解散或到期前任职的议长仍然应当继续任职到下一次大选投票日结束时为止，除非议长在此之前空出了议长职位。

议　会

第 14 条　议会

（1）应该存在新西兰议会，议会应当由新西兰在位君主和众议院组成。

（2）新西兰议会与在本法制定前所称的全体大会（根据联合王国议会的《1852 年新西兰宪法法案》第 32 条建立）是同一机关，即由总督和众议院组成。

［比较：《1852 年新西兰宪法法案》，第 32 条（联合王国）；1950 年第 3 号第 2 条第（2）款。］

第 15 条　议会的立法权

（1）新西兰议会继续享有完全的立法权。

（2）在本法适用后通过的任何联合王国的议会法案都不应延伸至新西兰，并成为其法律的一部分。

［比较：《1852 年新西兰宪法法案》，第 53 条（联合王国）；1973 年第 114 号第 2 条；《1982 年加拿大法案》，第 2 条（联合王国）；《1986 年澳大利亚法案》，第 1 条（联邦）。］

第 16 条　君主同意议案

众议院通过的议案，应该在君主或总督同意并签字确认后成为法律。

［比较：《1852 年新西兰宪法法案》，第 56 条（联合王国）。］

第 17 条　议会的期限

（1）除议会提前解散外，议会的任期为从确定收回为最后一次众议院议员的大选而发出令状之日起 3 年，并不得延长。

（2）《1993 年选举法案》第 268 条应适用于本条第（1）款。

［比较：1956 年第 107 号第 12 条。

自 1994 年 7 月 1 日起第（2）款由《1993 年选举法案》（1993 年第 87

号）第 271 条代替。]

第 18 条　议会的召集、休会和解散

（1）总督可以通过《公告》召集议会在《公告》指定的时间和地点开会。即使《公告》签发或生效时议会尚未在休会也不例外。

（1A）如果《公告》中指定的召集议会开会的地点不安全或不适宜，总督可以通过《公告》更改议会会议地点。

（2）总督可以通过《公告》休会或解散议会。

（3）下列情况，召集、休会或解散议会的《公告》应当是有效的：

（a）已被公告的；或

（b）由总督授权，在众议院书记员或两位其他人员在场的情况下，公开阅读《公告》；

无论哪种情况发生在前。

（4）根据本条第（3）款第（b）项生效的每个《公告》，应当在其公布后尽快在《政府公报》上刊载。

［比较：《1852 年新西兰宪法法案》，第 44 条、第 82 条（联合王国）。

第（1A）款自 2002 年 12 月 1 日起，插入《2002 年国民防御紧急管理法案》（2002 年第 33 号）第 117 条。见该法案第 118 条至第 121 条关于过渡的规定。]

第 19 条　大选后的第一次会议

在任何一次众议院议员大选后，议会应当在不迟于为该选举的令状所确定的返回日期之后的 6 周内开会。

［比较：《权利法案》第 13 条（联合王国）；《澳大利亚宪法》（1900 年），第 5 条。]

第 20 条　议会事务的终止或恢复

（1）在议会的一个会期内呈送众议院或其任何委员会的议案、请愿或其他事务（任何议会事务）：

（a）在这届议会的休会期间不终止，并在议会的下一届会议继续（这届议会的会期）；

（b）在本届议会解散或到期后终止，但是在下一届议会可以恢复审议（下届议会的会期）。

（2）如果在解散或到期后，众议院决定议会事务在下一届会期恢复，议会事务就在下一届会期恢复。

［自 2005 年 5 月 17 日起，第 20 条由《2005 年宪法修正案》第 4 条代替。]

议会与公共财政

第 21 条　划拨公共资金的法案（已废止）

［比较：《1852 年新西兰宪法法案》，第 54 条（联合王国）。

自 2005 年 5 月 17 日起，第 21 条废止，适用《2005 年宪法修正案》（2005 年第 48 号）第 5 条。］

第 22 条　议会对公共财政的控制

除非根据议会法案，否则，君主的下列行为违法：

（a）征税；或者

（b）借款或接收来自任何人的借款；或者

（c）花费公共资金。

［比较：《权利法案》，第 4 条（联合王国）；1977 年第 65 号第 53 条第（1）款、第 70 条。

自 2005 年 1 月 25 日起，（b）项被《2004 公共财政修正案》（2004 年第 113 号）第 37 条第（1）款取代。］

第四章　司　　法

第 23 条　保护法官免受撤职

除非君主或总督根据众议院的指示，否则，高等法院的法官免受撤职。该指示仅可以基于这样的理由作出：法官的不正当行为或法官丧失行为能力从而免除其法官职务。

［比较：1908 年第 89 号第 7 条、第 8 条、第 9 条。］

第 24 条　法官的薪金不得减少

在持续行使职权的期间内，高等法院法官的薪金不得减少。

［比较：1908 年第 89 号第 10 条。］

第五章　杂项规定

第 25 条　国民大会图书馆改称为议会图书馆

（1）此前的国民大会图书馆，从本法案适用时起，改称为议会图书馆。

（2）在此之前的国民大会图书馆的馆长，从本法案适用时起，改称为议会图书馆馆长。

（3）根据本法案第 27 条，在任何其他法律或文件中提到国民大会图书馆或国民大会图书馆馆长时，除非另有规定，均分别指议会图书馆和议会图书馆馆长。

第 26 条　联合王国的法律终止作为新西兰法律的一部分生效

（1）自本法案开始适用时起，联合王国议会的下列法律，即：

（a）《1852 年新西兰宪法法案》（15 和 16 Vict, c 72）；和

（b）《1931 年威斯敏斯特法》（22 Geo V, c 4）；和

（c）《1947 年新西兰宪法（修正案）》（11 Geo VI, c 4）；

效力应当终止，不再作为新西兰法律的一部分。

（2）《1924 年法律解释法案》第 20 条、第 20A 条、第 21 条的规定应当适用于本条第（1）款的规定，它们可被看做是被前款废除了的新西兰议会法案。

（3）因为没有对本条第（2）款的规定加以限制，所以据此宣布《1931 年威斯敏斯特法》（22 Geo V, c 4）的第 11 条（该条宣布，"殖民地"的表达在《1931 年威斯敏斯特法》适用后通过的任何联合王国议会的法案中都不应当包括一个英联邦自治领土或作为一个英联邦自治领土组成部分的省或州）的效力不因为《1931 年威斯敏斯特法》根据本条第（1）款的规定终止作为新西兰法律继续生效而受影响。

第 27 条　其他法律由此而产生的修改

本法案附件一规定的法律据此根据该附件规定的方式修改。

第 28 条　废止

（1）本法案附件二规定的法律据此废除。

（2）《1962 年法规修改法案》据此废除。

（3）《1977 年初级产品销售修正案》第 2 条第（2）款据此废除。

（4）《1985 年王室专款修改法》第 5 条据此废除。

第 29 条　与议会有关的过渡规定和由此产生的规定

（1）在本法案适用时仍在任期的议会（在本法案适用前称为国民大会）应当按照和根据本法案的规定继续。

（2）从本法案适用之日起，在本法适用之前通过的任何法律或执行的任何文件中提到国民大会或新西兰国民大会的，除本法另有规定外，应当视为指新西兰议会。

（3）本条第（2）款不适用于《1924 年法律解释法案》。

附件一　相应的修改

（第 27 条）

法案名称	修　改
1908 年第 89 号，《1908 年司法法案》（1957 年重印，第 6 卷，第 699 页）	废除第 7、8、9、10 条。
1934 年第 34 号，《1934 年农业（紧急权力）法案》（RS 第 1 卷，第 87 页）	废除第 27 条第（5）、（6）款（被《1979 年农业（紧急权力）修正案法案》第 2 条代替，用下列规定代替： "（5）所有根据本条授权制定的法规应当在不迟于该法规制定后众议院的 16 个工作日内提交给众议院。 "（6）任何根据本条第（5）款的要求需提交到众议院的法规应当： （a）如果没有按要求提交，在该法规制定后众议院第 16 个工作日结束后终止；并且 （b）如果按要求提交，应当在其提交时的议会会议最后一天结束时终止，除非该法规被该届会议通过的议会法案明确确定无效或确认。"
1936 年第 58 号，《1936 年法律修正案》（RS 第 1 卷，第 31 页）	在第 3 条的"新西兰国民大会"后插入"或者新西兰议会"。
1948 年第 38 号，《1948 年经济稳定法》（RS 第 6 卷，第 227 页）	废除第 11 条第（4）款，由下列规定代替： "（4）所有根据本法制定的法规应当在不迟于该法规制定后众议院的 16 个工作日内提交给众议院。" 第 13A 条第（1）款中（由于插入了《1982 年经济稳定法》第 6 条）应当出现"议会"一词的地方删除所有"议会"一词，用"众议院"一词取代。

（续表）

法案名称	修　改
1953 年第 10 号，《1953 年主要产品销售法案》（RS 第 4 卷，第 201 页）	废除第 3 条第（6）款（由于被《1997 年主要产品销售修正案》修改），用下列规定代替： 　"（6）所有根据本法制定的法规应当在不迟于该法规制定后众议院的 16 个工作日内提交给众议院。" 　删除第 4 条第（1）款中的"议会在任何会议中"的表述，用"众议院在议会的任何会议上"来代替。 　在第 11 条第（3）款删除（被《1997 年主要产品销售修正案》取代）"议会"一词，用"众议院"一词代替。
1956 年第 47 号，《1956 年政府退休金基金法案》（RS 第 13 卷，第 97 页）	从第 84 条第（1）款中（已被《1961 年政府退休金基金法案》第 9 条第（1）款修改）删除"众议院"一词，由"议会"一词代替。
1957 年第 88 号，《1957 年宣誓和宣言法案》（RS 第 4 卷，第 1 页）	从附件四中删除与《1852 年新西兰宪法法案》（联合王国）和《1908 年王位让渡法》有关的项目。将下列项目增加到附件四中： 　"1986 年第 114 号，《1986 年宪法法案》。" 　从附件五中删除与《1852 年新西兰宪法法案》有关的项目。
1975 年第 9 号，《1975 年督察员法案》	从第 15 条第（2）款删除"议会"一词，用"众议院"代替。 　从第 17 条第（1）款第（a）项中删除"议会"一词，用"众议院"代替。 从第 22 条第（4）款删除"议会"一词，用"众议院"代替。 　从第 29 条中删除"议会"一词，用"众议院"代替。

（续表）

法案名称	修　　改
1975 年第 114 号，《1975 年怀唐伊法案条约》（RS 第 8 卷，第 877 页）	从第 7 条第（1）款（c）中删除"议会"一词，用"众议院"代替。 从第 8 条第（4）款中删除"议会"一词，用"众议院"代替。 废除第 9 条，用下列内容代替： "第 9 条 向众议院请愿的权利不受影响 本法案的任何规定都不以任何方式影响任何人因冤情向众议院请愿要求救济的权利，或不影响任何由众议院建立的委员会或其他机构处理向众议院请愿的权限。"
1979 年第 33 号，《1979 年王室专款法案》	废除第二部分。 从第 18 条第（3）款删除"在下一届议员大选中落选的候选人"，用"不是下一届议员大选中的候选人或是在下一届议员大选中落选的候选人"代替。
1981 年第 12 号，《1981 年石油需求限制法案》	废除第 4 条第（5）款，用下列内容代替： "（5）所有根据本法制定的法规应当在不迟于该法规制定后众议院的 16 个工作日内提交给众议院。" 删除第 6 条第（1）款中第一次出现的"议会"一词，用"众议院"一词代替。 删除第 7 条第（4）款中的"议会"一词，用"众议院"一词代替。
1982 年第 156 号，《1982 年正式信息法案》	删除第 43 条第（1）款中所有出现的"议会"一词，分别用"众议院"一词代替。

《1966 年海关法》第 133 条：从 1988 年 12 月 1 日起，这一项被删除，由《1988 年关税法案》（1988 年第 155 号）第 18 条第（2）款代替。

从 1996 年 12 月 1 日起，与《1966 年海关法》有关的项目被废除，由《1996 年海关和消费税法案》（1996 年第 27 号）第 290 条第（1）款代替。

《1983 年外交法案》：从 1988 年 12 月 1 日起，本项删除，由《1988 年外交法案》（1988 年第 159 号）第 14 条第（1）款代替。

《1982 年正式信息法案》第 43 条第（1）款：自 1988 年 6 月 30 日起，本项废止，由《1982 年正式信息法案》（1982 年第 156 号）第 53 条第（a）款第（ii）项代替，但是，没有对本附件进行正式修改。

《1985 年议会服务法案》：从 2000 年 7 月 1 日起，本项由《2000 年议会服务法案》（2000 年第 17 号）第 40 条代替。

《1932 年公共安全保护法案》：自 1987 年 9 月 1 日起，本项删除，由《1987 年公共安全保护法案》（1987 年第 181 号）第 2 条第（e）款代替。

《1977 年公共财政法案》：自 1989 年 7 月 1 日起，本项删除，由《1989 年公共财政法案》（1989 年第 44 号）第 87 条代替。

《1983 年民事辩护法案》第 79 条：自 1989 年 12 月 19 日起，本项删除，由《1989 年法律法规出版法》（1989 年第 142 号）第 21 条代替。

《1936 年法规法案》，自 1989 年 12 月 19 日起，本项删除，由《1992 年法规（拒绝）修改法案》（1992 年第 85 号）第 2 条第（2）款代替。

附件二　废除的法律

［第 28 条第（1）款］

1908 年第 42 号，《1908 年皇位移交法案》。（RS 第 2 卷，第 323 页）

1947 年第 38 号，《1947 年威斯敏斯特收养法法案》。（RS 第 11 卷，第 393 页）

1947 年第 44 号，《1947 年新西兰宪法修正案（请求和同意）》。（RS 第 10 卷，第 461 页）

1970 年第 94 号，《1970 年新西兰宪法修正案》。（RS 第 10 卷，第 463 页）

1973 年第 114 号，《1973 年新西兰宪法修正案》。（RS 第 10 卷，第 463 页）

1977 年第 22 号，《1977 年立法机关修正案》。（RS 第 6 卷，第 764 页）

1983 年第 20 号，《1983 年皇室权力法案》。

1990 年新西兰权利法案 *①

目　录

---

*　公共法案 1990 年第 109 号，批准日期 1990 年 8 月 28 日。

①　原文注：本法案由司法部管理执行。

这是一部——

（a）在新西兰确认、保护和促进人权和基本自由；并

（b）确认新西兰对《公民权利和政治权利国际公约》承担的义务的法案。

由新西兰议会制定如下：

第 1 条　短标题和开始

（1）本法案可以引用为《1990 年新西兰权利法案》。

（2）本法案应在获得皇室同意后的第 28 日生效。

第一章　一般规定

第 2 条　被确认的权利

本《权利法案》中包含的权利和自由已被确认。

第 3 条　适用

本法案仅适用于以下行为：

（a）新西兰政府的立法、行政或司法部门；或

（b）行使由或根据法律授予或施加的职能、责任或权力的个人或机构。

第 4 条　其他不受影响的法律

对于任何法律（无论是在本《权利法案》实施之前或之后制定），法院不应仅仅因为其规定与本《权利法案》的规定不一致而：

（a）使该法律的规定被隐含地废止或撤销，或以任何方式使之无效；或

（b）拒绝适用该法律的规定。

第 5 条　正当的限制

根据《权利法案》第 4 条，本《权利法案》包含的权利和自由仅受在一个自由和民主的社会中能被证明是合法的由法律规定的合理限制的约束。

第 6 条　与《权利法案》一致的解释优先

如果一部法律被给予与本《权利法案》包含的权利和自由一致的意义，该意义应优先于其他意义适用。

第 7 条　议案与《权利法案》不一致，司法部长向议会报告

如果议案进入众议院，司法部长应当：

（a）对于政府议案，在议案提出时；或

（b）对于其他情况，在议案提出后尽可能快地，

让众议院注意到议案中与本《权利法案》包含的任何权利和自由不一致的规定。

第二章　公民权利和政治权利

生命和人身安全

第 8 条　生命不被剥夺的权利

除非存在法律规定的理由并符合基本正义的原则，任何人不应被剥夺生命。

第 9 条　不受酷刑或残忍对待的权利

每个人都有权不受酷刑或残忍、羞辱、过度严厉的对待或惩罚。

第 10 条　不受医疗或科学实验的权利

每个人有权在未经其同意的情况下不受医疗或科学实验。

第 11 条　拒绝接受医疗的权利

每个人有权拒绝接受医疗。

民主权利和公民权利

第 12 条　选举权

每个年满 18 岁的新西兰公民：

（a）有权在真正的众议院议员周期选举中投票，该选举应当以平等的和无记名投票的方式进行；和

（b）具有成为众议院议员的资格。

第 13 条　思想自由、良心自由和宗教自由

每个人享有获得思想自由、良心自由、宗教自由和信仰自由的权利，包括不受干涉地采纳和保持意见。

第 14 条　表达自由

每个人享有表达自由，包括以任何形式寻找、接收和传递各种信息和意见。

第 15 条　表明信仰和宗教

每个人享有在信奉、遵守、实践或传授中，单独或与他人一起，以公开或私下的形式表明其的宗教或信仰的权利。

第 16 条　和平集会的自由

每个人享有和平集会的自由。

第 17 条　结社自由

每个人享有结社的自由。

第 18 条　迁徙自由

（1）每一个合法的处于新西兰的人享有在新西兰迁徙和居住的自由。

（2）每一个新西兰公民享有进入新西兰的权利。

（3）每个人享有离开新西兰的权利。

（4）除非基于法律规定的理由作出决定，任何合法的处于新西兰的非新西兰公民并不应被要求离开新西兰。

不受歧视和少数人权利

第 19 条　不受歧视的自由

（1）每个人享有不受基于《1993 年人权法案》规定的歧视理由的歧视的权利。

（2）为帮助或促进因歧视（根据《1993 年人权法案》第 2 部分是违法的）而处于弱势的人或群体而真诚地采取的措施不构成歧视。

［本条规定自 1994 年 2 月 1 日起被《1993 年人权法案》（1993 年第 82 号）取代。］

第 20 条　少数人权利

在新西兰属于种族、宗教或语言上的少数人不应被否定，该少数人和其他成员一起享有其文化，表明和实践其宗教或使用其语言的权利。

搜查、逮捕和拘留

第 21 条　不合理的搜查和扣押

每个人享有人身、财产、通信或其他物品不受不合理的搜查或扣押的权利。

第 22 条　人身自由

每个人享有不被任意逮捕或拘留的权利。

第 23 条　被逮捕者或拘留者的权利

(1) 根据法律被逮捕或拘留的人：

(a) 在被逮捕或拘留时应被告知逮捕或拘留的原因；

(b) 享有不受拖延地咨询和指示律师的权利，以及被告知享有此项权利的权利；

(c) 有权无拖延地通过人身保护令确定逮捕或拘留的有效性，如果逮捕或拘留不合法，享有被释放的权利。

(2) 每个因犯罪而被逮捕的人享有被迅速地指控或被释放的权利。

(3) 每个因犯罪而被逮捕并未被释放的人应被尽快地送交法院或有管辖权的法庭。

(4) 每个因犯罪或有犯罪嫌疑而依法被：

(a) 逮捕；或

(b) 拘留的人，

享有沉默的权利，并应被告知这项权利。

(5) 每个被剥夺自由的人应被人道地对待，人的固有尊严应受到尊重。

第 24 条　被指控人的权利

每个被指控犯罪的人：

(a) 应被迅速而详细地告知被指控的性质和理由；

(b) 除非有继续拘留的正当理由，否则，应根据合理的期限和条件被释放；

(c) 应有权咨询和指示律师；

(d) 应有权获得足够的时间和设施准备辩护；

（e）当对犯罪的刑罚是或包括 3 个月以上①的监禁时，除根据军事法在军事法院接受审判的情况之外，有获得由陪审团参加审判的权利；

（f）如果公正的利益如此需要，而他没有足够的手段获得法律援助，其有权获得免费的法律援助；

（g）如果其不能理解或表达法庭使用的语言，其有权获得免费的翻译帮助。

第 25 条　刑事程序的最低标准

每个被指控犯罪的人，对于指控的确定，享有以下最低的权利：

（a）获得由一个独立、公正的法庭举行的公平、公开的听证会的权利；

（b）获得无不适当的拖延的审判的权利；

（c）在依法被证明有罪之前，被假设无罪的权利；

（d）不得被迫作证或承认有罪的权利；

（e）出席审判和出庭辩护的权利；

（f）审查控方证人的权利，在与控方相同的条件下获得辩护方的证人出庭并审查辩护方证人的权利；

（g）如果被定罪，而对该罪应判处的刑罚在犯罪时和判刑时的规定发生了变化，有权获得较轻刑罚的权利；

（h）如果被定罪，有权对定罪或量刑，或同时就两者向更高级的法院依法提出上诉；

（i）对于儿童，有权获得以考虑儿童年龄的方式对待的权利。

第 26 条　有溯及力的刑罚和一事不再罚原则

（1）任何人不应因其在发生当时根据新西兰的法律不构成犯罪的作为或不作为而被定罪。

（2）最终被判无罪，或被判有罪或罪行被赦免的任何人不应因该罪行而再次受到惩罚。

第 27 条　获得正义的权利

（1）每个人有权要求任何法庭或其他对他的权利、义务或法律认可或保护的利益有决定权的公共权威遵守自然正义原则的权利。

（2）每个其权利、义务或法律认可或保护的利益受到任何法庭或其他公共权力机构的决定影响的人，有权根据法律申请对该决定进行司法审查。

---

①　译者注：此处已由 2011 年 10 月 17 日批准的修正法案作出修改，即将"3 个月"改为"2 年或 2 年以上"。该修正法案同时规定，该修改须待女王批准 2 年后生效，但总督根据行政会议命令决定提前生效的除外。

（3）每个人有权对皇室提起民事诉讼，有权在提起的民事诉讼中进行辩护，有权要求这样的诉讼依法以与个人之间的民事诉讼相同的方式获得旁听。

第三章　杂项规定

第 28 条　其他不受影响的权利和自由

现有的权利和自由不应仅仅因为该权利和自由没有包含在或只是部分包含在《权利法案》中而被取消或限制。

第 29 条　适用于法人

除本《权利法案》另有规定外，本《权利法案》的规定为所有法人和自然人的利益而适用。

（王祯军译，赵真、李蕊佚校）

附录：

翻译与审校人员

翻译人员 （按姓氏笔划为序）

万福良	万曌钰	于文豪	于海霞	门中敬
文 芳	方 杰	王 苏	王 蔚	王永秋
王圭宇	王秀哲	王苏华	王建学	王祯军
邓 安	冯家亮	刘 浩	刘东辉	刘兰兰
刘向文	刘练军	刘姗姗	孙书妍	孙怀印
安 然	安芬你	曲相霏	朱廷婷	毕小青
江登琴	许 婕	严文君	何 丹	余文斌
吴 昊	张 斌	张 源	张 慰	张卫华
张小虎	张文亮	张宇飞	张红梅	张怀印
张笑寒	李 妍	李松锋	李忠夏	李修琼
李晓兵	李蕊佚	杜强强	杨云斐	肖海英
邹筱倩	陆 斐	陈 征	陈 鹏	陈韦如
陈丽娅	陈丽莉	陈歆孜	周 威	孟凡壮
范进学	郑 磊	郑海平	金埈荣	侯宇清
姚国建	姚淑娴	柏华梅	柳建龙	洛 岩
胡 婧	贺 鉴	贺力员	赵 宏	赵 真
赵倩玉	赵晓毅	钟瑞华	夏新华	徐红梅
秦艺芳	耿玉娟	莫 菲	莫纪宏	郭 炯
郭文姝	高 远	屠振宇	梁 潇	黄 卉
黄 娟	黄 锴	喻文光	曾 莉	温大琳
程 慧	董 杨	谢立斌	韩 冰（英语组）	
韩 冰（俄语组）	韩 雪	赖荣发	靳 婷	

| | 翟国强 | 谭钟毓 | 潘 灯 | 潘津晶 | 颜美芳 |

审校人员 （按姓氏笔划为序）

上官丕亮	于文豪	方 杰	王 旭	王 涛
王 锴	王卫明	王书成	王世涛	王芳蕾
王建学	王贵松	王晓斌	王理万	车 雷
邓联繁	叶 强	田 伟	田 雷	白 斌
石佳友	任喜荣	刘 国	刘兰兰	刘志刚
刘春萍	刘康磊	孙书妍	朱廷婷	朱道坤
毕洪海	许 婕	张 斌	张 震	张步峰
李 燕	李卫刚	李忠夏	李晓兵	李样举
李蕊佚	杜强强	杨小敏	杨洪斌	沈子华
迟晓燕	陈丽娅	陈丽莉	陈国飞	陈美达
孟凡壮	林 彦	林来梵	罗智敏	郑 磊
姚国建	姜 峰	施蔚然	柳建龙	赵 真
夏正林	柴 华	殷梦秋	涂云新	莫纪宏
钱锦宇	高 婧	屠振宇	喻文光	曾 莉
温大琳	程雪阳	董 杨	董和平	谢维雁
韩 雪	韩大元	翟国强	蔡乐渭	潘 灯
潘津晶	冀 莹	戴瑞君		

图书在版编目（CIP）数据

美洲大洋洲十国宪法/孙谦，韩大元主编. —北京：
中国检察出版社，2013.4
ISBN 978 - 7 - 5102 - 0853 - 9

Ⅰ.①美… Ⅱ.①孙… ②韩… Ⅲ.①宪法 - 汇编 - 美洲
②宪法 - 汇编 - 大洋洲 Ⅳ.①D970.1②D960.1

中国版本图书馆 CIP 数据核字（2013）第 041813 号

美洲大洋洲十国宪法

孙　谦　韩大元　主编

出版发行：中国检察出版社

社　　址：北京市石景山区鲁谷东街 5 号（100040）

网　　址：中国检察出版社（www.zgjccbs.com）

电　　话：(010)68630384(编辑)　68650015(发行)　68636518(门市)

经　　销：新华书店

印　　刷：保定市中画美凯印刷有限公司

开　　本：720 mm×960 mm　16 开

印　　张：31.75 印张　　插页 4

字　　数：585 千字

版　　次：2013 年 4 月第一版　　2013 年 4 月第一次印刷

书　　号：ISBN 978 - 7 - 5102 - 0853 - 9

定　　价：96.00 元